# 奈良の地名由来辞典

池田末則 編

東京堂出版

# はしがき

村の名も法隆寺なり麦を蒔く　虚子

過去の歴史の検証を試みるとき、考古学では発掘調査によって、その痕跡を求めてきた。ところが、考古学という学問のなかった時代には、地表面に定着した地名が唯一の史料として重視されてきた。『古事記』『日本書紀』『万葉集』『風土記』などには数多くの地名が記録されている。たとえば、五世紀の人物画像鏡（和歌山県橋本市・隅田八幡宮所蔵）の「意柴沙加《おしさか》」の地名は、古墳時代以前から土地に固着し、しかも、現代生活の中に根強く生き続けてきた古語の化石なのである。あまりにも身近に利用し得るだけに、真の価値については水や空気と同じく、閑却される傾向が強いのである。地名「ヤマト」「ウネビ」「キトラ」など、古代の言葉を研究の対象とする地名の研究は考古学・民俗学・地理学などと対等の研究価値をもつ貴重な学問とみるべきであろう。

しかしながら、和銅六年（七一三）の官命などにより、地名は好字、あるいは二字化することによって、誤写・転訛の実例もまた少なくなかった。いわゆる地名学の研究は、古『風土記』にもみられたように、現在の考古学以上に関心を持ち、一つの有力な方法として、地名によって古代史の解明が試みられていた。むしろ、地名無くして歴史は語られなかった。かつて柳田国男は、「地名が千年以上の治乱盛衰を貫いて、切れ間もなく活きて働き続けてきた実例を、大和のように顕著に又数多く持っている地方は、内外を通して稀なのである。将来、地名研究の新機運が大和の地に興らんことを期し、念じている…大和の地名は興味ある実験題目である」と述べられた（『定本・柳田国男集』第二〇巻）。

「国の始まり大和、郡《こおり》の始まり宇陀郡」ともいわれた奈良県の地名（公称小字）約一〇万三〇〇〇の語頭音を調べると、語頭のラ行音はわずかに約六五〇例、パ行にいたっては奈良のプラス町一例にすぎない。語頭音について母音Aが四万四〇〇〇、同Eが四七〇〇、EはAの約十分の一である。この傾向は万葉仮名、近代語彙（姓名も）を通じ、語頭音の割合は愛知県と比べてもあまり変わりはない。こうした地名の類別、移動などの比較研究をすれば、意外な事実がわかるのではなかろうか。

古代人は地名に対し、私たちの想像以上に多くの知識をもっていた。古『風土記』をみると地名には多くの民話、説話などを伝え、『万葉集』四五〇〇余首のうち、地名を詠みこんだ歌が約一二〇〇例もある。日本の詩歌は西洋の詩とは違って数多くの地名がちりばめられている。

「あきつしま大和」「青丹よし奈良」というように、枕詞も地名に対する一種のほめ言葉である。つまり、『古事記』『万葉集』などによると幾百を算する枕詞があり、中・近世になると地名を集めた「歌枕名寄」の類が盛行し、地名のもつ原風土性に異常な関心を示してきた。ところが、最近、全国的に市町村合併の問題が起こり、一地名の制定にも異論百出、その結末は極めて容易ではない。地名の由来を無視して、いたずらに改変することは、「歴史と文化」の破壊である。

すでに『万葉集』には「大和の国は…言霊《ことだま》の　幸《さき》はふ国と　語り継ぎ　言ひ継がひけり」（巻五―八九四）とある。奈良県の地名は、考古学の出土遺物に匹敵する貴重な文化遺産として、永く保存すべきではなかろうか。

平成二十年五月十五日

編　者

## 奈良の地名由来辞典◉凡例

一、本書の地名は奈良県内の地名を五十音順に立項した。
一、現行の市・町・村・大字地名を立項したが、有名小字（たとえば「キトラ」など）もあえて採用した。
一、同地名の場合、来歴が異なる場合は別々に立項した。
一、「五條」「當麻」の市・町名、および御所市大字條は旧漢字を用いた。
一、平成十六～十七年の市町村合併に伴う住所変更の場合、たとえば「宇陀市」となった「宇陀郡榛原町大字長峯」は「宇陀市榛原区長峯」に、「五條市」に合併した「西吉野村大字和田」は「五條市西吉野町和田」となった。
一、地名起源説については、執筆者によって異説がある。将来の研究成果を俟ちたい。

# 奈良の地名由来辞典◉目次

## 執筆者一覧（五十音順）

池田末則　日本地名学研究所長（I）
大矢良哲　奈良工業高等専門学校教授（O）
鏡味明克　愛知学院大学客員教授（K）
関口靖之　大阪教育大学講師（S）
綱本逸雄　日本地名学研究所研究員（T）
中葉博文　日本地名学研究所研究員（N）
山口　均　愛知県栄徳高校教諭（Y）

＊

松並節夫　写真撮影
永井允人　編集協力
小堀文彦　地図作成

＊執筆項目は項目末尾に（　）にイニシャルで示した

## 参考文献略称一覧

『記』　古事記
『紀』　日本書紀
『神武紀』　日本書紀神武紀
『続紀』　続日本紀
『法隆寺資財帳』　法隆寺伽藍縁起並流記資財帳
『西大寺田園目録』　西大寺三宝料田園目録
『興福寺坪付帳』　興福寺大和国雑役免坪付帳
『大安寺資財帳』　大安寺伽藍縁起並流記資財帳
『元興寺資財帳』　元興寺伽藍縁起並流記資財帳
『式内社』　延喜式神名帳
『和名抄』　倭名類聚抄
『名義考』　類聚名義考
『名義抄』　類聚名義抄
『大乗院雑事記』　大乗院寺社雑事記
『玉林抄』　太子伝玉林抄
『国民郷士記』　和州十五郡衆従国民郷士記
『大和志』　日本輿地通志畿内部巻第十一
『正濫抄』　倭字正濫抄
『西国名所図会』　西国三十三所名所図会

＊

『奈良曝《さらし》』　貞享四年（五巻一冊）　奈良各所旧跡を記す。

『奈良（平城）坊目拙解』　享保二〇年（一五巻）　奈良地誌・社寺・町名などの採訪録。

『庁中漫録』（七八冊）　元禄–明治間の奈良奉行所の記録。

『三箇院家抄』（四冊）　興福寺大乗院・竜華樹院・元興寺禅定院の三ヵ院家。平安末期以来の荘園関係の記録。

# 奈良県
## 市町村界地図

京都府
大阪府
三重県
和歌山県
生駒市
奈良市
山辺郡
山添村
平群町
大和郡山市
斑鳩町
生駒郡
安堵町
三郷町
王寺町
河合町
川西町
北葛城郡
三宅町
香芝市
上牧町
磯城郡
広陵町
田原本町
天理市
桜井市
宇陀市
曽爾村
宇陀郡
御杖村
大和高田市
橿原市
葛城市
明日香村
高市郡
御所市
高取町
大淀町
吉野町
東吉野村
下市町
五條市
黒滝村
吉
野
郡
川上村
天川村
野迫川村
上北山村
下北山村
十津川村

# 奈良の地名由来辞典

# あ 行

## 合場《あいば》（天理市）

合場は饗《あへ》場の義か。『播磨国風土記』に「阿閉津に到り、御食《みあへ》と供進《たてまつ》り き故《かれ》、阿《あ》閉《へ》の村と号《なづ》く」とあり、『新撰字鏡』には「人に阿《あ》戸《へ》す」、『名義抄』に「饗、アヘス」とある。饗《あへ》は田の神に新穀を供えて饗応し、祀るところ。合場は「饗庭」の意で、道饗祭《みちあへまつり》といって道祖神を祀り、邪悪を祓う場所であったらしい。大和では「オの辻」（宇陀市）があるように、各地に「塞の神」「フナトの神」を祀った。 （I）

## 青根ヶ峰《あおねがみね》（吉野町）

吉野山は大峰山脈の北端に位置し、主峰の青根ヶ峰（八五八メートル）から西北に連なる一支脈の総称である。青根ヶ峰は、『万葉集』に「神さぶる磐根《いわね》こごしきみ吉野の水分山《みくまりやま》」（巻七—一一三〇）と詠まれ、神々しくて険しい円錐形の岩峰は山麓に豊かな水をもたらす分水嶺だった。水分は、「水配《みくばり》」の意味をもつ。

『続日本紀』文武天皇二年（六九八）四月条に「馬を芳野水分峯《みくまりのね》神に奉りて、雨を祈《こ》ふ」とあり、古来、国家の祈雨祭が行われた山だった。東流する音無川は蜻《せい》蛉《れい》の滝となり、北流する喜佐谷《きさだに》川は宮滝（吉野宮）に至る。また、西流する秋野川（阿芸河）、その南を西方向南流する丹生《にう》川の各河川はいずれも吉野川に注ぐ。

青根ヶ峰の「青（アヲ）」は、淡海（アフミ）→近江（オウミ）のように、「大（オホ）」に転訛し、峰はネ（根）、岳はミネとも訓《よ》む（図書寮本『名義抄』）。つまり、大峰ヶ嶽で、いわゆる「大峰山」と同義の名である。ア・オの通音については、契沖『和字正濫抄』五に「愛宕（あたこ、おたき）このアとオと通ふ様、ワナナクをオノノクといふ。このワとオと通ふ様も同し。アーオ、ワーヲかくのごとくすみちがいにかよへり」とある。

また、青根ヶ峰は「耳我《みみが》の嶺《みね》」「御金《みかね》の高《たけ》（岳）」などともいわれた。『万葉集』（巻一—二五）の「耳我嶺」は、元暦校本・神宮文庫本・細川本などはミミカノミネと訓むが、『校本万葉集』（底本・寛永本）はミカノミネ、折口信夫『万葉集辞典』は「みがねのたけ（耳我嶺）」と訓ずる。また、『名乗辞典』（荒木良造編、東京堂版）で耳はミ、嶺はネとも訓む。耳我嶺をそのまま訓めばミガネである。つまり、御金（岳）の同山異名である。御金の岳はまた、岳（嶽）をミネと訓む（『名義抄』）ので、ミカネノミネで、御は美称で、（ミ）カネノミネ→金峰（式内社金峰《きんぷ》神社は古名がカネノミネと称する）となり、金峰山《きんぷせん》の異名でもある。吉野山から山上ヶ岳に至る連山を古来金峰山と称した。（T）

## 赤瀬・赤埴《あかせ・あかばね》（宇陀市）

赤瀬は宇陀市榛原《はいばら》区の旧大字。『宇陀郡邑名起原考』（一九三七年・神阪道彦）には「往古山辺の属邑にして西山辺と称せし地なり。邑を貫通する香酔《こうすい》川の水常に赤色を帯べるをもつて自ら赤瀬となす」とある。赤瀬川が貫流する香酔川は神水《こうずい》川の義で、その水源地に竜神を祀っている。同区旧大字赤埴《アカバネ》は赤色埴土《はにつち》のこと。仏隆寺《ぶつりゅうじ》所在地。『万葉集』に「倭《やまと》の宇陀の真《ま》赤土《はに》のさ丹《に》着かば…」（巻七―一三七六）とあり、中世の赤埴庄で、伊勢参宮の赤埴関があった。

奈良市西大寺町の「赤田《あこだ》」、同市の「丹坂《にさか》」、広陵町の「赤部」、桜井市の「赤尾」なども同義の地名。（I）

## 赤部《あかべ》（広陵町）

広陵町大字三吉《みつよし》の『和名抄』讃岐《さぬき》郷の一部。『延喜式』内、讃岐神社の鎮座地。赤部は、赤穂で赤生でもある。赤色土質地帯を意味する。「豆山（馬見丘陵）三里小石なし」といわれるように良質粘土の産地で、天平二十年（七四八）の『弘福寺文書』に「広湍郡庄家瓦山壱処」とあるように、この付近で瓦を製産した。昭和四十年頃、丘陵中から奈良朝時代の窯跡を発見した。

中世には興福寺支配下の「赤土器《かわらけ》座」が所在した。「天武紀」七年条には「十市皇女《とをちのひめみこ》を赤穂《あかほ》に葬《はぶ》る…」、同十一年には「氷上夫人《ひかみのおほとじ》を赤穂に葬る」とみえ、十市皇女墓は仁基墓（現在の新木山《にきやま》古墳）、氷上夫人墓は高津笠（現在の高津笠城跡）といわれる。明治九年五月、この赤部と大垣内・斉音寺の三村を合併、旧讃岐の郷名にちなみ三吉《みつよし》村とした。

## 秋篠《あきしの》（奈良市）

秋篠寺所在地。秋篠はアキ（秋）・シ（アキの語意を強く表す語）・ノ（野）で、平野《なら》をナラシノ（習志野）、長《なが》野《の》をナガシノ（長篠）というように、あるいは「大和し美はし」「撃ちてしやまむ」の「し」と同意の語であろう。ちなみに、宇陀《うだ》市には安騎野《あきの》があり、阿紀神社は「秋志野宮」（『倭姫命世紀』）ともいわれた。（I）

秋篠川（佐貴《さき》川→サイ川ともいう）流域の地名。西大寺

秋篠寺

所蔵「京北斑田図」の「秋篠里」付近であり、アキは河川流域の地名である。アキは圷《あくつ》→アキツの下略、河川流域の肥沃《ひよく》地（野）を示す古語で、アト→アンド（阿斗→阿礪→安土）に転じたか。大和《やまと》川の河港を阿砺（現・安堵《あんど》町）といった（「推古紀」）。平成二年六月、礼宮《あやのみや》文仁親王に「秋篠宮」の称号を宣賜された。（Ｉ）

## 秋津島 あきつしま （御所市）

「神武紀」には、天皇が掖上《わきかみ》の嗛間丘《ほほまのおか》から大和国状を見、「蜻蛉《あきつ》の臀呫《となめ》の如き地形である」といわれたことから、「秋津洲《あきづしま》」の国号が起こったという。風土記的地名説話である。「孝安記」には「葛城の室《むろ》の秋津島宮に坐しまして、天《あめ》の下治らしめしき」とある。現御所市鴨都波《かもつは》神社境内の小字が「ワキカミ」で、「推古紀」に「掖上池を作る」とある。

アキツ（圷）は、河川の流域に多くみられる地形名で、葛城川堤にアキの地名がある（大和高田市秋吉《あきよし》）。『常陸国誌』には「俗に低き地をさして呼ぶ名、川に沿ひたる所なり」と記す。御所市の本馬《ほんま》丘がその伝承地。ホンマは「秀間《はつま》」の転訛語か。絶頂の小字「火振塚《のろし》」は国情視察地（旧陸軍演習統監台）となっていた。狼火を振り信号を送信した所、烽火《とぶひ》塚のことか。（Ｉ）

## 蜻蛉野 あきつの （吉野町）

アキツはトンボ（蜻蛉）の古語である。「雄略紀」四年秋八月条によると、吉野行幸のとき、「手腓《たくふら》に虻《あむ》掻き着き　その虻を　蜻蛉《あきつ》はやくひ　昆《は》ふ虫も　大君にまつらふ　汝《な》が形《かた》は　置かむ　蜻蛉嶋倭《あきづしまやまと》　因《よ》りて蜻蛉を讃《ほ》めて、此の地《ところ》を名《なづ》けて蜻蛉野《あきづのをの》とす」とみえ、「雄略記」に「其の野を号《なづ》けて阿岐豆野《あきづの》と謂ふ」と同じような記事がある。

『万葉集』には柿本人麻呂の作る歌に「山川の清き河内と御心を、吉野の国の花散らふ、秋津の野辺に宮柱太敷《ふとし》きませば」（巻一―三六）とみえ、笠金村《かさのかなむら》の作歌に「み芳野の　蜻蛉の宮」（巻六―九〇七）などと詠まれた。人麻呂以後、吉野の秋津野、秋津の川、秋津の宮、秋津の小野などのほめ歌がある。

秋津野の地名は残存していないが、所在地は、吉野郡内の川上村西河《にしがわ》（ニジッコウとも）の蜻蛉《せいれい》の滝付近、下市町の秋野川流域付近、吉野町宮滝付近の諸説がある。

本居宣長の『古事記伝』には「阿岐豆《あきづ》野は、吉野の内にあり。〔大和志に、川上荘西河村に在り。さもあるべし。契沖が、今下市と云處なりとか、と云るは、いかゞ〕後世の歌に、かげろふの小野とよむも、此野のこと」とみえ、『大和志料』『大和名所図会』も「蜻《かげ》蛉《ろうの》小野《をの》川上荘（村）西河にあり」とする。しかし、折口信夫『万葉集辞典』は「あきつぬ〔秋津野〕あきつのみやのあるあたりの野」「あきつのみや〔秋津ノ宮〕大和国吉野郡宮瀧の近辺。吉野ノ宮の別名」とし、佐佐木信綱『万葉集事典』は「あきづ　秋津　奈良県吉野郡。吉野川の上流で吉野離宮の在った所の付近」とある。

『角川古語大辞典』や『歌ことば歌枕大辞典』（久保田淳・馬場あき子）も「宮滝付近」とし、いまは宮滝付近が有力である。秋津（蜻蛉）は、のち、大和国や本州、日本国の異称である「秋津州（島）」として用いられた。（T）

## 秋野　あきの　（吉野郡）

蜻蛉野《あきつの》は吉野川岸の地名であったか。また、蜻螟《せいめい》の滝（蟬の滝）を蜻蛉《かげろう》の滝とし、同地を蜻蛉野とする説がある（川上村）。さらに吉野川支流（下市《しもいち》町）の「秋野川」の「秋」の川名にちなみ、明治時代の市町村制施行の際、「秋野」の村名をみた。『日本霊異記』には、「時に吉野の郡、桃花《つき》の里に椅《はし》有り、椅の本に槻木《つきき》を伐《き》り引き置きて歳余を歴《へ》たり、同じ処に河有り、名を秋河《あきがわ》と曰《い》ふ」とある。

秋川は願行寺鐘銘（永禄十年〈一五六七〉）にも「秋野川里」と刻み、「蜻蛉野《あきつの》」を現在の下市町旧秋野村とする説もある。いずれにしても、アキは典型的な美称で『大和志』は「秋野渓」と書く。秋野は吉野のヨシ（吉）と同義の佳名であろう。（I）

## 秋吉　あきよし　（大和高田市）

葛城川東岸に立地する。アキ（豊沃地）の二字化地名。秋に吉《き》を添加、アキヨシと訓読、（例、鏡↓鏡味、綺↓綺田、向↓向日）。アキノ、アキツなど、アキ関係の地名で、山口県の秋芳洞（台）と同語。

正応二年（一二八九）九月十五日の「本領主源少法師丸私領田寄進状」（「東大寺文書」）に「奉寄進　大和

国葛下郡長原庄内秋吉安芸高倉両名内田畠事」とみえ、『三箇院家抄』（内閣文庫所蔵文書）には「大乗院寄　秋吉庄十六丁二反小葛下郡」と記している。「神武紀」の「秋津洲」国号は大和を賛美した古代語。典型的な佳字地名。

## 飽波　あくなみ　（斑鳩・安堵町）

（I）

斑鳩《いかるが》付近の古代地名。旧平群《へぐり》郡内東南部の郡・郷名。「天武紀」『大和志』には「飽波」と記し、正倉院の「幡《ばん》」に「阿久奈弥評《あくなみこほり》」、近世は「悪《あく》波《なみ》」「飽浪」とも書いている。アクは、低湿地を表すアクツ（圷）の下略語か。ナミは連なった状態を示す。アクナミは湿地帯である。斑鳩町大字阿波《あわ》付近は大和《やまと》諸川の合流地にあたり、常に水害をうけてきた。

飽波（上宮付近）

阿波付近では、低地に密生する葦《あし》から灯芯《とうしん》を採り、最近まで奈良諸大寺へ献じていた。また、葦を加工する笠縫部《かさぬいべ》の居地であったらしく、錦織部《にしきおりべ》を錦部《にしごり》としたように、笠縫部の二字化した笠部—笠目の大字（安堵町）が残っている。

『和名抄』の平群《へぐり》郡飽波郷は「阿久奈美」と註し、天平十九年（七四七）の『大安寺資財帳』に、聖徳太子宮居について「飽浪葦墻《あしがき》宮」とある。この地域は大和川の阿斗《あと》の津（「推古紀」）、「雄略紀」の「吾礪《あと》の広き津」（川港）が有名。アトはアンド（安堵）に転訛・佳字化した。

（I）

## 朝倉　あさくら　（桜井市）

奈良県内の「アサクラ」は約一〇例である。天平二十年の『弘福寺文書』によると広瀬郡大豆《まめ》村に「甲倉」（校倉《あぜ》）、「庄家」「瓦山」などの地名がみえ、現在の広陵町内、馬見《うまみ》（大豆）丘陵付近の地名で、同町大字赤部に「アゼクラ」の小字が残っている。赤部は赤土の産出地で、中世には赤土器座《かわらけざ》があり、隣地の「箸尾」は「埴生《はしを》」の意であろうか。「埴」は「土師」で、「生」は「尾」に転じた。葛生→葛尾、杤生→杤尾、松生→松尾など、生→尾の改字例は少なくない。ちなみに、丘陵内から古瓦の窯跡《かまあと》が検出されている。

アゼクラとは正倉院のような建築にみられ、建築技術上の名称で、クラは倉であり、アゼは木をあぜ交《な》うことで、あざなへる縄をアザナハといった。「校」の文字の構成がよくこれを明示し、水平に組み合わせることを通則とする。正倉院の校倉のように太く高い柱の建つ井楼《せいろう》積みの板倉様の構造で、唐招提寺の経蔵や、春日大社宝庫などがその好例。古代の「甲倉」の所在地を「アゼクラ」といったらしく、このあざ交《な》うというところ、アザの交叉《こうさ》する状態を畔《あぜ》道といい、小字《こあざな》といった。

雄略天皇の長谷朝倉宮のハセはハサマの下略、長谷は字義のように長いハサマ（谷）で、地名の大・小は美称、大初瀬《おはつせ》山・小初瀬《をはつせ》山にも転じた。ついには、ヲハステ山（姨捨山）となって信濃国に発生したという説話がある。また、大和、長谷南方の小ハサマはカサマ―笠間《かさま》（旧大字）になった。笠間南方の谷に迫間《はさま》（旧大字）、その南方に大蔵谷、佐倉の地形名が連なる。いずれも谷間の地名でクラといった。

ハセはクラ（谷）である。初瀬《はせ》町のクチノクラ（口倉）、タキノクラ（滝蔵）、クラハシ（倉橋）、サクラ―サクラヰ（桜井）、ヲクラ（小倉）、クラサキ（黒崎）など、クラにかかわる古代地名が多く残っている。長谷の朝倉もクラ→サクラ→アサクラに転じた。ツマ（妻・端）がアツマ（吾妻）から朝妻（万葉地名）に転じたか。また、サクラに「若」の美称を冠し稚桜《わかさくら》宮（『紀』）の誕生をみた。「井」が「狭井《さい》」から「若（美称）狭井」（二月堂）になった好例もある。（Ｉ）

## 浅古　あさご（桜井市）

浅古はア（接頭語）・サコ（迫）で、一種の地形語であろうか。アはアスカ（飛鳥）・マスガ（真菅）のア・マと同義の美称的な接頭語。「迫《さこ》」は狭間《はさま》の意である。山間部には「迫」関係の小字が多く分布する。「浅間」「朝倉」などと同義の地形名であろう。（Ｉ）

## 朝妻　あさづま（御所市）

朝妻のアサは朝倉・朝田・朝野の朝で、美称か。ツマは先端のこと。朝妻は大和平野の西南隅に立地し、「仁徳紀」の磐之媛《いはのひめ》の歌に「朝妻のひかの小坂」とある。『万葉集』には「旦妻山《あさつまやま》に霞たなびく」（巻一〇―一八一七）と詠まれた。朝妻付近は渡来人の居住地（『姓氏録』）。奈良時代の朝妻寺（葛城寺とも）の跡が残る。朝妻山は金剛山（古葛城山）の異称か。（Ｉ）

## アザナシ（天理市ほか）

『古事記』『日本書紀』『万葉集』などによると、古代のヤマトは「大和」「倭」「夜麻登」「大養徳」など、ナラは「奈良」「乃楽」「那羅」「平城」「寧楽」など、その表記には幾つかの漢字を用いている。さらに律令制に遡るとヤマトには「添」「山辺」「葛城」「磯城」「平群」などの「郡」（評《こおり》）の行政区画に所属する多くの「里」「郷」があった。和銅五年（七一二）の官命で、地名は二字（好字）に大改正し、「大養徳《やまと》」は「大和」となり、『和名抄』（九一二）のすべての郡・郷・里名は二字表記に徹底した。

　明治以来、大和国の行政区画は幾度か改革が行われてきた。最初の奈良府は奈良県→堺県→大阪府から奈良県に復し、同二十年（一八八九）、市町村制の施行で、元禄、天保郷帳の町村は「大字」となった（明治の大改正）。

　区切られた土地の境目が「畦《あぜ》道」、木の交《あざ》なえる建物が「校倉《あぜくら》」で、このアザ―アゼの地名は古代の最小地域の遺称として、地名に「地名《じな》」と書く奇妙な地名もあって、その起源は複雑である。県内では「アザナシ」「名無田《ななしだ》」など、すべての小字まで含めると約一三万になんなんとする地名が実在している。（I）

## 味間《あじま》（田原本町）

　大和国旧十市郡旧大字味間は、能楽の世阿弥修業の地として有名。味間はアヂマで、ミマではない。奈良市内には、「水間《みま》」の大字がある。『和名抄』摂津国東生《ひがしなり》郡に味原の里名がみえ、「孝徳紀」白雉元年条に「阿膩賦」、『万葉集』（巻六―九二八）に「味経《あじふ》の原」とあり、同地には味原という地名が残る。五條市旧大字丹原に丹生神社（『延喜式』）があるように、「生」と「原」は同義の語であろう。さらには、『万葉集』（巻一五―三七七〇）に「安治麻《あじま》野《の》に宿れる君が…」とある。

　大分県宇佐市の安心院町《あじむまち》の「安心《あじむ》」は『万葉集』大伴家持の作だというから、古代地名であった。同町史によればアヂムは「葦生《あしぶ》の里」といわれ、葦の生い茂っていた所だという。つまり、アシフ→アジム―アジマに転じる可能性が考えられる。日本一のスッポンの産地であった。月とスッポンという諺から考えると、葦生は特別な湿地帯であったか。

　奈良市の「水間《みま》」は東大寺関係の杣山《そまやま》（天喜四年〈一〇五八〉管理）であった。京都市内の壬生と同様、湿地であって、流水にかかわる地名か。ちなみに、有名な和泉国の水間《みづま》寺は二つの水流に挟まれた寺（地域）で、今も蛍の名所となっている。マには「間」「馬」の字も当てる。つまり「間」は土間・広間の「マ」で「所（戸）」を意味した。京都府の間人《たいざ》（タギタギしい磯―タギソータイソの転か）、岡山県の牛窓《うしまど》、三重県の的矢のマトも同意の語であろう。

耳成《みみなし》山北方の地域は初瀬《はせ》川堤の江包《えつつみ》（川堤）村西方、大和盆地の最低湿地帯で、大和川の川港（田原本町今里）に近く、「推古紀」九年条には耳成（耳梨）の行宮《かりみや》の庭に雨水が漂ったことを記している。のち、初瀬川の分水によって、水利灌漑の調整利便を受けている。たしかに、低湿地帯の葦生《あしふ》の地域で、水曲《みわ》（三輪）が「大御和」になったように、水間《みま》→味間《あじま》になったのでは。

「推古紀」二十年条には「味摩之《みまし》」、「神代紀」（一書第三）に「水沼《みずぬま》君」の人名や「敏達紀」に「水派《みまた》の君」、『万葉集』に「水尾《みを》が崎」などの地名がある。

一説には味間《あじま》は宇摩志麻遅《うましまぢ》命《のみこと》の人名にちなむとする説もある。「うまし」は「可美《うまし》」とも書き、「うまし国」の「うまし」で「美しい」という意味もある。「味間」は「うまし所」という典型的な好字である。ちなみに、『多聞院日記』（永禄十二年〈一五六九〉）には味間より「麦」「ナットウ」を多聞院に納入していたとある。

（Ｉ）

## 飛鳥―明日香　あすか　（明日香村）

アスカの地名は各地にある。平《な》城《ら》の京都《みやこ》の「飛鳥」は『万葉集』にみえ、春日山に発源する率《いざ》川・佐保川の合流地、左京六条三坊大路に小字「飛鳥田」があり、初瀬川・忍坂《おっさか》川合流地（三輪山崎）に「飛鳥」の井関がある。また、京都府下では木津川・布目川合流地に「飛鳥地」の旧村名が、鴨《かも》川・桂《かつら》川合流地には「飛鳥」の里名（式内・飛鳥田神社付近）が残っている。いずれも河川の合流する州処《すか》地であった。特に平城の「飛鳥田」は「東堀河」の小字「恋《こい》の窪《くぼ》」（河《こう》の窪《くぼ》―現恋窪《こいのくぼ》町）

飛鳥寺

で、右京六条二坊（西堀河－秋篠川）の薬師寺は旧砂《すな》村の水に立地し、薦《こも》川・菅原・率川など、いずれも宮跡の水辺の古代地名であった。

　さて、高市郡明日香村の大字飛鳥付近の地名には飛鳥川・飛鳥宮・飛鳥寺・飛鳥丘などの地名がある。飛鳥はア（美称的接頭語）＋スカ（州処・洲処）説、アス（崩地）＋カ（処）説などがある。本居宣長らは朱鳥《しゅちょう》改元にちなみ、浄御原《きよみはら》宮を「飛ぶ鳥の明日香宮」にたとえ、イスカの鳥名に結びつけて考証した。また、「飛鳥」「明日香」「安宿」は好字化用字で、スカはサガ（嵯峨・佐賀）、シガ（さざなみの志我津）、ソガ（真菅《ますが》よし宗我の河原）、シキ（磯《い》城《き》島《しま》の大和）なども同義の語と考えられ、天ヶ須賀、高須賀、白須賀、横須賀などがあり、山口県の「大州賀」は「州処の義、疑う余地なし」（『防長地名渕鑑』）、三重県の「須賀」は「河曲村に属す、洲上の地なり」（『河芸郡史』）とみえ、「横須賀」は「洲のある処」（『横須賀雑考』）とある。

飛　鳥

明日香（橘寺付近）

　さらに、「渚」「白渚」「横渚」「須賀」「須可」「前須賀」「大須賀」「赤須賀」などの地名は岩手・宮城・千葉・静岡・愛知県など、太平洋沿岸にみられる。『古事記』（上）には「清々し須加宮」の地名説話がみえ、各地の関連地名をみると水辺地域に分布している。飛鳥川流域は「飛鳥苫田《とまだ》」（「崇峻紀」）とも言い、「赤駒のはらばふ田井」「水鳥の多集く水沼」（『万葉集』）を開拓、水辺に宮都（川原宮・川辺行宮など）を造営したらしい。

　たとえば、京都市洛西の嵯峨の地名から唐風の「栖《せい》霞観《かかん》」の山荘名が生まれ、大堰《おおい》（大井）川流域の有栖の川名から「嵐」の山名が起こったともいわれ、このアリスは「新州《あらす》」のことで、今も例年、浚渫工事を行っている。かつて秦氏一族が開拓した「埋州《うづめす》」に「太秦」の文字を用い、ウズマサと義訓、ちょうど飛鳥地方の「新漢《いまき》」（今来）の郡名に類似する用字と思われる。

（Ⅰ）

豊浦井堰付近

## 飛鳥井堰《あすかいせき》（明日香村）

明日香村の木葉《このは》（川上）井堰、豊浦井堰（小字「石井手」）は承保三年（一〇七六）「高市郡司刀祢等解案」にみえる飛鳥川の堰で、特に落差約五メートルの自然巨巌の「石井手の滝」上流一帯は、現代のダムのように堆砂を重ねた大州処地《すかち》（苫地《とまぢ》）で、「豊浦」「ミノワ（水曲）」の大・小字地名が示すように、この付近は飛鳥川の曲流地で、S字型の曲瀬《まがせ》（浦廻《うらみ》）は「あまがせの渡し」、小字「犬ヶ瀬」（右岸）は「天ヶ《あまが》瀬《せ》」の誤写であろう。この渡しは石伝いに歩いて渡ることができ、「天ヶ瀬蛍」は今なお村当局の保護の対象となっている。前記、アラス川が嵐山に転じたように、マガセ→アマガセから「甘白梼《あまがし》」の丘名や「辞《ことの》禍戸碑《まがへのさき》」（「允恭紀」）などの瀬名が起こったと考えられる。

京都府宇治川の「天ヶ瀬」には「甘樫浜《あまがし》」（名所）があり、布目《ぬのめ》川や平群《へぐり》川でも「マガセ」「アマガセ」の地名が残っている。中には「湾ヶ瀬」から例の「椀貸《わんがし》伝説」が発生した。また、この「曲水」から飛鳥「真《ま》神原《かみがはら》」の宮名を命名、のち天武天皇の皇子舎人親王の後裔を「清原」と称した。木津川流域の月瀬《つきせ》・遅《おそ》瀬《せ》・広瀬・長瀬など瀬にかかわる地名で、月瀬は滝瀬（タギリ流れるところ）の転訛語と考えられる。

アスカの「ア」は、ミ吉野・サ檜隈《ひのくま》・マ宗我（真菅）・ア曲瀬《まがせ》のミ・サ・マ・アと同意で、頭音の語勢が弱いとき、発音強化と嘉名化の必要から美称として用いた例は少なくない。「ア」は親しみを示す接頭語、「阿」は曲学阿世の「ア」で、曲の意（『説文』）、『名義抄』の古訓にもクマ・キシ・マガレルキシ、儀礼を行うところとある。極端な例では、曲辻→尼ヶ辻→甘土→甘《かん》壌《じょう》（小学校名）となった（奈良市）。こうして、飛鳥は州処を意味する用語・用字として定着、「長谷」「奈良」のように各地に分布している。『万葉集』では「明日香の川」を詠んだ歌が二〇首以上もあり、上流は細川（水分《みくまり》の地域）・南渕《みなぶち》川で、下流は蘇武《そぶ》川に注ぐ。アスカは飛鳥川の水辺の地名であった。

ちなみに、桜井市の三輪山南方の三輪崎《みわがさき》を西北流する初瀬《はせ》川西岸に飛鳥居（井）の地名がある。飛鳥居（井）は、飛鳥井堰《いせき》の下略。小字「シキシマ」に接し、欽明天皇の磯城嶋金刺宮《しきしまかなさし》の伝承地となっている。『玉《ぎょく》林抄《りんしょう》』には「シキ嶋トテ長谷《はせ》へ参レバ山崎ニ小堂アリ」とみえ、永禄二年（一五五九）の『南都般若寺収納帳』には「シキシマ一段一石五斗代」とある。同地初瀬川のシマ（州処地）も「飛鳥」といい、磯城嶋の地にあたる。大字《あざ》金屋にある地蔵堂本尊の地蔵菩薩像（鎌倉時代）台座裏に「文治戊申三月日井関の里造立畢四月廿一日　祐俊」の墨書銘がある。（Ｉ）

## 飛鳥川《あすかがわ》（明日香村）

大和宇陀郡に発源し、曽尓《そに》川・青蓮寺《しょうれんじ》川・名張《なばり》川・五月《さつき》川・木津《きづ》川といくつかに名を変えて北流・西流する一大動脈は淀川となって大阪湾に注ぐ。古代文化は、この川の下流摂津・河内から、山城・伊賀を経て大和国に向かって遡行し、上流地域に早期縄文文化を残した。

飛鳥川（州処地）

淀川河口付近に中島・柴《くに》島・飛鳥の地名（国土地理院地図）があり、遡って桂川との合流地三州《みす》（三栖・深須）の沼沢地は、近世まで葭簾《よしすだれ》の産地として有名で、古くは「飛鳥の里」とも呼ばれた。天元四年（九八一）三月の「山城国紀伊郡司解案」（『東寺百合文書』）に「十一条飛鳥里十八坪云々」、永久元年（一一一三）の「玄蕃寮牒案」に「阿須賀田里三坪二反大沢里四坪二段百八十　菟瀬里三坪三段百八十」とある飛鳥里・阿須賀田の地である。また、『延喜式』神名帳の山城国紀伊郡「飛鳥田（阿須賀多）神社」の鎮座地でもある。平安時代まで、この地にアスカという地名が存在していたことが知られる。さらに遡ると、京都府綴喜《つづき》郡井手町に至る。この付近では木津川と称し、東岸の大字多賀に小字「飛鳥田」があり、条里制の地割が明確に残っている。

ふたたび溯行して、大和・山城国境付近、京都府相《そう》楽《らく》郡笠置《かさぎ》町の笠置山東麓に大字「飛鳥路《あすかじ》」がある。飛鳥路は恐らくアスカ地のことであろう。奈良市興ヶ原《おきがはら》（奥川原のこと）町に隣接し、また上流に向かって南山城村大河原《おおがわら》、島ヶ原《しまがはら》村が連なる。奈良県明日香村の飛鳥川流域でも大字飛鳥・同川原《かわはら》（川原寺所在地）・同島《しまの》庄《しょう》（石舞台古墳所在地）の地名が続く。「飛鳥路」には南北朝の口碑を伝え、斎藤拙堂の『陪遊笠置記』、氷室長翁の『吉野日記』にもみえ、山城から大和・伊賀への交通の要所に位置し、形勝の地でもある。

山形県酒田市の飛鳥《あすか》は最上川北岸、田沢川との合流地に位置し、砂越《さごし》に南接する。『大日本地名辞書』によると、アスカの地名は河内・美濃・陸奥・安芸・紀伊・武蔵国にもある。アスカは大和飛鳥だけではなく全国的に分布し、しかも川岸の湿地や砂地にある場合が多いことがわかる。アスカのスカは横須賀のスカで、いわゆる州処《すかち》地のことではなかろうか。（I）

## 阿字万字《あぜまめ》（奈良市）

下御門《しもみかど》町の南に所在。阿知麻目・阿世末女・アセマメとも書く。地名については、もと元興寺の内にあり、阿字万院という坊の跡という。『奈良坊目拙解』所収の「元興寺中門堂懸板銘」に弘安七年（一二八四）八月八日、阿願が、元興寺の西、阿知麻目西南辺の屋敷を元興寺に寄進したことがみえる。「小五月郷指図」に「阿字マメ東西行」と記している。（O）

## 遊岡《あそぶがおか》（明日香村）

『和名抄』高市《たかいち》郡の「遊部《あそぶべ》」の郷名は、飛鳥国の「遊部」には「阿曽布《アソブ》」の訓注がある。高市郡遊部は『喪葬令』にもみえ、鎮魂葬送の礼にかかわる部曲《かきべ》といわれ、郷域は現在の明日香村の飛鳥川流域と推定される。『万葉集』に「神名火《かむなび》（飛鳥）の打廻前《うちみのさき》の岩淵の」、「飛鳥川の逝回《ゆきき》岳の秋萩は」（豊浦寺尼房で詠まれた歌）とある打廻前・逝回岳は飛鳥川辺に所在することがわかる。「打廻」「逝回」は「遊回」の誤写で、「遊」はユキとも訓《よ》めることから、「遊回《ゆき》」と二字化したか。『万葉集』西本願寺本・同細川本でも、「遊」を「逝」と誤写している例が多い。現在の飛鳥川をソブ（蘇武）川といい、付近に蘇武井・蘇武橋・ソブ田などの地名が残る。木之本町の香山畝尾都多本《かぐやまうねびつたもと》神社（祭神・泣沢女神《なきさわめのかみ》）の「畝尾都多本」は「畝尾之木本」の誤写か。遊部の祖神を祀る神社であろうか。（Ⅰ）

**阿陀**《あだ》（五條市）　同市栄山寺の東方、吉野川南・北岸に残る地名。「神武紀」には天皇に帰順した贄持《にえもつ》の子孫が鵜飼の漁法を用い、生活していたとある。また、阿多（鹿児島県西部地方）の隼人が薩摩国阿多から移住したとも。『万葉集』に「阿太の大野」の歌がある。（Ⅰ）

**愛宕**《あたご／おたぎ》（御所市）　奈良県には、「アタゴ」「愛宕」「愛後」など、愛宕信仰にかかわる小字が二〇余カ所に分布する。愛宕神社の総本社は、京都市右京区嵯峨《さが》愛宕町に鎮座し、主祭神は火神の軻遇突智命《かぐつちのみこと》で、鎮火の神（火難除けの神）として、広く民間に信仰され、各地に「愛宕《おたぎ》さん」を祀っている。

『和名抄』山城国愛宕郷（京都府）は高山寺本に「於太支《おたき》」、刊本に「於多木」と訓じている。

神亀三年（七二六）の「正倉院文書」には「山背国愛宕郡出雲里」とみえ、『続日本紀』には「出雲臣安万呂、山背国乙当郡云々」とあり、奈良市平城宮跡出土の「長屋王邸宅跡木簡」に「無位出雲臣安麻呂、年廿九、山背国乙当郡云々」とある。「当」「宕」のタウは開音節化してタギとなったもの。「当麻」も「当耆麻」（『記』）と表記した。（Ⅰ）

**足立**《あだち》（宇陀市）　榛原《はいばら》区大字。中世、安達・阿立とも書く。アダ十地の義か。アダは阿田か。宇陀・吉野郡界に宇立《うだち》（宇陀地）の村名（俗称）をみる。アダ・ウダは同義の古語か。（Ⅰ）

**新住**《あたらすみ》（吉野郡）　下市《しもいち》町大字。中世の新《あたら》住《ずみ》。下市町の分村と伝える。県内には「新住」に対し「今住《いまずみ》」、「新在家」に対し「今在家」、「新泉《にいずみ》」に対し「今泉《いまずみ》」の大字があり、「新」と「今」は同義語と考えられる。新庄・新子《あたらし》・新村・新屋敷・新堂・新田など「新」関係の地名が多い。新墾―ニヒバリに対し、「新張《あら》」「荒張《あら》」に改字することもある。（Ⅰ）

**阿斗**《あと》（安堵町）　「敏達紀」十二年条に「百済の日羅を阿斗の桑市に住ませた」とみえ、「推古紀」十八年条に「新羅《しらぎ》・任那《みまな》の使を阿斗《あと》の河辺の館に迎えた」とある。この「阿斗」（吾砺）は現安堵《あんど》町の大和川辺の地域であろう。

アトはアクツからアクト→アトに転じたもの。低湿地帯を意味する古語として、河川の流域に分布する。額田部、窪田の村名も湿地を表し、アシの生える所を意味した。葦垣《あしがき》宮跡があり、「吐田《はんだ》・窪田、嫁はやっても荷はやるな」といわれたように幾たびか、水災をうけた。昭和五十七年橿原考古学研究所の発掘調査によって、東安堵から大和平野最低地遺跡として弥生土器や県下最古の木製スキなどを検出した。アトはアンドに転じ、安土、安堂（大和川下流）、安堵というように佳字地名化した。古代豪族に阿刀の造《みやつこ》、阿斗の連《むらじ》の名があることから、これらの豪族の本拠地か。「大安寺資財帳」の伊勢国阿刀野も員弁《いなべ》川流域の梅戸《うめど》（埋戸）付近に推定される。

淀川流域、旧摂津国島上《しまかみ》郡（高槻市）の芥田《あくた》村に、式内社・阿久刀《あくと》神社が鎮座。社名のアクト・アクタは同意の地名。古くはアクツで、和字では「圷」と書き、淀川筋のような肥沃な土地柄をいった。ちなみに、アトはアドに転訛、「安曇《あど》」とも書き、アヅミに改変。琵琶湖の西に安曇《あど》川、東では安土《アヅチ》の町名に転じたか。（Ｉ）

## 穴栗《あなくり》（奈良市）

奈良市古市町にある「穴《あな》栗《くり》神社」は、『延喜式』神名帳には「穴吹《あなふき》神社」とあり、江戸時代には「穴次神社」とみえる。「吹」「次」はいずれも「咋」の誤写で、「穴咋《あなくひ》神社」のことであろう。寛弘九年（一〇一二）の「東大寺文書」には「穴久理《あなくり》社」、長承二年（一一三三）の春日大明神関係の文書には「穴栗《あなくり》」と記している。さらに、「景行紀」に「春日穴咋邑《あなくひむら》」の地名がみえる。この「アナクヒ」が「アナクリ」に改変・誤写したと考えられる。「東大寺文書」には、添上郡東七条三里（現社地付近）の「穴久理社」の南方に「菟《う》足《たり》社」の鎮座していたことがわかる。「菟足社」は「ウナタリ社」のことで、「今木《いまき》社」（新来社の意）ともいわれたが、早くに春日大社に勧請された。ところが、奈良市法華寺町にも『延喜式』内の宇奈太理《うなたり》坐《にいます》高御《たかみ》魂《すび》神社がある。同神社については「持統紀」六年条に「菟名足社」、天平二年（七三〇）の「正倉院文書」には「菟足神戸…」とある。

安政四年（一八五七）の『藺笠の雫《しずく》』（谷森善臣著）には「法蓮村の佐保殿村と法花寺との間の田地の字に『雨《う》多利《たり》』と書けるが見え侍《はべ》るは、宇奈太理の社の旧跡にて侍ると、社は廃れて、今は字のみ残り侍る」とみえる。今の不退寺《ふたいじ》付近に「宇多利」の地名が残っていたらしい。『万葉集』に「妹《いも》が家に、伊久里《いぐり》の杜《もり》の、藤の花、裳引き平《なら》しし、菅原の里」（巻二〇―四四九二）と歌われ、「中臣祐重記」（『春日大社文書』）には「穴栗神社、井栗神社若宮神主云々」と記し、「井久里の森」とも伝えられた。現横井町の同社境内には、最近、万葉学者北谷幸冊氏の歌碑が建てられた。つまり、「宇奈多利」「宇奈太理」が「雨多利」に、「穴咋」「穴栗」が「阿久里」「井久里」に転訛・改字したことになるのでは。

「宇多利」地名が現在の不退寺（一条高校付近）に推定されているが、同地は日本最初の公開図書館「芸亭《うんてい》院《いん》」遺跡に指定されている。この「ウンテイ」の院名も古くは「ン」の発音はなく、「雲火《うねび》」「雲梯《うなて》」の「雲」（ウン）のように母音を加え、「ウネ」「ウナ」と発音し、ナ行音に開音節化、「ウナテイ」であったか。宇奈多理神社の別名、「楊梅天神」は平城宮の「陽明門」（ヨウメイ→ヨウバイ）にかかわる地名か。境内に「桜梅天神」（同社石標）とある「桜」は「楊」の誤写であるかも。古語の「ウナテ」「ウナタリ」は楊梅谷の傾斜地形語であったことが考えられる。（I）

## 穴師《あなし》（桜井市）

三輪山北方の渓谷に立地する。式内・大兵主《おおひょうず》神社の鎮座地。保延六年（一一四〇）の吉野山金峯山寺梵鐘銘には、「大和国式上郡内穴師庄」と刻んでいる。

「兵主」「雨師《あめし》」（雨の神）の名を冠した神社は、式内社では大和国以外に和泉・三河・近江・但馬国など、約二〇社を数える。兵主の語は軍人・兵庫関係者の守護神とする説が有力である。

「大倭社注進状裏書」に「穴師神社は鈴之矛なり。両社共神躰は矛となす。故兵主神と云う。また天鈿女命、始めて笛を作り之を吹く。其鎮座之地、すなわち穴師と云う」とみえ、穴師の地名説話を載せている。

諸国の兵主神社の祭神は、経津主《ふつぬしの》神・武甕槌《たけみかづちの》（建甕槌）神・天忍日命《あめのおしひのみこと》・天津久米命《あまつくめのみこと》・宇摩志麻遅命《うましまぢのみこと》で、いずれも武神としての性格を有している。特に経津主《ふつぬしの》神は物部氏の祖神であり、石上《いそのかみ》神宮の霊剣「布都御《ふつのみ》魂《たま》」の神格化したものであるが、兵主神の神体も矛であることも当然なことであろう。

「垂仁紀」三十九年十月条に、「五十瓊敷皇子《いにしきのみこ》、茅《ち》渟《ぬ》の菟砥《うと》の河上《かはかみ》に居《ま》します。鍛《かぬち》名《な》は河上を喚《め》して、大刀《たち》一千口《ちぢ》を作らしむ。是の時に、楯部《たてぬひべ》・倭文部《しとりべ》・神弓削部《かむゆげべ》・神矢作部《かむやはぎべ》・大穴磯部《おほあなしべ》・泊橿部《はつかしべ》・玉作部《たますりべ》・神《かむ》刑部《おさかべ》・日置部《ひおきべ》・大刀佩部《たちはきべ》、併《あは》せて十箇《とを》の品部《とものみやつこら》をもて、五十瓊敷皇子に賜ふ。其の一千口をは忍坂邑《おしさかのへき》に蔵《をき》む。然《しかう》して後に忍坂より移して、石上《いそのかみ》神宮に蔵む」という記事があるが、この「大穴磯部《おほあなしべ》」とは穴を掘り、採鉱に従事するものを意味したといわれる。また、狭井《さい》神社の祭神媛蹈鞴《ひめたたら》五十《い》鈴媛命《すずひめのみこと》の「蹈鞴《たたら》」も、いわゆる鍛冶・鉄製錬に関係をもつ語であると考えられる。埴《はに》を用いるものを土師部《はじべ》と称したように、穴師は鍛冶の技術に長じた部族の称呼であった。

大兵主神社二社の祭神は、大国主命《おおくにぬしのみこと》・天富《あまのとみ》貴《むちの》命《みこと》・建御名方命《たけみなかたのみこと》・広田大明神で、すべて軍神的性格をもつ出雲系の神である。出雲も砂鉄の産地として著名であり、製鉄・鍛刀の盛んな国で、簸川《ひかわ》の霊剣（草薙剣）説話はその事実を裏書している。すなわち、大和の穴師は、鋳金の技術にすぐれ、穴師部が居を占め、武器の神・兵主の神を祀った。

穴師川上流に廃坑があり、今なお「カネホリバ」と呼んでいる。明治四十一年の陸地測量部地図にも鉱山の記号を付し、事実、穴師神社付近に廃坑が残っていて、明治末年には石英が盛んに採掘されたという。「口の白山」「奥の白山」の地名が示すように巨晶花崗岩が多く、石英から磁器（電気用）を製造し、大正年間、工場には数十人の労働者が勤めていたといわれる。

三輪山の東南には「出雲」の村名が遺存し、金屋村には鋳金技術に熟達した人々の居住していたことが考えられる。

なお、アナセ（東南の風）の吹く地域の呼称とする説もあり、毎年九月一日（二百十日）には同区民が風の神、竜田大社に参拝するという遺習がある。沖縄県にも南風原《はえばる》、東風平《こちんだ》などの村名があり、前者は南風、後者は東風の吹く地である。（Ｉ）

## 兄川《あにがわ》（御所市）

葛城（戒那）山中の櫛羅《くじら》の滝に発源し、現葛城市で葛城川に注ぐ兄川は安位《あに》川の改字。安位寺は櫛羅の滝上の小字寺屋敷にあった寺院。『経覚私要抄』（『安位寺殿御自記』）の「安位寺」で、保元時代の同寺写経六〇〇巻が残っている。古代山岳寺院の存在がみとめられる。（Ｉ）

## 賀名生《あのう》（五條市）

古くは「穴生」「阿那宇」などと表記した。

『吉水神社文書』建武元年(一三三四)二月付坊領証文紛失状に「宇智郡西穴生《あのう》荘」の荘園名がみえる。南北朝時代は南朝の後醍醐・後村上・後亀山天皇の行在所《あんざいしょ》(仮の宮居)であり、この時、現地名に佳字化した。『園太暦』文和元年(一三五二)二月条に「伝聞く今上皇帝穴生の宸居《しんきょ》(帝居)を出せしめ、此間賀名生に改名す、今住吉に赴給ふ」とある。賀名生に「叶う」とかけて、後村上天皇の京都復帰の期待をこめたといわれる。

近世は「加名生《かなふ》荘」で、向加名生《むかいあのう》、神野《こうの》、和田など の十一カ村が属した(『大和志』)。賀名生は丹生《にう》川が曲流する谷間に立地し、元来は川の谷間で、川野谷がアノウ谷に転訛、穴生とも書かれるようになったか。あるいは「垂仁紀」の「穴門《あなと》」が『続日本紀』には「長門」に転じたように、「穴生」を「賀名生」に佳字化したのではなかろうか。和田は「曲《ワダ》」で、地形が入り曲がっている地形語である。神野ももとは川野か。ウメの名所で知られる賀名生梅林は向加名生の下流、和田の付近にある。　(T)

## 油　阪　あぶらさか　(奈良市)

高天《たかま》町の西方に発達した町。中世の布坂《ふさか》庄。興福寺支配下に属し、油坂座衆、符坂油座があった。徳川時代には油坂東方東町、油坂地方西町、油坂村があり、「慶長郷帳」では幕府直領であった。　(I)

## 阿　倍　あべ　(大淀町)

阿部(広陵町―旧阿辺村)、安倍(桜井市)、阿部山(明日香村)、安部田(田原本町)など、アベの地名は大和平野の南部に散在する。「アベ辻」「アベノ花」「阿部前」など、小字にいたっては約二〇例ある。服部《はっとり》・錦《にし》部《ごり》などの地名は機織部、錦織部の二字化とすれば、安部も何らかの二字化地名であろうか。鍛冶部が勝部(勝目)に、笠縫部が笠部(笠目)になった例もある。

余戸は古代五十戸《さと》の義、五〇戸以上の余った戸を余《あまり》部《べ》と称したとする説がある。『和名抄』には全国的にみると、餘部、余戸の郷名は百カ所近くも存在する。「余」は「餘」の、「戸」は「部」の略。余戸はアマベ・アマルベ・ヨゴ・ヨベなど、種々に訓《よ》まれ、天部・甘利・淀・余古などの用字がある。『閑田耕筆』(伴蒿蹊)に「アマベといふは余部《アマリベ》の略語なるべし、今いふ出村のことなるべし」とある。アベは余部の義か。

陸奥国信夫郡余部は転じて「余目」の氏名がみえ、甲斐国巨摩《こま》郡の余戸は、中世、甘利庄と称し、武田忠頼の領地となり、「甘利」を氏名とした。阿波国勝浦郡の余戸はアマコと称し、尼子と書いた。山城国宇治郡の余戸は余古木《よこぎ》の村名を残すなど、余部の地名は意外な用字に転じた。これほどさまざまに訓む例もまた少なくない。吉野郡吉野町に大字「越部《こしべ》」があり、『播磨国風土記』に「越部」の里名がみえる。「コシベ」は余戸と同義の古代地名であろうか。（Ｉ）

**阿部田** あべた （田原本町） 田原本町大字阪手東南にあった旧村。「推古紀」十八年（六一〇）、新羅・任那の使人を迎えた「阿《あ》斗《と》の河辺《かはへ》」とする説がある。この「阿斗」は大和川辺の現安堵町付近の地域と考えられる（「阿斗」の項参照）。阿部田は『大和志』には「坂手村東南人家今亡」とあり、『相模歌集』（九九八―一〇六八）に「あとむらといふ所にありて」と題し「あとむらの里」の歌があるが、同書は平安時代、大和長谷寺に詣でる時の歌集。順路からいえば伏見稲荷から大和の「あとむら」に宿り、次に名所・菅田池（安堵の南）を過ぎ、石上《いそのかみ》布留に至っている。となると、この「あとむら」は「安斗《あと》の河辺」ということになるのでは。また、「阿刀村里」とする『大和志』説は「阿戸村里」の誤写であろうか。阿部田の村は大和川の「河辺」ではない。（Ｉ）

**阿部山** あべやま （明日香村） 高市郡明日香村大字。延久二年（一〇七〇）の『興福寺坪付帳』にみえる中世の阿部山庄。旧名は「阿保山」であったともいい、江戸時代の『大和志』は、『万葉集』の「阿保山」とした。現キトラ古墳の小字（条里制地図）の「上山《うえやま》」の隣接地小字「アベント」の現地発音が「アエント」（『大和地名大辞典』）で、ウエヤマはウベヤマで、阿部山の意か。「上山」のキトラ塚に壁画のあることが判明し、「キトラ」の地名が一躍有名となった。

キトラは同大字北側に位置する方位地名で、いまも小字は「北浦」と書く。北は方位、浦は「南浦」「西《にし》浦《ら》」「東浦《ひがしら》」のウラで地形語。県内には「木寅」「木虎」とも書き、同じく一二〇カ所に分布している。橿原市五条野の植山古墳や御所市の史跡宮山古墳の北側にも小字北浦があり、「キトラ古墳」がある。（Ｉ）

**甘樫丘** あまかしのおか （明日香村） 明日香村のアマカシの丘名は『古事記』に「甜白梼岡《あまかし》」と書き、『日本書紀』には「甘梼岡」とある。現在の甘樫丘は明日香村標識では「アマガシノオカ」、観光案内板では「アマカシノオカ」、国営飛鳥歴史館甘樫丘地区では「アマカシ」となっている。また、漢字表記では「甘橿丘」がある（二〇〇七年二月二十六日・朝日新聞記事）。享保二十一年刊の『大和志』高市郡「山川」の部には「味橿丘、豊浦村に在り、皇極天皇蘇我入鹿雙起家於甘樫丘即此」とある。江戸期には「甘樫丘」と書いていた。

甘橿丘

　ちなみに、「橿原《かしはら》」の市名は『古事記』では「白梼《かし》原《はら》」、『日本書紀』では「橿原《かしはら》」となっている。明治中期の市町村制実施の際には「白橿《しらかし》」の村名が誕生した。また、『古事記』に「吉野の白梼《かし》上《ふ》」は「白梼生」（『応神記』）、「鹿塩《かしを》」（『延喜式』）に転じ、現在では「樫尾」となっている。地名は好字を用い、美称を冠するなど、自由に改めてきた。

　その現甘樫丘は海枝一四三・二メートル、付近の桃花鳥丘・雷丘・真弓丘・越智岡・佐田丘・嗛間丘・玉手岡など、万葉地名はいずれも約一五〇メートル以下となっている。ところが、大和三山となると、「畝傍山《うねび》」（一九九メートル）、「耳成山《みみなし》」（一四〇メートル）、「天香久山《あまのかぐ》」（一四〇メートル）などは「丘」ではなく「山」（『万葉集』）となっている。つまり、万葉歌人は一五〇メートル以下を「丘」とみたのであろう。

　甘樫は丘だけではなく『延喜式』神名帳には丘の西方にも「甘樫坐神社」とあるので、アマカシはやや広地域に命名されていたのであろう。したがって、「甘」は美称、樫は橿（樫）の植物のことでもあろうが、奈良市の「尼ヶ辻」、宇治川の「天ヶ瀬」、吉野川の「天ヶ庄《あまがせ》」など、各地に残るのは地形語で、アマカシはアマガセ（飛鳥川の曲瀬）に起因する丘名であろうか。『播磨国風土記』では「曲り」を「望理」に佳字化した例があり、「曲」の用字を避けた。橿原市の大字「曲川」を「マワリカワ」とした。　（Ｉ）

**天ヶ瀬**　あまがせ　（明日香村）

　京都府平等院前の宇治川を少し溯ると「天ヶ《あまが》瀬《せ》ダム」である。「阿曲瀬《アマガセ》」の意で、「阿」は「曲学阿世」のアで、水曲の義（『説文』）、『名義抄』古訓で「クマ」「キシ」「マガレルキシ」とある。つまり、渕。瀬の地形名である。アマガセは日本全国に実在する地名で、「曲ヶ渕《わんがせ》」とも称し、各地に「椀貸伝説《わんがし》」が残っている（『日本民俗学辞典』中山太郎著）。宇治川の「天ヶ瀬」には「甘樫浜」が残っている。同地の産物（薪炭など）を京都方面へ搬出した川港での『宇治川両岸一覧』には「甘樫浜にて薪を船につみて運送す云々」とあり、「米淅、鮎くみ場の上にあり、云々」とみえ、急流の白波が布目のように米を淅《と》ぐようであったことからコメカシの岸ともいった（同書）。カシは川岸《かし》の義でもある。

豊浦天ヶ瀬（雷丘曲川地域）

　明日香村の「アマガセの渡し」（宝暦元年の『飛鳥古跡略考』）は、「天ヶ瀬蛍」の名所であった。飛鳥川曲流で和田・豊浦・真神（曲水）の地名が続く。和田は曲《わだ》、豊浦のウラは『名義抄』に「大川旁曲」とある。古来、「曲」の語を避けて「曲り」を「望理」とも書いた（『風土記』）。さらに転じて、アマガセ→アマカシは「味白梼」「甜白梼」なども書き、『古事記』『日本書紀』の「枉津日神《まがつひのかみ》」「禍津日神《まがつひのかみ》」にちなむ「言八十禍津日前《コトヤソノマガツヒノサキ》」「辞禍戸岬《コトマガヘノサキ》」の別称があり、一番合戦《イチマガセ》（一須賀のように）のような人名まで発生したという説も。こうしたウラ・マガの地名に付会し、甘梼丘で盟神探湯《くがたち》（卜占）をしたという記事が「允恭紀」にみえる。

　さらに、甘梼丘頂は大和を眺望する景勝地で、『万葉集』の「飛鳥の神名火《かんなび》」で、柿本人麻呂が「大君は神に坐《ま》せば、天雲の、雷《いかづち》の上に盧《いほ》らせるかも」と詠んだ「雷」の丘ではなかろうか。甘梼丘北麓の雷丘ではあまりにもささやかな丘であることから、甘白梼丘こそ「神名火岡」とする説が有力。その丘麓の村が「カンナビ村」→「カミナリ」となり、「雷 村《イカヅチ》」の転読化説も。ちなみに「持統紀」には「此の地」（法興寺を飛鳥の真神原《まがみはら》と名づく」とある。（I）

## アマガセ（奈良市）

　ここに「飛鳥路」というのは大和国高市郡の「飛鳥」のこ

とではない。淀川上流、笠置山東方の「飛鳥路」（京都府相楽郡）のことで、木津・布目川の合流地に所在する。「飛鳥路村」は大和飛鳥に向かう路のことでもない。合流地の州処地《すかち》のこと。布目川を溯ると旧柳生村大字邑地《おうじ》の小字「アマガセ」で、同川の曲流地である。

また、淀川流域の桂川・鴨川が合流する州処地も「飛鳥の里」で、式内・阿須賀多神社が鎮座している。

さらに、淀川水路の「枚方」の津（港）には有名な「クラワンカ茶碗」の伝承があり、本陣、旅宿・茶店が多く、飯盛女などが昼夜賑わしく、酒食を商う舟を俗に「喰わんか船」といった。クラワンはクラ（渕）ワン（曲）のこと。淀川の渕で船（監視船）の停船する所で、名物の土産物を売る舟から「食《くら》わんか、食《くら》わんか」と呼んだことから「クラワンカ船」といわれた。五條市吉野川の二見《ふたみ》（丹生川の合流地）には御蔵《みくら》の城山があって、上流の六倉もミクラのことであろう。ワンガ渕は曲瀬《アマガセ》でもあり、このワンガセから椀貸伝説が起こった。同伝説は全国的にあり、各地に「河渕に祈って椀を借りるという伝説」が残っている。平群町の平群川にも「ワンガセ」がある。いずれも曲瀬である。

天文二十二年、京都の三条西公条《きみえだ》が吉野遊山の途中、曽我川の「曲川」で「曲水の宴」のことを想い出し「さかづきに千歳もめぐる桜花　川はまがりの水にうかべて」の歌を残した。この「曲川」のマガリカワは今はマワリカワという。中には「小ワダ（小和田）」が「コマカリ（小曲）」に転じ「コマガヘリ（駒帰）」の大字となった例もある。　（Ｉ）

## 尼辻《あまがつじ》（奈良市）

尼辻町は現地ではアマガツジ（旧興福院・斉音寺村）と訓《よ》み、近鉄線駅名では「尼ヶ辻」と書く。昭和十五年十一月、生駒郡都跡村から奈良市に合併、同五十年七月「尼辻」に二字化制定。古代条里制の三条大路と一坊大路の交差地で、歌姫越《うたひめごえ》の京街道と大阪街道の辻として鎌倉時代の地蔵石仏（市指定文化財）を安置する。北浦定政の「平城旧跡之図」（文久元年〈一八六一〉）によると「尼ヶ辻」と図示し、斉音寺村（西方）と興福寺村（東方）の旧村であったが、明治二十二年（一八八九）に合併して「尼ヶ辻村」となった。

明治中期には「尼ヶ辻」を「甘壌」と書き、カンジョウと訓《よ》み、「甘壌小学校」が誕生した。三条大路は奈良の横大路であったので、尼辻に接して「横大路村」、「三条村」などもあった。ただし、尼ヶ辻以西は

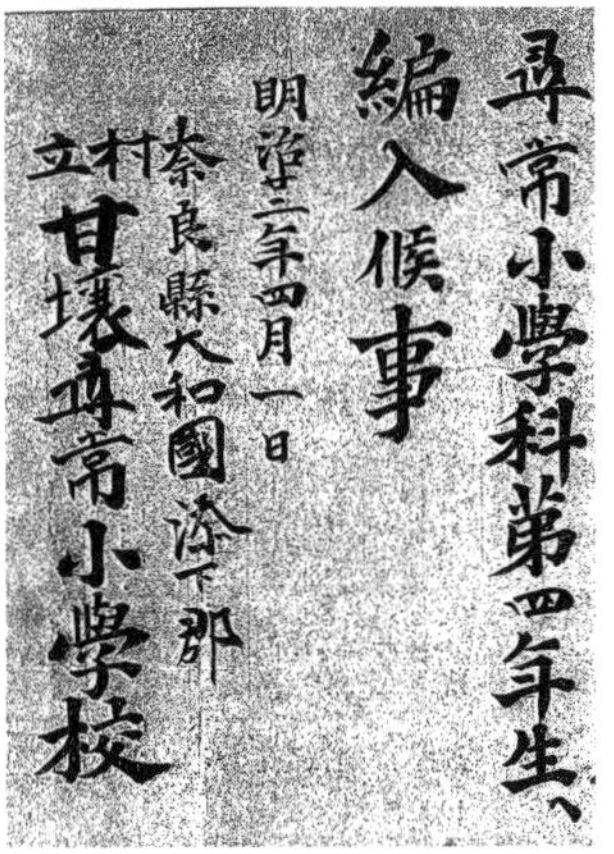


尼辻→「甘壤」（小学校名）

垂仁陵のため条里の延長はなかったといわれる。ちなみに、横大路はヨコオオロに転じ、二字化して「横《よこ》領《りょう》」となり、今も近鉄西大寺駅東部に一部「横領」が残っている。藤原京の横大路は「横内《よこうち》」（大和高田市）、「横落《よこおち》」（桜井市）、「オチンド川（大路堂川）」（橿原市）に転じている。

尼辻の地名については、同地の興福尼院にちなんだ村名ともいわれ、また、水上真人《みなかみのまひと》が「この地味《うま》し」と賞めたという伝承もあり、「唐招提寺千歳伝記」によると、甘辻と書いて、「地味甘し」と土質を賞賛したという説話がみえるが、「曲辻《まがつじ》」にアの接頭語を冠したという説がもっとも妥当か。「あまがつじ」の名は県内にも数カ所あり、共通の道そのものの「まがり」を表した可能性が高い。道路や河川の屈曲をいう例として、県内には尼ヶ庄《あまがせ》（西吉野郡）、「天下辻《てんがつじ》」古墳（御所市）、天《あま》ヶ瀬（上北山村）などがあり、宇治市の「天ヶ瀬ダム」、和歌山県根来寺《ねごろじ》前（大和街道）の「天ヶ辻」が有名。なお、「辻」は道を表す「しんにゅう」に道の十字交差を解説して「十字は東西南北相分かれるの道、その中央十字に似たるなり、俗に辻の字を用ふ」という。すなわち、平安初期にはすでにこの字が成立して使用されていたことが知られる。（K）

## 雨堤　あまつつみ　（桜井市初瀬ほか）

小字「アマツツミ」は大和平野の周辺の地域に残る。「尼堤」「雨堤」「雨包」など約一五例もある。『万葉集』に「雨障《アマツツミ》常する君は…」、「久方の雨も降らぬか雨乍見《アマツツミ》…」などとみえ、「雨障」「雨慎」「雨乍見」という用字は、「天ツ罪」のことではなく、雨期（田植期）に物斎《ものい》みすることで、霖雨期には婚姻まで忌み、禁欲し、田の神に対し敬虔な祈りをこめた所という説がある。俗に懲罰のことを謹慎というが、これもツツシムことであろう。（I）

**雨師**《あめし》（宇陀市）　榛原区旧大字雨師の丹生《にゅう》神社鎮座地。中世の宇太水分神社古図には雨師」の地名を記し、元和郷帳の「あまし村」で、「神武紀」の「菟田《うだ》の朝原」伝承地。寿永三年（一一八四）後白河法皇建立の長講堂領庄園。建久二年（一一九一）の同堂所領注文に「雨師御領」とみえ、貞応三年（一二二四）の「宣陽門院所領目録」に、「大和国雨師社」とある。「宇陀郡田地帳案」に「雨師庄田五町、吉野小河雨師明神領、米二十石…」とあり、両社の関係が推察される。丹生神社は祈雨・止雨の神で、丹生都姫命《にゅうつひめのみこと》を祀り、長楽寺が神宮寺であった。（I）

**荒池**《あらいけ》（奈良市）　奈良市の奈良ホテルの北に位置する池。高畑《たかばたけ》町字菩提・小字「山ノ上」。佐保川の支流、菩提川《ぼだいがわ》（率《いさ》川《かわ》）に築かれた灌漑用の池であるが、地名からはこの地が雑草の生い茂った、荒れはてた場所であったことがうかがえる。『多聞院日記』によれば、天正十七年（一五八九）に豊臣秀長の命によって築かれたことがわかる。天保十五年の「和州奈良の図」には、率川の上流、尾花ヶ谷《おばながたに》に「あら池」とあるが、池の形はなく、河道のみが描かれている。明治二十一年（一八八八）に三条町・杉ヶ町・大森町の三町が大池として改修。同四十年にはこの池を東西に二分し、その中央を南北に道路が通じるようになった（現在の県道奈良・天理線）。荒《あら》池は新池か。（O）

**荒坂**《あらさか》（五條市）　荒坂《あらさか》峠は荒坂古墳群集地。「猫（根子）塚」が有名。奈良時代の瓦窯跡の所在地。栄山寺の永承元年（一〇四六）と保元三年（一一五八）の文書に「荒木坂条…」の記事があり、同寺の弘和元年（一三八一）の田地売券にも「宇荒木」と記されている。現在、「有家《あらき》」の集落名が残る。アラ坂はアラキ坂の下略か。奈良時代の阿田・真土・佐味・重坂は条里制地名である。アラキは殯《アラキ》坂の義か。

また、アラキは新墾と書いた。まだ十分に開墾されていない土地のこと。「斎種《ゆたね》蒔《ま》く荒墾の小田…」（『万葉集』）のように、荒墾《あらき》となり、「荒城」や「荒木」に転じたとみられる。荒坂東方の宇野峠付近に長曽の垣内《かいと》（中字）名がある。延久二年（一〇七〇）『興福寺雑役免坪付帳』に「長蓋条一里」とある条里名は「長曽」の誤写であろう。（I）

**阿波**《あわ》（斑鳩町）　斑鳩町大字。「天武紀」には「飽波」とある。旧平群郡（飽波郡）の内。はじめは斑鳩地域を重視した特別の郡名。正倉院の「幡」に「阿久奈弥《アクナミ》評《コホリ》」、近世は「悪波《アクナミ》」とあり、アクナミのアクは、低湿地のアクツ（圷）の下略語。ナミは連なる状態を示す。斑鳩町大字阿波《あわ》付近は大和諸川の合流地にあたり、常に水害を受けた。

阿波付近では、低地に密生する葦《アシ》から灯芯《とうしん》を採り、最近まで奈良諸大寺へ献納していた。また、葦を加工する笠縫部の居地であったらしく、笠部－笠目の村名を残した。『和名抄』平群郡飽波郷は「阿久奈美」と註し、天平十九年（七四七）の『大安寺資財帳』には、聖徳太子宮居について「飽浪《アナミ》葦墻宮」とある。アクナミは国府《こくふ》がコフとなるように阿波となり、「波」を音読、アハとなったか。　（Ｉ）

**安堵**　あんど（安堵町）　安堵町東方の板東《いたひがし》は大和川舟運の河港、斑鳩・飛鳥間を斜行する太子道が通る。板東は「板屋ケ瀬」のこと。同地を南下して屏風《びょうぶ》・伴堂《ともんど》・保津《ほっ》・豊田《とよだ》・今井蘇武橋《そぶばし》を経て飛鳥に向かう古代交通路を「スジカイ道」ともいう（『玉林抄』）。「推古紀」二十一年条には難波から飛鳥に大道を置くとある。

「推古紀」十八年十月条に、新羅・任那の使者が阿《あ》斗《と》の河辺に上陸、在地の荘馬《かざりうま》の長、額田部連比羅夫《ぬかたべのむらじひらふ》がこれを迎えた。「雄略紀」七年条にも「倭国《やまとのくに》の吾《あ》砺《と》の広津邑《ひろきつのむら》」の名があり、この阿砺は「アドノマエ」（窪田）、「阿土西」（大字岡崎）、「アドノ辻」（大字西）などの小字が近接して残っている。額田部西方の大和川辺は古代水陸交通の要地であった。　（Ｉ）

**飯貝**　いいがい（吉野町）　吉野川岸の旧大字。同地に「猪飼山」の小字が残る。イイガイ・イガイは猪飼（ヰカヒ）の義。古代の猪養部《いかいべ》の居住地か。たとえば、吉野郡川上村に井光《イカリ》の大字があり、「猪ノ尻」「猪ノ谷」の小字がある。イカリは奈良市の「穴咋《あなくひ》」が「穴栗」に転じたように、イカヒ→イカリに転訛したか。吉野川下流には犬飼（五條市）の大字がある。また、「神武紀」には阿田鵜養《うかい》の記事がみえる。いずれも古代職業部にかかわる地名。

『和州旧跡幽考』には「猪飼山、飯貝ともいふにや、上市村の川むかひにあり、ふなはり山は本善寺の近き所にあり」とみえ、『大和志料』によると「猪養《いがい》は猪を飼食するものの氏なれば、古、その部属ここに住せしより地名となれるを、後世、訛して飯貝となれるならん、故に山名には猪養の字を用ふ」とある。（T）

**飯盛山**《いいもりやま》（奈良市）

若草山の北にある小山。標高二二八メートル。山容が飯を盛ったようにみえることから名づけられた。奈良時代の東大寺山堺四至図（「正倉院文書」）には、東大寺の寺地の北堺に「飯守峯」を描き、北麓佐保川流域に「二堺飯守道」と記している。『続日本紀』宝亀元年（七七〇）二月条に、西大寺東塔の心柱の礎石を東大寺の東の飯盛山から得たことがみえ、飯盛山は奈良時代の社寺建築の礎石などの供給地であったらしい。『多聞院日記』には、永禄十年（一五六七）ごろ飯盛山城があったことがみえる。『大和名所図会』には、「ならのさらし場」の絵があり、その背景は春日山や若草山とともに「いもり山」が描かれている。（O）

**雷**《いかづち》（明日香村）

「出雲国造神賀詞」によると、大物主《おおものぬし》神の御魂を大御《おおみ》和《わ》の神奈備《かむなび》に坐《いま》せ」とみえ、「御子の阿遅須伎《あじすき》高彦根命を葛城の神奈備に、事代主《ことしろぬし》命の御魂を宇奈提《うなて》（雲梯）に、賀夜奈留美《かやなるみ》命の御魂を飛鳥の神奈備に坐せて、皇孫命の近き守神と貢《まつ》り置《お》きて…」とあり、出雲系（賀茂の神）を大和の各地に祀られた。さらに、奈良・竜田、宇陀・吉野・山辺地域などにも配祀されている。この「賀茂」は「神」の転で、諸国に「賀茂」地名がみられた。大神《おおかみ》とは美和《みわ》の神で、美和山は「神の森」の意で、神奈備であった。カミノモリの母・子音が脱落してカミノリ→カミナリ（雷）→イカツチなどに転じたか。

『万葉集』に「神名火《かむなび》の伊波瀬《いはせ》の社《もり》の…」（巻八―一四一九）、「神名火の打廻《うちみ》の崎《さき》の石淵《いはふち》…」（巻十一―二七一五）とある明日香の神名火山は現在の甘白梼《あまかし》山か、雷《いかづち》丘などの説がある。

ちなみに、斑鳩町の三《み》室《もり》山には大字神南がある。三室山は「御森《みもり》」のこと。すなわち、神奈備山で、「神南」と書き、ジンナン村と音読しているが、明日香村では「雷」と書き、イカツチと訓読した。『日本紀略』の天長六年（八二九）の記事に「神託によって神奈備山飛鳥社を同郷鳥形山に遷祀した」とある。つまり、神奈備山は甘樫山のごく近くにあったことが窺い知ることができる。

最近、雷丘から五世紀頃の古墳を発見。円筒埴輪数百個が検出した。古墳のような小丘では「天雲の神名火丘」とは到底考えがたいということから甘樫丘説が有力視されている。（I）

**井光**《いかり》（川上村） 吉野川支流、井光川流域にある川上村の大字。

『大和志』に「碇」と書く。「神武紀」に、吉野行幸のとき「人有りて井の中《うち》より出でたり。光りて尾有り」、「汝《いまし》は何人《なにもの》ぞ」と天皇が問うと、「臣《やつかれ》は是国《これくに》つ神なり。名を井光《ゐひか》と為《い》ふ」と答えた。井光は「吉野首部《よしののおびとら》の始《はじめの》祖《おや》なり」とある。「神武記」では「名は井氷鹿《いひか》」とあり、『新撰姓氏録』には、吉野連《むらじ》は「加彌比加尼《かみひかね》の末」とみえる。吉野川下流に吉野町大字飯貝がある。本居宣長『古事記伝』は井光を飯貝と考証している。同町には猪養山、井光社祠がある。吉田東伍も、井光を飯貝《いひかひ》に比定して、「飯貝村は、井氷鹿（『記』）、井光（『紀』）、比加尼（『姓氏録』）とあれば、もと井ヒカより井ヒカリに移り、更に井を脱去し、リをネに転し《じ》たりと知るべし」とする（『大日本地名辞書』地名総説転訛論）。井ヒカが井カヒ→井カイとなり、子音（r）を加え井カリに転訛、井光の佳字を充用、イヒカリ→イカリ（碇）となったのではなかろうか。イカリは井カヒ（猪養部の略）の転訛か。「井」「猪」の音は井である。「雄略紀」二年十月条によると、「天皇、吉野に御猟し、また、菟田御戸部《うだのみとべ》らをして宍人部《ししひとべ》を置く」とある。元来、吉野・宇陀の山奥は猪の棲息地であったといわれる（『地名伝承学論・補訂』）。（T）

**斑鳩**《いかるが》（斑鳩町） 法隆寺・法輪寺・法起寺の所在地として全国的に有名。イカルガは「斑鳩《いかる》の群居に因む」という地名説話がある（『和州旧跡幽考』）。

イカルガはマダラバトが多く棲息し、三光鳥・マメマワシ（豆美《まめうまし》）の名もある。体は灰色、頭と翼・尾は藍黒色、いかにも怒るように啼《な》くという。イカルガにあえて斑鳩の文字をあてるのは、斑はアカツ―イカツ、鳩はキウで、イカルガの近似音用字であるとも。百舌鳥・桃花鳥をモズ・トキと訓むように。（I）

**生駒**《いこま》（生駒郡） 「神武紀」に、天皇が胆《い》駒《こま》山を越え、大和《やまと》に入国したという記事がある。『万葉集』には、「神さぶる生《い》駒《こま》の高嶺《たかね》」、「射駒《いこま》山飛ぶ火が岳」とあり、大和から難波《なにわ》へ出る道路には日下《くさか》（草香）越《ごえ》、暗《くらがり》（鞍ケ嶺《くらがね》の転《てん》訛《か》）峠、十三越《じゅうそごえ》が残されている。旧郡名を平群《へぐり》（辺《へ》国《ぐに》といったように、イコマはイ（接頭語）・クマ（隅・隈）―コマを意味する語であろう。事実、県の北西部に位置している。「平群《へぐり》」は「辺郡《へぐに》」の意。平群東南隅には「熊凝《くまごり》寺」（隅郡《くまごおり》の義か）、同地を「平端《ひらはた》町」（平群の端のこと）といい、近鉄線「平端駅」がある。方位地名。（I）

**率川**《いざがわ》（奈良市）　奈良町の中心を流れる川で、上流からしばしば別名を付けて呼ばれている。すなわち、子守社《こもり》のあたりでは子守川といい、西流して佐保川に注いでいる。率川は、別に卒川（『紀』）、伊邪川（『記』）、伊謝川（『令集解』）とみえる。『大倭注進状』に引く「大神氏家牒」に「春日率川邑本名狭井川邑」とあり、もとは狭井《さい》川と称していたとみられる。狭（サ）は接頭語であろう。「開化紀」によれば、天皇は春日率川宮に都を定め、率川坂上陵に葬られたという。（O）

**石木**《いしき》（奈良市）　明治九年、石堂村と木島《このしま》両村の合成地名。木島は登弥神社の天文八年（一五三九）の記録に「木嶋大明神…下鳥見之内」とある。コノシマは「川《こう》ノ島」の義、「川」は西河（吉野郡）をニジッコ、大川（山添村の縄文遺跡）をオオコというように、「コ」と発音した。（I）

**石田**《いしだ》（宇陀市）　旧榛原町大字。『和名抄』宇陀郡漆部郷か。石田は砂礫の多いところ。（I）

**石塚**《いしづか》（大淀町）　大峰山（山上詣の第一行場―車坂峠）として知られる。河内・和泉国からの修験者は水越・竹内峠を越え、大峰山を望むところまで来ると、泉州川原より持参してきた石を置き、身を正して道中の安全を祈った。大正十二年頃までは役行者を本尊とする行者堂が建っていた。石塚傍の大型五輪供養塔には「六百人念仏衆造立」「正和四年乙卯月八日」と刻銘する。また、同時代の大型五輪塔は當麻寺門前の辻堂、御所市大口峠近傍、同市風ノ森峠の頂上（観音寺境内）、五條市（高野街道近傍）などにも残っている。おそらく念仏衆の建立したものであろう。（I）

**石作**《いしつくり》（橿原市）　天太玉命《あめのふとたまのみこと》神社東北方約五〇〇メートル、旧大字曽我には小字「八木部」（矢矧部か）」「石作」があり、古墳時代中期から後期にかけての遺跡調査（昭和五十八年六月）の結果、勾玉《まがたま》・管玉《くだたま》・丸玉（滑石・水晶・こはく・めのうなど十数種）などの玉類の原石を検出した。原石は近畿・北陸・山陰など全国各地から集めてきたものと判明、約六〇個の砥石（工具用）を含む玉類三〇万個以上が出土した。五世紀から六世紀前半にかけての、大和政権直属の玉作工房跡と推定されている。ちなみに同市内には「玉作り」（上品寺町）、「インベタ」（中曽司町）の小字が残っている。　（I）

石舞台古墳

**石舞台**《いしぶたい》　（明日香村）

飛鳥島之庄の古墳名。蘇我馬子《そがのうまこ》の墳墓説がある。石舞台には、月夜に狐が石室の上で踊るという説話がある。石舞台は「石《いし》太《ぶと》屋《や》」（『西国名所図会』）とも書かれているが、大和国では地形の高台を「ブタイ」という。近年まで方形墳の中央に石槨が露出していたので「石舞台」といった。　（I）

**伊勢街道**《いせかいどう》　（桜井市）

大和平野南部、桜井市を東西に貫く伊勢街道（別名初瀬街道）は古代以来の重要路で、特に江戸時代の「お伊勢参り」は、道中の名所古跡を訪ね、自然と風土を見学、特に若者にとっては貴重な人生経験の旅―一種の成人式でもあった。

伊勢参宮を機会に「大和巡り」をする人も少なくなかった。当時、大和の奈良・長谷・三輪・吉野・竜田などは代表的な名所として知られた。今も路傍に「左たつた・左なら道」、「右たへま・左よしの」などと刻む石標がみられる。この石標を調べ、近世交通路の変遷を探る人もいる。こうした道は古代の交通路にもつながる貴重な研究課題として注目されてきた。かつて氷室長翁や貝原益軒らは『芳野紀行』や『南遊紀行』を書き、松尾芭蕉や本居宣長らもしきりに大和路に足跡を残した。

伊勢国から大和路を志した人々は、いわゆる「七在所巡り」をした。神宮前の六軒茶屋に「やまとめぐりかうや道…大和七在所巡道」と刻む石標（江戸期）がある。この七在所とは、寛政九年（一七九七）『道中案内記』（藤原長兵衛著、浜松市立博物館蔵）によると、「伊勢参宮して大和の寺社を巡り、高野へ行き、住吉、天王寺、石清水へ詣で、宇治、伏見を見て京《みやこ》へ上り、三井寺、石山を巡路として帰る。是を七ざい所巡りといふ…」とみえ、いわゆる七在所の位置がおよそ理解される。また、同書には「名所を通れども、名所なりとしらず、名山・名水・名木・名石など、その傍を通りてそれと知らず、かつらき・たかまの山（金剛山）をさへ、大和にて何方にありともしらざるものあり、是盲人のめぐりたるに似たり…なげかはしきことなり…」とある。（Ⅰ）

**磯野**《いその》（大和高田市）

石園坐《いわそのにいます》多久豆玉《たくずたま》神社の鎮座地。建久四年（一一九三）の「平田庄物追捕使注文案」（『談山神社文書』）に「職冠御供所磯野郷」とあり、その地域は現在の今里・片塩・磯野東・三倉堂・東中付近。また、イハソノは祝園で神を祀る聖地か。多久豆玉神は爪工《つまだくみ》（造蓋司《ぞうがいし》）の祖神。多久豆玉の神は多久美《たくみ》の神の義か。「多久豆」の「豆」は「美」の誤写か。

『卯花日記』にも「式に見たる石園坐多久虫玉神社也。石園は今は磯野といふ。すべてさしも名ありし御神の御名さへも、末の世になりてはあらぬ名に誤りゆくぞ、いと口をしきわざなれ」とある。また、三条西公条の『吉野詣記』（天文二十二年〈一五五三〉三月六日）には、吉野からの帰途、当時の高田泊瀬寺に立ち寄り、極楽寺に泊まったことを記す。『感身学正記』（文永三年〈一二六六〉二月十六日）に「磯野極楽寺で千五百十八人が菩薩戒を受けた」とある。

磯野を東西に貫通する横大路線上、耳成山付近に「妻田組」「カンサシ」などの古代地名が残る。（Ⅰ）

**石上**《いそのかみ》（天理市）

イソノカミは別に布留《ふる》ともいう。石上神宮の鎮座地。「顕宗紀」に「いそのかみふる神杉」、『万葉集』には「いそのかみふるの山なる杉むら」「いそのかみ神ふる川」などの歌がある。本居宣長は「イ」を接頭語とし、「ソノカミ」は「古」を意味すると説いた。石上朝臣《あそみ》宅嗣《やかつぐ》は、奈良に芸亭《うんてい》院（公開図書館）を開いた。また、石上池（「斉明紀」）の石上溝《うなて》（「履中紀」）が有名。石上神宮は経津《ふつ》御魂《みたま》神を祀《まつ》るとみえ、「垂仁紀」には大刀一千口を献じたとあり、兵器の神庫があったと伝える。（Ⅰ）

## 井足《いだに》（宇陀市）

寿永二年（一一八三）の仁和寺宮令旨（「興福寺文書」）に「井谷庄」とみえ、『宇陀郡田地帳案』には「井谷上・下庄…」とある。「井」は泉の意、「谷」を「足」と書く例は少なくない。高知市・香落渓・上高地などの「高」「香」は「川」で、矢田・八田・川原屋などの「矢」「八」「屋」も「谷」の佳字であった。

上井足・下井足は井谷とも書く。中世の上・中富庄か（宇太水分神社古図推定）。芳野川・宇陀川合流付近の旧村名。地名は井谷。『延喜式』の「神足神社」鎮座地の京都府下JR「神足」駅名はコウタリと称していたが現在は「長岡京」駅。

下井谷に「井ノ谷」の小字があり、古井（三十八社）を中心に上・下井谷に分かれている。中世、井足庄。慶長六年松山藩、元禄以降幕府領。

大和方言では「谷」をタン（丹切《たんぎり》・谷瀬《たんぜ》など）、埴坂を半坂（宇陀市）というようにニ→ンに転音する。国名の信濃・因幡・讃岐のンはナ行音に開音節化し、シナノ、イナバ・サヌキになった。稀には播磨《はりま》・平群《へぐり》（辺《へ》国《くに》）のように、ン→リ音に変化する例もある。（I）

## 市尾《いちお》（高取町）

「斉明紀」四年条によると、「甲申《かふしん》に、有間皇子、赤兄が家《いへ》に向《ゆ》き、楼《たかどの》に登《のぼ》りて謀《はか》る。夾膝自《おしまづきおの》づからに断《お》れぬ。是《ここ》に、相《しるし》の不祥《まさがなきこと》を知り、倶《とも》に盟《ちか》ひて止《や》む。皇子《みこ》帰《かへ》りて宿《やど》る。是の夜半《よなか》に、赤兄、物部朴井連鮪《もののべのえのゐのむらじしび》を遣《つかは》し、造宮《みやつく》る丁《よほろ》を率《ひき》ゐて、有間皇子を市経《いちふ》の家《いへ》に囲《かく》ましめ、便《すなは》ち駅使《はゆま》を遣して、天皇の所《みもと》に奏《まを》す。」とある。蘇我赤兄《そがのあかえ》臣が有間皇子に語って「天皇の政事に三つの過失がある。大きな倉庫を建て、民の財産を集積したことが一つ、長い溝を掘って公の食糧を浪費したことが二つ、舟に石を載せて運び、丘としたことが三つ」といった。ここに有間皇子は赤兄が自分に好意を示したことを知り、欣然として「私は兵を挙げる時が来た」と叫び、赤兄の家に行き楼に登って謀をめぐらしたが、これを中止し、皇子は帰宅して寝た。この夜中に赤兄は、物部朴井連鮪《もののべのえのいのむらじしび》を遣して有間皇子を「市《いち》経《ぶ》の家」に囲ませ、すぐさま駅使をつかわし天皇に奏上した。この一件から皇子は謀反を起こしたことになり、「藤白坂《ふじしろ》」で絞刑に処せられた。

記事中の「市経の家」は生駒郡の「一分《いちぶ》」説がある。この「一分」は東大寺領の三分の一という意味から生まれた地名であった（『奈良県の地名』平凡社）。しかし、飛鳥と直線距離で約二四キロメートルもあり、皇子の宮の住地とするのは疑問である。それよりも、飛鳥に近い同郡の「市尾村」とすべきであろう。紀州路に通ずる「市尾」は「櫟生」と考えられる。ちなみに、松尾寺をマツノオテラというように、「市尾」（現近鉄線「市尾《いちお》」駅）の現地呼称は「いちのお」である。（I）

## 櫟本《いちのもと》（天理市）

大和川に注ぐ佐保川の支流、高瀬川流域に立地する集落で、JR桜井線櫟本駅（明治三十一年開業）がある。「櫟本」は荘園名として奈良時代からみえる地名で、「市本」「一本」とも書いた。また、それより古くは「櫟井」とも記していた。明治二十二年までは村名、昭和二十九年までは自治体名「櫟本町」となり、同三十三年、「天理市櫟本町」となる。

一説には「櫟本」は市場にちなむとしているが、イチヒガシの植生にちなむ地名とも。（Y）

## 市場《いちば》（大和高田市）

當麻寺《たいまでら》東方（横大路）の市場地名。天永三年（一一一二）の「某処分状」（「東大寺文書」）によると、「処分、大和所領田畠事　合拾肆町陸段半者、在葛下郡（中略）廿四条六里廿坪一町　八木北、廿五坪五反長原居坪（中略）廿三坪五段　柳田西坪」とある。「八木北」は、当大字小字「中八木」「下八木」、「柳田西坪」は「柳田」付近で、「長原居坪」は俗称「名倉池」（池田に小字〈名倉口〉あり）であろう。当時、平田の庄官に「万歳殿」の名がみえ、のち、万歳氏一族が源頼朝より葛下郡《かづらきのしものこおり》に采地を与えられ、「万々歳相違あるべからず」と賞せられたという（『万歳氏系図』）。大字當麻・染野・今在家・鎌田・勝根・大橋・中・野口・市場・池田・大谷・築山・神楽・有井・岡崎・大中の十六カ村を万歳荘といった（『大和志』）。（I）

## 一里塚《いちりつか》（奈良市）

奈良市押上《おしあげ》町の南端にある。平城左京京極大路（京街道）が一条大路と交わる東大寺国分門《こくぶもん》（西大門）前の雲井《くもい》坂に榎《えのき》の大木があり、その傍らに「一里塚」の石標が建てられている。当地の一里塚がいつの時代にどこを基点として設置されたかは未詳であるが、『奈良坊目拙解』には「南京より諸道に至るに、この塚をもって定式となす。今に絶えることなし」とある。中世南京の中心が東大・興福両寺付近にあったことからみれば、この記事にも一理はある。同書には、織田信長が三十六町を一里としたこと、またその際近臣が塚に松・杉などを植えるべきかを聞いたところ、信長は松・杉は不可、餘《よ》の木を植えるべしといったのを、近臣が餘の木を榎と聞き誤って榎を植えたという逸話を載せている。

織田政権下の一里塚の制度の実態は未詳であるが、『本朝世事談綺』に、天正年中（一五七三―九二）織田信長が三十六町ごとに一里塚を築き、榎を植えたと伝えているので、『奈良坊目拙解』の一里塚の記事も見すごすことができない。一里塚は一般には徳川時代の制度をさすが、当地の一里塚は近世初頭にさかのぼる可能性がある。『大和名所図会』には、雲井坂の傍らに大きな樹木（榎）が描かれ、「一りつか」と書き入れらえている。（O）

### 出水《いづみ》（明日香村）

明日香村の小字「出水」は、今は「デミズ」と呼称しているが、「出水」は水の出口（外へ流れる）でなく、反対に清水を導く所―出水（イヅミ）であったか。対語の小字「水落《みづおち》」は大字尾曽・岡・飛鳥・島庄などに、「用水落ち」の地として残っている。「出《で》ず」と「出《い》づ」は別語。県内には「出水」「泉」の関係の小字は約二五〇例、同出水・手水などが約二〇例ある。他国の例をあげると、

| | | |
|---|---|---|
| 泉郷 | 『延喜式』 | 越前国出木郷 |
| 伊豆美 | 〃 | 阿波国出木郷 |
| 伊都志 | 『風土記』 | 播磨国出石郷 |
| 以豆之 | 『延喜式』 | 備前国出石郷 |
| 以豆倍 | 〃 | 備中国出部郷 |

などがある。

「崇神紀」十年条には「河を挟《はさ》みて屯《いは》みて、各相挑《あひいど》む。時の人、改めて其の河を号《なづ》けて挑河《いどみかは》と曰《い》ふ。今、泉《いづみ》河といふは訛《よこなま》れるなり云々」とあり、「崇神記」には「其地《そこ》を号《なづ》けて伊抒美《いどみ》といふ。今は伊豆美《いずみ》といふなり」（山城国）とある。また、『万葉集』には「泉川ゆく瀬の水の絶えばこそ大宮どころ…」とあり、『新古今集』には「みかの原わきて流るる泉の川」とみえる。おそらく、現木津川付近の水の湧き出ずる泉のことをいったのであろう。

『播磨国風土記』の「出水里」の条には「此の村、寒泉出ず、故《かれ》、泉に因み名と為す」とみえる。「出水」は、「泉《いづみ》」のことであろうか。（I）

**出雲**　いづも　（桜井市）　旧初瀬町大字。島根県にも「出雲」「恵曇」（『和名抄』）の郡・郷名がある。いわゆる国号地名か。出雲の用字は雲とは無関係。大和には備後、但馬、吉備、筑紫、長門などというように二〇数カ所の国号地名がある。古代における中部及び西日本と、大和との文化交流を示すもので、出雲国の文化が大和に移入したことが考えられる。「垂仁紀」三十二年七月の条には大字出雲付近には野見宿禰《のみのすくね》にちなむ出雲伝説があり、いわゆる出雲人形の製産地でもあった。京都伏見の伏見人形の製作技術も大和から移したと伝える。（Ⅰ）

**稲渕**　いなぶち　（明日香村）　飛鳥川上坐宇須多伎《あすかかわかみにいますうすたき》比売命《ひめのみこと》神社鎮座地。石舞台東南の谷間、妹峠《いもとうげ》に向かう所に村落がある。『大和志』には「稲、別に南に作る」とあり、イナブチ、またはミナブチとも呼称する。「用明紀」「推古紀」には「南渕の坂田」とある。この地域には棚田が多いので、「坂田」は急斜面の地形であろうか。近くには大字坂田もあって、坂田寺跡が有名。『続日本紀』には「蜷渕－ニナブチ」の用字があるのは、当初はミナフチ（水渕の意か）で、ニナブチは、壬生《みふ》－丹生《にふ》（水源地）が相通の語であったように、ミナブチの転訛語であろうか。ミナブチがやがて頭音を略してナブチになった。水分《ミクマリ》が「子守《こもり》」に、二上山中の弥勒《みろく》谷がロクタニ（鹿谷）寺に誤写したように、当初の地名が、いつしか転訛、誤写する例は少なくない。

飛鳥の棚田（坂田）

「皇極紀」によると、同天皇が「南渕の川上」で四方を拝し、雨乞いをしたという記事がみえる。また、「天武紀」によると、南渕の細川山の伐木を禁じ山林保護のことを勅し、水源の涵養につとめたという記事もある。さらに南渕川の発源地には水神を祀る丹生神社があり、南渕集落には宇須多伎比売《うすたきひめ》神社（水神か）が鎮座している。

南渕集落の南端にある竜福寺境内には竹野王の碑と伝える層塔の碑文には「朝風の南談武峰」の地名がみ

える。この「朝風」の語義は不明であるが、地名である限り命名の理由があったにちがいない。近くに「朝鍛冶《あさかじ》」の小字があるのは「朝風」の転訛語か。飛鳥川の渕・瀬は『万葉集』などに多く詠われているが、「朝風」は「浅ヶ瀬」の好字化地名か。　（Ｉ）

## 犬飼《いぬかい》　（五條市）

『西大寺田園目録』に「宇智郡阿田郷下野条三里十七坪一段犬飼原」とあり、現在滝町に小字「イヌコハラ」が残る。「安閑紀」二年条に「詔して国国の犬養部《いぬかひべ》を置く」とあり、「皇極紀」には「葛城稚犬《かづらきのわかいぬ》養連網田《かひのむらじあみた》」の名がみえる。旧坂合部《さかいべ》郷に「犬養」の村名がある。これらの部民は宮門の警衛、国境の画定などを行った隼人か。同市には犬飼山遍照院（転法輪寺）が所在、狩場《かりば》・丹生両明神を祀る。空海が犬飼の白黒二狗の先導によって高野山を開いたという、地名にちなむ説話がある。　（Ｉ）

## 井上《いね》　（田原本町）

東・西井上に分かれる。井上はイネと発音、井ノ上の上《へ》は「辺《ほと》り」の意。山上《やまのへ》・陵上《おかのへ》・川上《かわのへ》の「へ」である。普通、川上といえば川の上流という。古代語の「上《へ》」はその近傍ということ。たとえば飛鳥川上・丹生川上といえば飛鳥・丹生の川辺のことをいう。ヰノへの母・子音が脱落してイネとなったもの。「坂ノ辺」がサカネ（三郷町坂根）となる例もある。「慶長郷帳」では「稲井村」とみえ、「元禄郷帳」には「西井上村は東井上村之枝郷」とある。

東井上《ひがしいね》北部の小字「マイ田」は今井田の語頭音を略したものか。葛城市の小字「内今井」について、『三箇院家抄』には「内舞」と書き、『道の幸』（屋代弘賢）は「今在家」を「今崎」と誤写している。イマイはおそらく「今居」のことで、新しく開けた村のことである。

## 樋野《いぶり》　（御所市）

『和名抄』巨勢《こせ》郷の曽我川岸の地名。樋野《ひの》は五万分の一地図（国土地理院発行）には「樋野《いぶり》」と記す。享保二十一年の『大和志』には「樋野、旧名飯降」とある。寛喜二年（一二三〇）の良俊陳状に「高市郡伊夫里郷」（『春日大社文書』）とみえ、当時、巨勢郷が高市郡に属していたことがわかる。『新撰姓氏録』右京皇別条によると皇極天皇の時、勅命を奉じて葛城長田を佃《つく》ったが、その地形が甚だ高く、ために灌漑の便を得なかった。荒人は機術を用いて長械を作り、人工の水路で水を導き良田とした。現在の柏原「長田池」付近である。天皇大悦し、椷田臣《ひだのおみ》（斐田臣）の姓を賜ったとある。同地の權現堂古墳は同氏の墳墓と伝承する。

樋野の「樋」は『和名抄』には「椷、和名以樋《いひ》」、『伊呂葉字類抄』には「椷、イヒ也」とある。『紀伊国続風土記』には「按ずるに、伊夫里は椷入《いひいり》の義なるべし、椷は堤の水を通ずる具にして所謂樋なり、イヒイリを約めてイヒリと唱ふへきを音通にてイフリと唱へしなり」（和歌山県かつらぎ町飯降《いぶり》）とみえ、さらに、同県の「土入」の村名については「因て川に圦を作りて水をたくわえて田畑の用水とす、土入川今猶然り、圦はすなわち揖理《いぶり》にて本字は閘の字なるべし、俗にこれをエブリといひて圦字を用ふ。然れは此地も圦と書くを誤て二字とし土入と書く云々」あり、『和名抄』九条本の薩摩国郡名「揖宿」（以夫須岐）も「指宿」に転じている例がある。かつて『葛村史』編集の際、樋野村から土管出土した事実のことを現地古老が語っていた。（I）

## 今井 いまい （橿原市）

「今井」は「新井」でもある。「新」はアラと読み、「荒れる」の意からこれを避け、荒井・荒居なども好字化した。「今川」「今住」「今田」なども「新川」「新住」「新田」などに転じた。新井白石（一六五七～一七二五）の新井もはじめは「荒井」とも書いた。和歌山県では荒川を安楽《あら》川とし、江戸の葦原が吉原となり、滋賀県でも脚身《あしみ》の発音を避けて善積《よしづみ》とした例もある。（I）

## 今木 いまき （大淀町）

大淀町今木川流域に位置する大字名。『万葉集』に「藤波の散らまく惜しみ霍公鳥《ほととぎす》、今城《いまき》の岳《をか》を鳴きて越ゆなり」（巻一〇―一九四四）とあり、今城の岳は当地とされる。「雄略紀」即位前紀条には「新漢擬本《いまきのあやのつきもと》南丘」、同七年条に「今来の才伎《てひと》」とあり、今来・今城（伊麻紀）・新漢《いまき》（イマキノアヤの略称）などの用字がある。

「欽明紀」七年条には「倭国今来郡《いまきのこほり》」とあり、現在の高市郡明日香村檜前《ひのくま》から大淀町今木にかけてが郡域とされる。今木はその遺存地名である。「今木は新木《いまき》の借字」（『大和志料』）とあるように、イマキの「今」は「新」と同義で、「今来」とは字義が示すように、新来の意で、渡来人の居住地というのが通説である。

しかし、「イマキ（今城、新漢）」は「アラキ」「ニヒキ（ニキ）」でもある。「アラキ」は「殯《あらき》」「荒城」などの意で、「殯《モガリ》」のこと。『日本書紀』神代下に「喪屋を造りて殯し哭《な》く」とある。「今城」の「城」は墳墓・墓所を意味する「奥津城《おくつき》」の「城」である。「斉明紀」四年条に、八歳で死去した皇孫建王のために「今城谷の上に殯を起てて収む」とある。御所市の「今出」は「今城《いまんじょう》村」と「出屋敷村」の合成地名。

奈良県内の前方後円墳付近にイマキ、アラキ地名が多く残っている。大和郡山市の「新木山古墳」（陵墓参考地）、北葛城郡広陵町の「新木山（仁基山）古墳」、五條市の「荒木坂古墳群」（荒坂）などがある。（T）

## 今国府《いまごう》（大和郡山市）

大和郡山市に「今国府」（近鉄線「筒井」駅付近）がある。国府《こくふ》とは律令時代、国々に設置した政庁で、『続日本紀』には「国庁」の名としてあらわれる。国府の立地条件は中央政府との交通が極めて至便な開化地域、政教の中心地などに設置された。『和名抄』によると「大和国府、高市郡に在り、行程一日　十五郡を管す」とみえるが、大和の国府跡についてははっきりしない。一説として八木町（国分寺説）が知られる。

『大和志』に「国府神祠、土佐村（高取町）」と記し、嘉保二年（一〇九五）の「大江公仲処分状案」に「国府庄、大和国に在り、本名池尻」とある池尻は橿原市の軽古《かるこ》付近のことで、「軽樹」（『延喜式』）、「軽子」（『大和志』）とも書く。鎌倉末期の『三箇院家抄』には「軽国府」と記している。河内国の国府をコフ→コウと称しているように、このカルコもカルコウに転じたのであろう。軽古は軽戸《かるこ》―軽部の古代地名であった。同市には「大軽《おおかる》」地名が存在し、木梨軽太子《きなしのかるのたいし》の御名代《みなしろ》として定めた軽部の地域か（「允恭記」）。

また、大和郡山市に「今国府《いまごう》」があるのは、イマコウ（イマゴウ）と称し、「今」は「今住」に対し「新《あたら》住《すみ》」、「今在家《いまざいけ》」に対し「新在家」が存在するように「今」と「新」は同義語。旧国府（高市郡）に対する「新国府」と考えられた。ただし、郡山は清澄庄《きよすみ》（京《きょ》隅《すみ》庄）で、奈良の宮都内に立地する。今国府《いまごう》は東大寺の建仁三年（一二〇三）、嘉禎四年（一二三八）の文書に「イマコウ」「今公」「今国府」とある。同所に「皿《さら》子《こ》田」の小字があるのは「皿」は「新」で、「子」は「軽古」の「コ」で、新家のことであったか。

近国の河内・摂津・山城・伊賀・志摩・紀伊などのように完全な国府遺跡が発見されないかぎり、大和国府の存在は認めることができない。（I）

## 今辻子《いまずし》（奈良市）

今辻子の名は鎌倉時代からみえ、永仁二年（一二九四）の「東大寺文書」（「大仏灯油料田注文」）に「坂ノ今辻子」がみえる。『奈良坊目拙解』によれば、「はじめは小路のみの名称であったが、油坂の油商人が移り住んで、旧地の府坂郷に対して、「今」の字をつけて、「今辻子」と称した」とある。現在の今辻子町は奈良市の油坂町の南、大宮通りから三条通りまでの南北路の町である。近傍に「百万《ひゃくまん》ヶ辻子《ずし》町」という小町もある。「辻子《ずし》」は「小路」の意味に用いるが、この百万ヶ辻子町も今辻子町と林小路の間の細道で、世阿弥の謡曲「百万」の主人公の居住地といわれ、西照寺《さいしょうじ》に「百万塚」という五輪塔がある。『名所記』に「大道には非《あら》ずして、ほそく入れるみちをずしとなづく、如何《いかん》。ずしは辻子とかけり。つじのことといへる字義にかなへり」と記す。「辻子」がどうして「ずし」という読み方になったかは明らかでないが、「つじし」が「ずし」となったかもしれないし、「子」は「し」であろう。辻と辻を結ぶ小路で小さい道であることを「子」といったのであろう。

ちなみに、『大乗院雑事記』によると今辻子は符坂とともに油売人の居住地で、長禄年間（一四五七～六〇）、商人たちは大乗院門跡に属したとある。不開御門郷《あかずのごもん》（南都七郷の一）のうちに「今辻子」の名がある。（K）

芋洗い地蔵

## 芋洗い芝《いもあらいのしば》（橿原市）

近鉄「橿原神宮前」駅東口前に「芋洗い地蔵」というささやかな祠《ほこら》がある。ついこの間までは長閑《のどか》な田園風景の中にあった。祈雨に霊験があると伝え、俗に「疱《ほう》瘡《そう》の地蔵さん」、または「一口《いもあらい》地蔵さん」ともいわれた。『今昔物語』によると、むかし、この付近には久米川が流れていた。吉野の竜門寺の久米仙人が飛行中、川のほとりで芋を洗っていた女性の白い脛《すね》を見て、神通力を失って落下したという。のち、この仙術を用いて都をつくるとき、用材を運んだ功労によって、天皇から免田《めんでん》三十町を賜り久米寺を建立したと伝える。

「一口」と書いてイモアライともいう。山城国の淀の一口《いもあらい》は有名である。前記、女性のハギは久米川の萩《はぎ》のことだともいい、また、イモは妹（女性）のことでもあるが、この場合のイモは疱瘡《ほうそう》のことでもあった。東京都内にも「芋洗い坂」の地名がある。江戸城を築いた太田道灌の娘が疱瘡を患い、山城国一口の神を移して信仰したという。つまり、「芋洗《いもあら》い」は「疱《い》瘡《も》祓《はら》い」のことで、柳生の里には疱瘡地蔵で有名な徳政《とくせい》の碑がある。むかしは子供たちが疱瘡にかからぬことを祈り、村の入口（一口）から入ってくる疱瘡を追い払ったのである。したがって「一口」の地名は各地にみられる。（Ⅰ）

## 妹峠《いもとうげ》（明日香村）

明日香村の芋峠は吉野郡との境界にある。この峠を越えると妹山の原始林があり、ふもとの吉野川でみそぎを行い、身の汚れを祓ったイモ瀬（妹背《いもせ》）といわれる。妹峠西方、葦原《あしはら》峠の絶頂にも「この上に疱瘡神あり」という石標が残っている。いずれも「峠」で厄神の侵入を拒否したのであろう。

妹峠の東方に、細峠《ほそとうげ》がある。飛鳥から吉野の宮滝へと行く途中、鹿路《ろくろ》から越える峠で、元禄頃、松尾芭蕉が「雲雀より空に休らふ峠かな」という名句を残した。この細峠のホソも疱瘡のことをいったものであろう。

村里の入口、峠で、病魔の退散を祈るという信仰があった。明日香村の稲渕《いなぶち》には勧請《かんじょう》縄といって、毎年正月になると大きなシメ縄を峠の入口に張って、一年の無事を祈った。大和では生駒郡平群町、

細　峠

奈良市忍辱山《にんにくせん》町、北葛城郡広陵町などにも、神縄掛けの行事が伝承されている。県内には「一口」「妹峠」「細峠」「神縄松」「芋ライ峠《いもあらい》」（疱瘡祓《いもはら》い峠の略）など、民俗風習にちなむ地名が多く残っている。（Ⅰ）

## 磐瀬杜《いわせのもり》（生駒郡）

三郷《さんごう》町の大和川（龍田川）岸で、紅葉の名所として知られる。『万葉集』に「磐瀬の杜《もり》のほととぎす」、「神奈備の伊波瀬《いはぜ》乃杜」と歌われた。現竜田《たつた》大社《たいしゃ》付近の地名であったが、東方斑鳩町にも竜田新宮、竜田川、

神南《じんなん》、峨瀬《がせ》峡（岩瀬峡）などの地名がある。また、飛鳥の「神奈備《かむなび》」（大字雷）の「磐瀬」は飛鳥川の「石井手」付近とする説が有力。（I）

## 磐園《いわその》（大和高田市）

大和高田市、近鉄「大和高田」駅付近。旧磐園村。磐園小学校名は石園にちなむ。『延喜式』神名帳に「石園多久豆玉《いわそのたくづたま》神社」が三倉堂に鎮座。ミクラのミは畏敬の念をもって物を指す接頭語。クラは庫のこと。御蔵堂（戸）とも書く。祝園は祝部（神職）の森の義。田原本町の蔵堂《くらんど》に式内弥富都比売《みほつひめ》神社がある。京都府相楽郡祝園《ほうその》について『和名抄』には「波布曽乃《ほふその》」とみえ、『古事記』に「波布理曽能《はふりその》」とあるので、祝園―イハソノ→イソノ（磯野）に転じた。社名の多久豆玉神は『新撰姓氏録』には「爪工《つまたくみ》」の祖神とある。ちなみに、橿原市藤原京跡内には「妻田組《つまたくみ》」「土《は》田組《たくみ》」（土工）「枝組」（画工）「カンザシ」など、職掌関係の地名が残る。「多久豆」の「豆」は「美」の草書体酷似による誤写であろう。神社では「派工《はたくみ》」の祖神と伝えるのも「爪工」の誤写であろうか。磯野は中世、多武峯《とうのみね》（談山《たんざん》神社）領（「多久豆玉神社」は「妻田組」の項も参照）。（I）

## 岩田《いわた》（桜井市）

桜井市芝の旧名。祝田説がある。同地の慶田寺《けいでんじ》も岩田寺であったか。正徳三年（一七一三）戒重《かいじゅう》藩は岩田の村名を芝村と改めた。戒重藩の陣屋はもと戒重村にあったが、岩田に移すため、岩田も艾樹《かいじゅう》であるとしたが、さらに芥樹・芝樹に誤写（字形類似）、ついに芝村に改字したという。これが芝村藩で、明治町村制の際、織田村大字芝村となったが、「芝村」を「芝」に略した。（I）

## 岩橋山《いわはしやま》（葛城市）

二上山の南にあり、中腹には伏越村（旧村名）があった。フシゴエは旧布施郷内の布施越の転訛語。『扶桑略記』『日本霊異記』などによると、岩橋山には、修験道の開祖・役行者《えんのぎょうじゃ》が葛城山から吉野金峯山への架橋（岩橋）説話がみえ、山の絶頂に巨岩が残っている。巨岩は、「葛城や久米路に渡す岩橋…」として、『拾遺和歌集』や『後撰和歌集』などに詠まれ、謡曲の「葛城」「岩橋」となる。

『河内名所図会』は巨岩を図示し、「形勢まさに南峰に逮《およ》ばんと欲す、実に人力の及ぶ所にあらず」と記し、文政十二年（一八二九）の『卯花《うのはな》日記』には「岩橋あり、形はげにも橋のごとし…いとあやしき物こそ」と書かれている。明治二十二年三月、旧葛下郡の竹内・南今市・長尾・岩橋村などの八カ村が合併、「葛城」の「磐橋」にちなみ「磐城」の村名を制定した。戦後當麻町→葛城市になった。

## 岩屋峠《いわやとうげ》（葛城市）

大和・河内国境の二上《ふたかみ》山（Ⅰ）を越える岩屋峠（岩屋坂）は俗に「當麻道」ともいった。二上山の女嶽を東西に跨る急坂ではあるが、『西国名所図会』（嘉永六年刊）によると「河内より大和路に越える難所なり、然れども當麻寺に至るには此道《このみち》ならではその便よからず、故に険路をしのぎて各《おのおの》ここを行くなり…傘堂あり、岩屋越の旅人ここに下《くだ》るなり」とある。この道は大和當麻寺と河内野中寺《やちゅうじ》を結ぶ古代の道路で、『万葉集』の大津皇子の悲歌、郭公《ほととぎす》の名所としても知られる。

石窟寺（二上山）

當麻寺の本尊は弥勒菩薩塑像《みろくぼさつそぞう》、次いで石光《せっこう》寺の弥勒本尊は石像、岩屋絶頂の岩窟《がんくつ》（寺）の石仏（弥勒仏か）と中腹の鹿谷《ろくや》寺は弥勒三尊の磨崖仏《まがいぶつ》、河内野中《かわちやちゅう》寺の弥勒本尊は金銅仏（国宝）となっている。つまり、岩屋峠は「弥勒信仰」の参詣路であった。ちなみに、鹿谷寺は鹿の棲む山中寺院ではなく、阿弥陀仏をミダブツというように、ロクタニはミロクダニ（弥勒谷）の頭音「ミ」の脱落した寺名で、事実、荒廃した三尊仏は弥勒三尊である。

また、「鹿谷」は「鹿合」に誤写、「鹿向」、あるいは「六谷」などともある。地名の誤写例は少なくない。岩屋は岩を「穿《うが》ったところ」の意、五條市内「鶯《うぐ》

鹿谷寺跡

井《い》」は「汲人さへ絶へねば尽きぬ清水かな」とある「穿井」のことで、「うぐひすの井」に転じ、奈良の春日山の滝（谷間）から鶯谷の枕詞が生まれた。御所市「鶯の宮」は「雲櫛《うんくし》の宮」（霊奇《たまくし》の宮か）の転訛か。また、『出雲国風土記』（島根郡法吉郷）には「法吉《ほほき》鳥の飛来に因む」とみえ、『和名抄』には「宇《う》久《く》比《ひ》須《す》、法吉鳥」とある。岩屋峠の西にあった「鶯《うぐいす》の関」は有名であるが、この関名も「岩屋峠」にちなむものであろうか。（Ｉ）

## 磐余《いわれ》（桜井市）

磐余は、桜井市の西南部、橿原市に亘る一帯の古代地名。磐余若桜《わかさくら》宮（神功）、磐余稚桜《わかざくら》宮（履中）、磐余甕栗《みかぐり》宮（清寧）、磐余玉穂《たまほ》宮（継体）、磐余池辺雙槻《なみつき》宮（用明）の所在地であった。磐余の「余」は、「村《あれ》」の義、石寸《いわれ》は省画文字である。

天文二十二年（一五五三）二月、三條西公條《きんえだ》の『吉野詣記』の「いわれ野」は、現在の橿原市にあたるが、これは「イワレの宮」（橿原市中曽司町の磐余神社）にちなむ地方名である。桜井市内に岩田、岩坂などの旧大字がみられるように、岩村の地名があっても不思議ではない。磐余の枕詞である「角障《つのさは》ふ…」「角障ふ石見国…」も石にかかる語で、少なくとも石の所在を意味するものと考えられる。『古事記』は単に「伊波礼」の表音文字を用いたが、『日本書紀』は意味を重視して磐余の文字を充てた。「神武紀」己《つちのと》未《ひつじ》年条に「磯城《しき》の八十《やそ》梟師《たける》の屯聚《いは》み居《ゐ》たり。果して天皇と大《おほ》きに戦ふ。遂に皇師《みいくさ》の為に滅さる。故《かれ》、名《なづ》けて磐余邑《いはれのむら》と曰ふ」とあるのは、風土記的地名説話であるが、外敵の侵入を防ぐ磐城（柵・処）の地で、磐村—岩村は磯城と同義の語であろう。磯城の城は朝鮮語のスキで（例・村主—スグリ）、村の義、すなわち「石村」であると言い、岩質性を帯びた地域といえば、やはり桜井市大字谷の磐余山東光寺付近と考えられる。同寺は巨巌をきり拓いて創建したと伝え、「石根」「岩根南」「岩脇」「岩根東」などの小字が残っている。応永六年（一三九九）の「大安寺段米並田数注進状」（『春日社文書』）の、十市郡一条院領「岩根庄」の地で、岩根はイワレと訓《よ》んでいる。イワレも当時は局部地名であったが、飛鳥と同様、広範囲の地名として拡大した。また、大字戒重《かいじゅう》の旧家の石村氏が長谷寺に奉献した江戸期の釣灯籠があり、石村をイワレと称している。大和方言では、クラガネ（鞍ヶ嶺）峠がクラガリ（暗）峠に、辺国（ヘグニ）がヘグリに転訛する傾向をもつ。

根は大和島根、大日本根子《おおやまとねこ》、底津磐根《そこついわね》の根で、岩根がイワレに転訛し、岩村《フレ》、磐余、石寸の文字を充用したのではなかろうか。（Ｉ）

## 忌部《いんべ》（橿原市）

忌部は、古代、鏡・玉などの祭器をつくり、心身を浄めて神に仕える職掌であった。同村に式内・天《あめの》太玉命《ふとたまのみこと》神社が鎮座する。『三代実録』貞観十一年（八六九）十月条に忌部の姓を斎部と改めたとある。斎部氏は中臣氏と並び祭祀を司ってきたが、中臣氏が藤原氏となり、政権を執り繁栄した。『日本書紀』や『万葉集』によると忌部首《おひと》・忌部宿禰《すくね》・忌部連《むらじ》の名がみえる。

寛元三年（一二四五）の「一乗院実信御教書」には忌部の庄名がみえ、興福寺一乗院の荘園であった。永仁二年（一二九四）の「大仏灯油田料記録」には「五段インヘ本地子三石九斗内」とある。『西大寺田園目録』に「高市郡北郷西二六条…四里廿坪　字ミカノコウタ」とあるのは、同大字小字「ミカノコ」で、いわゆる同神社関係の「神子田《みかんこ》」のことであろう。室町期の『談山神社文書』には「忌部里」と記している。（Ｉ）

## 陰陽町《いんようちょう》（奈良市）

高御門《たかみかど》町の西に所在。俗にインギョマチという。『奈良曝《さらし》』によると、この町に多くの陰陽師《おんみょうじ》が居住したことから町名が生まれたという。陰陽師は、律令時代、陰陽寮に属する官人で、天文暦数の事をつかさどり、卜筮《ぼくぜい》・相地など吉凶を予知して災害を防ぐ呪術を行ったが、令制の崩壊とともに当初の職制は失われた。『奈良坊目拙解』によれば、陰陽師の加茂氏が吉《き》備《び》塚のある紀寺に住んでいたが、のち、離散し元興寺西方の当地に移住したことを述べ、町名はこれによったとある。江戸時代中期以後、陰陽師は易者、占師と化していた。いま町には陰陽師の神とされる天御中《あめのみなか》主神《ぬしのかみ》をまつる神社がある。（Ｏ）

## 於《うえ》（広陵町）

於神社（式内社）。『和名抄』河内国志紀郡井於を為乃倍《いのへ》と訓《よ》み、『和訓栞』には「於をウへとよむは義訓、漢文に於字を下に置くことなきゆえ、これをウへと訓めるなり」とみえる。於は上、あるいは傍《ほとり》を意味する語で、広陵町の丘陵を『万葉集』の「城上」に考証しているが、「城於宮」の意か。同町大字斎音寺《さいおんじ》の紀三上神社も紀之上《きのへ》の誤写か。「三」と「之」の草書体はよく誤写された。（Ｉ）

## 浮孔《うきあな》（大和高田市）

明治二十二年市町村制実施による命名。

近鉄駅名として残る。同市の「片塩《かたしお》」の町名も安寧天皇の都名にちなむもの。これらの駅名は明治期の復古調による。（Ⅰ）

**鶯関《うぐいすせき》**（葛城市）

奈良の春日山の谷間には「うぐひ（い）すの滝」があり、最近まで「うぐひす茶屋」があった。五條市内には「鶯井《うぐい》」（俳人・遊亀の句碑）がある。いずれにしても、ウグヒスのウグヒは「穿つ」という意味で、この「滝」も「井」も穿った所であった。「神武紀」には宇陀郡「宇賀志《うかし》」について「猾《うかち》はウガチ越えた処」という地名説話をしるしている。このウガチは早くいえば、「洞《ほら》」「窟」「穴」「室《むろ》」のような地形をいった。

二上山中腹、河内国側、鹿谷寺《ろくたにでら》登山口の西方に「鶯関」があった（「河内名所図会」）。先年、竹内峠に「鶯関」の記念石碑が建てられた。この峠は明治十年～十五年頃に削平し、標高は北隣の「岩屋峠」とはあまり変わらなかった。当時の難工事については竹内峠頂の開削記念碑に詳しい。平成になってさらに峠を削平し現代のような新道ができた。

現在、當麻《たいま》・香芝《かしば》・大和高田市の徳川時代の石製道《みち》標《しるべ》を見ると、「右大坂」「すぐ堺」などと刻み、ほとんどが大坂峠か岩屋峠を利用することを明示している。「ゆわや越え」とあるのは「岩屋越」のことで弥勒信仰（當麻・石光・高雄・岩屋・鹿谷・野中寺）の道であった。中でも岩屋峠の石窟寺は「穿《うぐ》いの寺」で、その名のごとくウグヒスの佳名・好字に転じ、府・県堺の線上に立地している。いわゆる国境の関でもある。鶯関は岩屋峠にかかわる地名か。（Ⅰ）

**鶯塚《うぐいすづか》**（奈良市）

奈良市春日野町若草山頂にある。清少納言の『枕草子』に「うぐいすのみささぎ」とあり、古くから著名な塚であった。江戸時代初期の東大寺寺中寺外惣絵図に「牛墓」（大人《うし》墓）が図示され、『奈良曝』にも「山のいただきより少うしろに牛がつかと云有」と記す。全長一〇三メートル、前方部幅五〇メートル、後円部幅六一メートルを測る南面する前方後円墳である。この古墳は二段築成の墳丘をもち、その上には円筒埴輪列がならび、葺石《ふきいし》で覆われている。昭和二十八年（一九五三）に墳丘から出土した内行《ないこう》花文鏡や墳丘の形態からみて、五世紀代の築造と推定されている。

いま、後円部墳丘には『枕草子』に「うぐひすのみささぎ（陵）」とあるのはこれだとして、享保十八年

(一七三三)に東大寺僧康訓や『大和志』の著者・並川誠所、並川永らが建てた碑文には「延喜式に曰《いわ》く、平城天皇陵、清少納言の鶯陵」と刻んでいる。(O)

**牛墓** うしはか (奈良市) 奈良市若草山頂の国指定史跡「鶯《うぐいす》塚」は清少納言の『枕草子』には「うぐひすのみささぎ」とみえ、別名を「牛墓」ともいった。元文五年(一七四〇)に書かれた村井古道の『南都年中行事』には「俚諺《りげん》に、早春此山を焼ざる時、牛鬼といふ妖怪出という。依之《これより》正月丑《うし》の日を用ひて放火す」とある。

ウシハカは「牛ヶ塚」「ウシハク」「丑《うし》ツカ」など、県内約二〇カ所に残る地名で、ウシは大人のこと。貴人・領主に対する敬称でウスハクとも。本居宣長を「鈴酒屋《すずのや》(鈴屋)の大人《うし》」といった例がある。(I)

**宇陀** うだ (宇陀市) 大和の古諺に「国の始まり大和、郡の始まり宇陀郡《うだごおり》」とある。宇陀・宇田・雨多・宇太とも書く。「神武紀」には、「菟田《うた》の高倉山」「宇陀の下県《しもつあがた》」、「崇神紀」には「菟田の墨坂《すみさか》」、「垂仁紀」には「菟田筱幡《ささはた》」の地名を記している。また、「菟田郡家《うだのこおりのみやけ》」は壬申《じんしん》の乱の戦場となった(「天武紀」)。「ウダ」はアダ(阿陀)と同義の語で、河川流域の耕作地帯を示す名であろうか。ア・ウは「田」の接頭語か。(I)

**宇智** うち (五條市) ウチは、宇知郡(『続紀』大宝二年六月)、有知郡(『続紀』和銅七年十一月)、内郡(『弘福寺田畠流記帳』和銅二年十月)とも書く。吉野川曲流地域を意味する形状名で、河内の国名と同じく「汭《うち》」(入り江。水が曲がって流れ込んだ所のこと)の義か。また、「内」は「神武紀」に「玉牆《たまかき》の内つ国」(美しい山々に囲まれた国の意、大和のこと)とあるウチの意で、山岳四周する盆地内の意とも考えられる。伊勢国渡会《わたらい》郡の宇治は五十鈴川、京都府宇治郡は宇治川の汭にちなむ語であろう。(I)

**内牧** うちのまき (宇陀市) 同市に檜牧《ひのまき》(肥伊牧)がある。「牧」は地形語(郊外)。元禄十六年(一七〇三)の検地帳には小字「をくうか志」「ちハら」などがあり、神武天皇の建国神話関係の地名として知られた。ちなみに『爾雅《じが》』には「邑外これを郊とい、、郊外これを牧という」とある。(I)

**烏土** うど (平群町ほか) 奈良県内には「ウト」「ウトウ」「宇藤」「ウド迫」「井戸《うど》ノ上」「ウドノ本《もと》」「ウトロ」など、「ウド」

に関連する小字が約三〇例ある。生駒郡平群町の「烏《う》土《ど》塚」古墳は有名である。「ウドの大木柱にならぬ」という諺がある。このウドはウツロのことで、虚《うつろ》とは中身のないさま、大きいだけで役に立たないもののたとえ。烏土《うど》塚は広壮石室古墳である。宮崎県の鵜戸《うど》神宮は洞窟の中に祀られている。弓矢を入れる靭《うつぼ》も中空の太い筒《つつ》である。大和方言ではウツロ（虚）のことを中が空《から》の意に用いる、ウツロの母・子音が脱落してウト→ウドに転じたか。

寛政頃（一七八九〜一七九九）の御所市の「金剛山谷川筋普請絵図」によると、葛城川支流（蛇谷《じゃたに》川）に「上ウトウ」「下穴口」などの地名を記している。大字井戸付近であるが、金剛山麓の急斜面の「横井戸」の多い地域として有名。佐渡の金山でも採鉱する穴を「マブ」と称している。葛城では「マンボ」と訛っているが、この横穴をウトウといったのではなかろうか。

また、ウトウという鳥は「善知鳥」と書く。ウトウには鵜頭《うとう》・謡・凹道《うど》・洞《うど》・穴《うど》・宇土など約二〇の用字があって、きわめて難解な鳥名・地名となっている。この鳥は海岸の芦辺の約一メートルの深穴に棲む浜千鳥であることは事実で、アシ（悪）の対語が「善」で、善知鳥（千鳥）なる用字が発生したのではなかろうか。百舌鳥（モズ）、桃花鳥（ツキ・トキ）もよく啼き、桃色を暗示する用字である。鳥名のウトウも穴に棲む鳥のことで、空室《うつろ》にかかわる語ではなかろうか。（Ｉ）

## 雲梯《うなて》（橿原市）

橿原市内の旧大字で、「雲」はウナ、ウネとも読む。『和名抄』にある高市郡雲梯郷で、『万葉集』に「真鳥《まとり》住む卯名手《うなて》の神社《もり》の菅《すが》の根を…」（巻七―一三四四）と詠まれ、『出雲国造神賀詞』に「事代主命の御魂を宇奈提《うなせ》に坐せ」とある。『延喜式』の高市御県《たけちのみあがた》坐《にいます》鴨《かもの》事代主《ことしろぬし》神社鎮座地。大阪市住吉大社の畝火《うねび》山埴土行事に際し、装束を整えた宮。「装束の宮」とも。

ウナテは、田に水を引くためにつくった溝。雲梯南方にある曽我川から支水路を設け、忌部西部をうねりめぐらし、ふたたびその水を曽我川に戻す溝があったらしく、雲梯の地名は、それに由来する。大和の池には水を出す樋《とい》と、満水時に排水する水路（溝）を必要とした。後者を大和方言では、ウテビといった。橿原市池尻町と和田池堤に「ウテビ」の小字がある。

曽我川上流にある御所市旧大字樋《ひ》野には、イブリの通称があるが、樋入野《ヒイリ》のことで、イヒリ→イブリに転訛した。『姓氏録』には、同地の巨勢楲田臣《こせひだのおみ》が葛城長田に樋をつくったことを記している。イブリ（飯降）の地名は、和歌山県紀ノ川岸にもあり、紀ノ川の用水路（樋）が通じていた。（I）

畝尾都多本神社（木之本）

## 畝尾都多本《うねおつたもと》（橿原市）

畝尾は香久山の別名、畝尾はウネビとも読む。畝尾《うねお》坐《にいます》健土安《たけはにやす》、天香山《かぐやま》坐《にいます》櫛真命《くしまのみこと》の神社名もあり、畝尾都の「ツ」は「の」と同義、多本《たもと》は太本《たもと》（太は木の誤写）か。事実、同神社は木本《きのもと》（木之本）に鎮座する。近江国栗太郡も『和名抄』刊本には「栗本郡」とある。すなわち、畝尾の木本《このもとの》神（泣沢女神）や、神話にあらわれる地名として知られる。『古事記』神代巻に「香山《かぐやま》の畝尾《うねを》の木《こ》の本《もと》に坐《ま》して、泣沢女《なきさはめの》神と名《な》づく」とある。『古事記伝』には「畝尾も木本も地名、畝尾連も此処より出でけむ」とある。（I）

畝傍山

## 畝傍山《うねびやま》（橿原市）

大和三山の一つ。畝傍付近にある山。別名はお峰《むね》山、すなわち畝峰《うねお》→畝尾《うねお》→ウネビで、『万葉集』には「香久山は　畝傍を愛《を》しと　耳梨と　相争ひき」、「畝火の　この瑞山《みづやま》は　日の緯《よこ》の　大御門《おほみかど》に　瑞山と山さびいます」と詠《よ》まれた。畝傍のウネは山の尾根のうねり廻ったところ、ビは「傍」で、「辺《べ》」の意でもある。香久山付近にも畝尾《うねを》坐《にいます》健土安《たけはにやす》神社、天香山《あめのかぐやま》坐《にいます》櫛真命《くしまのみこと》を祀る畝尾都《つ》多本《たもと》神社があり、香久山も畝尾山といった。畝尾都《つ》の「ツ」は「の」と同意、多本は太本《たもと》（太は木の誤写）であろうか。（I）

## 宇野《うの》（五條市）

『万葉集』に「たまきはる　宇智の大野に馬なめて、朝踏ますらむその草深野」（巻一―四）とみえる。事実、現五條市五條東方の平地部から、宇野峠に至る古代猟場であった。宇野は大野の義か。ちなみに、宇陀郡旧室生村大野も中世文書にはウノと書く。（Ｉ）

## 梅山《うめやま》（明日香村）

梅山（欽明天皇陵）

『万葉集』（巻五―八一五）に「正月《むつき》立ち　春の来《きた》らば　斯《か》くしこそ　烏梅《うめ》を招《を》きつつ　楽しき竟《を》へめ」とある烏梅《うめ》は、『万葉集』にもっとも多く歌われた植物である。日本の花といえば「桜」ということになっているが、古代では梅の木で、推古天皇諸陵を「梅陵」、欽明天皇陵を「梅山」といった。梅は烏梅と書いているが、『和名抄』では「宇女《うめ》」とみえ、「牟女《むめ》」ともある。

ウメか、ムメかで、江戸時代の国学者本居宣長と上田秋成が口論したとき、俳人の蕪村は「梅咲きぬ、どれがムメやらウメぢゃやら」の句を作って揶揄《やゆ》したと伝える。実は「馬」をウマ、あるいは「マ」「メ」の場合と同じく「ンマ」と発音していたが、「ン」の音を表す仮名《かな》がなかったので宇米《ウメ》と書いた。

大和の古地名「ムマヤ」「ムマミチ」などのムマも馬《うま》の意で、メは母音交替したもの。馬見丘陵（中世の牧山《まきやま》庄）付近の遺跡から多数の馬具類や「馬」にかかわる墨書木簡が出土し、古代の真野条（真木野の二字化か）の牧《ばく》野《や》古墳（六世紀末頃）は俗にバクヤ塚と伝え、有名な莫《ばく》耶《や》の剣《つるぎ》が降下したという説話がある（『和州旧跡幽考』）。地名は二字化から音読化、転じて地名説話が起こった。

ウメにかかわる地名は奈良県内には、「ウメガタニ」「ウメノキ」「ウメノモト」「ウメハラ」など、約三五〇例の小字地名を残し、奈良市の「追分《おいわけ》」「月ヶ瀬」は梅林の名所。「月ヶ瀬」は木津川の渓谷に立地、烏梅《うばい》の産地として知られる。幕末には頼山陽・斎藤拙堂・伴林光平《ともばやしみつひら》ら、多くの文人墨客が漢詩を残し、寒風に匂う梅の花を愛した。

ちなみに、「ウメ」は大阪市内、「梅田」は淀川筋の

「埋田《うめ》」地と伝え、「十三《じゅうそう》」は十三《ツツミ》（堤）、「福島」は泓《ふけ》の島で湿地帯、「曽根崎」は埆《そね》（砂礫地）前《さき》のこと。京都嵯峨野《さがの》は、古代秦《はた》氏の開発した川筋で、「梅津」は埋津、「太秦《うずまさ》」は埋《うずめ》洲《す》の転訛、「嵐山」は新洲《あらす》山、「有栖川」は新洲《あらす》川などと考えられ、「埋」は「梅」の好字に改め、梅田駅前は古くから、菅公ゆかりの「お初天神」が名所になっている。　（Ⅰ）

## ウル神　うるかみ　（御所市）

旧秋津村大字條《じょう》の「條ウル神古墳」は明治三十年七月二十九日に発見された。現地古老は「ウル神墳墓」、または「穴神塚」と称し、東方の隣接小字は「神塚」（『大和条里制復原図』）である。穴塚（石室のある塚）に一種の霊威を感じ神聖視していた。各地に「石神」「岩神」「草神」「笠神」「葛神」などの小字があるように、古墳を神祠として畏怖したことが考えられる。県内に「石塚」「石神」の小字は各三〇例以上ある。「穴神塚」の別名があるので、やはり「石室」古墳のことであろう。『南葛城郡誌』（大正十五年調査記録）には「ウル神古墳」を「穴塚古墳」とある。

「ウル神」とは何か。「ウル神塚」の別名は「穴神古墳」である。「ウル」は「ウツロ」（内空《うちむろ》）のことで、ウチムロ（母・子音脱落）→ウツロ—ウトロ（母音交替）の語尾音脱落したウト・ウドは県内に約三五例あり、いわゆる空洞の意で、日向国の鵜戸《うど》神宮（岩屋に鎮座）、烏土《うど》塚（平群町の巨大石室古墳）で、いわゆる石室《いわむろ》のこと。イハムロはその頭音を省略して葉室《はむろ》（河内国葉室古墳群）がある。ウトロの頭音の脱落した「トロ」は洞《どろ》

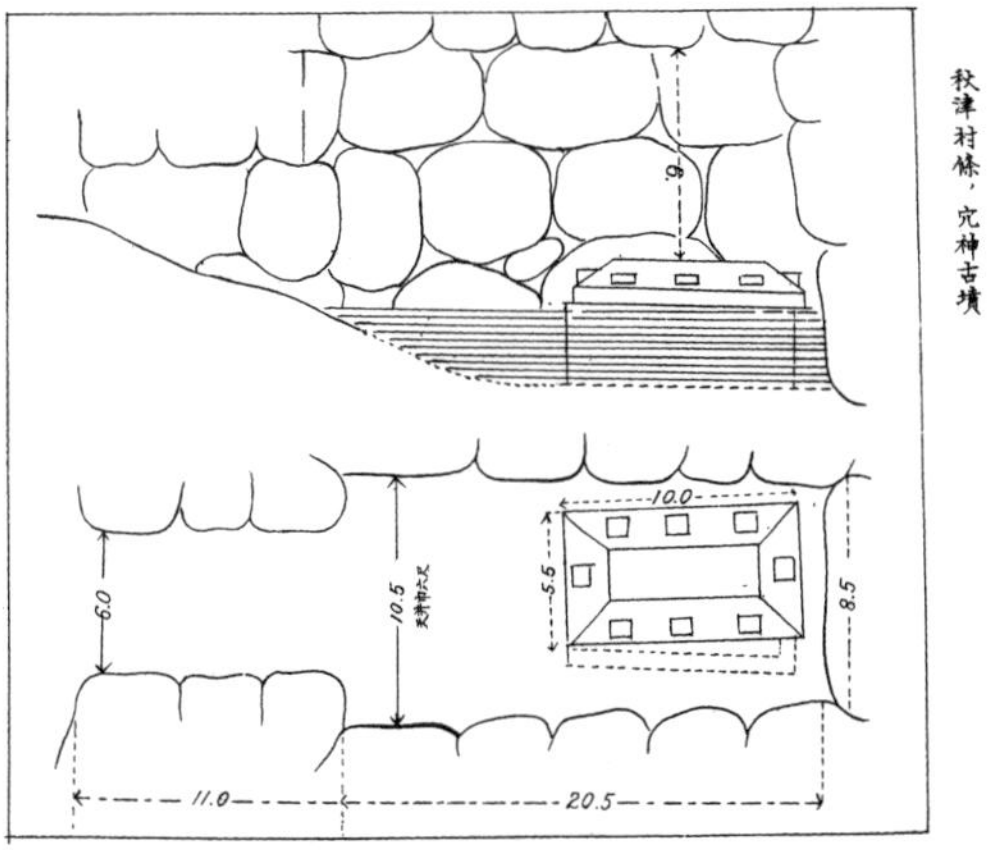


穴神古墳　（大正十五年調査記録）

穴神古墳調査記録

川（天川村）で鍾乳洞（神仙窟）の名所であり、トウロ塚（天理市の螳螂《とうろ》塚は全長一一〇メートルの前方後円墳で竪穴式石室古墳）などがある。俗に「ウドの大木柱にならぬ」というウドもウツロ（幹が空《ウロ》の大木）のことである。ウルはウツロ（穴・空《カラ》・虚）→ウロから転じた。ウト・ウロ・ムロ（室）、あるいは「フロ」「ホラ」なども「空《うろ》」のことで、ウツケモノ・ウツカリ・ホラゴト・空《そら》事なども同義の語であろうか。色川―牟妻《むろ》郡白川郷色川は以呂雅波《いろかは》、また「渓流宇呂の中を流る丶をもって宇呂川といひしを転じて伊呂川となれるなり」（『紀伊続風土記』）、十津川大字七色は虚《うろ》の多い川の意。県内（吉野山間部）に「風呂」「風呂谷《フロンタニ》」「風呂塚」など、「フロ」関係の小字が山間部には二〇〇例以上もある。フロは「袋谷」「袋小路」のフクロ→フロで地形語であった。善知鳥（ウト）も海浜の深孔にすむ鳥である（「鳥土」参照）。つまり、空洞のことをウツロギ・ウツロブネ・ウトマ・ウトザコ・ウトノマ（小字）などの古語があり、「神武紀」には「内木綿《うつゆう》の真《ま》迮《さき》国」（地形の迫《せま》い地域）とみえる。

御所市の宮山古墳に接続する古墳（キトラ古墳・天王塚・天皇山古墳・高畑〈猫塚〉古墳など）には石室が多かったことから「室」の村名が起こったとも。同地の「ウル神塚」こそ巨大なウロ（空―石室）墳墓のことであったとも考えられる。（I）

## 嬉河原《うれしがわら》（宇陀市）

「漆《うるし》ガ原」の改字、佳字化したもの。宇陀郡旧大宇角柄《つのがら》は隅坂の「隅ケ原《すみがはら》」の意、『和名抄』宇陀郡漆《ぬり》部《べ》の郷名がある。日本武尊が宇陀阿貴《あき》山に遊び、漆汁を採集、漆部を置いたという伝承がある。急斜面に立地する村落で、河原のあるような地形ではない。中世文書には「漆河原荘」とあり、嘉元三年（一三〇五）の「僧篇円水田処分状」には「宇陀郡ヌルへの里」とある。宇陀郡では明治中期まで漆汁を採集していた。（I）

## 画工《えだくみ》（橿原市）

大和三山で有名な耳成《みみなし》山北麓に「枝組」「円図《えんず》」という小字《こあざな》（橿原市常盤《ときわ》町）がある。この奇妙な地名は、宝亀八年（七七七）七月の「大和国佐位荘券」（『東寺文書』）によると、「国符十市郡司（中略）路東廿三条二、耳成里、卅五、画工《えだくみ》田一町」とある田地に接続するのが「円図」で、北方近くの小字「カコウデン」は「画工田」の音読化したもの。寛弘三年（一〇〇六）の「弘福寺牒」長和二年（一〇一三）には「大和国十市郡廿三条卅五二年会工」とみえ、「画工」（絵工）が「会土」となっている。「会工」が誤写して「会土」となり、さらにエンド→エンズに転じ「円図」の文字を充当したのであろう。『日本書紀』欽明天皇十四年五月条に「画工《えだくみ》」の記事がみえる。

　また、人為的に地名を改変する例もある。奈良市五條町の唐招提寺領はコジョウで、郡山藩領はゴジョウと呼称し、同市川上町では「川上」は興福寺領、「河上」は東大寺領というように区別する。大和国平群《へぐり》郡内では興福寺領は「吐田《はんだ》庄」、東大寺領は「土田庄」と書く。地名は意外な改字をくりかえしてきた。（Ｉ）

## エビノ子《えびのこ》（高市郡）

明日香村役場付近の小字。蘇我蝦夷《えみし》・入鹿がここに大殿を造ったと伝える。飛鳥宮跡の発掘調査によって「エビノコ大殿」（仮称）の遺跡の検出をみた。エビノコは蝦夷《えびし》→エビ子《し》→エビノ子《こ》に転じたか。（Ｉ）

## 円満寺《えんまんじ》（奈良市）

七条町。現天満神社の北側にあった寺名。国学者北浦定政の「平城旧跡之図」（文久三年〈一八六三〉七月）に図示し、当時、大和郡山の学者・藤川冬斎の和歌に「円満寺より東を望みて―春の日に望めばいともあらたしし、さなへふりにし高円の山」とある。円満寺は『西大寺田園目録』に「添下郡右京八条三坊八一反自四段目円満寺ノ南ニアリ…弘安六年（一二八三）四月云々」とみえ、『春日大社文書』元亨四年（一三二四）の成身院会合記録に「ニシノキャウ、エンマンジ一反云々」とある。

　中世、春日大社・興福寺に属した金春座能楽の「円満井座」の発祥地と伝えられる。また、寛元二年（一二四四）の良詮畠地処分状（「東大寺文書」）に「添下郡円満井」とみえることから、寺地付近に井戸があったことがわかる。古老の言によれば、古井が現天満神社の東南方に存在していたという。金春座の円満井は「天満」の社名にちなむ名称か。「七条宮」といわれた同社神像は天正二年（一五七四）の造立。「金春」の座名発祥地として、顕彰保存法を講ずべきであるとは現地古老の談。（Ｉ）

## 生田《おいだ》（桜井市）

江戸時代の荻田《おぎた》村。「オギ」は原野に生ずるイネ科の多年生雑草。荻田に佳字を用い生田とした。蘆《あし》をヨシとしたように荻を生田《おい》に改字。本居宣長の『菅笠日記』には「山田村、このあたりに柏の木に栗のなる

山ありとぞ。荻田村というを過て安倍に至る」とある。（Ⅰ）

## 追分《おいわけ》（桜井市）

県内には「追分」（小字）が約五〇カ所ある。「追分」は「相分かれ」の転訛したもの。交通路の重要分岐点。

初瀬《はせ》街道の「追分」は三輪山南方、伊勢（長谷道）、奈良（山辺ノ道）、大阪（横大路）への三差路を俗に「長谷追分」といった。古代の「迹見《とみ》の駅家《うまや》」で現在の外山《とび》付近であった。

奈良「追分峠の梅林」

「初瀬は照る照る黒崎雲る中の出雲に雨が降る」の歌詞は全国的に知られる。この街道にも昭和初期まで宿屋や食堂などがあり、「追分」らしい風情がみられた。本居宣長の『菅笠日記』にも「さて桜井のかなたよりくる道とひとつにあふ所を追分とぞいふなる」とある。

奈良市の富雄川《とみおがわ》西方の大和田町も徳川期には小和田村（あるいは追分）と称し、奈良・大阪間を直通（暗《くらがり》峠経由）する交通の要所。享保九年（一七二四）の検地帳によると「追分茶屋二軒」とあり、同村旧家には武士の宿泊設置があり、「追分本陣」があった。この「追分」東方、富雄川には今も「砂茶屋」の地名があり、かつて茶店が並んでいた。（Ⅰ）

## 多《おお》（磯城郡）

式内社・多坐弥志理都比古《おおにいますみしりつひこ》神社鎮座地、多は飫富《をふ》を一字化したもの。多の西方、飯高（橿原市）は『和名抄』の飫富郷で、ヲフは麻生《ヲフ》の義か。橿原市常盤《ときわ》町の「太田」は宝亀八年（七七七）の『東寺文書』に「路東廿二条三山部里九麻生田一町」とある。麻生田は現小字太田で、近くに太田市《おだいち》の町名もある。

多神社

また、飯富は字形類

似する飯高に変じ、母音脱落してヒダカとなった。『和名抄』上総国飯富（飲富・於布）郷は、飲富（『吾妻鏡』）、負（『延喜式』）、飽富（神社名）と誤写・改字し、『和名抄』下総国意部《をぶ》の郷名は、意布（養老戸籍）、邑保（天平宝字六年〈七六二〉造寺所公文）、邑（天平宝字六年、奉写石山大般若所解案）、於（『延喜式』）とも書く。（Ⅰ）

## 大網《おおあみ》（田原本町）

大字大網は古代の「大《おお》依網部《よさみべ》」の二字化地名か。『和名抄』摂津国大羅の郷名には「於保与佐美《おほよさみ》」の訓注があり、『延喜式』神名帳には大依羅の神社名をみる。『日本書紀』崇神紀十五年条には「依羅池を造る」とある。今も「網羅《もうら》」の語がある。

「開化記」に「依網の阿弭古《あびこ》」の人名があり、『続日本紀』天平勝宝二年（七五〇）条によると、住吉郡の依網我孫忍麻呂ら五人が依網宿祢《よさみのすくね》の姓を賜ったことを記す。ヨサミの語源はヨセアミ（寄網）のこと、アビコは網引（曳）子の義であろう（『摂津志』など）。依羅部は鳥類などの狩猟に関連する部民か。「仁徳紀」四十三年条には「依羅屯倉阿毗古《よさみのみやけあびこ》が異鳥を捕らえた」といい、「皇極紀」元年条には依羅《よさみ》屯倉で射猟を行ったとある。

大字大網は大和盆地の最低湿地帯を北流する飛鳥川と曽我川のもっとも近接する田原本町の地である。『万葉集』に「みてぐらを奈良より出でて水蓼《みづたで》の、穂積（大字保津か）に至り鳥網《となみ》張る坂手（大字坂手）をすぎ、石走《いわばし》る甘南備山《かむなびやま》（飛鳥）に朝宮に仕へ奉りて…」（巻十三―三二三〇）とあり、奈良から飛鳥・吉野に至る途上（田原本付近）の歌がある。「景行紀」の「坂手池」の所在地でもある。やはり大網は、鳥網張る地域か。

さらに小字「我孫子」は飛鳥川上流、橿原市旧大字四分《しぶ》の地域である。『和名抄』の高市郡遊部《あそぶべ》郷（大字四分―『大和志科』説）にあたる。「遊《あそび》」の語は『古事記』（上巻）に「葬儀に際し喪屋《もや》をつくり鷺《さぎ》を掃持《ははきもち》となし、雉《きざし》を哭女《なきめ》として日の八日夜の八日遊びき」とみえ、遊部は喪葬儀礼を司る集団であったか。また『古事記』には鷺巣池にすむ鷺、甜白梼《あまかし》の前《さき》（飛鳥）の白梼《かし》を宇気比《うけひ》（呪詛―誓約）したという記事がある。藤原宮跡南方には「鷺栖坂」の古地名（大字四分―日本思想大系『古事記』説）があり、現在の小字「鷺棚」は「鷺栖」の誤写であろう。さらに『古事記』には「鵠《くぐひ》を追いたずね高志国の和那美の水門《みなと》に網を張り、鳥を捕らえた」という鳥網《とあみ》の記事がある。この「和那美」は「利那美」（礪波）の誤写であろうか。なお、藤原宮造営に削り取られた四条古墳から鳥・笠・盾など、木製の葬祀用具が約五〇〇点も出土した。鷺は住吉信仰の使者にもなっているが、大網・我孫子の地名から鳥霊信仰にかかわる事実の存在が認められるのではなかろうか。

ちなみに、葛城市（旧新庄町北花内飯豊《いいとよ》天皇陵付近）の小字「ヲサミ」「東ヲサミ」「西ヲサミ」の「ヲサミ」は「ヨサミ」（依網）の誤写であろうか。　（N）

**大貝**　おおがい（宇陀市）　大貝の大は美称、貝は峡、山と山との間。伊奈佐山南方、大字山路《やまじ》に隣接する大貝は、山路の地名が示すように谷間に立地する。カヒは渓谷の意。国名の甲斐（山梨県）もかひの国。谷《かい》は狭間《はさま》の意。狭間《さま》に小の好字を冠し、小迫間から「カサマ」「ヲバサマ」に転じた例もある（三重県）。　（I）

**大軽**　おおかる（橿原市）　橿原市には、大軽（旧大字）と軽古《かるこ》（池尻町中字）の地名がある。大軽は美称の「大」を冠した二字化地名。軽古は「軽子」とも記す。軽古は軽戸で、「戸」はべとも読む。軽古は『三箇院家抄』には「軽家」と書く。『和名抄』郷名に山家を山部《やまんべ》と読む例があるように、軽古は軽部であろう。また『満済准后日記』（永享年間〈一四二九－四一〉）には、「赤松の軍勢がきのう越智《おち》から奈良へ戻る途中、軽家あたりで土一揆に出合」とある。軽家は地理的にみると軽古と推定され、近くの久米《くめ》寺には、この土一揆で亡くなった武士の慰霊供養塔（永享在銘）が残っている。

『古事記』允恭天皇の条によると、軽部《かるべ》は木梨軽《きなしかるの》太子の御名代《みなしろ》として定めたとある。軽部は全国的に六例（『和名抄』郷名）もみられる。軽部は軽戸・軽家となり、軽古へ転じた地名であろう。『三箇院家抄』には「軽国《かるこ》府《う》」とも記しているが、軽古の嘉名化であろう。（I）

**逢坂**　おおさか（香芝市）　旧大字逢坂・穴虫《あなむし》は二上山東方に所在。両大字は式内・大坂山口神社鎮座地。

有名な京都市の「逢坂の関」は二つの坂が出合う場所で、古歌に「これやこの行くも帰るも別れつつ　知るも知らぬも逢坂の関」（蟬丸）とあるように、一名「追分坂」とも伝えている。大和の伊勢街道筋の千股《ちまた》村は「相岐《あいわか》れ路」のこと（ミチマタ→チマタ）。全国的に「追

二上山の大坂山追分の石仏道標

分」の地名が多く、大和の長谷寺への里唄には「いやな追分桝屋の茶屋で、泣いて別れたときもある」とみえ、大阪市内の「相合橋《あいおい》」は同伴橋の意で、二人の出会う場所であった。

　また、伊勢国の逢坂峠は平安時代には鈴鹿《すずか》関・美濃《みの》関・不破《ふわ》関とともに三関ともいわれ、峠は乢《たわ》んだところを越える所。この「タワ越え」が「峠」になったとも。峠は「道の神」に安全を祈って手向けるところで、たとえ急坂であっても峠はささやかな路と考え、「小峠《おとうげ》」は乙木《おとぎ》や御斎《おとぎ》峠へと改変していった。　（Ｉ）

## 大　坂《おおさか》（香芝市）

「大坂」の地名は『古事記』履中《りちゅう》天皇条に「大坂山」とあり、旧葛上《かつじょう》・葛下《かつげ》両郡に『和名抄』の「大坂」郷がある。

市名の「大阪」は明応年間（一四九二～一五〇一）、蓮如上人が石山本願寺を建立、天正年間（一五七三～一五九二）、豊臣秀吉が大阪城を築いた。

　当時は小坂、または大坂《おさか》とも。城下には諸大名の屋敷や町人が移住し、都市化したが、大坂の両陣で一時は荒廃した。徳川時代、江戸幕府の直轄地となり、やがて、天下の台所として経済の発展をみた。明治直前頃には「大坂」の「坂」は「土に反《かえ》る」ということで、「大阪」に改めた。明治四年（一八七一）七月、廃藩置県で各藩はそれぞれ県名を唱えたので、大和国内に一五県の成立をみた。これも束の間で、同年一一月には大和一国を管轄する奈良県が誕生した。同九年四月堺県に合併、同二十年（一八八七）一一月奈良県を分離して現在の県域が成立した。当時、水谷川忠起春日大社宮司は奈良県名の復活を祝って「ならさかのこのかしはのふたをもて、ふたたびしける時はきにけり」と詠んだ。　（Ｉ）

## 大坂山《おおさかやま》（香芝市）

古墳時代（五世紀頃人物画像鏡銘）、桜井市の「忍坂」の地名が今もなお「オッサカ」として生きている。また、『古事記』『日本書紀』には「押坂」、または

鹿島神社

「於佐筒《おさか》」、「意佐加《おさか》」などと書いている。忍坂に置かれた「忍坂部」は「刑部《おさかべ》」に表意二字化し、「刑部皇子」「忍壁連《むらじ》」などの人名にもなった。同じ坂名でも「小坂」「大坂」「大阪」「逢坂」「忍坂」というように、地名用字そのものに歴史があった。

なお、香芝市の大坂山は「崇神紀」によると、天皇が夢の教えのままに墨坂《すみさか》神・大坂神に赤矛・黒矛を祀り、『常陸国風土記』には、天皇が大坂山の頂に白《しら》桙《ほこ》の御杖を取りまし、香島の国に坐す天つ大神に幣帛《みてぐら》を納め祭ったとある。この大坂山東麓に鎮座する香島神社は『延喜式』内の深溝神社ではなかろうか。（I）

## 尾曽《おおそ》（明日香村）

明日香村旧大字上《かむら》から冬野に至る途中の山村。式内社・気都和既《けつわけ》神社上方の水源地。オオソは大《おお》沢《さわ》の転訛か。谷森善臣の『蘭笠の雫』（一八五七）によると、現五條市の「大沢峠」を「オオゾ」と記している。

上居《じょうご》村上方の上村《かみむら》は「カムラ」に、『延喜式』内の「気都和既《けつわけ》」の社名は「ミヅワケ」の転訛か。別名「モウコン」（茂古）の森は「ミコモリ」の義か。『大和志』（山川の部）には「浅茅原、尾曽村桃樹繁殖花時可観」、または「神社は茂古《もこ》の杜《もり》、傍に高き三丈許りの瀑布あり、細川・上居（上村）・尾曽三村が祭祀に預《あま》かる」とある。細川谷上流に「水分の神」を祀ることが考えられる。京都市北山の貴船《きふね》（貴布祢）は加茂川の水源地で、古来、「水生《みふ》」（丹生《にふ》）の神として尊崇され、「木生嶺《みふね》」と同義の語で、『万葉集』に「滝の上の三船の山に…」とある三船山は、吉野宮滝付近に比定されている。つまり「気都和既」は飛鳥川上流の「水《み》分《くまり》」の神ではなかろうか。ちなみに、宇陀郡の「三畝《みうね》山《さん》」も「水生嶺《みうね》山」とする説がある。（I）

## 太田《おおた》（桜井市）

大字太田は敏達《びだつ》天皇訳語《おさ》田幸玉宮《だのさきたまのみや》伝承地であり、『延喜式』の「他田坐天照御魂神社《おさだにますあまてるみたま》」（同郡には鏡作坐《かがみつくりにます》天照御魂《あまてるみたま》の社名もみえる）鎮座地である（『磯城郡誌』）。『大倭正税帳』にも「他田《おさだ》神戸」とみえ、他田は別にタダと読み、太田の文字を用いたと考えられ、「船氏王後墓誌」には「乎娑陁《おさた》」の語がみえ、「日佐」の訳語は「長《おさ》」の義であるといわれる。

「敏達紀」六年二月の条に「日祀部《ひのまつりべ》及び私部《きさいちべ》を置く」という記事があるが、日祀部は他田天照神—他田日奉部との関係が考えられる。この日祀部は『万葉集』「正倉院文書」などには日奉部と書かれている、日祀部・日奉部は、いわゆる日置部（「垂仁紀」）と同義の語であろうか。『和名抄』には日置（一六例）、日奉（一例）の郷名があり、『釈日本紀』は日奉をヒノマツリベと訓《よ》み、折口信夫は「日置祀部」の義に解釈している。すなわち、アマテルミタマは自然神たる太陽の霊魂を意味する語で、天ツ神は古代各地の守護霊として信仰の対象となった。アマテルミタマを祀る神社は各地に分布し、「敏達紀」の日祀部も神祇（太陽）を祀る部であろう。財日奉部（「天武紀」）、佐伯日奉部（『姓氏録』）、下総国海上郡の国造家に他田《おさだ》日奉部直神《じん》護《ご》（正倉院、天平二十年文書）の名がみえる。ちなみに、近隣の大字戒重《かいじゅう》にも訳語伝承地があり「諸越《もろこし》」「唐土」などの小字が残っている。（S）

## 大台ヶ原山《おおだいがはらやま》（川上村・上北山村）

大峰山脈とともに近畿の脊梁《せきりょう》を形成する台高《だいこう》山脈の主峰で、別称は大臺山・三国岳・巴岳。日出《ひので》ヶ岳《がだけ》（一六九五メートル）、三津河落山《さんづこうちやま》（一六五九メートル）、経《きょう》ヶ峰《がみね》（一五二九メートル）などが東・北・西の三方に群立する高原状の平坦面（隆起準平原）をいう。山上には牛石《うしいし》ヶ原、正木《まさき》ヶ原、西大台などの平坦面があり、南は北山川支谷の東ノ川《うのかわ》によって深くえぐられ大蛇嵓《だいじゃぐら》・千石嵓などの大絶壁の奇勝をつくっている。高頭式著『日本山嶽志』は「大臺原山、山容高台の状を成す」とあり、山名は、約四〇キロ平方の広大な台地が由来とされる。（T）

## 大月《おおつき》（御所市）

御所市大字玉手《たまで》に小字「大月」という池名があり、池の北側に「大月の森」がある。大月はもちろん大槻の森があるので、同地域を森垣内村（『大和志』属邑）といっている。大槻の下に追着《おいしき》神社が鎮座する。茅原《ちはら》村の役小角《えんのおづぬ》が葛城山へ修業の途次、玉手の村娘に追い駆けられた所だという（『大和の伝説』）。つまり、大槻→大月→追着の地名説話が発生した。（I）

**大塔**《おおとう》（五條市）　明治二十二年の市町村制実施の際、十八カ村が合併して成立した旧村名。十津川支流天ノ川流域に位置する。南朝時代、竹原八郎・戸野《との》兵衛《ひょうえ》らが、後醍醐天皇の皇子、大塔宮《おおとうのみや》（護良《もりよし》親王の宮号）を守護したという伝説にちなみ、大塔を村名にした。大字辻堂には八郎の墓があり、大字殿野《との》西教寺《さいきょうじ》は戸野の旧宅で、兵衛の遺品や当時の古文書（正平・弘和）、兵衛のものという墓が残っている。

ちなみに、美濃国那比《なび》新宮の「大般若経」奥書正慶年間（一三三二〜三四）に「応党宮」と墨書しているので、オオトウと訓《よ》む。二〇〇五年九月、五條市と合併。（T）

**粟殿**《おおどの》（桜井市）　喜殿《きとの》（天理市）、木殿（橿原市）、神殿《こどの》（奈良市）、小《お》殿《どの》（御所市）などの「殿」はデンで「田」の変化した例が多い。「殿」は佳字とみられる。粟殿は粟生田《あわふだ》のことではなかろうか。また、同市旧大字粟原には、粟原寺跡（『続紀』）がある。この付近では、粟を栽培していたとみられる。「崇神紀」四八年条に「三輪山に登り縄を四方に引き渡し、粟を食む雀を逐ふ」とあり、三輪山麓に粟田の存在がわかる。

粟殿に所在する大神《おおみわ》神社（同市三輪の大神神社とは別）の旧社名は桑内《おど》神社で、『延喜式』にある桑内神社にあたるといわれる。この桑内は俗にオトと訓《よ》まれているが、字形の似た粟田の誤写であるかも。オドはオドノの下略と思われる（『郡誌』）。中世には粟殿庄と東粟殿庄があったが、粟殿庄は興福寺大乗院領、東粟殿庄は興福寺市一乗院領に属した。これが江戸初期に織田有楽斎領、明暦元年（一六五五）津藩領となり、幕末に至った。

別に、キドノは吉田→吉殿（中世荘園名）から転じた。橿原市の藤原宮跡内にある小字「中田」は「中殿」とも書き、宇陀郡旧室生《むろう》村の「染田《そめだ》」は中世の文書に「染殿」とも記す。中世文書の「殿」はテム・デムの訓注を付している。（I）

**大丹穂山**《おおにほやま》（明日香村）　大丹穂山の大は美称で、飛鳥川上流の大字入谷《にう》付近の山。「皇極紀」元年（六四二）八月条によると、「天皇、南渕《みなぶち》の河上《かはかみ》に幸《いでま》して、跪《ひざまづ》きて四方《よも》を拝み、天《あめ》を仰ぎて祈り給ふ、則ち雷《いかづち》なりて大雨《ひさめ》ふる」とみえる。丹生は水の神である。『万葉集』「弓を寄せる歌」に、「南渕の　細川山に　立つ檀《まゆみ》　弓束《ゆづか》巻くまで人に知らえじ」（巻七―一三三〇）とある。また、「弓削皇子奉る歌」として「御食《みけ》向ふ　南渕山の　巌《いはほ》には降りし斑雪《はだれ》か　消え残りたる」（巻九―一七〇九）という歌がある。南渕・細川山には檀《まゆみ》の樹が多かったらしい。大字入谷は、徳川中期に「丹生谷」とも書いた。大仁保《おおにほ》神社旧鎮座地で、大仁保の神名は『三代実録』（元慶元年）に「大和国大仁保神」とみえ、丹生は水生（水神信仰地）で、『和名抄』郷名の壬生もニフ（尒布）と訓注している。

『延喜式』によると、丹生《にふ》の神は山口・水分《みくまり》の神（大和国内三十六社）と同じく、祈雨・止雨の神で、各地に鎮祭され、丹生・丹原・雨師などの地名を残した。この入谷の場合も南渕川の上流にあり、前記『皇極紀』に「南渕川に幸して雨を祈る」、「天武紀」に細川山の伐採を禁じ、山林保護のことを勅したとある。大仁保神社は、現在、南渕の字須多伎比売命《うすたきひめのみこと》神社境内に移しているが、古くはミズハノメの神を祀っていた。飛鳥川水源地（竜在峠）に祈雨の神を祭祀していたことが考えられる。南渕川・冬野川流域は古代祭祀の聖地か。（Ｉ）

## 大原《おおはら》（明日香村）

明日香村付近の地名には三つの地形語が集中的にみられる。その①は「原」、②は「丘（岡）」、③は小・大の美称を冠したもの。まず「原」は

大原（藤原）・小原（『万葉集』）　橿原宮（「神武紀」）
藤井ヶ原（『万葉集』）　真神原《まかみがはら》（『万葉集』）
浄《きよ》（清）御原《みはら》（「舒明紀」）　藪原（「皇極紀」）
上桃原《かみももはら》・下桃原（「雄略紀」）　坂田原（「欽明紀」）
川原（「季徳紀」）　向原《むくはら》（「欽明紀」）

など。また「丘（岡）」については、

沖岡（中字）　佐田丘（『万葉集』）
雷丘・神岳（『万葉集』）　岡寺（大字・寺名）
飛鳥岡本宮（「舒明紀」）　味橿丘（「允恭紀」）
飛鳥岡（『続紀』）　大野丘（「敏達紀」）
逝回丘《ゆききのおか》（『万葉集』）　真弓丘（『万葉集』）
大内丘（「欽明紀」）　嗛間丘（「神武紀」）
越智岡・小市岡（「天智紀」）

などがある。さらに「丘」（岡）の大、小については、

大野丘（「敏達紀」）　田・治田（「推古紀」『延喜式』）
大内丘（「欽明紀」）　大丹穂山（「皇極紀」）
越智の大野（『万葉集』）　大身狭・小身狭（「欽明紀」）

大原・小原（『万葉集』）　大根田《おねだ》（現大字）
軽・大軽《おおかる》（現大字）　小山（現大字・大宮大寺）
小山田・山田（現大字）

などがある。すなわち、山・丘・田・原などの普通名詞に「大」「小」の美称を冠したものが多く、こうした現象も明日香村域に限られている。つまり、ツマ（端）・クラ（谷）・クマ（隅）・サコ（狭間）などの地形語に対し、サツマ（薩摩）・サクラ（佐倉・桜・若桜）、サクマ（佐久間）があり、さらにアサツマ（長妻）・アサクラ（朝座・朝倉）・アサクマ（朝熊→アサマ）・アサコ（朝来・浅古）などがある。

この「サ」「ア」は美称の「小」、敬称の「大」と同意の語で、地形語に多いことも事実である。万葉歌人は「飛鳥の古き都は山高み、河とほしろし」「ゆゆしきかも、あやに恐こき明日香」と詠み、飛鳥の景観を賞賛し、「小墾田《おわりだ》の大宮」「師木島《しきしま》の大宮」といわれたように、飛鳥も、事実、川原・浄御原・岡本・板蓋《いたぶき》諸宮の大宮処である。『常陸国風土記』の「多珂《たか》」を「大多珂」、「行方《なめかた》」を「大行方」、「茨城」を「大茨」というように、郡家の所在地には「大」の美称を冠した例もある。（I）

## 大森町《おおもりちょう》（奈良市）

古くは城戸《じょうど》村といったが、明治三十七年（一九〇四）六月一日大森町と改称した。地名の由来は、古老の言では、この地に樹木が繁茂して大杜《おおもり》と号したことによる。当町の大森池を掘った際、大樹の枯木の根が出たという（『奈良坊目拙解』）。「奈良廻り八カ村」の内。四至《しし》は、東は南魚屋町・南新町、南は西木辻町・大安寺六丁目、西は恋の窪一丁目・二丁目、北は杉ヶ町・三条本町・三条大宮町に接している。昭和四十五年（一九七〇）一部が三条本町、三条大宮町に、平成元年（一九八九）大森西町になった。（O）

## 大淀《おおよど》（大淀町）

『万葉集』に「音に聞き目にはいまだ見ぬ吉野川、六田《むった》の淀を今日見つるかも」（巻七―一一〇五）とあり、吉野郡大淀の「村名」は明治の町村制実施当時の命名で、『万葉集』の古歌にちなんだものと考えていたが、実はそうではなく、同町の民俗学者・岸田日出男、同文男氏から意外な事実を聞かされた。

新村名の命名当時、大北作次郎・吉条粂徳・庄司吉平・吉井栄治・俵本茂一郎の委員諸氏は、新村名制定に努力を重ね、大北作次郎は「大北村」説を要請した

が、最終的には「大北」(村長名)の「大」と、下渕の座頭渕の「淀」と合わせて「大淀」と決定したのである。　(I)

**小鹿野**《おがの》(宇陀郡)　宇陀市榛原区旧大字玉小西は玉立《とうたち》・小鹿野・西峠《にしとうげ》の合成地名。また同区の山辺西・中村の玉小西の地域は、古来、萩原と称し、寛永七年(一六三〇)分轄して上・下萩原に分かれ、のちに上萩原は、西峠・小鹿野の二村に分轄、さらに明治九年西峠の属邑玉立の三村を合併した(「郡史料」説)。小鹿野は小ヶ野、西峠は本郡最西端(伊勢街道)の墨坂《すみさか》峠—隅坂である。同地の大字角柄《つのがら》もスミ(隅)ヶ原—スミガラであったと考えられる。

　ちなみに、宇陀郡付近にはトウタチ(玉立)・ウダチ(宇立)・モモチ(百地—堋《ママ》地)・アダチ(足立)・フクチ(福地)・ヤマヂ(山路)・ウガチ(穿邑—宇賀志)など「〜チ」の地名が多い。　(I)

**奥田**《おくだ》(大和高田市)　『豊後国風土記』に、「豊国の京都《みやこ》の行宮より、此郡《くに》に幸まして、地形を遊覧《み》て、嘆《なげ》きてのりたまひしく「広く大きなるかも、此の郡《くに》は碩田《おほきた》の国(碩田は大分《おおきた》といふ)と名づくべし」とのりたまひき。今大分《おほきた》といふ」とある。大分県大分郡の「分」は段中《きたなか》(田地一段の半分をキタナカという)のキタで分けることを意味する。音便によってオオイタに転じた。かくして、地名は発音の問題以外に、充当文字によって意外な改変を重ねてきた。県内では「興田」「典田」「豊田」「豊国」などの中世地名が、近世になると奥川原《おくがはら》村が興ヶ《おきが》原《はら》(奈良市)に、反対に興田《おきだ》庄が奥田村(大和高田市)に転ずるような例もみられた。

大和国城下《しきげ》郡東十八条三里廿九坪が現在の磯城《しき》郡田原本町大字笠形《かさがた》付近で、『三箇院家抄』によると興田《おきだ》庄とある。この廿九坪の小字が「トヨク」(「トヨクニ」の下略か)で、付近に「斗代田」「ヲキ田」などの小字が残っており、隣接する式下郡十九条一里付近が興田南庄(延久二年『興福寺坪付帳』)である。中世、同庄が分解して「豊田《とよだ》」の庄名をみた。結局、「興田」は「豊田」で、「豊田《ぶでん》」が「豊前」になった。あるいは「豊田」が「豊国《トヨクニ》」になることも考えられる(興田・豊国・豊田の草書体は酷似する)。　(I)

**押熊**《おしくま》(奈良市)　「押熊」は「大熊」と同義、大はオシで一種の美称。熊は隈（坰《くま》）を意味する。奈良市西北部の極地を表す地名。宇陀市東南部の大熊峠（旧大宇陀町大字大熊）と対照する方位地名。（Ｉ）

## 忍海　おしみ（葛城市）

古代条里制からみると、忍海郡三十条、三十一条、三十二条内に整然と区画されている。古代葛城県の中枢部を東西に極めて細長く立郡、葛上・葛下を分割する。

葛城忍海は「応神紀」には渡来人の居住地として知られた新漢《いまき》とあり、延久二年（一〇七〇）の『興福寺坪付帳』には「今木庄、忍海郡三十一条三里」とあり、現在の大字忍海付近に相当し、今も「今城」（大字）が残る。隣郡の葛上郡内にも「今城」（大字）がある。

「清寧紀」によると、「大和辺に見かほしものは　この高城なる角刺宮」といわれた角刺宮《つのさしのみや》跡（飯豊《いいとよ》天皇宮居）で、古代豪族・葛城氏の本居の地であった。角刺の角はカド・ツルで「葛」に通じる語、刺はサシ（城）で、角刺は葛城と同義の用字か。タズ・ツルは葛蔓《くずかずら》のことで、葛城の田鶴原も、葛原を意味し、『万葉集』の真葛原である。葛城国造の剣根命《つるぎねのみこと》のツルギも葛城―ツルキと考えられる。「神武紀」の剣根命は葛城土着の豪族であった。「神武紀」の葛綱《かつらあみ》にちなむ葛城の地名説話は葛《つる》草の密生地であったことを示す。忍海郡の忍海付近は古代葛城国、葛城郡の中枢地であった。（Ｉ）

## 越智　おち（高取町）

『万葉集』の「越智野《をちの》」か。

柿本人麻呂の歌に「敷たへの袖かへし君玉垂《たまだれ》の越野《をちの》過ぎゆくまたも逢はめやも」（巻二―一九五）とあり、越野は一に「呼知野」ともある。

越智には能楽観世座の流れをくむ越智座があり、十郎元雅が父世阿弥元清に疎んぜられたことを恨み、京都を去って越智に隠棲《いんせい》したと伝える。越智《おち》・越《こし》は接続地名である。明日香からみると、越智はオチ、越はコシで、オチは遠い方、コシは近い方のこと。遠近の意を表す地名でもある。越智陵は高取町車木《くるまき》に所在する。南北朝時代、越智氏の居城跡（貝吹山）がある。（Ｉ）

## 忍坂　おっさか（桜井市）

和歌山県橋本市八幡神社の人物画像鏡（五世紀）に「意柴沙加《おしさか》」の地名がみえ、『神武紀』には「於佐《おさ》箇《か》」とある。この地名が現在の忍阪（旧大字）で、意佐賀・意佐加・押坂とも書いた。オシは「凡《おお》」で、「大」の意。「允恭紀」に、天皇の皇后忍坂大中姫《おしさかのおおなかつひめ》の御名代《みなしろ》として忍坂部《おさかべ》を定めたとある。オサカベは刑部（刑部省）で、刑部とも書く。刑部はウタヘノタダツカサ

「垂仁紀」には「神刑部《かみおさかべ》」の名がみえる。神刑部は神の審判を得て決罰の任にしたがったらしい。かつて一〇〇〇口の大刀を忍坂邑から石上《いそのかみ》神宮に蔵《おさ》めたともある。『和名抄』に刑部の郷名は伊勢・参河など一二カ国一六郷も存在し、別に忍坂・忍壁が各一郷残る。なお、忍坂井《おさかい》は、春日井が春日部の転であったと同じように、忍坂部の転じたもの。橿原市耳成《みみなし》山東方には忍坂・大坂部・行歩《ぎょうぶ》（刑部）などの小字がある。（Ⅰ）

## 乙木《おとぎ》（天理市）

葛城市の旧大字竹内の竹内峠には「小峠《コトゲ》」を姓とする旧家が残る。吉野郡高見峠、宇陀郡半坂《はんさか》峠の別名も小峠《オトギ》。「乙木・竹之内高みで寒い…」「宇陀の半坂、小峠の茶屋で…」「伊勢高見さん…小峠の餅や高い」という里謡が残り、三重県の御斎《おさぎ》峠が有名。すなわち、小峠がオトウゲ→オトギに転訛したのである。

現在の乙木・竹之内付近は中世の「乙木庄」で、「乙木竹之内庄」「乙木庄」に分かれていた。江戸期、乙木村の東方に十二神社（『延喜式』夜都伎《やつぎ》神社）と、西方に春日神社を鎮座していたが、十二神社社地を竹之内三間《さんげん》塚池と交換したため、同村内の春日神社に合祀、夜都伎神社と改変した。今も同社石灯籠銘は「奉造立乙木社…寛永二年」「奉造立乙木社…万治二年」とあり、享保の『大和名所図会』にも「乙木明神」とあるので、江戸中期まではオトギ神社と称していた。結局、乙木《おとぎ》の夜都岐は於都伎《おとぎ》の誤写と考えざるを得ない。「夜」と「於」の草書体はまさに酷似する。（Ⅰ）

## 小峠《おとぎ・ことうげ》（平群町ほか）

小峠《ことうげ》の小字は約一五例、中には「コトゲ」、訛って「コトヒキ」（琴引）、「コホトゲ」（小仏とも。また、同地形語の「フネ」や「フナ」にちなむ地名がある。県内には「フナサコ」（船迫）が一五例、「フナタワ」が五例、「フナタニ」が一〇例というように、「船」は「迫」「乢《たわ》」「嵶」「谷《くら》」の意。フナは凹地を形容する語である。「迫」は谷間の迫った所、「乢」は丘陵の鞍部《あんぶ》で、「谷」は古語では「クラ」ともいった。明日香村の「酒船石《さかふねいし》」や「岩船《いわふね》石」、葛城の「船《せん》宿寺《じゅくじ》」、当尾《とうのお》の「岩船寺《がんせんじ》」などの「船」も凹んだ石や地形のタワんだ所であった。このタワ越え→タヲコへ→トウコへ→トウゲが「峠」になった。桜井市の多武《トウノ》峰《ミネ》は「峠の峰」のことで、事実、峠の頂上に談山神社が鎮座している。

神社のすぐ南方の冬野《フユノ》も丘陵の鞍部で、これもタヲった野の地形に立地している。また、神社北方の「八《や》井内《いない》」は「谷内《やない》」、「百市《ももち》」は「墹地《まま》」のことで谷間であった。峠の鞍部だから清水《しみず》に恵まれる。したがって峠には集落が発生した。高取町の清水谷《しみずたに》を登ると高取山である。タカタヲリも高い峠《たをり》のことで、高取城跡は高市・吉野郡との境界の高い峠に築かれた。こうした峠はきびしい地形に位置することから、昔は「小峠」といい、やさしく表現した。「小」は「小野小町」のように美称のことで、小百合《さゆり》、早苗《さなえ》などのサ（小）である。つまり、小峠はコトウゲといい、ヲトギに転じ、「乙木《おとぎ》」（天理市）、「御斉《おとぎ》」（三重県）とも書いた。

天理市の乙木は、貞永元年（一二三二）十二月の「永久寺僧徒連書売券」に「ヲトキ、在大和国山辺郡南郷十三条八里廿三坪」（『春日大社文書』）とあり、「御斉」は司馬遼太郎の小説『梟《ふくろう》の城』で有名、伊賀の国北方の「御斎《おとぎ》峠」の名に魅せられる。「峠」の地名には何となく愛着をもつ。『人生峠』『峠の群像』『帰去来峠』『大菩薩峠』など、峠にちなむ小説や演歌も少なくない。（Ｉ）

## 小殿　おどの　（御所市）

延喜式内社・葛木御歳《みとし》神社前の大字小殿は、神田《コウデン》↓神殿《コウドノ》↓小殿《オドノ》の転訛で、同神社の田のことか。奈良市神殿《こどの》も神田《しんでん》の改字である。神田はミトシロと訓《よ》み、神田代とも書くことから、ミトシの社名はミトシロの下略かも。小殿東方の大字古瀬《こせ》の中字水泥《みどろ》は御田代（巨勢山口神社の神田）の義か。ちなみに、宇陀市菟田野区見田《みた》は屯田（屯倉《みやけ》）の意であろう。（Ｉ）

## 音羽山　おとばやま　（桜井市）

桜井市東南部の山名。南・北音羽の旧大字がある。丘陵のたわんだ状態を「タワ」という。これに美称の「小」を冠しオタワがオトバに転じたもの。南・北音羽は多《と》武峯《うのみね》の谷にあり、付近の道標には「たふのみね」「たむのみね」と刻む。多武峯もタワノミネでタワムから生まれた地形名。『万葉集』にも「手打《たを》り多武《たむ》の山…」（巻九―一七〇四）とある。

たむのみね（道標）

京都市東山の音羽山《おとわ》も、俗称東山三十六峯の山腹にあり、音岩の滝がある。「タワ」に関する小字は県内に約二〇〇例を数える。（I）

**鬼取**　おにとり　（生駒市）

「鬼取《おにとり》」は生駒山中の鶴《かく》林《りん》寺の所在地。同地の鬼取山鶴林寺は『大和名所図会』によると「この山の旧名は般若岩屋といふ。また鬼取とは、役行者《えんのぎょうじゃ》、儀学・儀賢の二鬼をとらへし所といへり。されば役行者かづらき山におこなわれしとき、鬼神をめしつかひたまふ云々」とみえる。しかし、ここに鬼が住んでいたわけではなく、実は山中のオニは陰地《おんじ》（日陰の地）の地形語で、オンジトリがオニトリに転化したもの。トリはタヲリ→トリ（乢）の意。高取山・鞍取坂・ヒヨドリ坂なども峠を意味し、二上山中の取谷《とりたに》古墳は岩屋峠にあり、いずれも地形語から起こった地名である。（I）

**帯解**　おびとけ　（奈良市）

帯解寺は安産祈願所として全国的に有名。明治二十二年の市町村制実施の際、帯解の寺名にちなみ帯解の町名を制定。同寺には裙帯《くんたい》地蔵菩薩（重要文化財）を安置、安産信仰は極めて古い。同寺縁起によれば文徳《もんとく》天皇妃がこの地蔵尊に祈願して無事に安産、帯解の寺号を賜ったと伝える（『大和志料』）。

江戸時代の『大和名所図会』には帯解寺を説明し、南北に連なる町は寺内町として繁栄したとある。（I）

帯解寺　『大和名所図会』（寛政3年）

**小治田**　おわりだ　（明日香村）

小墾田宮は推古・皇極天皇の宮都で、『持統紀』に「小墾田豊浦《おはりだのとゆら》」とみえ、地名「小墾田」は豊浦付近に推定し、同地の小字《あざ》「古宮」が重視された。『続日本紀』天平宝字四年（七六〇）の条に「新宮・小治田宮」とあるので、古宮と新宮があったことになる。しかも平安時代まで「宮」としての機能を残していたらしい。つまり、オ（小）は美称、「墾」は開いた所、「治」は佳字、田（普通名詞）である。

昭和六十二年に、明日香村飛鳥の雷《いかづち》丘東方から「小治田宮」の墨書土器が出土した。同地が小治田《おはりた》で、淳仁天皇が行幸《みゆき》され、天平神護元年（七六五）には称徳天皇が行幸されている。すべての記録が「小治田」となっている。明日香村豊浦《とようら》の小墾田《おわりだ》宮は古宮で、新宮の小治田宮は同村飛鳥にあったことになるのでは。

（I）

小墾田跡

# か 行

## 戒重《かいじゅう》（桜井市）

大字戒重は東大寺・大安寺関係の中世文書によると、開地井・開地・開千・開治井・開住・海住・階重などとも書く。戒重にあった織田藩陣営を北方近くの岩田村に移すことを計画、岩田村も戒重領であるとして、同村名を艾樹としたが、これが芥生・芥樹・芝樹に誤写され、ついに芝村に省画したと伝える。これによって同藩は武家諸法度を要領よく通過、芝村の村名が誕生、無事転営することに成功した。のち、明治二十二年の市町村制実施に際し、織田村大字芝村を単に大字芝としたのである。この芝は、一部にいわれるように「伏拝みの芝」的な地名ではない。

戒重陣営（城）は元和四年（一六一八）織田長政が居を構え、延享二年（一七四五）同輔宣が同領内・岩田に転営するまでの一二〇年間の陣地であり、地形上、垣の内（古垣内）としての規模をもっていた。戒重は

「垣中《かいじゅう》」の義か。

## 垣内《かいと》　（奈良県）

全国的には大字として、約二〇カ所にあり、垣戸・貝戸・皆戸・開土・海道・海東・外戸などの文字を仮借している。奈良県下には単に「垣内」という大字はないが、「出垣内《でがいと》」、「寺垣内《てらがいと》」などがあり、小字の「垣内」は約三〇〇〇例、これ以外に垣内田・垣内前・鍛冶屋垣内・御子垣内というように「垣内何々」が約二〇〇〇例、「何々垣内」にいたっては、約一三五〇例の分布をみる。こうなると、平坦部の垣《かき》ノ内は条里制の一坪に該当することがわかる。　（Ⅰ）

　橿原市大字東竹田には公称以外の俗称として、北・東・中・紺屋・辰巳の諸垣内があり、このような俗称垣内名を加えると、県下には三〇〇〇以上の垣内名が存在するであろう。

　明治十四年、全国的に実施した小字調査の対象は大字（村）・垣内・小字の順序に報告させている。現在でも「大字何々の何々垣内の小字何々」として考えられ、中字的な村落自治組織を垣内とし、冠婚葬祭における経済上の援助単位となっているようである。大和方言で自宅付近に棲む蛇のことを「垣内マワリ」と言い、「垣内根性」という言葉の残るのも一理がある。すなわち、神社・寺院・茶屋・番所・道場などがあれば、「垣《かき》」の有無にかかわらず、それぞれの名を冠した垣内名が発生する。その種類も一三〇〇以上に及んでいる。もちろん、開墾者名を用いた垣内名もあれば、低湿地帯に発生した環濠村落も一種の垣内である。

　「垣内」という概念は古くから存していたわけで、「神武紀」に大和の国を賛美した語に「玉墻内国《たまがきのうちつくに》」があり「玉」は美称、カキノウチは、「崇神紀」の瑞《みず》籬《がき》の宮名と同義で、瑞籬は三輪山麓の俗称「水垣内《みづがきうち》」として今なお神聖視されている。

　柳田国男も「大和や紀伊辺には隅々その古き思想が大体昔のままこの語（垣内）に伴っていたのである」（「垣内と谷地」）といわれたように、全国的にみても「垣内」（大字）の用字は和歌山、三重県のみで、奈良県下でも、数カ所に「海道」「海知」の用字があるのみで、すべて「垣内」の用字に限られている。

　つまり、カイトは字義のように、「垣ノ内」を示す語であろう。また、県下における「垣内」の地名は全国最高を算するものと解せられ、カイトはおそらく大和地方に発生した古語で、稀には大和一国を意味し、時にはある地域を、または大字・中字・小字（小字以下の屋敷・田畑）の村落単位の名称でもあった。それが、自由自在に駆使された結果、いつしか全国的に波及していったのではなかろうか。結局、特別の意義をもつ垣内名であれば、単純に村落の一単位として使用した垣内名もあったと考えるべきであろう。常識的には、村を小分けした数戸、または十数戸の集合的名称ともいえよう。

（Ⅰ）

## 戒成《かいなり》（明日香村）

明日香村大字阪田《さかだ》の中字「戒成」は、石舞台古墳南方の谷間村落。桜井市大字戒重《かいじゅう》は「垣中《かいじゅう》」、橿原市旧大字戒外《かいげ》は「垣外《かいと》」の転と考えられる。しかし、石舞台付近の小字「筆鳴海」は「茅鳴海《カヤナルミ》」（字形類似）の誤写であろうか、『讃岐国山田郡古田図考』（山岡詞写）の文中でも「茅」を「芧」に改字している。

『出雲国造神賀詞』に「加夜奈留美《かやなるみ》の神を飛鳥神奈備に祀る」とあり、『延喜式』には高市郡内に「加夜奈留美」の神社名がみえる。カヤナルミのカヤは峡、ナルミは傾斜地のこと。戒成《カイナリ》はカヤナルミの下略語であろうか。神社名に地名を用いることは少なくない。飛鳥地方には「ナルミ」「鳴味」「鳴海」などがある。大字尾曽《おおそ》には小字「コナルミチ」「コナルミ」がある。『五郡神社記』には戒成の谷間（峡間）に「くつな石神《いししん》窟《くつ》」の存在のことを記している。神名「カヤナルミ」は『古事記』『日本書紀』にはみえない神名である。あるいは「飛鳥の始祖神」として信仰の対象となっていたのではなかろうか。

（Ⅰ）

## 肘塚《かいのづか》（奈良市）

奈良市内の旧町名。建長五年（一二五三）の元興寺の中門堂寄進屋敷懸板記録に「甲斐塚」と記し、その後、肘塚と書いた。天文元年（一五三二）八月の土一揆は肘塚口で争ったという。肘塚は興福寺の衆徒が各地通報の際、ここで法螺貝を吹いて相呼応したという説もある。

（Ⅰ）

## 戒場《かいば》（宇陀市）

戒長寺《かいちょうじ》所在地。戒場は茅場か。山腹の傾斜地。屋根葺に用いる茅草の産地で、事実、近世まで茅を葺く組織（組合）があった。「戒」の用字は戒重《かいじゅう》（桜井市）、戒外《かいげ》（橿原市）、戒成《かいなり》（明日香村）の諸地名（旧大字）がある。カイゲはカイト、戒成はカヤナル（賀夜奈流美社にちなむ）の転訛語とも考えられ、いずれも「戒」は一種の好字とみられた。岩田村（旧式上郡《しきじょう》）に慶《けい》（「祝」の義）田寺《でんじ》があるように、戒長の寺名も戒場の地名に起因する用字であろう。

仁治元年（一二四〇）の「関東下知状案」（『春日大社文書』）には「山辺東庄内」に「戒場寺」の名がみえる。『三箇院家抄』による大乗院領庄園と考えられ、「宇陀郡田地帳案」には「貝波跡云々」とあり、元和郷帳には「かひは村」とある。慶長六年松山藩、元禄以降幕府領となる。（Ｉ）

**貝吹山**《かいふきやま》（橿原市）

橿原市と同市鳥屋《とりや》西南方、飛鳥・葛城地方を望む形勝地に立地する。中世、越智氏の貝吹山城跡として有名。

県内には小字で「貝吹」が七カ所、「カネツキ」が約二〇カ所、「太鼓《たいこ》田」で約一〇カ所あるが、これは鐘や太鼓を用いた時守の費用を賄う田地である。たとえば、御所市の水越峠の関屋にある「カネツキ山」は名柄竜正寺《りゅうしょうじ》の鐘つき費用に充当した山。栄山寺《えいさんじ》（五條市）の中世の「栄山寺年貢収納帳」には「一石八斗太鼓ノ給。一石八斗カネツキ給」、永享七年（一四三五）六月の同寺の「窪坊覚音下地寄進状」には「太コ田　一段一石四斗代、小島・御門五郎」と記している。

貝吹は、ホラ貝を吹き、合図をしたところで、御所市内の「貝吹」（俗称）は柳田川流域の、灌漑配水の時間を知らせたところをいう。長谷寺が貝を吹いて時を報じていたことは本居宣長の『菅笠日記』に詳しく書かれているが、これは平安時代から現代まで続いている。『万葉集』には時守の歌があり、貝や鐘で時を報じたらしい。（Ｉ）

**高山**《かぐやま》（橿原市）

天香久山

万葉遺跡。大和三山の一つ。旧大字木之本《きのもと》にある山。天之《あめの》芳来山《かぐやま》・賀久山・香具山・香久山なども書く。『延喜式』には畝尾《ウネヲ》とあり、本居宣長は『菅笠日記』に「東の方はうねを長く続きて」と記したように、畝尾の山名は形状を示している。

古来、香久山の埴《はに》土《つち》・波々迦《ははか》を用いて禍《まが》事《ごと》（凶事）を占い、倭国《やまと》の物実《ものざね》（物のもととなるもの）の山として櫛真《くしま》の神を祀り、さらに陰陽《おんみょう》道を家学とする阿倍氏の本拠地と考えられた。

天の香久山は「神山」的な美称で、『万葉集』では畝傍山を「瑞山《みずやま》」、耳成《みみなし》山を「青菅山《あおすがやま》」ともいったように一種の佳称であった。ちなみに、畝傍山は「慈明《じみょう》寺《じ》山（お峰《むね》山）」、耳成山は「天神山」、香久山は「竜王山」といい、三山の古名は近世でも知る人は少なかった。畝傍山は『万葉集』には「雲根火山」とあるが、地名は必ず二字とする和銅の官命で「畝火《ウネビ》」とした。「雲火」西方の「雲梯《うなて》の森」は『延喜式』『和名抄』には「ウナテ」と訓《よ》んでいる。「香久山」も『万葉集』では「高山」「香山《カグ》」と書き、「コウヤマ」であるが、古くから「カグ」と訓んでいる。

當麻《たぎま》も現在では「タヘマ」「タエマ」「タイマ」と発音し、人名の場合は「トウマ」である。『常陸国風土記』行方《なめかた》郡の「當麻」については「その道狭く深浅《たぎさぎし》かりき、悪しき路の心《こころ》をとりて當麻《タギマ》といふ」とある。「履中記」には河内飛鳥から倭《やまと》（石上）へ到る路は真っ直ぐではなく「ただ（直）にはのらず當麻《たぎま》路をのる」とあるたぎたぎしい道は、當麻岩屋道のことであった。

ウネビ・カグヤマ・ウナテ・タギマなどの用字については、まず「雲《ウン》」の「ン」（n）はナ行音に母音を加えてウネ・ウナに開音節化、「香《カウ》」「当《タウ》」の「ウ」に母音を加えてガ行音に開音節してカグ、タギとなった。たまには「平群《ヘグン》」がヘグニ→ヘグリに、播磨のハンマがハリマのようにラ行音に転訛する例もみられた。また、地名「男信《なましな》」（ナンシン）の「男」はマ行音のン、「信」はナ行音のンである。「男」と「信」の「ン」に相違のあることを考えた東条義門は『男信考』（一八三五）を著し、ナマシナも古い字音であることを証明した。（I）

**掛**《かけ》（宇陀郡）　曽爾谷《そにだに》の西部に立地する。峪《かけ》の義か。いわゆる「谷間」のこと。曽爾谷の渓谷を意味した形状地名である。大和方言の「ガケ」であろう。（I）

**熊橋**《かけはし》（天理市）　熊橋は懸橋《かけはし》の誤写。明治九年（一八七六）、針之尾村と合併、滝本村となる。同市内膳史《かし》も膳夫《かしわて》の誤写。カケハシは谷川に桟木《さんぎ》を並べて掛け渡した道（山林道）のこと。（I）

**笠形** かさがた（田原本町）　旧名は新屋敷村。小字笠形の拡大村名。寛元元年（一二四三）十月の『大和椎木荘水田坪付帳』によると、「城下郡東郷十八条三里廿七坪北四反字伊保戸庄内」とある。笠形は現田原本町大字伊与戸《いよど》から分かれた村落。カサガタはカスガタ（春日田）の二字化地名。同地に春日神社が鎮座する。春日神社の神田であろう。春日部を春壁・春部、磯城《しき》上郡を城上《しきかみ》（式上）などと表記するように、地名の二字化例は少なくない。（I）

**笠神** かさがみ（生駒郡ほか）　大和各地に小字「笠神」が約五〇例ある。カサガミのカサは皮膚病《かさ》のことで、幼児のくさを治す神として知られる。「クサ神」の小字も若干残る。（I）

**笠縫** かさぬい（磯城郡）　近鉄・橿原線の駅名（大正十二年開業）。近隣に「笠縫」にかかわる地名はない。「崇神紀」六年の条に「天照大神を以《も》ては、豊鍬入姫命《とよすきいりびめのみこと》に託《つ》けまつりて、倭《やまと》の笠縫邑に祭る、仍《よ》りて磯堅城《しかたき》の神籬《ひもろき》を立つ」とみえ、桜井市三輪に在る檜原《ひばら》神社付近が有力視されている。「笠縫」の駅名は、駅近隣の田原本町秦庄《はたのしょう》にある秦楽寺《じんらくじ》境内の祠社＝笠縫神社に由来するものと考えられる。ちなみに、同町新木に「笠ヌイ」の小字がある。（Y）

**笠間** かさま（宇陀市）　旧榛原町大字。天平二十年（七四八）「正倉院文書」に「大倭国宇陀郡笠間郷」とある。中世の笠間庄。旧室生《むろう》村にも大字上・下笠間があり、各地の笠間は谷間の村落名。榛原町笠間は長谷渓谷へ越える「笠間越」に立地する。旧大宇陀町大字迫間《はさま》北方の谷間で、小迫間《コハサマ》がカサマ（笠間）に転じたもの。同市萩原に小字「ヲバサン」、吉野郡才谷に同「ヲバサマ」、五條市東阿田《ひがしあだ》に同「コバサマ」の小字がある。三重県内鵜方《うがた》・和具《わぐ》地方にも「迫間」「小迫間」の地名が数例あり、後者は小字「ヲバサマ」という。たとえば、乢《たわ》越（乢は鞍部）がタヲ越→峠となり、小《を》乢《たわ》が音羽《おとわ》山（桜井市）に、小峠が小仏《こぼとけ》峠（吉野郡）に転じた。（I）

**笠目** かさめ（生駒郡）　大和盆地低湿地。葦草の産地。笠目の目は部のこと。つまり、笠縫部の二字化地名か。近年まで東大寺

で使う灯芯用の葦の産地として知られた。（Ｉ）

**膳　史**《かし》（天理市）　柏は『万葉集』の有馬皇子の歌に「家にあれば笥《け》に盛る飯《いひ》を草枕旅にしあれば椎《しひ》の葉に盛る」（巻二―一四二）とあるように、木の葉に食物を盛ったことから柏《かしわ》の葉が代表的に用いられ、「膳夫」をカシハデといった。カシハデのデは「人手」「働き手」のデで、やがて食膳の意に転じ、食事をつかさどる人のことを膳《かしは》部《で》といい、上代、宮中で役所の長官を内　膳　司《うちのかしはべのつかさ》といった。『日本書紀』には「膳　臣《かしはでのおみ》」「膳臣大伴」「膳部王《おおきみ》」などの名がみえる。

　橿原市の藤原宮跡内には「内膳《ないぜん》」「膳夫《かしわて》」の村名がある。平安時代からの職業地名で、今も「枝組」（画《え》工《だくみ》部）「土田組」（土師工《はにしのたくみ》）、「妻田組」（爪工《つまだくみ》―冠《かんむり》などを作る工匠《たくみ》）、「かむさし」（「かんざし」（簪）などを作る部）など、職種を示す多くの古代地名が残っている。

　天理市には「膳史《かし》」の村名があり、膳夫《かしわで》氏が居住、中世には膳夫寺（氏寺か）があったと伝える。寛永十一年（一六三四）の和爾下《わにした》神社文書によると「カシアテの助二郎」「カシワテの孫太郎」「かし村の善次郎」などの名を連ねている。ちなみに、「膳史」は「膳夫」の字形類似の誤写で、カシアテ、カシワテは転訛、「かしの善次郎」は膳夫《かしわて》の下略と考えられる。明治中期には「膳史」と書きカシと訓《よ》むことになった例もあり、前記「内膳司」を「奉膳」とも書くことから御所市奉膳はブンゼと訓み、豊前《ふぜん》→典前《てんぜん》から典膳・伝膳・天田《てんでん》・天前、さらに「天然」の寺名まで残るなど、古代地名は字形の類似による誤字、発音の転訛をくりかえしてきた。（Ｉ）

**樫　尾**《かしお》（吉野町）　吉野川中流左岸の吉野町大字。「応神紀」によると、天皇が吉野宮に御幸した時、国樔《くず》人の歌「橿《かし》の生《ふ》に　横臼《よくす》を作り　横臼《よくす》に　醸《か》める大御酒《おほみき》　うまらに聞《きこ》し持《も》ち食《を》せ　まろが父《ち》」とある。「応神紀」十九年条に同様の記事がある。この地は『古事記』『日本書紀』『延喜式』（巻七神祇）などにみえる「吉野国樔」の本貫地とされる。国樔（国栖）は、古代、宮中の節会に参加して贄《にえ》を献じ、歌笛を奏した（国栖奏《くずのそう》）。『延喜式』神名帳に載る川上《かはかみ》鹿塩《かしほ》神社の鎮座地。『大和志料』に「吉野の白檮上《かしのふ》、川上鹿塩神社の鹿塩は即ち樫尾なるべし。オ・フ・ホ音相通」とある（神社の「川上」は古訓カワノヘ（辺）である）。

『古事記伝』は「白檮上は、上字は生を誤れるなるべし」という。白檮上は白檮《かし》（樫）の生える意で、樫の林をさす。「生」は「原」の意である。『万葉集』（巻六―一〇六二）に「味原《あぢふ》宮」とみえ、「原」の字は古訓でフといった（折口信夫『万葉集辞典』）。（T）

**橿原**《かしはら》（橿原市）　畝傍《うねび》山東南に位置する。神武天皇が「畝火の白梼《かし》原《はら》宮」で天下《あめのした》を治めた地域と伝承する（『記・紀』）。『万葉集』には、「雲火《うねび》の橿原」「橿原の雲火」と歌われ、白橿原は現在の畝傍町付近（縄文遺跡）に該当した。橿《かし》の巨根が出土した。橿原市は昭和三十一年、真《ま》菅《すが》村・今井町・耳成《みみなし》村・八木町・鴨公《かもきみ》村・畝傍町（旧白橿村）などが合併して市制を施行した。（I）

**柏原**《かしはら》（御所市）　柏樹を伐採して拓いた所。天平十年（七三八）「東大寺文書」に「葛上《かつじょう》郡柏原郷」とあり、『続日本紀』和銅七年（七一四）九月条に「柏原村主」の名がみえる。文禄・慶安の検地帳には村高約一千百石の広域な大字であった。（I）

**勝目**《かじめ》（御所市）　「東大寺文書」（正安三年〈一三〇一〉五月）に「葛《かつ》下《げ》郡廿七条六里六坪一町字加持目」とみえる。カジメ（笠目）が笠部であったように、カヌチベ→カジベのことか。メ・べは通音。カジメは鍛冶部のことか。（I）

**柏木**《かしわぎ》（奈良市）　平城宮跡・羅城門《らじょうもん》跡北方近くの集落。カシハギは「柏の木に葉守の神が宿る」という説話から皇室の守護の任にある兵衛の官人の異名か。柏木の東南右京八条大路二坊大路に小字「近衛《コノヘ》」がある。東方、三笠の山は天皇の御蓋《みかさ》として近く衛《ま》もる意で、近衛府の異称といわれる。また、カシハギのカシは徒歩《かち》で行く軍士のこと。志摩国の賢ヶ島《カシコシマ》は引潮の時、徒歩で渡ったという。（I）

**一**《かず》（橿原市）　旧新沢《にいざわ》村大字。明治十二年常門村（東・西）と萩之本《はぎのもと》を合併（常門井堰の水利を共同受益地域）、同二十二年町村制実施の際、「統一」の「一」を用いカヅと命名した。文禄検地帳（免定、検地帳と同義の帳面のこと）には「萩之本・常門村は一所にて御座候」とみえ、寛永十六年（一六三九）には「萩之本・常門村分る」とも記す。曽我川流域に立地する農村、式内・稲代《いなしろ》神社鎮座地。一《かづ》弥生文化遺跡として有名。（I）

## 春日　かすが　（奈良市）

箇須我《かすが》（「武烈紀」）、箇須《かす》我《が》とも書く。「縦体紀」開化《かいか》天皇春《かす》日率川坂本陵《がのいざかわのさかもとのみさらぎ》、春日の伊邪河宮《いざかわのみや》があり、春日山・春日神社が有名。『万葉集』に「かるひを春日の山の高座《たかくら》の三笠山に」「真葛《まくず》生ふ春日の山は…」とあり、若草山を葛尾《つづらお》（葛生）山といった。春は若《わか》、草は日下《くさか》のクサ。若草は春日の意か。春日山麓の飛火《とぶひ》野は烽火のことで、和銅五年（七一二）生駒高見烽に通じた。カスガは「春日県《あがた》」ともいった（「継体紀」）。（I）

## 春日野　かすがの　（奈良市）

現奈良市春日野町付近。春日山の裾のゆるい傾斜地をいったようである。享保二年（一七一七）の奈良大仏前絵図屋庄八板「南都町中記」には、春日の一ノ鳥居の北東、現奈良国立博物館本館付近に「此辺春日野ト云」とある。明治三十七年（一九〇四）の「奈良市街名区古蹟図」には「帝国奈良博物館の北側に春日野村と記す」、同三十三年（一九〇〇）の「奈良市実測全図」では、春日大社の西側、現奈良公会堂のあたりに「春日野」の文字がみえる。春日野の地名は、春日大社から奈良国立博物館・春日旅所までの地を指したものと思われる。

現在の春日野町は、ほぼ往時の範囲をとどめるものとみられる。南は白毫寺《びゃくごうじ》町・高畑《たかばたけ》町、西は登大路《のぼりおおじ》町、北は水門《すいもん》町・雑司《ぞうし》町に接する。奈良国立博物館、奈良県新公会堂、春日大社、鹿園などがあり、氷室神社前と東大寺南大門前に旅館や土産物店が軒を並べている。（O）

春日山（春日野）

## 風の森　かぜのもり　（御所市）

いわゆる、峠は他国との風土と文化の接点であり、登り・下りの坂道は、「人生の峠道」そのものでもある。また、時代は峠を開き、峠は時代を変える。変わらぬは峠を往き来する人々の飽くなき営《いとな》みであり、その積み重ねが歴史である。

金剛山下の東方、旧高野街道の峠の別名は「風の森峠」で、古代の「高賀茂」（高鴨神社鎮座地、旧大字鴨

志那都比古神社（風の森）

神）の地域である。「風の森峠」は大和葛城から紀州に通ずる交通路の要所で、紀伊から来襲する台風の通路でもあった。一九九八年九月の台風（第七号）はこの峠を越え、大和に侵入、三輪山、畝傍山、室生寺（五重塔）などに甚大な被害をもたらした。

峠の絶頂には、志那都比古《しなつひこ》神社（風神）が鎮座し、民俗信仰の対象となっている。これが峠の名の由来である。同地の観音寺には藤原期の十一面観音を安置し、正平（南北朝）年号を刻む五輪塔が残っている。

南北朝時代、北朝方の軍が吉野を攻め、賀名生《あのう》の行宮を侵さんとした際、南朝方の軍と合戦して敗走、この峠を越えたという歴史の街道である。また、明治維新直前、文久三年（一八六三）八月、いわゆる天誅組が五条の代官所を急襲し、倒幕の軍をあげた。時に斑鳩の歌人伴林《ともばやし》光平は「この時世に歌どころではない」と考え、鎧櫃《よろいびつ》をかついでこの峠を越えた。その記念碑は今も峠の絶頂に建つ。柳田国男は「峠は歴史風景の追想の道」であり、「思考の場」であるといった。（I）

**片岡**《かたおか》（北葛城郡）　片岡は「方《かた》」「傍《かたわら》」の丘の義か。「片丘馬坂陵」「肩岡池」「傍丘磐杯丘陵《かたおかのいわつきのおかのみささぎ》」「片岡村」などの地名があらわれる。「推古紀」には、聖徳太子が斑鳩から片岡山に行き、「飢えた旅人あわれ」と歌われた記事がある。片岡は上牧《かんまき》町・王寺《おうじ》町・香芝市の丘陵地域。奈良県内には片平・片山・片原・片フケ・片田・片岸などの小字が多く、特に馬見丘陵中には「片原」（上牧・五カ所・別所）、「片岡」（大谷）の小字が現在する。（I）

**片塩**《かたしお》（大和高田市）　町名。「片塩」は安《あん》寧《ねい》天皇片塩浮孔《かたしおのうきあな》宮の伝承による。同市の浮孔小学校名、近鉄「浮孔」駅などは明治町村制時に命名したもの。近鉄駅名「朝倉」「笠縫」なども古代地名を用いたもの。「高の原」駅名は「高野原」で、隣駅の「平城」駅前に高野陵があり、「平城」駅は平城宮跡からやや離れて存在する。

**葛上道《かつじょうみち》**（御所市）　三輪から横大路《よこおおじ》を経て、（Ｉ）
橿原市曽我大路堂《おおじどう》あたりから金剛山に向かって一直線に延びる古道。室町期の談山《たんざん》神社古図には「葛上道」を描いている。御所市茅《ち》原《はら》の『吉祥草寺縁起』には筋違道《すじかいみち》（あるいは行者道）とあり、今も古道の遺構が残る。古代条里制を斜めに走る古代道路であった。

**カヅマヤマ《かづまやま》**（明日香村）　高市郡明日香村（Ｉ）
大字真弓の古墳。小字はカヅマヤ。飛鳥の終末期古墳で、石室は吉野川の石を加工して築かれたもの。中国や朝鮮半島にルーツがあり、造成の規模は高松塚やキトラ古墳を上回る。墓園として意識され、吉野川の磚《せん》積み（板状の石を積み上げる）の墓制（渡来系）らしく、この地方では珍しい形式である（二〇〇五年調査「奈良新聞」記事）。

古墳は一辺約二四メートルの方墳。高さ約一〇メートル以上、二段状に築成で全長約五メートル以上あり、玄室は二・六メートル以上、積みあげた板状の石（長辺八〇センチ、短辺六〇センチ、厚さ五～一〇センチ）の接合部は加工した板石をしっくいで充塡《じゅうてん》、接着剤の役割を果たしていた。天井部は階段状に組み上げた構造の磚《せん》槨《かく》墳であった。つまり、石室がアヅマヤ（亭《あづま》・四阿《あづま》）に似た形状であった。石槨《せっかく》の一部は近所の庭石などに転用されていることから、相当古くから石室の存在が認識されていたので、カヅマヤマはアヅマヤマのことではなかろうか。

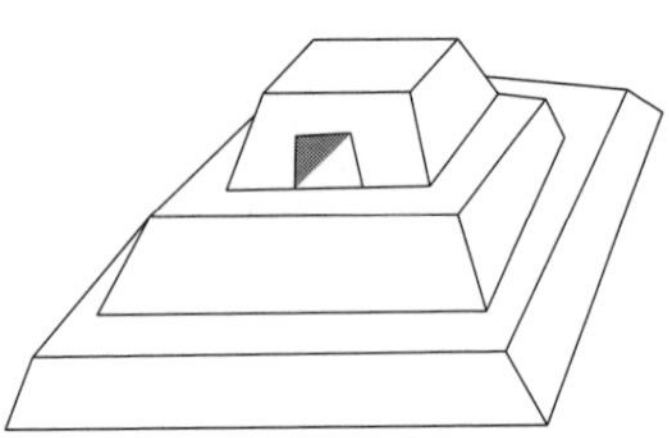
カヅマヤマ墳丘想像図

「カ」「ア」は字形類似している。

たとえば、『河内名所図会』の「二上山」の図中では「アナムシ山」を「カナムシ山」と誤写し、「鹿谷塔」を「鹿合谷」と間違っている。また、奈良・天理市のカツマタは勝間田・勝馬田とも書いているが、池形は蛙股《かえるまた》状をなしている。七条大池は、文久時代の古図にも蛙股状に書かれ、現地では「ガルマタ池」と称してある。

アヅマヤは屋根を四方に葺きおろした家の造りで、古墳石室の形態がアヅマヤマ型であることから、アヅマヤマと呼称したのではなかろうか。ツマは棲《つま》・端の意、物の一端をいった（切妻・切端のこと）。特に方墳古墳であることから四阿《あづま》山と称したのであろう。

ちなみに、葛城市大字山口に「小アツマ古墳」がある（奈良県史跡天然記念物調査報告書）。（I）

## 葛城《かつらき》（葛〈葛〉城市）

平成の市町村合併で「かつらぎ（かつらき）」の市名が問題になっているが、葛城などの「葛」は「葛」ではなく、「葛」とすべきであると主張したのは、東京都の「葛飾区」であった。「葛」をもって正字とされる。

『古事記』真福寺本には「葛」とあるように「葛」は古くから表記されているが、やはり『康煕字典』（康熙帝の勅命により『説文』『正字編』などの字書を集大成した字典。一七一六年刊）に準ずれば「葛」である。平成六年（一九九四）朝日新聞社が約四十年ぶりに「葛」を「葛」に改め、統一使用することになった事実がある。

「神武紀」には神武天皇が葛の網を用いて土グモを誅したことから「葛城」の地名が起こったという説話がみえる。また、『常陸国風土記』茨城郡の条には、黒坂命《くろさかのみこと》が「茨の網」をつくって土グモを誅したことから「茨城《いばらき》」の地名が誕生したという。城は「佐城」「岩城」「磯城《しき》」などのキで、葛城もカツラギではなくカツラキであった。

最近、「葛城市」では「葛」の用字が問題になった。パソコンの文字のもとになる規格「JIS漢字コード表」が二〇〇四年二月、一六八字を変更した影響で、新JISコード対応のパソコンの字体が変わった。そのため、「葛」の字が「葛」の字体に変わったため葛城市が「今後、市役所へ提出される「申請」・「届出」書類等に「葛」の字を使っても、それを理由に不受理とすることはない」という対応策を示した。

同市は二〇〇四年十月に「新庄《しんじょう》町」と「當麻《たいま》町」が合併し、新市として誕生。当時、合併協議会で、新市の表記は「葛城」か「葛城」かで協議されたが、最終的にはパソコンに出る字で、利便性を考慮し、「葛城」にした。しかし、新JISコード対応のパソコンでは皮肉にも「葛」の字が出なくなってしまった。（I）

## 葛城山《かつらきやま》（御所市）

古代葛城は金剛・葛城山《かつらぎざん》東部一帯の地名。上・下葛城郡の中央部は忍海《おしみ》郡で、角刺《つのさし》宮所在地。角刺のツヌはツル（葛）、サシは古代語の「城《き》」で、「葛城」のこと。山腹には平安時代、戒那《かいな》山安位《あに》寺があった。

角刺神社

和銅六年（七一三）、地名好字（二字）化規定以前において、早くも推古天皇四年（五九六）に「葛城」の人名（道後温湯碑文）がみえる。葛はカツ－クツ－クヅで、『万葉集』では「葛山」をカズラキヤマと読み、葛城（葛木）は葛羅城とも書いた（『大同類聚方』）。カツラキのカツラはカツツル（葛蔓）→カツル→カツラのことで、キはカ（所・処）の転訛・好字化したものである。

葛の根は食料・衣料（葛布《くずふ》）となり、『万葉集』にも「延《は》ふ葛《くず》のいや遠永《とほ》く　よろづ世に絶えじと」（巻三－四二三）と詠まれ、古代呪術的信仰の対象となっていた。葛城・忍海《おしみ》は渡来人の居住地として有名である（「応神紀」『新撰姓氏録』など）。　（Ｉ）

## 金屋《かなや》（桜井市）

三輪山の南方に位置する金屋は、桜井市旧大字。三輪鋳座の本拠地と伝承されている。文安四年（一四四七）、高野山大湯屋の釜を鋳造した大工右衛門尉《うえもんのじょう》長継《ながつぐ》の脇大工が、三輪衛門次郎であった（『高野山文書』）。『大乗院雑事記』にも三輪の鋳物師の記事が散見する。北葛城郡の下田鋳物師とともに中世大和の特権的な職業であった。室町期には、大乗院・一乗院に属する座だけでも八〇数種あったといわれる。三輪遺跡の弥生式土器の包含層から、ふいごの火口や鉄の熔滓《ようし》を発見、古くから鉄の製錬がおこなわれていたといわれる。

同市旧大字穴師《あなし》には、採鉱技術関係者が居住していたとも考えられる（『大三輪町史』）。こうした製鉄集団は、『延喜式』にも畿内とその付近の鍛冶戸について「大和一〇二烟、河内四六烟、伊勢三烟、山城一〇烟、摂津五八烟」と記している。　（Ｉ）

## 上三条町《かみさんじょうちょう》（奈良市）

奈良市市街地中央部に位置する町名。東は角振《つのふり》町、南は本子守《ほんこもり》町、西は下三条町、北は林小路《はやしこうじ》町に接する。東西に通る三条通りと南北に通るやすらぎの道とが交差する地域。名称の由来は平城左京の三条大路にあることによる。西の下三条とはもと同郷で、三條とも書く。初見は『大乗院雑事記』文明十二年（一四八〇）六月十九日条に「七郷」（興福寺門郷）のうちの不開御門《あかずのごもん》郷に「上三条」とみえる。同書には、これより以前、寛正六年（一四六五）三月十三日条に、三条町より出火し、西洞院《さいとういん》までを焼失、三条中座がすべて焼けたとある。火災後の再開発）には、「町役二十七軒。角振町の四つ辻を西へ入町。これを三条通と号し、大坂街道なり。此町よりひかしへゆけバ札の辻、橋本町、椿井町に出る」（『奈良曝』）とある。交差点の場所には、会所があり、毘沙門天を祀っていたという。

大正三年（一九一四）地内に奈良郵便局が設立されたが、昭和五十六年（一九八一）大宮町に移転し、現在は市立中部公民館・奈良市観光センターとなっている。周囲には浄土真宗本願寺派浄教寺、真宗大谷派専念寺がある。上三条町から木子守町に至る小路を金房辻子と称し、刀鍛冶金房政治の住居に由来したいう（『奈良坊目拙解』）。（O）

## 上多古　かみたこ　（吉野郡）

川上村大字。現地ではコウダコと発音する。タコは、高原《タカハラ》がタコラとなり、タコに転じた。高津（吉野郡十津川村大字）がタコウツとなるように、母音AがOになる例は多く、ラ行音の脱落例はしばしばみられる。（I）

上宮・成福寺（斑鳩町）

## 上宮　かみや　（斑鳩町）

斑鳩《いかるが》町大字《あざ》法隆寺東南隅、大字幸前《あざこうぜん》、旧飽波《あくなみ》郡、旧中宮寺《ちゅうぐうじ》南側に立地する。「推古紀」には、天皇が聖徳太子を「愛《めぐ》み給ひて宮《おおみや》の南の上殿《かみつみや》（上宮）に居《はべ》らしめたまふ。故《かれ》、其の名を称《たた》へて、上宮厩戸豊《かみつみやのうまやとのとよ》聡《と》耳《みみの》太子《ひつぎのみこ》と謂す」という人名・地名説話がみえる。幸前に接する「上宮」に聖徳太子像（国宝）を本尊とする成福（上宮）寺があった。また上宮《かみや》には聖徳太子の飽《あく》波葦垣宮《なみあしがきのみや》があった（『大安寺資財帳』）。『続日本紀』神護景雲《じんごけいうん》元年（七六七）、称徳《しょうとく》天皇が飽波宮に幸《みゆき》したと記している。平成三年、この「上宮遺跡」から平城宮殿級の宮跡を発見した。（I）

## 賀茂《かも》（御所市）

京都市内の現在地名の、「賀茂」は神社名、「鴨」は川名、「加茂」は町名で、同じカモであっても用字が変われば所在地も違ってくる。山城国のカモの起原《ルーツ》については『山城国風土記』逸文には「賀茂大神の御社《みやしろ》、賀茂と称すは、日向の曽《そ》の高千穂峯に天降《あも》りましし神、賀茂建津身命《たけつぬみのみこと》、神倭磐余比古天皇《かむやまといわれひこ》（神武天皇）の御前に立ちのぼりまして、大倭《おおやまと》の葛城山の峯にとどまりし、そこより漸《やや》にうつりて、山城国の岡田の賀茂に至りたまひ、山代河に随《そ》ひくだりまし、葛野河《かづの》と賀茂河と會《あ》ふところに至りまし、はるかに賀茂川を見て言《の》りたまひき…」とある。つまり、大和の葛城山の賀茂建津身命が、山城国岡田（現・加茂町の鴨神社）の加茂に至り、さらに同国の山城川をさかのぼって葛野（現上・下賀茂神社）に移ったという伝承がある。いわゆる出雲系の信仰文化が大和葛城から木津川辺をへて賀茂に移ったという。

　事実、大和葛城は『延喜式』神名帳には葛上郡だけでも一七座も鎮座、中には金剛山下の高鴨《たかかも》神社、葛城山下の鴨山口神社、葛城川辺の鴨都波《かもつば》神社があり、中世の『春日大社文書』には「上津《かみつ》賀茂」「下津《しもつ》賀茂」の地名がみえる。大和の古代文化が、平安以前、早くも山城国に移っていたことが「カモ」地名の移動によって想像される。

『古事記』には「神君《かみのきみ》は鴨君《かものきみ》の祖《おや》」とあり、「神賀詞《のりと》」に「葛城の鴨の神奈保《かむなび》」「飛鳥の神奈備」とあるカムナビは「神ノ森」（賀茂真淵説）の意味で、「カモ」は「カミ」（神）と同意の古代語であったかと思われる。（Ｉ）

## 加守《かもり》（香芝市）

　加守神社は、「産婆（助産婦）の神」として信仰されているが、掃守連《かもりのむらじ》の祖、天忍人命《あめのおしひとのみこと》が帚木《ははきぎ》（箒《ほうき》）をもって産室のカニを祓ったことから、蟹守《かにもり》から掃守《かにもり》─加守の名が起こったという（『古語拾遺』）。「安く生まれる」、「人生まる」という意味から太安万侶《おおのやすまろ》や柿本人麻呂を祀り、あるいは水分《みこもり》の神→子守《こもり》明神（吉野）が安産の神として信仰の対象となる例は各地にみられた。（Ｉ）

## 栢森《かやのもり》（高市郡）

　明日香村大字。南渕川の水源地近くの集落で、加夜奈留美《かやなるみ》神社がある。旧社名を葛神《くずがみ》（国津神《くにつかみ》）といったため、『延喜式』内社の加夜奈留美神社の所在は不明とされたが、江戸中期、加夜奈留美と栢森が近似音であることから、同地の葛神神社をもって式内社としたという。

「祝詞」によると、加夜奈留美の神は飛鳥の神奈備に分祀されたとある。栢森《かやのもり》は桜井市萱森《かやもり》と同様の植物地名説もある。古代の飛鳥は現在の明日香村大字飛鳥付近である。ちなみに、現石舞台付近の小字「筆鳴海」は「茅鳴海《かやなるみ》」の誤写であろうか。

栢森・稲渕《いなぶち》付近は飛鳥古京の水源地域で、事実「皇極紀」（六四二～六四五）の条には、南渕・細川山の森林伐採を禁じ、天皇自ら南渕川上で雨請をしたという記事がある。　（Ｉ）

## 唐古《からこ》（磯城郡）

田原本町の大字。唐古《からこ》池は弥生文化遺跡として全国的に有名。寛永郷帳には「唐子村」とある。唐古は軽戸、あるいは軽古《かるこ》と同義の語か。

「応神紀」に「時《とき》に武内宿禰《たけしうちのすくね》に命《みことのり》して諸《もろもろ》の韓人等《からひとら》を領《ひき》いて池を作らしむ。因《よ》りて池を名《なづ》けて韓人池《からひとのいけ》と号《い》ふ」とあり、『大和志』には唐古の柳田池に推定している。付近は平野中央部の低湿地であるために、「唐古遺跡」からはおびただしい木器が出土した。

唐古南方の大字蔵堂《くらんど》に烏田《からすだ》川があり、「カラスダ」の小字が現存する。碓《からうす》は水車のことで、水をくみ上げるところでもある。各地の「カラス田」は水源地の傍にある。奈良市には三碓《みつがらす》の大字があり、平群町大字椿《つば》井《い》では水碓《みずからうす》を用いて油を製していたことが『大和志』にみえる。同大字に小字「唐古田」（唐子《カラス》田）があり、同町田原本の「羽子《はこ》田遺跡」（埴輪出土地）は「羽子《ハネ》田」のことであろう。　（Ｉ）

## カラト古墳《からとこふん》（奈良市）

狐塚は石室内に狐が住む古墳、カラト塚は唐櫃《からひつ》（石棺）のある古墳である。桜井市には艸墓《くさはか》（カラト古墳）がある。ヒシャゲ塚はヒサゴ（瓢《ひさご》）塚で前方後円墳を意味した。　（Ｉ）

カラト古墳（桜井市）

## 杏《からもも》（奈良市）

奈良市内、平城京跡東北部に「陽明」という門名があった。この門をつくった古代氏族、山部氏の名にちなむ唐風嘉名であった。陽明は楊梅《やまもも》とも書き、楊梅《ようばい》宮（光仁天皇宮跡とも）、楊梅陵（平城天皇陵）、楊梅天神の名を伝えている。弘安元年（一二七八）七月の某田地寄進文（「東大寺文書」）には、「法華寺之前桜梅」とみえ、楊梅天神社（宇奈多利坐高御《うなたりますたかみ》魂《むすび》神社）境内の石灯籠（文化九年）には「桜梅天神」と刻む。「桜梅」ともいわれたか。

　陽明というのは山部氏の「部」を省略した佳名である。『延喜式』に「天下諸国人民姓名及び郡郷山川などの号、諱《いみな》に触るるもの有らば、みな改易せしむ」とあり、天皇・外戚・権臣に至るまで、諱に触れる人名・地名はこれを避けた。桓武天皇の諱が山部のために「山」とし、山部赤人もヤマノアカヒトの秘訓を用いた。つまり、山（避諱地名）→陽明（嘉名二字化）→楊梅（嘉名・植物地名化）に転じたのであろうか。

　また平城京羅城門跡（現「ライセ川」付近）、旧朱雀大路《すざくおおじ》と左京二坊大路の間に杏《からもも》の町名（奈良市旧大字）がある。このカラモモはおそらく唐門《からもん》（羅城門か）の転訛語であろう（平安京跡では唐橋の村名を伝える）。元来、モモの樹は悪魔を退散するという伝承があり、元興寺《がんごうじ》の門前にもモモを植えたという（『平城《なら》坊目拙解』）。

　さらにモモは百を意味し、桃源境の名が示すように一種の嘉称として用いた。モモ谷・モモノヲ・モモガノなどのモモは、実はママ（谷間）の転訛語であった。桜井市の百市《もものいち》は多武峯《とうのみね》の狭谷に立地し、天理市の桃尾には有名な桃尾滝があり、芭蕉をして「滝の景色、言葉なし」と詠嘆せしめた。月ヶ瀬の桃香野《ももがの》はママケ野で月瀬梅渓として知られ、頼山陽・斎藤拙堂らも詩歌を残し、隣接する当尾《とうの》（京都府相楽郡）の谷間は石仏群（平安―鎌倉時代）の所在地として著名である。

　吉野郡の山峡に百《もも》谷の村名があり、女人高野の室生《むろう》寺東南の竜口（形状地名）の渓谷には百地《ももち》三太夫（伊賀流忍者として知られる）が居住した（同村白山神社棟札銘）。奈良県内には小字「百ヶ尾」「百ケタワ」「桃佐古」「モモガタニ」など、モモ関係の地名が約一〇〇カ所に分布するので、モモはママで、地形語であることがわかる。

　ちなみに天理市の桃尾はトウビと音読、トウビはトミであるとし、「神武紀」の「鳥《と》見《み》山中霊時跡《やまなかまつりのにわあと》」に

考証されたことはあまりにも有名。また、宇陀郡旧榛原町の鳥見《とりみ》山公園も同霊時跡と伝える。（Ｉ）

### 軽古《かるこ》　（橿原市）

橿原市の久米寺《くめでら》東南に大《おお》軽《かる》の町名がある。『日本書紀』によると「軽《かる》の池」「軽の坂」「軽の寺」「軽の村」「軽の杜《もり》」「軽の堺岡宮」などの地名がみえ、允恭《いんぎょう》天皇の皇太子・木梨軽太子《きなしのかるたいし》の御名代《みなしろ》（皇室の私有民）として定めた部民を「軽部《かるべ》」といった。「軽部」の地名は、東は関東、西は中国、四国など、七カ所に分布している。同市の町名、大軽の「大」は美称であろう。さらに、軽皇子《かるのみこ》は『万葉集』に宇陀《うだ》の阿騎野《あきの》に宿《やど》られた時の、柿本人麻呂の歌が知られる。カルは奇妙な地名・人名であった。

現橿原市の池尻町に「軽古」という村名がある。「軽古」はカルコからカルコウに転じ、『越智郷銭収納帳』には「軽国府《かるこう》」と書いた。この用字から軽古は古代大和の国府《こくふ》の所在地と考えられた。

軽国府は室町時代の『三箇院家抄』などには「軽《かる》家《け》」「軽部」と書いている。この「家《け》」は「戸《こ》」のことで、コは「古《こ》」に転じた。つまり「軽古」は古代の「軽部」であった。たとえば、河合町の「城古《じょうこ》」も「城戸《じょうこ》」の改字で、城戸はキノへで、古くは城上《きのへ》と書いた。『和名抄』の「城上郷《きのへ》」で、『万葉集』には「城《きの》上宮《へのみや》」の歌がみえる。（Ｉ）

### 川上《かわかみ》　（吉野郡）

吉野川上流域。『古事記』『日本書紀』によると「上」は丹生《にう》川上《がわのへ》・玉手岡《おかの》上《へ》陵というように「へ」といった。井上《いのへ》・坂上《さかのへ》などの場合も同様で、井上はイネ（磯城郡田原本町東・西井上）、坂上はサカネ（生駒郡三郷町坂根）へと、母・子音脱落して「ネ」に転ずることもある。

古代、川上は川の上流ではなく、川のほとりという意味で、飛鳥川上も飛鳥川のほとり、川辺をさす。また「斉明紀」五年の条の「甘樫丘の東の川上《かわのへ》」とある「川上」には「箇播羅《カハラ》」という訓注があり、現在の川原寺《かわらでら》付近で、川上と川原は同地域をさす。「原」と「生」も同義で、「丹生」川畔の式内丹生川《にうがわ》神社が五條市「丹原《たんばら》」に鎮座する。また、カハノへ→コノハ（樹葉《このは》）に転じた。（Ｉ）

### 川原城《かわらじょう》　（天理市）

明日香村の弘福寺（川原寺）の荘園（山辺荘）。条里制によると、山辺郡九条五里三二坪の地域。古くは河原村といった。中世、河村氏が城塁を築いて河原城と称した（『天理市史』）。「川原城」は「川原庄」の好字化したもの。大和郡山市の「中庄《なかのしょう》」は「中城」に改変した。（I）

川原寺跡

**瓦堂町**《かわらどうまち》（奈良市）　木辻町の南に位置する。木辻組の内。瓦葺《かわらぶき》の寺院建築があったことによるか。『大乗院雑事記』文明十八年（一四八六）四月十四日条に、木辻郷は小五月《こさつき》郷《ごう》であるが、近来住人がなくなり、小五月銭徴収もできなかった。その後人家が建ち始めたので催促したところ、瓦堂郷内の家であると称して応じなかったとある。

しかし、明応元年（一四九二）十一月三十日に『興善院坊領木辻瓦堂小五月寄郷出録事』とあり、結局瓦堂郷も小五月郷のうちで、これら住人が毎年八月上旬中に一貫文を納めることになった（同書明応二年五月十六日条）。享禄年間、花園・京終《きょうばて》・鳴川・井上等の隣郷を載せるものの、瓦堂がみえないので、町の成立はこれ以後と考えられる。（O）

**瓦町**《かわらまち》（奈良市）　西木辻町。興福寺領木辻組に属す。地名の由来は、寛永（一六二四－一六四四）以降、町家が建ち、四、五軒の瓦屋が構えたことによるという。元禄（一六八八－一七〇四）の「奈良町屋寺社御改帳」には家数三十、竈《かまど》六十九とある。幕末から明治時代初期、当地には社寺瓦の名工萩原佐七が居住、南都の大寺の瓦を制作した。明治十六年（一八八三）木辻村に併合、瓦町の通称だけが残る。（O）

**河原屋**《かわらや》（吉野郡）　河原谷の佳字化か。同町大字矢治《やじ》も谷地のこと。「川」「谷」にかかわる用字を避けた。信州上高地は上河内、高知《こうち》市は河中、仙台《せんだい》市は川内であった。逆に宇陀郡大宇陀町の大字「嬉河原《うれしがわら》」は山腹に立地、「漆《うるし》ケ原」であった。

河原屋の吉野川原は妹瀬（忌・斎）として神聖視した。国中《くになか》の村々では、この川瀬（潮生の渕）の水や小石を持ち帰り、鎮守社の手水鉢や当屋の風呂に入れ、祭礼のミソギ（潔斎）に用いた。河原屋は、いわゆる「吉野妹背山」の伝承地であるが、妹山・背山は下流の和歌山県説もあり、吉野のイモセは、忌瀬のことで、妹背はこの瀬に付会したとする説も。（I）

## 漢国《かんごう》（奈良市）

高天《たかま》町の南にあり、『奈良曝』に「漢国明神の宮有」とある。往昔《おうじゃく》は民家がなく漢国大明神の社地で、慶長中頃から寛永年間（一六二四―四四）に人家が建ったという。神社は韓国（『和州旧跡幽考』）・勘輿（『大乗院雑事記』）・漢郷（『八重桜』）とも記された。旧県社。祭神は大物主命《おおものぬしのみこと》・少彦名《すくなひこな》命。『大和志』は「韓神祠」、『和州旧跡幽考』は「韓国の社は園韓神」と記す。漢（韓）神は、日本語ではクニツカミ（国津神）の意。コウヅノカミは牛頭《ごず》天王《てんのう》（祇園の神）と神仏習合したのではなかろうか。『大神分身類社鈔並附尾』は当社を「率川《いさがわ》狭加《さか》岡《おか》神社」とし、坂岡に祀った大物主命の社は式内狭岡《さおか》神社とし、『延喜式』神名帳に「狭岡神社八座」とあるのは当社と考えられる。当社背後には開化天皇陵（春日率河坂上陵）があり、付近は坂上・坂岡・高天（間）とよぶにふさわしい地勢に立地している。また、『延喜式』『文徳実録』が狭岡神社を率川坐《いさがわにいます》大神《おおみわ》御子《みこ》神社と率川《いさがわ》阿波《あわ》神社間に記しているので、狭岡神社が両社に近い地に鎮座することが考えられる。

歴代神主の大神《おおみわ》氏によって永く祀られたが、平安末期移行衰退。春日大社の末社として興福寺の支配を受け、宮殿の造営修復も率川同様、春日大社造営の後に行うのが決まりであった。

例祭は一月十七日、古くは八月二十一日には、猿楽も奉納されるなど郷民の祭礼として賑わった。また、率川社と同じく六月十七日には三枝祭《さいくさまつり》が行われる。

漢国神社付近

林神社

社殿は三間社《さんげんしゃ》流造《ながれづくり》・檜皮葺《ひわだぶき》で桃山期の特色をよく残し（県文化財）、慶長一九年（一六一四）、大坂出陣の途次参詣した徳川家康が奉納したという鎧がある。

境内には日本ではじめて饅頭をつくり、「奈良饅頭」の元祖と伝える林浄因《りんじょういん》やその子孫林宗二《はやしそうじ》らを祀った林《りん》神社が鎮座。四月十九日には製菓業者による饅頭祭が行われる。浄因は室町時代、この付近に住したので林小路《はやしこうじ》という町名ができたという。

大徳寺住持沢庵和尚の年譜である『東海紀年録』には、元和四年（一六一八）二月に洛南から奈良に入り、漢国《かんごう》の芳林庵に寓居すること数カ月、九月には長谷寺に移り、次いで山城《やましろ》薪《たきぎ》（現・京田辺市）の妙勝寺（酬《しゅう》恩庵《おんあん》付近）に入ったとある。享保の『奈良坊目拙解』によれば、この芳林庵は、沢庵禅師の後、宇陀泉見寺の僧賢外が止宿し、貞享元年（一六八四）に船橋郷に移転、しばらくは浄土宗の寺として存続したが、すでに民家となっていたと記す。

## カンザシ かんざし（橿原市）

橿原市中町《なかちょう》の小字。（O）

耳成山・寺川流域（現代の葛本・常盤・中町付近）の坪井遺跡から水鳥をヘラ書きした土器や朱塗の銅剣を模した木製柄頭《つかがしら》、木製短《たん》甲《こう》、人物（貫頭衣）、蓋《きぬがさ》などの埴輪が出土した。この区域は古代の条里制からみると、十市郡路東二二条から二三条の二・三・四里間の「耳梨」（耳成）、「上藤」「山部」（山之坊）の里に該当している。

さらに、この地域には小《こ》字《あざな》「枝組」は「画《え》工《だくみ》」、「土田組」は「土工《はにたくみ》」、「妻田組」は「爪工《つまたくみ》」、「行歩」は「刑部」、「天役」は「典薬《てんやく》」、「笠部《かさめ》」は「笠縫部」の二字化、「十ノ森領佐」は「主殿寮田《とのもりりょうでん》」（佐→伝→田）など、律令地名が多種にわたって残存している。中には「等」一字の小字は「土地台帳」以外の文書にも「笛」「笄」「替」などに誤写しているが、「十市郡中村文禄検地帳」（一五九五）には「かむさし」とあるので「簪《かんざし》」であることがわかる。小字「簪」に接して小字「爪工」がある。『姓氏録』には「爪工は雄略天皇の時代に紫の蓋(きぬがさ)を作り、御座(みくら)をよそほひ奉りきとある工匠(たくみ)のことで、「天武紀」十三年十二月条には「宿禰(すくね)」の姓を賜ったとある。つまり、「爪工」は天皇の玉座を装飾する職掌で、「冠・頭挿(かんざし)には神宿る呪術的な意味の存在を信じていた。

## 勘定掛《かんじょうがけ》（五條市）

県内には「勘定」「菅上」「神定」「勘請」「神上」など、カンジョウ地名は約二五〇例もある。特に「カンジョウ掛」「クワンジョウ松」「勘定藤」など、植物に関係するものが約二〇例ある。

カンジョウは神仏の霊を分けて別の所に移し祭ること。または神仏の霊のおいでを願うこと。「神請縄《かんじょうなわ》」あるいは「ツナカケ」と称し、村々の入口の樹木に縄を張って悪霊の侵入を防ぐことで、明日香の大字稲渕、奈良市忍辱山《にんにくせん》などでは今も正月行事として行っている。中には男根・女陰など性器の模型などを垂らし、豊年を祈願する例もあるが、神縄は村中のシメ縄という意味もあり、各戸にシメを張らぬ所もある（宇陀市額井《ぬかい》・東明寺など）。『大和国高取風俗問状答』（天明頃）によると、「昔は和州山辺の在郷にて勘定縄とて正月村毎に張りたる由、高市郡稲渕村は正月十一日、綱の長さ六十間許、こなたの榲より川向ひの松に張り候、同郡畑村では霜月八日の山神祭とて松より松へ張り候、同郡立部村は正月八日惣井戸の木椋に張る。長さ六間。云々」とある。（Ｉ）

## 甘田《かんだ》（大和高田市）

甘田は同市旧大字曽大根の川名。小字神田にちなむ語である。「神田」は兵庫県ではジンコ、東京都ではコウベ、三重県ではカンベ、鳥取県ではカノト、ほかにコウト、ゴウトなどがある。奈良市神殿町のように「神田《しんでん》」が「神殿《コドノ》」に転じたような例もある。

笛堂の「神田」は甘田《かんだ》川上流の笛吹神社の神田《しんでん》（神社に布属している田）であろうか。宝暦元年（一七五一）の『大和名所名歌集』によると「笛吹の社の神は音に聞く、遊びの丘や行きかよふらん（藻塩《もしお》草）。遊びの岡、葛下郡笛堂村に遊田と云字の田地あり、笛吹の縁によりて笛堂といふなるべし」とある。笛堂には「遊田《あそびた》」「火の脇」「火の垣内《かいと》」などの地名が残っている。笛吹神社は「火の宮」とも称し、式内社火 雷《ほのいかづち》神社の同地に鎮座し、古代の笛吹《ふえふきの》連《むらじ》の居地と伝え、同連は鎮魂・卜筮《ぼくせん》に関与したことから歌笛を奏した氏族であったという。（Ｉ）

## 甘奈備《かんなび》（桜井市）

「出雲國造神賀詞《いずものくにのみやつこかむよごと》」に「倭の大物主《おほものぬし》くしみかたまの命と名《みな》を称《たた》へて、大御和《おほみわ》の神《かむ》なびに坐《ま》せ、己命の御子あぢすき高ひこねの命の御魂《みたま》を葛木《かづらき》の鴨の神《かむ》なびに坐《ま》せ、事代主《ことしろぬし》の命の御魂をうなてに坐せ、かやなるみの命の御魂を飛鳥《あすか》の神なびに坐せて、皇孫《すめみま》の命の近き守神と貢《たてまつ》り置きて…」とあり、三輪山の御森（三室）山をはじめ、出雲系の諸神が大和各地の神奈備（神の鎮座する山や森）に祀られた。もちろん、奈良・竜田・宇陀・吉野地域にも配祀されている。神奈備は甘南備・神奈樋・神名火などの文字を用い、カムナビは古代においては普通名詞としての性格をもち、広く西日本に分布、特に出雲と大和に集中して実在している。

飛鳥坐神社

『万葉集』の可牟奈《かむな》備《び》は「五百枝さし、繁に生ひたる」とあり、「御森」と同義の語で、普通名詞的な古語であったが、雷《いかづち》（カムナビ→カミナリ）、神南《じんなん》・甘名樋・甘奈備・神鍋というように改字・転読した。たまたま高市郡「飛鳥の神奈備岳」は「雷丘《カミナリオカ》」（『万葉集』）の用字に転じ、「雷」はイカツチ（伊加土）と訓読したのではなかろうか（大字雷）。『大和志』には「雷土」の文字を充当し、天明二年（一七八二）の『大和河内旅路の記』（荒木田久老著）には「このいかつち村といふは則いにしへの神なひ山とも神山ともいひし所にて今も岡のあるに飛鳥川は其ふもとをめくりなかれたり」と書いている。

『万葉集』に「加未奈那里曽祢《かみななりそね》」、『古今集』には「カムナリ」、『和名抄』には「奈流加美、一名以加豆知」とみえ、奈良市には鳴雷《なるいかつち》神社（式内）の社名があり、神（雷）山は「香山《こうぜん》」に転じている。『播磨国風土記』には上岡を神阜《かみをか》に改号したという地名説話がある。カミは「神」、「上」、「雷」を語源的に結びつける意識もあったようである。

「雄略紀」には三諸《みもろ》山（神岳）を雷《いかづち》岳に改めたという記事がみえる。斑鳩町神南《じんなん》には神岳《かみおか》神社（式内）が鎮座し、神（雷）岳は三室山とも称し、『延喜式』の「気吹《きぶき》雷《いかづち》響《なる》雷《いかづち》吉野《よしの》大国栖《おおくず》御魂《みたま》神社」も大字雷の地に伝承している（『高市郡神社誌』）。社名の「雷」をイカヅチと訓《よ》み、地名化したとも考えられるが、社地の所在については明確ではない。結局、現在の甘樫丘《あまかしのおか》が甘樋丘《かなび》であり、天長年間、大字飛鳥の現「神奈備」の地に移されたのであろうか（『日本紀略』）。（Ｉ）

## 元林院町《がんりいんちょう》（奈良市）

猿沢池の西側にある。奈良時代には興福寺花園院があった。『奈良坊目拙解』によれば、興福寺別院の元林院があったので町名が起こり、南北の通りを絵屋町《えや》という。元禄年間に春日絵所が一軒、享保頃に仏画師竹坊二、三家が住んでいたので画屋町とも書いた。十五世紀の小五月郷指図（尋尊筆・興福寺蔵）には、町域南端、南市町との間の東西道に沿って「元林院」の町名を記しているので、元林院の町域は現南市町《みなみいち》にも及んでいたと考えられる。おそらくこの地に南市町が形成されたことで、元林院の中心が南北の道筋に移ったのではないか。絵師がいつごろから住んだかは詳らかではないが、元禄はじめに春日絵所が一軒、享保頃に仏画師竹坊二、三家が存在したことが知られる。

元禄年間の『奈良町家寺社改帳』に「元林院町小名絵屋町、四ノ室辻子」とあり、元文三年（一七三八）の奈良町絵図に「絵屋丁ト云」と記す。宝暦三年（一七五三）六月三日、大雨で、猿沢池尻、率川《いさがわ》筋の絵屋町・橋本町など二十町余が水害をうけた。

文化八年（一八一一）六月十五年にも元林院、餅飯《もちいい》殿《どの》、樽井《たるい》辺が床上浸水するなど、低地部に位置していたため、しばしば水害にあった。元林院町は明治五年（一八七二）ごろ花街《かがい》となり、大正年間から昭和戦前期にかけて、置き屋十二軒、最盛期の芸者は二〇〇余人を数えたという。

昭和四十年代に時代相をうけて衰退、今はわずかに町並みだけがその風情をとどめている。町の北端を西流する率川には「絵屋橋」が架かっていたが、平成四年、川は暗渠となり、今では昭和二年（一九二七）に造立された橋の親柱がモニュメントとして残されている。その先代の文化二年（一八〇五）銘柱は町内の町屋の中に保存されている。（Ｏ）

## 喜佐谷《きさだに》（吉野町）

吉野町大字。吉野山の東方、南北に走る約三キロメートルの渓谷である。『万葉集』に「昔見し象《きさ》の小河」（巻三－三一六・三三二）と喜佐谷の川を詠んでいる。また、「み吉野の象山《きさやま》」（巻六－九二四）とあり、付近の山を象山といった。『和名抄』には材木の木目模様を檼と書き、「木佐《キサ》」と訓《よ》む。観智院本『名義抄』には「象」を「キサ」と訓む。

奈良朝時代、象そのものは実見していないが、「天智紀」十年条に「象牙《きさのき》」と載る。正倉院宝物の象牙文様が波状の縞模様の木目に似ているので、S字型に蛇行する谷を象谷と称したのだろう。キサは地形語で、キサはギザギザ（刻刻・段々）の義か。「喜佐」は佳字である。（T）

**北新町**《きたしんまち》（奈良市）

奈良市役所の所在地。新住居表示に際し、二条大路南一丁目一番地とした。ただし、条里制の遺構からみると、三条大路に該当する。四条大路は南新町、はじめて元禄国郷帳にあらわれる南・北新村。現市役所西方（尼辻東方）には旧三条村、三条池などがある。（I）

**北向町**《きたむきちょう》（奈良市）

現奈良市の町名で率川神社の南に所在する。古称は子守北向町。元禄二年（一六八九）の「奈良町家寺社改帳」に、往古《おうこ》北側に家がなかったことから北向町というとみえ、『奈良坊目拙解』には、寛永頃（一六二四－一六二九）、南側に民屋を造営したとある。

元禄頃の家数は三〇軒。この町に日蓮宗の常徳寺がある。もと雑司川上村にあった常徳庵が延宝年間（一六七三－一六八一）にこの地に移され、元禄年間に本堂を再興したという（『奈良坊目拙解』補筆）。この町と小川町との間に率川から灌漑用水として分水した細川の町名は、この川に由来する。

**狐井**《きつい》（香芝市）

香芝市大字。同大字杵築《きつき》神社境内にある井戸にちなむ村名。キツキヰ－キツイとなったもの。春日・住吉など、神社名が村名になる例は各地にみられる。狐井城山古墳（前方後円墳）の東部は晩期の縄文土器の出土地。（O）

**木辻**《きつじ》（奈良市）

奈良市内の町名。むかしは鳴川郷。『平城坊目考』によると、同地、称念寺《しょうねんじ》路傍の一大樹にちなみ木辻と称した。（I）

慶長年間（一五九六－一六一四）、数軒の茶屋の存在したことからいつしか傾城《けいせい》町となる。江戸の新吉原《しんよしはら》を開いたとき、この木辻から遊女を移したことが吉原の旧記にあるという。延宝六年（一六七八）刊の『八重桜』には「木辻遊女」の絵が描かれている。

『色道大鏡』（一八巻一四冊、序文には延宝戊午〈一六七八〉孟冬云々）によると、次のように書いている。要約すると「南都の傾城町は木辻鳴川といひて縦横にあり。これよりさき、浄戸（城戸）に遊女少々ありつれど一廓とはさだまらざりき…豊臣太閤につかえたる虎蔵（万右衛門）、竹蔵（堀市兵衛）の両人、兄弟の昵《むつび》ぞなしける。…中坊左近南都の奉行たりし時（寛永六年）市兵衛ら当町に遊廓を建創す。当所より西にあたり木辻村というあり。鳴川は南北に通りたるかという。この遊廓、南都の南方にあたり、今の鳴川も木辻の内にこもる。鳴川傾城の東側に三棟《みつむね》へ入る門あり。この奥にある寺を安養寺という。本尊は阿弥陀、是右大臣藤原豊成公の持尊仏なり。猶、中将姫の石塔あり。文字あざやかなり。然れは豊成公の旧跡あるという事分明なり云々」と。

また、木辻傾城に対し橿原市の小綱《しょうこ》村が有名であった。小綱《こつな》は八木町近く、伊勢街道の要所で寛永年中（一六二四～一六四三）大坂の傾城町の了賀・長左衛門二人が明暦元年（一六五五）九月、同地に新地を開き、翌年二月に遊女をうつした。同地は伊勢・長谷《はせ》街道にして茶屋を構え、挙屋《あげや》四軒居をしめ非常に繁栄したが、万治元年（一六五八）の火災で、大坂に移転した。（I）

## 木堂《きどう》（天理市）

旧大字。木堂は木部か。県内の三倉堂・蔵堂・笛堂も、御蔵戸・蔵戸・笛戸であったように考えられる。木戸は木工部の二字化地名か。明治十二年（一八七九）、山口村・内山村と合併、杣之内《そまのうち》（作字地名）となる。都祁山口神社鎮座地。（S）

## 木殿《きどの》（橿原市）

元薬師寺跡（城殿町）

畝傍山東部に位置する。喜殿・吉殿・城殿とも書いた。本薬師寺跡所在地。「皇極紀」三年条に「更《また》家を畝傍山の東に起《た》つ。池を穿《ほ》りて城《き》とせり。庫《つはものぐら》を起てて箭《や》を儲《つ》む」とある地域か。承保三年（一〇七六）の「大和国高市郡司解案」に「喜殿庄」とみえる。

『高市郡古跡略号』によると、延享四年

（一七四七）には「城殿」を「木殿」と改名したと記し、昭和三十二年（一九五七）、木殿を「城殿」とした。「木殿」「喜殿」などの「殿」はデン（田）で、「粟田」が「粟殿」、「染田」が「染殿」、「神田」が「神殿」などに改字した例もある。ちなみに「葦原」が「吉原」となった例もある。「葦田」→「吉田」に佳字化して、「キチデン」「キドノ」に転ずる例もある。旧木殿庄は同市吉田町（畝傍山西方）にも及んでいたといわれる（『奈良県の地名』）。

（I）

## キトラ　きとら　（明日香村）

県内各地の「キトラ」は「木戸羅」「甲寅」「木虎」などとも書く。小字北浦《キトラ》の転訛で県内、一二〇例以上もある。大和では珍しい地名ではない。つまり、「北浦」はキタウラ―キトウラ→キトラとなったもの。吉野郡天川村大字「北角」も現地発音は「キトウスミ」である。古語の「浦」はウラ・オモテのウラではなく、深く入り込んだ地形を意味し、明日香村大字「豊浦《とようら》」のウラは飛鳥川曲流地を、同村大字「南浦」は香久山の南側の日射地域（米川）に立地している。

豊浦（明日香村大字）が等由良《とゆら》（元興寺塔露盤銘―推古天皇四年）となるように、母音脱落による転訛は相当古くからみられる。御所市大字室《むろ》の史跡宮山古墳の北側も「北浦」で、ここにもキトラ塚（陪塚）があり、旧當麻町大字竹内、榛原町大字萩原には「キトラ山」の古墳名がある。事実、「北浦」と書き、キトラと発音する地名がきわめて多い。

キトラ古墳（1985）

昭和五十八年十一月十一日、明日香村大字阿部山小字上山《ウヤマ》一三六番地ノ一に、いわゆる亀虎の壁画古墳のあることが判明、「高松塚古墳」に次ぐ発見で、その考古学的重要性について強調された。近接地の小字「北浦」の転訛語である「キトラ」にちなみ、当初は「亀虎古墳」とした。

『大和志』（享保二十一年刊）は『万葉集』の阿保山を、阿部山に推定したことから旧名を阿保村と考証した。

また、延久二年（一〇七〇）の『興福寺坪付帳』には、阿部山の庄名がみえる。小字「上山」の隣接地の「アベント」が現地では「ウエント」（『大和地名大辞典』）であることから「ウエヤマ」は「アベ山」ではなかったか。

　いずれにしても、遺跡の命名に対しては、地域の歴史と伝承を尊重し、さらに、平易な文字を用い、誤読がなく、語意の理解が容易であることが好ましい。一説には「やはりキトラから亀虎壁画が出現したか」という誤解を生むことから、「阿部山古墳」か「上山古墳」とすべきだという意見もあった。

　茨木市の「阿武山古墳」の名称は「阿威山古墳」の誤写であろうか。『和名抄』の「安威郷」、『延喜式』の「阿為」、継体天皇「三島藍《あい》野陵」や「阿《あ》威《い》川」、「藍原」の古地名がみえる。「威」「武」は字形が類似する。遺跡地名の命名には慎重な配慮が必要であろう。（Ｉ）

## 城於　きのへ（広陵町）

　広陵町大字大塚の地域は『万葉集』の「城上《きのへ》」（域於とも）で、『和訓栞』には「於字を下に書くことなきゆえ、これをウへと訓《よ》む」とあり、同町大塚の延喜式内・於《うえ》神社も一名「城ノ宮」とある。同町斉音寺の「紀三上《きさんじょう》神社」は「紀之上《きのへ》」の誤写であろう。

　御所市の「式内」雲櫛社《くもくしのやしろ》はウグヒス（鶯）の宮とも伝えている。この「雲櫛」も「霊奇《たまくし》」（奇魂《くしみたま》の意の美称）の誤写と思われる。『万葉集』（巻一〇―一八四五）に「うぐひすの春になるらし、春日山…」とあり、ウグヒスは春野の枕詞か。田原本町の六県《むつあがた》神社は、古代大和の六県（磯城・高市・山辺・葛城など）の意ではなく、六《むつ》面の神鏡を懸《か》けたことにちなむという。（Ｉ）

## 木之本　きのもと（橿原市）

　橿原市、香久山西方に鎮座する畝尾都多本《うねおのつたもと》神社は『延喜式』金剛寺・九条家本には「ツタモトノ」、吉田家本には「ウタヒツタモト」の訓をみる。『日本書紀』神代巻の一書には「畝丘樹下」に「ウネヲのコノモト」と、『古事記』上巻には「香山之畝尾木下」に「カグヤマノウネヲノコノモト」と訓註している（『日本古典文学大系』）。近世では「ウネヲツタモト」（度会延経）、「ウネビツタモト」（伴信友）とする。現在は「ウネヲツタモト」とし、一名、啼沢《なきさわ》神社と称している。

　『古事記』神代巻に「故《かれ》、伊邪美《いざなみの》神は、火の神を生みしに因りて、遂《つひ》に神避《かむさ》り坐《ま》しき。…故爾《かれここ》に伊邪那岐命詔《の》りたまひしく「愛《うつく》しき我《あ》が那邇妹《なにも》の命《みこと》を、子の一《ひと》つ木《け》に易《か》へつるかも」と謂《の》りたまひて、乃ち御枕《みまくら》方《へ》に匍匐《はらば》ひ、御足《みあと》方《へ》に匍匐《はらば》ひて哭《な》きし時、御涙《みなみだ》に成れる神は、香山《かぐやま》の畝尾《うねを》の木《こ》の本《もと》に坐《ま》して、泣沢女《なきさはめの》神と名《な》づく」とみえる泣沢女神を祭祀する。この神の性格は不明であるが、泣女は喪主に代わって泣き悲しむものをいう。『和名抄』高市郡に遊部（『令集解』喪葬令）の郷名がある。遊部は鎮魂・卜兆に関係する部曲《かきべ》（豪族の私有民）で、この遊部の祖神を鎮祭したのではなかろうか。

『万葉集』（巻二―二〇二）に持統天皇十年高市皇子の殯宮の時、檜隈女王《ひのくまのおほきみ》がこの神社に対し「哭沢の神社《もり》に神酒《みわ》すゑ禱祈《いの》れどもわが王《おほきみ》は高日知らしぬ」と詠まれた。すなわち『古事記』『万葉集』記載の「香山之畝尾木本」「哭沢の神社《もり》」が、地名・社名として今も伝承していることになる。昭和六十年神社南方から「香山」と墨書した土器が出土した。香山正倉（「大倭国正税帳」）に関連するものとして注目された。畝尾は香山のことで、木ノ本は現木之本である。

『延喜式』には「畝尾《うねび》坐健土安《にますたけはにやす》神社・天香山坐《あめのかぐやまにいます》櫛真命《くしまのみこと》神社」の社名もみられる。つまり、多に坐す、十市御県に坐す、目原に坐すというように、社名に地名を冠し、何々に坐すとある。この畝尾都多本神社は香山の木之本に坐す神である。

畝尾（地名）都（助詞の「ノ」）、多本（木本）神社ではなかろうか。宗我《そが》都比古《つひこ》神社、當麻《たいま》都比古《つひこ》神社、許世《こせ》都比古命《つひこのみこと》神社、鴨都味波八重事代主命《かもつみはやえことしろぬしのみこと》神社、伊古麻《いこま》都比古《つひこ》神社の「都」は「の」を意味するものであろう。

多本は木本（太本に誤写、多本に改字）のことで、近江国栗太《くりた》郡は『延喜式』『和名抄』刊本などに「栗本」とみえる。「太」（多）は「本」の誤写であろうか。ちなみに、耳成山西南方にも木原（原はモトの意）の旧村名がある。『延喜式』の同郡目原神社も、目原はモクハラ（木原）のことではなかろうか。（I）

## 木原《きはら》（橿原市）

耳成山西麓の旧大字。『延喜式』神名帳の十市《といち》郡内の「目原坐高御魂《たかみむすび》神社」の鎮座地か。『五郡神社記』に「目原村近代木原に作る」とあるのは木原をモクハラと訓《よ》むことから起こった説か。天和年間（一六八一～八四）津藩領の山ノ坊村との間に「耳成山論」があり、木原村の勝訴となる。なお、式内社は現在は

同市太田《おだいち》市町と天満神社に比定。（I）

**木部**　きべ（桜井市）　旧大字。東新堂《ひがししんどう》と上ノ庄《かみのしょう》町にある小字。また、橿原市常盤《ときわ》町には「本部」「木田」（十市郡路東二十二条三里山部里）の地名がある。同地北方（十市郡二十条一里）に「木工寮田」の小字がある（『興福寺坪付帳』）。

木部は木工《こだくみ》の集団、木工部の二字化したもの。古代職能関係の地名。木工に関しては、「雄略紀」に「木工闘鶏御田《こだくみつけのみた》に命《みことおほ》せて、始めて楼閣《たかどの》を起《つく》りたまふ」とある。（I）

**清澄**　きょうすみ（大和郡山市）　奈良時代には、平城京朱雀《すざく》大路を南下する羅城門に典薬寮《てんやく》があり、その薬園のあったところが、現薬園《やくおん》八幡宮（材木町）付近である。また中世、清澄庄は、現本町・杉町付近で、清澄は京隅の意、左京の京終《きょうばて》、京都市京極と同義の地名である。（I）

**京終**　きょうばて（奈良市）　平城京の左京の東端には鎌倉時代から京終郷の名が見え、『中臣祐賢記』の弘安三年（一二八〇）の記事に「京終」の郷名がみえる。「京の終《はて》」である。江戸時代の奈良町の一町として、明治二十二年まで京終町があった。『奈良坊目拙解』に、江戸期の奈良町の南限にあたるゆえの名と記している。現在の町名は北京終町、南京終町、京終地方《じかた》西側町、同東側町であり、JR桜井線の京終駅がある。ちなみに、平城宮跡内、左京六条大路、二坊大路（東堀川）の西側（現八条町）に小字「西京終」がある。（K）

**切幡**　きりはた（山添村）　山辺《やまべ》郡山添村大字。切畑の義か。山・丘を切り開いて畑とした地域。吉野郡川上村中奥《なかおく》、宇陀市榛原区諸木野《もろきの》、同区戒場《かいば》に「桐畑ケ」「切畑」「桐端」の小字名があり、「キリハタ」は県内十数カ所に残る。キリに桐、ハタに幡の佳字を用いたものが多い。吉野郡では焼畑のことをキリハタと称している（『吉野西奥民俗採訪録』宮本常一著）。（I）

**金峰山**　きんぷせん（吉野郡）　女人禁制の霊峰、山上《さんじょう》ケ岳《がたけ》（標高一七一九メートル）から吉野山蔵王堂《ざおうどう》に至る連山を金峰山という。一方、大峰山《おおみねさん》は、山上ケ岳の南、小篠《おざさ》（天川村《てんかわ》）から熊野に連なる山々の総称で、狭義には山上ケ岳をいう。後世には金峰山と大峰山は混用された。

古来、金峰山は、葛城山・愛宕山・比叡山・比良《ひら》

蔵王堂（吉野山）

山・伊吹山・神峰山《かぶ》（摂津）とともに七高山のひとつとして有名（『拾芥抄』）。山上ヶ岳《さんじょうがたけ》山頂を「山上」と号し、山麓の吉野山を「山下《さんげ》」と称した。山上・山下に建立された修験道場は一体で、総称して金峰山寺という。修験道の開祖役行者《えんのぎょうじゃ》が白鳳年間（七世紀後半）山上ヶ岳にある湧出《ゆうしゅつ》ヶ岳で金剛蔵王権現を感得し、これを桜に刻んで「山上」の堂（現・大峰山寺本堂）と「山下」の堂（現・金峰山寺蔵王堂）に安置したと伝わる。明治初年修験道が禁止され一時廃寺となったが、明治十九年（一八八六）天台宗寺院として復活、昭和二十七年（一九五二）金峰山修験本宗の総本山となった。山号は国軸山《こくじくさん》で宇宙の中心の山という意味である。

金峯山の名は、『万葉集』（巻一三―三二九三）に「み吉野の御金高《みかねのたけ》（岳）」とも歌われたように、山中に黄金が埋められていると信じられたことによる。吉野山奥千本《おくせんぼん》に金峰《きんぷ》神社（祭神は鉱山の神、金山毘古《かなやまひこ》神）がある（金峰は、『延喜式』神名帳ではカネノミネと称す）。岳はミネとも訓《よ》む（図書寮本『名義抄』）。従って、「御金の岳」の「御」は美称で、（ミ）カネノミネとも訓め、金峰山と同山異名の称である。

「御金の岳」は敷衍して、山上は金色まばゆい極楽浄土の世界とみなされるようになった。『扶桑略記』第二十五に道賢《どうけん》上人が修行した金峰山山上は「黄金光明甚照」の浄土の世界だと描く。『権記《ごんき》』長保三年（一〇〇一）四月二十四日条に「惟弘が云うには、去る夜金峰山に詣って金帯・金劔を得た夢を見た。吉相なり」、『拾芥抄』（十陵部本朝五奇異）に「金峰山　其の土石は能《よく》金と為るべし」とある。『宇治拾遺物語』（上本一―一二）には、京七条の薄打《はくうち》（箔師。金銀を打ち延ばして箔を作る職人）が当山の金を盗んだ物語が知られる。

宇多法皇・白河法皇や藤原道長らの貴族が御嶽《みたけ》精進し、特に道長は寛弘四年（一〇〇七）八月、阿弥陀経・般若心経を金銅製経筒に納入、山上に埋納したことが『御堂関白記』に載る。中世、「金の御嶽は一天下（天界）、金剛蔵王・釈迦・弥勒」（『梁塵秘抄』巻二・四句神歌）のおわす仏の世界とみなされた。昭和五十九年（一九八四）の本堂修理にともなう発掘調査では数多くの遺物に混じり二体の黄金仏が出土している。（T）

## 草香山《くさかやま》（生駒市）

『古事記』序によると、「日下《にちげ》」と書いて「玖《く》沙《さ》訶《か》」と読む理由がわからず「本《もと》の随《まにま》に（もとのままにして）改めず」とあって、用字の理由が不明であったらしい。

生駒山西側の古代地名であるが、大和国とは関係が深い。「神武紀」に「孔舎衙坂《くさかさか》」の地名がみえ、大正元年には孔舎衙《くさか》（大阪府）の村名を制定、近鉄駅名ともなった。駅名の「孔舎衛坂」は昭和三十九年七月二十三日「石切」に改名。近鉄の新「石切」駅の観光案内には「孔舎衛坂」とある。『日本書紀』の板本は「衙」を「衛」に誤写した。日下《くさか》村、草香（日下）山は共に古くから存在した。「飛ぶ鳥のアスカ」というように、枕詞にちなみ「日の下のクサカ（草が香る）」といったとする説もあり、また、日は二日《ふつか》・三日《みっか》の「カ」、下は「サガ」るの意、カサカ―クサカと読むことも可能。「草香の直越道《ただごえのみち》」が知られる（「雄略記」）。直越は河内から大和へ真《ま》っ直《す》ぐという意でもある。ちなみに、「神武紀」の「磐村《いわれ》」を「石村」（『万葉集』『延喜式』）、「石寸」に省画したように、「草下」の「草」を「日」に省画して「日下」、または「𣇉」（一字化）、「草壁」「草部」（草香部の二字化）とした例もある。（I）

## 草　川《くさかわ》（桜井市）

中世草河庄。長谷渓谷の旧白河《シラガ》の村名があるように、草川もクサカか。草川には川というべきほどの川はない。隣接地の大字太田《おおた》は「敏達紀」の訳語田幸玉《おさださきたまの》宮《みや》伝承地で、太田は他田《おさだ》の義と考えられ、同紀には「日祀部《ひまつりべ》を置く」とある。「正倉院」天平二〇年文書に「他田日奉部直神護《じんご》」と、『万葉集』『正倉院文書』などには「日奉部《ひまつりべ》」の名がみえ、「日祀部」はヒホギ部のことで太陽を司祭する部民といわれる。また、同地に他田坐天照御魂《おさだにますあまてるみたま》神社が鎮座、天平二年（七三〇）の「大倭国正税帳」（正倉院文書）に「他田神戸租九十九束二肥を定める」とある。

草川東方、三輪山傾斜地は桧原《ひばら》（日原）と称し、大和笠縫邑《かさぬいむら》（元伊勢）と伝承する。ここに有力な司祭者草壁氏が居住していたらしく、嘉禎二年（一二三六）の「草部（草香部の二字化）貞弘田地売券」には「式上郡北郷十五条三里四坪…年来領掌之私領也」とみえ、付近に「笠城《カサンジョウ》」の小字が残り、北方天理市に「草壁塚」がある。三輪山西方に「日祀部」「他田日奉部《おさだひまつりべ》」「草部《くさかべ》」の地名・部名や、「天照御魂」「日向」（三輪山）の神社名の存することは、「日の神」を祀る所として重視される。先年「桧原」に伊勢斎王《いせさいおう》・豊鍬入姫《とよすきいりびめの》命《みこと》を祀る神社が建てられた。（I）

## 国栖《くず》（吉野町）

吉野町の大字。『万葉集』に「国栖らが春菜《わかな》採むらむ」（巻一〇―一九一九）と載る。国栖《くず》は国樔・国巣とも書く。「応神紀」は国樔《くず》、『万葉集』『延喜式』は国《くに》栖《す》の文字を充用している。国栖奏《くずのそう》といって、古代、吉野郡の山奥に住む国栖人は宮中の節会《せちえ》に参列して歌曲を奏した。『延喜式』（巻七神祇）に「宮内の官人、吉野の国栖十二人、楢笛工《ならのふえふき》十二人を引い、古風を奏す」とみえ、「応神紀」には「吉野之国主《くず》等」とある。

国栖をクズと訓《よ》むことについて、本居宣長『古事記伝』は「昔より久受《くず》と呼《いひ》来たれども、国字を作《かけ》るを思ふに、上代には久爾須《くにす》といひけむを、やや後に音便《こえのたより》にて久受とはなれるなるべし」と指摘している。「神武記」に「其の山に入りたまへば、亦《また》、尾《を》生《あ》る人に遇ひたまひき。此の人巌《いはほ》を押し分けて出で来りき。爾に、汝は誰ぞと問ひたまへば、僕《やつがれ》は国つ神、名は石押分子《いはおしわくのこ》と謂ふ。…此は吉野の国樔の祖」と記している。「僕は国つ神」とあるように、クニスは国主で、先住土着人を意味する語である。久爾奴志―クニヌシのヌ音が、宮主をミヤジというように、発音上ヌ音が脱落し、クニシ―クニス―クズに転訛したのであろう。古くからこの地に定着した「クニノヌシ」の意である。（T）

## 葛本《くずもと》（橿原市）

藤原京跡北方の大字。『春日社記録』文永六年（一二六九）条に「クスモト」と記し、延久二年（一〇七〇）の『興福寺坪付帳』の「十市東郷　橘本庄」に属す。橘本―キツ本―クス本（楠本）から葛本に転じたか。興福寺大乗院楠本庄。応永六年（一三九九）の同寺「造営段米田帳」には「大乗院方葛本庄」とある。平成元年二月、同大字の弁天《べんてん》塚から埴輪のルーツといわれた装飾性の強い埋葬祭祀用の特種器台が発見された。（I）

**薬　水**《くすりみず》（大淀町）

同町薬水にある薬水《くすりみず》井に由来する。俗信地名で、弘法大師がインドから持ち帰った神石を井戸に入れたところ、井水は万病に効き、現世安穏・寿命長久の約束をする「羅漢水」となった。この水を「薬水」と称したという（『高市郡古跡略考』）。『大和名所図会』に「薬水井　疫癘《えやみ》にこれを飲めば則平癒す。また旱に禱れば則験あり、昔より邑人長寿のもの多し」とある。このような弘法伝説は全国に分布し、生駒郡斑鳩町大字五百井《いおい》にも弘法井伝説がある。（T）

**口無山**《くちなしやま》（橿原市）

耳成山の別名は天神山。「耳生山《みみなし》」は孤立する山容を形容した地形語とする説がある。『古今和歌集』に「耳なしの山のくちなし得てしがな　思ひの色の下染にせむ」の古歌があり、事実、クチナシは染料に用い、このクチナシが密生していた（『大和志』）。近くに「目無川《めなし》（ミミナシの転訛）」がある。あるいはミミナシは御水生《みみなし》の意か。いずれも「耳無」にちなむ俗説であったか。嘉永三年（一八五〇）三月、天誅組の歌人、伴林光平《ともばやしみつひら》の『吉野の道の記』の中に次の一節がある。「里の北のほとりにまろらかなるはなれ山の神さびたる山あり、『いかにいふぞ』と馬子どもに問へば「天神山」といふ。『さらば香具山といふはいづこぞ』といへば「しらず」といふ…さて耳梨はいづこならむなどといふに　老いくづれたる樵夫の柴荷《しばにな》ひて行くあり。やをら追ひすがひて『このわたりに耳なしといふ山はなきか』といへど、しらぬ顔にてゆく、又といへばなほしらぬ顔なり、耳聾《しひ》たるにこそ。『よしなの耳無や』と後言《しりうご》つを、例の若人えたえで打あげ笑ふ。かくて再びおもへばさきに天神山といひたるぞ…。」とある。（I）

**久　度**《くど》（王寺町）

大和川流域の村名。低湿地の意。愛知県地方では沢（湿地）をクデ（湫《くて》）という。湫《くて》の文字の構成をみても川筋の水辺（アキ）のこと。久度神社のクドの社名からオクドの神、竈の神とする信仰が生まれた。（I）

**熊　凝**《くまごり》（生駒郡）

旧平群郡にあった熊凝精舎《しょうじゃ》の地。クマゴリは隈郡《くまごおり》の意か。クマ―コマは隈のこと、旧平群郡の東部隈の意。のちの平端《ひらはた》村。平端も平群郡の端の意（合成地名）。大和平地東南隅に大熊峠、奈良の北端押熊《おしくま》の クマも隈の意。隈は阝《こざと》（丘の意）を畏《かしこ》む意を避け、隈

本も熊本（県名）に改字した。イコマのイも接頭語か。イコマ（生駒）郡となったか。（Ｉ）

## 久　米《くめ》（橿原市）

旧大字。久米（来眼）寺所在地。益田池跡、木樋《もくひ》出土地（旧大字池尻）。「神武紀」に「畝傍山の西の川辺の地、今来目邑《くめむら》と号《なづ》く」とあり、大久米命《おおくめのみこと》を居らしめたという地名説話がある。「雄略紀」には「来目水《くめかわ》」とみえ、クメ・クマ・コメは同語で「隅」「曲」を意味する古語。クメはヒノクマ（檜前）川の曲流地の地形語か。明日香村奥山に久米《くめ》寺（奈良時代）があり、米《よね》川の発源地が米山で「来目」「米山（米川）」の用字から治眼の俗信や長者説話が発生した。河内国では久米田池が有名。また、水を貯めることを俗に水をこめるという。溜池のこと。養水池に田米池《ためいけ》・田《た》命《め》池《いけ》（斑鳩町）の用字をみるように、「久米」は「曲」の佳名化したものであろうか。久米川の曲流地には益田池の堤跡が残っている。（Ｉ）

益田池堤跡

## 雲井坂《くもいざか》（奈良市）

奈良市登大路《のぼりおおじ》町・押上《おしあげ》町。平城京の東京極大路、のちの京街道（国道三六九号線）の押上町の南、壱里塚のあたりをいう。南都八景の一つ、「雲居坂の雨」の地である。この東に東大寺西大門の跡がある。昔この門の額に「金光明四天王護国寺」と書いた額を掲げていた。雲井坂の由来は未詳であるが、『奈良曝』には、「夜々龍まいさがり、此額をねぶりける。其時に此辺に雲うづまきしより雲井坂と名付しとかや」という付会した伝説を記している。（Ｏ）

## 雲居峠《くもいとうげ》（明日香村）

『万葉集』に「雲に居る」「雲居なす」という「雲」は、雲の在るところ—雲の彼方という意もある。高取山脈の「雲居茶屋」が有名。クモトリは雲（高所）、取（山の鞍部、タヲリ→トリ）で、「高取」「鞍取」などのトリで峠である。吉野郡の「雲取」も俗に「雲取越」として知られる。（Ｉ）

# 暗峠《くらがりとうげ》（平群町）

クラガリ峠

「クラガリ」の小字は県内では約二十数カ所に分布する。特に、生駒山脈のクラガリ峠（暗峠《くらがり》）は大和ー難波間の直線コース上にあったことで有名。また、高市郡明日香村大字飛鳥の飛鳥坐《あすかいます》神社北方にも小字「闇《くらが》り峠」がある。クラガリのクラは鞍で、丘陵のたわんだ所、谷間の越える所、川の水底もクラである。ガリは鞍嶺《くらがね》のガネの転訛語、クラガリ峠北方の生駒市の傍示越《ほうじごえ》は俗にカヒガケ（峡駈）の路といっている。五條市大字湯谷市塚《ゆたにいちづか》には「クラカイ」「クラカリ」の小字が同所に所在する。江戸期の『河内名所鑑《かがみ》』には「闇上り峠」と記されているが、峠は「クラの上る所」でもある。

　クラサコ、クラネなど、「クラ」関係の地名は県内三〇カ所に分布する。つまり、クラマも谷間（鞍馬）であった。暗峠南方の「雁《カリ》多《ド》尾《ウ》畑《バタ》」の村名もカヒ（峡《カヒ》）→多尾（たわんだ所）のことであろう。たわんだ所がタオリ→トリになった。高取城跡のタカトリも高い所を越える、という意味である。宇陀郡にはクラトリ（鞍取）峠がある。クラに美称の「小」を冠した「小クラ」から「小《お》倉《ぐら》山」「桜《さくら》峠」の地名が生まれた。和歌山県の根来《ねごろ》寺のネゴロも嶺鞍のことで、同地の風吹峠は有名。

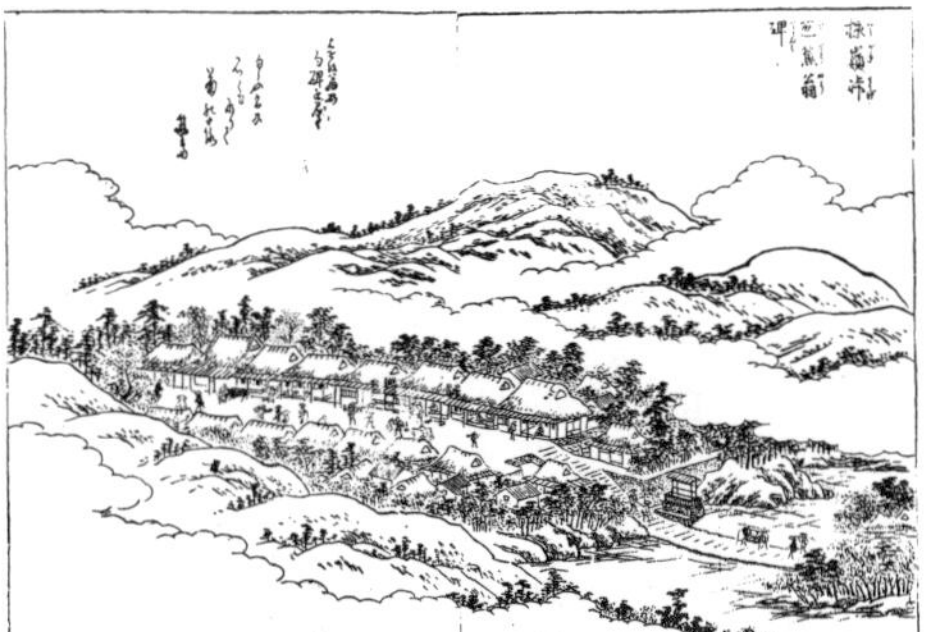

クラガリ峠（『大和名所図会』）

　俳聖・松尾芭蕉の『笈の小文』（元禄七年九月九日）の中に「暗がり峠」を越えたとある。しかし、六年後（貞享五年三月）にも「くらがり峠」を越えている。その「くらがり峠」は生駒山脈の「暗がり峠」ではなく、和歌山県隅田村の「クラガリ」であった。『紀伊国名所図会』には「闇《くらがり》饅頭屋」の峠を図示し「下兵庫村の内、闇といふ茶屋にて製す、二つづゝ合わせたるを、夫婦まんじうといふ　橋本辺より伊勢参宮の送迎等、みな此茶店に集まる」とある。この峠は「黒暗嶺」とも書き、名物の夫婦饅頭は大和初瀬街道の黒崎の名物「夫婦饅頭」と全くよく似ている（「黒崎」の項参照）。（I）

**蔵堂**《くらんど》（田原本町）　県内の大和郡山市の宮《みや》堂《どう》、磯城郡三宅町の伴《ともん》堂《どう》、大和高田市の三倉堂《みくらどう》、葛城市の笛堂《ふえどう》など、「堂」を用いた地名は少なくない。「堂」は「部」もしくは「戸」であった。つまり、神戸をジンド・カンベ・カンド・ジンゴと読むように、べ（部・戸）はド（堂）に転じる可能性がある。「履中紀」に「蔵司《くらつかさ》を建て因みに蔵　部《くらひとべ》を定む」とある。『延喜式』雅楽寮に「森屋楽《がっ》戸《こ》」のあったことを記している。蔵堂領内の中字、守屋には「大祢宜《ねぎ》田」「神子田《みかみこだ》」とあり、「太閤検地帳」の「フエフキ」の小字は「楽戸・笛吹部」のことであろう（「村屋」の項参照）。（I）

**車木**《くるまき》（高取町）　高取町大字。曽我川の曲流地に立地する。斉明天皇越智岡上陵《おちのおかのかみのみささぎ》の所在地。蒲生君平の『山陵志』には「斉明帝の葬に其の霊車の来り止まる所、因りて名づけて車来といふ。来・いま木に作るは音同じきなり」と記している。

クルマキは曽我川の曲流地のクルベキの転訛語か。クルベキは生駒郡斑鳩町大字稲葉《いなば》車瀬《くるませ》の車瀬と同義の地名で、川水の曲流、渦巻く所である。和歌山県那《な》賀《が》郡の久留壁《クルベキ》も紀ノ川水流にちなむもの。水音を形容してドドメク・ドドメキあるいは鳴川・鳴滝などの地名が起こった。（I）

**車瀬**《くるませ》（生駒郡）　斑鳩町大字稲葉車瀬の中。クルマセは竜田川の川水の渦巻く所であろう。桜井市箸中《はしなか》の車谷は水車の多かった所、車坂・車木・車塚なども車の形状にかかわる地名。ちなみに、倉持は古代車持部にちなむ地名か。京都市嵯峨の川辺に車折《くるまざき》神社がある。（I）

**黒髪山**《くろかみやま》（奈良市）　奈良市旧市街北方の山名。この奈良山付近について『万葉集』の黒髪山とする説があり、山には「黒髪山」と呼ばれる小祠がある。

クロカミは、実はクラオカミの転じたもので、「闇《くら》淤加美《おかみ》」とも書き、別名は「高龗神《たかおかみのかみ》」とも称えた。「高」は山頂を、「闇《くら》」は谷《くら》を意味した。「龗《おかみ》」は龍神のこと、雨をつかさどる神であった。

古来、龍神は甘雨《かんう》を降らし、長雨を止める神として信仰された。吉野川岸の丹生川上、中、下社や京都の貴船《きふね》（フネは谷《くら》のこと）神社は「水の神」として有名である。つまり、「水の神」は「壬生《みふ》の神」で、いつしか「ミフ」が「ニフ」に転じた。奈良市内の二名《にみょう》をミミョウ、宇陀郡のミサカを荷坂《にさか》というように「ニ」「ミ」は相通言であった。

『万葉集』に「ぬばたまの黒髪山を朝越えて山下露に濡《ぬ》れにけるかも」（詠み人知らず。巻七―一二四一）とある。このクロカミ山は、実は奈良市旧市街東方、春日山頂の高山《コウゼン》、鳴雷《なるいかつち》神社付近の山名ではなかろうか。同神社は「高山竜池社」（『春日大社文書』）、「高山竜王社」（『多聞院日記』）などといわれ、祭神は雨に関係深い「天水分神《あまのみくまりのかみ》」といわれる。鳴雷神社は「水の神」として、大和、山城、河内国から多くの参拝者が雨請（乞）に参詣したという。同社は春日山の石切《いしきり》峠に至る渓谷の頂に鎮座する「クラの神」でもある。

ちなみに、橿原市の天香久山《あまのかぐやま》山頂には「高龗神」を祀る神祠があり、桜井市旧大字白河《しらが》の北山には高龗《たかおかみ》神社が鎮座、俗に高山神社（あるいは竜王さん）といい、御所市の葛城山頂付近の支峰「天神ノ森」の「竜王池」の伝説は有名である。（I）

## 黒崎《くろさき》（桜井市）

長谷は照る照る黒崎曇る、
中の出雲に雨が降る―。

西国八番の札所、観音信仰の霊場、長谷《はせ》寺の門前町は、伊勢街道の宿場としても有名であった。この民謡は鈴鹿馬子唄の本唄とも伝えているが、俗に「長谷追分」ともいわれるもの。「黒崎曇る…」と歌われた黒崎は長谷《はせ》の西入口に立地する谷前《くらさき》の義か。朝倉宮・倉橋山・小倉山・滝倉・口ノ倉・若桜宮など、クラサキは古代地名であった。徳川時代、黒崎には「夫婦まんじゅう屋」が軒をつらねていた。出雲では例の出雲人形を売る店が数軒あったといわれる。この人形が京都に移って伏見人形になったという。和歌山県隅田《すだ》村の「夫婦饅頭」も紀州（伊勢）街道の名物として知られた。芭蕉の越えた「くらかり峠」ともいった。

嘉永五年出版の『西国名所図会』によると、常安屋というまんじゅうを売る店が、きわめて写実的に描かれて「この里の名物とて、まんじゅうを二つあわせ、これを女夫《みょと》まんじゅうとて商なふ家多し」とみえ、さらに「黒崎といへども白き肌と肌合わせて味《うま》い女夫まんじゅう」という里謡を載せている。このまんじゅう屋は近年まで商いを続け、店では三味線を弾いていたという八十幾歳の老婆に会ったこともある。

明和九年、伊勢国松阪の国学者本居宣長が大和の史跡調査にやって来た時の『菅笠日記』には「この黒崎に家ごとにまんじゅうというものを作りて売るなれば、かの古りにし宮どもの事、たづねがてら、あるじの年老至るがみゆる家見つけて、食いに立ちよる…」と書いている。つまり、宣長はまんじゅう屋の主人に朝倉宮、列木《なみき》宮などの遺跡について尋ねたが、結局、要領を得なかったらしい。

文久三年、大和五條に倒幕のために蹶起《けっき》した、いわゆる天誅組の伴林《ともばやし》光平が幕府軍の追討をうけ、十津川郷から北山郷を経て、宇陀経由斑鳩にのがれようとして、黒崎村を過ぎたときの『南山踏雲録』に「里中にまんじゅうてふものをひさぐ屋あり、田舎びたる乙女ら花を折りて客人のこころをとる。さるかたにあはれなり。そこにてしばらく休みてタバコなど吹く」とみえ、あわれに聞こえる乙女らの声に、ふと郷里に残した愛児のことを憶い、「つれなき親とぞ恨むらん心のほど思ひやられ」思わず落涙した。かつて弟子であった者の家に一夜の宿を断られ「人情のうすきこと身の上にしられて悲しさ限りなし」と慨世の心を深くしているのである。

さらに、愉快なのは中里介山の小説『大菩薩峠』の主人公、机龍之助がこのまんじゅうを食っていることである。中里介山は『大菩薩峠』の「三輪神杉の巻」を執筆する時、『西国名所図会』を資料としたらしく、「薬屋源太郎」「八木町札の辻」「黒崎饅頭屋」だけでなく、名所図会の絵そのままを挿絵に採用し、「おかげ」参りの灯籠に至るまで、正しく転写している。当時、伊勢参りの人々は、山の辺の「三輪そうめん」と、この甘い夫婦まんじゅうを食べ、長谷寺門前の名物「でんがく」の辛い焼豆腐を味わった。一日に数百丁の豆腐が売れ、中には豆腐の焼く間も待てず、生《なま》豆腐をそのまま飲みこむ客もあったという。　（I）

## 黒滝　くろたき　（黒滝村）

吉野川支流丹生《にう》川源流域に位置し、室町期からみえる村名。県内には宮滝、大滝、滝など、タキ関係の字地名が約三五〇カ所もあり、いずれも河川流域に分布している。タキは上代ではタギといい、『万葉集』に「吉野川多芸津《たぎつ》（激《たぎ》つ）河内《かふち》に高殿を高知りまして」（巻一―三八）、「み吉野の多芸都河内の大宮所《おおみやどころ》」（巻六―九二一）、「能《の》登《と》湍《せ》河音《がはおと》のさやけさ多芸通瀬ごとに」（巻三―三一四）とある。

タギのギ（濁音）に芸・岐という上代特殊仮名遣の甲類を充用しているが、水の曲流した激しく流れる（穿入蛇行）ところをいった。「滾《たぎ》（激）つ」と同源である。タキはつまり「たぎつ瀬」で、タギの清音化した語である。本居宣長の『菅笠日記』（一七七二）にも、川上村大滝を訪れた際、「すなはちよし野川の川のべにて、滝といふも、やがて川づらなる家のまへより、見やるゝ早瀬《はやせ》にて、上《かみ》よりたゞ（直）さまにおつる滝にはあらず」と述べている。なお、現代のタキは瀑布のことをいうが、瀑布は上代では「垂水《タルミ》」といった。

村名の黒滝は中世、黒滝荘の遺称で、丹生川源流の黒滝川が幾度も蛇行を繰り返す流域にある。黒滝のクロは、「くる　廻《めぐ》らし、穿《うが》つ」（『大言海』）、「くる（回転するの意）」（『倭訓栞』）の転訛で、穿入蛇行の地形を指す。（T）

## 気都和既の杜《けつわけのもり》　（明日香村）

明日香の水源地といえば、飛鳥川支流の南渕川（竜福寺付近）と冬野川（細川谷の流域・旧西多武峯《とうのみね》街道〈現多武峯―見瀬線新設中〉―旧竜蓋《りゅうがい》庄）で、『日本書紀』皇極紀元年条に「天皇《すめらみこと》、南渕《みなぶち》の河上《かはかみ》に幸《いでま》して、跪《ひざまづ》きて四方《よも》を拝《をが》む。天《あめ》を仰《あふ》ぎて祈《こ》ひたまふ」とみえ、竜在《りゅうざい》峠を水源とする大字入谷《にゅうだに》（丹生谷）には大仁保《おおにほ》神社（『三代実録』）が鎮座し、「天武紀」には「南渕《みなぶち》山、細川《ほそかは》山を禁《いさ》めて、並《ならび》に蒭《くさかり》　薪《きこ》ること莫れ（伐採を禁ず）」とある。『延喜式』内の「気都和既神社」（現地発音はキツワケ神社）は冬野・尾曽《おおそ》川合流地点に鎮座。『大和志』には「茂古《もこ》杜《もり》、傍に三丈《じょう》余《ご》の瀑《た》布《き》あり、上居《かむら》（上）

茂古の杜（明日香村）

・尾曽《おおそ》・細川《ほそかわ》三村共預祭紀」とみえ、祭神は「二社、大梵天王《だいぼんてんおう》、牛頭《ごず》天皇」とあり（『高市郡古跡略号』）、別名を「鷺《さぎ》とめの森」（屋代弘賢『道の幸』）と記す。伝承では、藤原鎌足が蘇我入鹿《そがのいるか》を誅したとき、鎌足がここまで逃れ「もうここまで来ない」（モウコンの森）といったことに由来するという（『飛鳥古跡考』『高市郡神社誌』『式内社調査報告』など）。ちなみに、平城京は佐保・能登・率川などの水源地・春日山には天水分《あまのみくまり》神を祀る鳴雷《なるいかつち》神社（『延喜式』）が鎮座、神山《こうぜん》竜王社と称している。また、京都市鞍馬《くらま》町の貴布祢《きふね》（水生嶺《みふね》）神社のクラマ・キフネのクラ・フネは谷間を意味する古語で、「木生嶺《きふね》」（気生嶺）に改変、木を守る神として信仰されるが、祭神はクラオカミ（罔象《ミズハ》の神）である。『万葉集』の奈良の「黒髪山《くろかみ》」（鳴神山《なるかみ》）と同義の信仰地名であろうか。古来、大和吉野の丹生《にう》神社と貴生祢の二神は「丹貴の神」（『続日本紀』）として尊崇されてきた。飛鳥の細川谷は『万葉集』に「多武の山霧しげみかも細川の瀬に波の騒ける」（巻九—一七〇四）と歌われた景勝地である。

いわゆる「水生《ミフ》」は「壬生《ミブ》」「丹生《ニフ》」「木生《キブ》」などに転じた。明日香村大字稲渕《イナフチ》が『万葉集』『続日本紀』には「南渕《ミナフチ》」「蜷渕《になふち》」「水渕」などに改字したように、「気都和既」はミヅワケで水分の地である。水分《みくまり》はミクマリ→ミコモリのこと。実例として吉野水分が「子守明神」として信仰地名となっている。また「ミコモリ」→「モコモリ」が「茂古杜《モコモリ》」の用字に転じた。鎮座地「上《カムラ》」は「上村《かみむら》」（『和名抄』賀美郷）の転訛、ミコモリは「忌板い《イミハラ》」が妹洗《イモアライ》（ミ→モ）、隅山《スミヤマ》古墳→杉山《スギヤマ》古墳（奈良市）のように転訛するにいたった。いずれにしても、大字尾曽《おおそ》は五條市の大沢峠のように沢地（水源地）で、気都和既神社には多くの激流を降下、境内に中世磨崖仏《まがいぶつ》を安置し、大字上居《じょうご》・細川には「氷室」の小字が現存する。これらの地名は飛鳥川上流の聖地性を示す貴重な遺跡である。現在、建設中の県道石橋には「気都和既橋」「もうこ橋」（猛虎の姿を刻む）の名がみられる（二〇〇六・一・五、調査）。（I）

## 化粧坂 けはいざか （桜井市）

豊山《ぶざん》派本山・長谷寺前は伊勢街道の要所として有名。『大和志』によると「初瀬《はせ》村に伊勢橋あり」とみえる。

長谷《はせ》は字義のように長い谷間で、俗に「果つ迫《はっせ》」の意にも解せられるが、迫間《はさま》の意で、長谷の南に笠間谷

(小狭間《こはざま》の二字化)、迫間《かさま》、大蔵(谷間)、佐倉(峠)などの形状地名が続く。長谷西部に立地する旧浅古《アサコ》村の「ア」は、アスカ(飛鳥)、アサクラ(朝倉)などの「ア」と同義の接頭語で、「サコ」は「迫」も谷間の意。一種の地形語であろう。長谷寺前、街道筋の「けはい坂」は「峻しい坂」の意とも考えられ、小説『大菩薩峠』(中里介山著)などにもあらわれる坂名である。この坂は初瀬にある坂の名で、「けはい」は、化粧することを顔をケワウという。身をつくろうこと、顔をきれいに化粧することである。初瀬川は天武天皇の皇女、大津皇子の同母姉・大来皇女が十四歳で斎宮に卜定《ぼくじょう》せられ、白鳳二年(六七三)、泊瀬川の清流で潔斎、泊瀬斎宮で、当地の川水で禊《みそぎ》された。いわゆる「野宮《ののみや》」の始まりである。ちなみに、三輪山の南方、山崎の長谷川辺の小字「ケソ場」は「化粧場」の転訛か。伊勢国の祠官(芭蕉の末弟)中川乙由《おつゆう》の句に「陽炎や里は晴ぬる化粧坂」がある(元文年間)。 (I)

## 恋の窪《こいのくぼ》 (奈良市)

大安寺町西北方、平城宮跡、四・五条大路二・三坊大路の間、小字「飛鳥田」、東側が小字「恋窪」である。佐保川と率《いさ》川の合流(東・南・西方)する低湿地帯。俗に「ド田」といい、田舟を用いたところ。「コイノクボ」の「コイ」は「川《こ》」のことで、「クボ」は凹地(久保地)の意、明日香村の「地ノ窪」と同義の地名である。

早期縄文遺跡として有名な山添村大字中峯山《ちゅうむざん》の「大川」の遺跡名は「オオコ」と称し、吉野郡川上村旧大字西河は「ニジッコウ」で、元中二年(一三八二)十一月の長慶天皇綸旨には「吉野郡二十講《にじっこう》」とある。

「川」は低湿地で洪水の難を受けることが多いことから「川」の用字を避ける傾向がある。「高知《こうち》」は「河内《こうち》」の、「上高知」は「上河内」の改字したもの、宮城県仙台の市名のごときは「川内《せんだい》」の音読・佳字化したもの。

「恋の窪」によく似た地名に「恋中」(橿原市)、「恋の口」、「恋の本」(五條市)、「恋谷」(宇陀郡)などがある。これらは「河口」「河本」「河谷」などの地名ではなかろうか。 (I)

## 香山《こうぜん》 (奈良市)

奈良・春日山頂の高山《こうぜん》には式内・鳴雷《なるいかつち》神社が鎮座し、別名を高山《こうぜん》竜池社・高山竜王社(『春日大社文書』）と称し、天《あまの》水《み》分《まくり》神を祭神とする。最近まで雨《あま》請《ごい》神事が行われていた。春日山の谷間（谷はクラの意）で、水の神「クラオカミ」を祀る聖地であった。『万葉集』の「黒髪山」であろう。（Ｉ）

**香　束**《こうそく》（吉野郡）　吉野町大字。「香」は「経」、「束」は「塚」で経塚のこと。県内にはキョウ塚・キヨツカ・経塚・京塚・教塚などが十数カ所に分布する。御所市には「京《きょう》束《そく》」（小字）がある。金峯山（吉野郡）の経塚は『御堂関白記』に有名。桜井市と宇陀郡の境界には経ケ塚山がある。京都府下の和束《わづか》町も、和は円（丸）で円墳を意味する語で、事実、同地には安積《あさかの》皇子《みこ》の墓がある。（Ｉ）

**神　末**《こうづえ》（宇陀郡）　旧御杖《みつえ》村大字。御杖神社の鎮座地。天照大神を大和から伊勢に移す時、この地に神杖（御杖）を立てたものともいう（『倭姫命《やまとひめのみこと》世記』）。御杖神社の棟札によれば、社名は「上津江」から「上之宮」（天文）、「国《こう》津《づ》大明神」（慶長）から「九頭大明神」（寛永）、「牛頭天王社」（延宝）と改変している。素戔嗚尊《すさのおのみこと》は国津神（クニツカミ－コウヅカ－コウヅ）で牛頭－祇園守護神と結合、ついに祇園の神（疫神信仰）となった。『延喜式』には大和と伊賀国境に「疫神」を祭ったとある。山辺郡山添村の神波多《かんばた》神社とも考えられるが、いずれにしても、国境に疫神を祭ることはあり得る。クヅ神が葛神ともなり、「葛神」が多く残存し、疫神の民間信仰を伝えている。承平四年（九三四）の「伊賀国夏見郷刀解案」に「色生・上家・菅野」の地名がみえる。この上家はカミツヘ（神戸）で、鎌倉末期の嘉暦四年（一三二九）の「黒田庄悪党人交名注進状」には「刑部佐衛門入道、上津江住」とある。「上つ家」は上流村落を示す地名である。ちなみに、神末は伊勢神宮領（神戸）であった。

桜井市、三輪山西方の大字芝にある国津《くにつ》神社も祭神は素佐之男命で九頭大明神ともいう。国土安穏、疫病退散にちなんで国津《くにつ》神（牛頭天王）の信仰が残っている。同地の九日神社は国津神社の改字した社名で九日に祭礼を行なうと伝える。

すなわち、神杖（御杖）説、上津江（川末）説、上家（神戸）説などがある。神戸《かみつえ》→上家から、神杖→御杖（明治制定村名）に好字化、あるいは名張川末（発源地）の意とも。（Ｉ）

## 上野《こうづけ》（五條市）

市名の「大阪」は中世の「小坂」の美称地名から「大坂」→「大阪」に改字した。このような例は少なくない。また、「小和田」「小長尾《こながご》」の「小」なども一種の美称であろうが、「大三輪」「大宇陀」のように将来の発展を期待するような市名は合併町村名に多い。五條市大字上之《かみの》は中之《なかの》・下之《しもの》に対する方位地名で、「之」は「野」の意味であろうか。同市内の大字「上野」はコウヅケと呼称している。国名の「上野《こうづけ》」は『和名抄』によると「加三豆介《かみつけ》」とあり、「上つ毛野」の転じたもの。さらに「毛」を省略し「上野」となった。「染野」をシメ、「火打野」を「火打」に下略したように、地名は古くから転訛・省略・好字化を重ねてきた。（I）

## 神野《こうの》（五條市）

賀名生《アノウ》の丹生川渓谷に立地し、旧大字神野《こうの》（川野《こうの》）、向加名生《むかいあのう》（向川野）、屋那瀬《やなせ》、和田（曲川《わだ》）、大日川《おびかわ》（帯川）、黒渕、滝、江出《えずる》（川出）など、すべて「川」にかかわる地形語で、「川野谷」である。同郡川上村の大字「神之谷」は「川の谷」であったように、地名には好字化した例が少なくない。信州の上高地（現地では神高地とも）は「上河内」、高知の市名は「河中」、仙台の市名は「川内《せんだい》」、宇陀郡の河内谷は「香落谷《こうち》」に、大阪市内の梅田（埋田）、福島（泓島）、十三《つつみ》なども淀川にちなむ地名であった。地名の梅田から「お初天神」信仰が発生した。賀名生谷も一に嘉奈生（『大和志』）とも書き、「川」や「谷」の地名はよく嘉字化した。「河の谷」にかかわる嘉字ではなかったか。

賀名生は『南山巡狩録』（第六）に、正平七年正月、穴生の皇居名を賀名生に改めたと記し、吉野川筋の大字「阿知賀」も「カチガ」であったという南朝の地名説話がある（『大和下市史』など）。（I）

## 興福寺《こうふくじ》（奈良市）

奈良市街のほぼ中央、奈良公園の入口に位置し、左京三条七坊の地を占めていた。昔は平城京の外京に属し、法相宗《ほっそうしゅう》大本山。古く天智天皇の八年（六六九）、藤原氏の氏祖鎌足のために、その妻鏡女王《かがみのおおきみ》が山城国宇治郡山階《やましな》の地に堂塔を営み、山階寺と名付けられたのが始まりである。その後、飛鳥の地に移されて厩坂寺《うまやさかでら》と改称。和銅三年（七一〇）に都が奈良に遷されるに及び、藤原不比等《ふひと》が山階寺をこの地に移して、興福寺と号するようになった。以来、藤原氏の氏

興福寺古図（元禄時代）

寺として一国を支配する大寺となり隆盛を極めた。

平安時代以降、たびたび兵火や火災にかかり、今はほとんど昔の面影をとどめないが、三重塔・五重塔・北円《ほくえん》堂・東金《とうこん》堂など優秀な建物や、八《はち》部《ぶ》衆《しゅう》・十大弟子をはじめとする仏像が多く伝わる。現在、境内には復元再建中の中金《ちゅうこん》堂を中心に、東金堂・五重塔・南円堂・北円堂・三重塔・大湯屋《おおゆや》・大御堂・宝物収蔵庫（国宝館）・本坊などがあり、旧境内は国史跡に指定されている。平成十年（一九九八）、ユネスコの世界遺産に「古都奈良の文化財」として登録された。境内の発掘調査などの事業の先には、平成の伽藍復興の計画がある。（O）

## 広　陵《こうりょう》（北葛城郡）

広陵町には巣山《すやま》古墳・新山《しんやま》古墳・新木《にき》山《やま》古墳など前方後円墳がある。広陵の名にふさわしい環境であるが、広瀬郡の「広」と丘陵地帯の「陵」を用い「広陵」としたもの。古墳にかかわる町名ではない。町名は香芝町（香芝中学校名にちなむ）と同様、中学校名（広陵中学校）を用いた。（I）

## 郡　山《こおりやま》（大和郡山市）

地名初見は、応保三年（一一六三）の『東南院文書』で、「寺領郡山」とみえる。『西大寺田園目録』には「添下郡右京々南一条三里……コヲリ山、永仁四年（一二九六）三月」とある。この「コヲリ山」は現在の城内《じょうない》町に相当する。郡山は、古代の郡役所「郡家《こおりのみやけ》」の所在した山のことであろう。奈良時代には、平城京朱雀《すざく》大路を南下する羅城門《らじょうもん》があり、その薬園のあったところが、現在の薬園八幡宮（材木町）付近である。また、中世の清澄《きよずみ》庄は京隅《きょうすみ》の意で、右京の京終《きょうばて》や京都市の京極と同義の地名であった。

天正八年（一五八〇）、筒井順慶が築城を始め、豊臣秀吉の弟秀長が紀伊・和泉《いずみ》・大和三国の大守として二

○○万石を領し、郡山城に入封し、城下町を整備した。その後、水野・松平・本多氏ら譜代大名の居城となったが、享保九年（一七二四）、柳沢吉保《よしやす》の子、吉里が一五万石をもって入り、明治維新まで大和国の経済・文化の中心地として栄えた。大和郡山市には、北鍛冶《かじ》町・塩町・大工町・藺《い》町など、城下町特有の名前が残っている。

古来、郡山は京都・大阪に近いため、政治・経済・軍事的に重要視され、特別な町場を形成していた。昭和二十九年に郡山町が大和郡山市となった。（I）

## 小阪《こさか》（田原本町）

現在の田原本町《たわらもと》の「田原」は『大和志』には「坂田」とある。タワハラは乢《タワ》原の義か。御所市旧大字玉手も旧名は「玉田」（小字）であった。坂手北方、小坂（大字）は小坂手の下略地名で、「大阪」市名も「小坂」であったように「小」は美称。「坂」は「土に反《か》える」の文字を避けたもの。郡内の下永《しもなが》は下永原の下略か（布留《ふる》川上流に永原の村名がある）。「景行紀」には坂手池堤に竹を植えたという記事がみえ、『万葉集』に「水蓼《みづたで》の穂積に至り鳥網《となみ》張る坂手を過ぎ石走《いはばし》る神奈備山（飛鳥）に…」（巻一三―三二三〇）とある。歌意から推定すると、この付近は低湿地帯であった。（I）

## 越《こし》（明日香村）

越村は物詣での道―村内の道標には法隆寺・久米寺・大坂・伊勢・京（京都）・大峯（山上）・金剛山・當麻・吉野・長谷（初瀬）・御所・茅原・金剛山・高野などの地名が刻まれている。江戸時代の人びとは、越村を通じて各地の名所を巡歴した証拠ということになる。飛鳥の亀石や猿石と同様、越村道標も貴重な石造遺物である。

越村道標

さて、この越村西方に旧大字「越智《おち》」があり、その北方に旧大字「北越智」がある。となると、この「越《こし》」は越前《えちぜん》国、越後《えちご》国というように、「オチ」ではなかったか。そして、「越《こし》」に「許世都比古《こせつひこ》神社」が鎮座する。この「コセ」は『和名抄』高市郡の「巨勢郷」と考えられた。ところが、高市郡巨勢は現御所市内の大字巨勢付近で、この巨勢は旧葛上郡に属しているが、実は『和名抄』の時代には高市郡であった。また、許世都比古神社の別名として同社石灯籠の刻銘に、「五郎社」とある。「五郎社《ごろうしゃ》」は「御霊社《ごりょうしゃ》」の転訛とも考えられ、地名の「越」「許世」「巨勢」については『日本書紀通証』などには「巨勢寺は葛上郡古勢村」とある。

　したがって「越」は古語の「オチ」で、隣の「オチ」に接続している。この越村付近一帯が越智丘、越智野の地域であったらしい。『万葉集』に「玉垂《たまたれ》の越《おち》の大野の朝露に…」（巻二―一九四）とあり、短歌に「敷栲《しきたへ》の袖かへし君玉垂《たまだれ》の越野に過ぎゆく…右、或本に曰はく河島皇子《かはしまのみこ》を越智野に葬《はぶ》る時、泊瀬部皇女《はつせべのひめみこ》に献る歌…」とみえ、越野は越智野であったか。つまり、越野は越智野の二字化地名であろうか。（Ｉ）

## 越部《こしべ》（大淀町）

　吉野郡大淀町の大字。吉野川北岸に立地する。『日本霊異記』（中）に「吉野郡越部村」の地名が載る。越部は剰戸《あまるへ》の義で、部は戸《へ》の借字である。『日本書紀』安閑天皇元年条の「過戸《あまるへの》盧城《いほき》部《べの》屯倉《みやけ》」の「過戸」に対し『日本書紀通釈』は「アマルへと訓へし。コシと云も、員外に超《こし》過たる義か。此は一部に過《あま》れる民戸の事にて、倭名抄に諸国に余戸とある」という。越部も、余戸で戸令《こりょう》関係の地名であろう。

『令義解』戸令第八に「凡そ戸《へ》は五十戸を以って里と為す、里毎に長一人を置け、若し山谷阻険にして、地遠く人稀なる処には、便《たより》に随ひて量り置け」とあり、六十戸に満つるものは十戸を割き一里を立て、長一人を置いた。『令集解』巻九には「乗戸」としているが、この乗戸が余戸《あまるべ》である。余戸の郷名は『和名抄』によると、余部、余戸《よど》など全国約一〇〇カ所に分布し、大和国・上郡内にも余戸の郷名がある。なお、巨勢部、国樔《くず》部などの転訛説もある。（Ｔ）

## 五十二段《ごじゅうにだん》（奈良市）

　奈良市登大路《のぼりおおじ》町。猿沢池と興福寺門の間の石段、俗に五十二段という。『奈良曝』に「此だんのあがりたて右の方に大きなる木あり。左府《さふ》の森と云。此五十二だんのひがしに馬谷道と云もあり」と記す。五十二という数は、菩薩修行の階位の五十二位に由来するのであろう。十信《じゅうしん》、十住《じゅうじゅう》、十行、十廻向《じゅうえこう》、十地《じっち》の五十の修行に、さらに等覚《とうかく》の修行を行い、五十二位目に妙覚の位に達するといわれることから、五十二級の石階をつけたものとみられる。池から段を登れば興福寺の仏域に達することになるのである。この東には、俗に十三鐘《じゅうさんがね》といわれる菩提院大御堂《おおみどう》がある。昔七つと六つの間に撞く鐘がここにあったことから、その呼び名がある。しかし、いつのころにか、十三歳の三作という子どもが春日の神鹿を殺して石子詰の刑に処されたという伝説が生まれた。

　五十二段の上左手に楊貴妃桜があって、『奈良曝』に「いにしへ興福寺の僧に玄宗といひし人愛し給ひしさくらなればとて、もろこし玄宗の事になぞらへかく名付ぬるとぞ」とみえる。五十二段の下り口に桜・楓数千本を植樹した記念碑で、嘉永三年（一八五〇）六月五日、当地を訪ねた吉田松陰の「癸丑遊歴日録」にもこの碑のことが記されている。　（O）

**五條**《ごじょう》（五條市）

五條市内の旧町名。旧五條町大字。吉野川北岸にあたる。奈良時代の『栄山寺文書』に「河南三條」の地名があるので、河北五條の地名があってもよいはずだが、現在の五條の地域が条里制の五条に該当するという確証はない。『嘉元記』に「五条野」、『後太平記』に「五条峠」の名がみえる。

　また、五条は正確には「五條」で、山本米三市長時代に制定した。北葛城郡旧當麻町も「當麻」が正式用字で、常用漢字にない山辺郡都祁《つげ》村の「祁」は地名本来の用字を尊重した意味から考えると貴重な存在といえる。

五條市古図（元禄時代）

　橿原市にも五条野の大字（現町名）がある。同地も条里制遺称からみると、高市郡路東三十条付近に該当し、五条には当たらないのである。

　さて、五條市は御霊神社（霊安寺町）御旅所《おたびしょ》の所在地で、同社宮前町（鳥居町）として栄え、同町井上院（井上町）は井上内親王の配流地に創建したと伝える。『山陵志』に「天智陵は山科に在り…陵の四野を御廟野と号す、廟は陵と俗信互に通す」とある。あるいは五條も御霊の転訛語ではなかろうか。明日香村大字越《こし》には御霊社が五老（五郎）社に転じている。

「慶長郷帳」では「すへ五条、村高四四五・五五石」とあり、「元和郷帳」では分離して三〇八・九六一石となり、延宝七年（一六七九）以降幕府直領となっている。（Ⅰ）

**五条野** ごじょうの （橿原市）　橿原市の旧大字、史跡・丸山古墳の所在地。

五条野の古墳は条里制からみると、高市郡路東三十一条一里付近に相当する。『大和志』では丸山古墳を天武・持統陵と考定。『続日本紀』承和七年（八四〇）五月条には「山陵なお宗廟なり」とあるように、廟と陵は同義の語と考えられた。さらに、『西大寺田園目録』に「高市郡卅一条二坪内御廟東辺二反　字青木」（青木は扇か、陵形を表す）とあることから、御陵→御廟→五条に転じたのではなかろうか。五条野の野は地形語。（Ⅰ）

**小瀬** こせ （生駒郡）　大和地方の方言では、川をコ・ゴ・ゴウと発音する。

小瀬は川瀬の意。葛城川の御所《ごせ》（市名）は「持統紀」には「掖上《わきかみ》の陂《つつみ》」とあるところ。同市旧巨勢郷の古瀬も川瀬である。早期縄文遺跡の山添村中峯山《ちゅうぶざん》の「大川」をオオコと称し、五條市旧大字桧川迫《ひかわせ》もヒコガセ。古来「川」の用字は避ける傾向があり、川中（コウチ）が高知（県・市名）に、川内谷《かわうちだに》が香落谷《こうち》（宇陀郡曽爾《そに》村）に、五條市旧大字川野が神野に、というように、川は「高」「香」などの佳字に転じた。（Ⅰ）

**御所** ごせ （御所市）　古代葛城の地域。市名。御所は葛城川の川瀬《ごせ》に立地する。五所とも書く。川陂《かはつつみ》の東西に発達した集落、堤は十三《つつみ》とも書き、現在の十三《じゅうそ》（大字）となる。『持統紀』に「掖上陂《わきかみつつみ》に幸す」（御所西南部の鴨都波《かもつば》神社が小字「ワキガミ」に鎮座）とある。掖上陂は「葛城川堤・桜の名所」となった。コセは曽我川流域の古瀬（巨勢）と同義の地名で、「川」「堤」の用字はこれを避け、「川内」が「高知」となるように嘉字を用いたか。（Ⅰ）

**巨勢山** こせやま （御所市）　『万葉集』（巻一―五四）の「巨勢山のつらつら椿つらつらに　見つつ思《しの》はな巨勢の春野を」の歌は大宝元年（七〇一）秋九月、太上天皇《おほきすめらみこと》（持統天皇）の紀伊国《きのくに》行幸《みゆき》にしたがった坂門人足《さかとのひとたり》が詠んだ歌である。さらに『万葉集』（巻一―五六）に「河上《かわのへ》のつらつら椿つらつら

に 見れどもあかず巨勢の春野は」（春日藏首老《かすがのくらびとおゆ》）とみえ、「巨勢の山」「巨勢の川」「巨勢の野」などの地名があり、『新撰古今集』などには「巨勢の冬野の雪」「巨勢野の春野に雉《きぎす》鳴く」などと歌われた。巨勢豊人・巨勢郎女《いらつめ》らの文藻関係の人名がみえる。

「巨勢」はコセの好字地名である。コは「川」の意で、大川（オオコ）、河内（コウチ）、川迫（コセ）というように各地にある。セは「迫」「瀬」の義、つまり「谷間の川筋」のことで、巨勢は曽我川（発源地）の流域を意味する形状地名で、土地では巨勢川筋を俗に「東谷」、葛城川筋を「西谷」と称している。

国史大系本『延喜式』によると、巨勢には「大倉比《おおくらひ》売《め》神社、一名雲櫛社」とある。神社は『古事記』には「倭《やまと》国葛上郡雲櫛社」とみえ、徳川中期の『大和志』にも「巨勢河合邑《むら》（現古瀬村）にあり、号《なづ》けて宇宮比《うぐひ》須《す》宮」とみえ、里人も「うぐひすの宮」と訛って呼称している。「雲櫛」は「霊櫛《たまくし》」（霊奇の意）の誤写か。（I）

## 小太郎町《こたろうまち》（奈良市）

奈良市小太郎町。奈良町南部に位置し、南《みなみ》袋《ふくろ》町の北に接する。町名の由来は、『奈良町家寺社改帳』に「城戸村小太郎ト云農人住初し故町ノ名トス」とある。家数一九軒。『奈良坊目拙解』には、当地はもと城戸村の本郷で、累代小太郎を通名とする庄屋の松井氏が居住していたので、町家が形成されるようになって小太郎町と号したという。昭和四十七年、当町の西隣りの南魚屋《みなみうおや》町の間に南北に通じる新道が開通した。（O）

## 小峠《ことうげ》 →小峠《おとぎ》

## 神殿《こどの》（奈良市）

奈良市旧市内南部に神殿《こどの》（旧大字）、桜井市中央部（市役所所在地）に粟殿《おおどの》（旧大字）の町名がある。このコドノ・オオドノはいずれも神田・粟田の転じたものではなかろうか。田はデンで、殿の文字を充当しドノに変わった。神殿は寛弘九年（一〇一二）三月の「大僧正雅慶書状」（「久原文庫文書」）に「年来所領神殿庄田此間意也、仍神主幹等貢進也」とあるのが初見で、同年同月の「大和国今木荘坪付案」（「東大寺文書」）には「添上郡東七条二里…神田」とある。この神田は春日大社または同条三里にある旧兎足《うなたり》社の神田であったと思われる。ちなみに、御所市の式内・御歳《みとせ》神社鎮座地の大字小殿も神田であろうか。

桜井市の粟殿は『磯城郡誌』によると、「此の地古は桑内と称せしと、今に桑内または梓と字せる地あり、蓋し桑はヲと訓し、内はトと訓みしより終に之をオドと呼び、後粟殿の字を充用したるものなるへし。後考を俟つ」と記す。この桑内は粟田の誤写（字形類似）か。オドはオドノの下略、『延喜式』の桑内神社も粟田の誤写と考えられる。

（N）

琴弾山長命院

## 琴弾峠《ことひきとうげ》（宇陀市室生区）

宇陀郡旧三本松村三本松の琴引峠について『伊賀国風土記』逸文に「大和・伊賀の堺に河あり。中嶋の辺《ほとり》に神女常に来て琴を皷《こ》す、人恠《あやしみ》て見之《みるに》、神女琴を捨《すて》てうせぬ。此琴を神と斎《いは》へり、故に其所を号して唐琴《からこと》と云也《いふ》」とみえ、貞享五年（元禄元年）四月二十三日、松尾芭蕉が京都から古郷の惣七（猿雖《えんすい》）に出した書簡に「道のほど百三十里、此内船十三里、駕籠四十里、歩行路七十七里、雨にあふ事十四日。滝の数七ッ　古塚十三、峠六ッ、坂七ッ、峯六ッ」とある。「峠　六ッ」とある「六ッ」とは「琴引峠」「臍《ほそ》峠」「野路小仏峠」などの峠で、大和（三本松村）では「琴引」峠の名がみえる。この「琴引」は伊賀から大和に到る小峠で、別に船入峠（フナは谷の意）といい、ぬし屋、かぎや、えびすやなどの宿屋や茶店が軒をつらね、琴弾山長命院や日本武尊を祀る白鳥神社がある。このコトヒキは「小峠」の義、つまり、小《こ》タワ越え→小タウ越え→コトヒキ（琴引）に転じたか。以来、「小峠《コトウゲ》」の地名が各地に起こった。「宇陀の半坂、小峠の茶屋で、泣いて分かれた時もある」、「伊勢高見山は高いよで低い、低い小峠の餅や高い」とある。

白鳥神社

さらに天理市旧朝和《あさわ》村の乙木《おとぎ》は「小峠」のことで、竹之内峠にあり「乙木・竹之内高みで寒い　こたつことづけ炭そへて」の俚謡がある。司馬遼太郎の小説「梟の城」の伊賀国の「御斉峠《おとぎ》」は「小峠《おとうげ》」のこと。吉野郡の「小仏《こほとけ》峠」は「小峠《ことうげ》」の転訛と考えられる。したがって琴引坂も小峠坂のことか。小トウ越が「琴引」または「小仏」に、「小峠」が「乙木」に転ずる可能性がある。（I）

## 「コナベ」「ウワナベ」古墳　こなべ・うわなべ　（奈良市）

奈良市内・法華寺《ほっけじ》北方に「コナベ」「ウワナベ」という広壮な前方後円墳がある。「小奈辺御山」「宇和奈辺御山」とも書き、明治十八年、前者は元正天皇陵、後者は元明天皇陵の参考地に指定された。

たとえば、天理市石上《いそのかみ》に「ウワナリ」の前方後円墳（全長一一〇メートル）が実在し、隣接する石上大塚は「コナミ」と伝承している。

「コナミ」（固奈彌）、「ウワナリ」（宇波那利）は日本の古語であって、「コナミ」は「先妻」、「ウワナリ」は「次妻」を意味した。先妻は次妻に対してやきもちを焼くのが普通であるから、女の嫉妬を「ウワナリネタミ」ともいった。『日本書紀』神武紀の長歌に「宇《う》破那利《はなり》が、な請《こ》はさば、いちさかき…」とみえ、『古事記』（仁徳）に「大后石之日売命《おほきさきいわのひめのみこと》、甚多《いとまね》く嫉妬《うはなりねたみ》し給ひき」とあり、『和名抄』にも「前妻、古奈美、後妻、宇波奈利。」とあるが、現在の概念の「前妻・後妻」の意味ではなく、「年老いた妻、若い妻」の意であった。

平安時代の貴族社会にあっても、先妻と次妻との間に争いなどが起こった。下層社会では、組打ち（取っ組み合い）から髪の毛のちぎり合いまであったことが珍しくなかったという。鎌倉時代には先妻が新しい妻の所へ殴り込みをかけることが行われた。これを「ウワナリウチ（後妻打）」といったらしい。この時殴り込みをかけた方から「何月何日に行くぞ」と通知を出し、先妻は親族や家来を連れて行き、鍋釜といわず障子・襖《ふすま》まであたるにまかせて打ち毀《こわ》したという。江戸時代の吉原では、相手に断りなく他人の馴染《なじみ》の客を取った遊女は、相手の遊女から因縁をつけられた。これも一種のウワナリウチであろうか。

さて、奈良の「コナベ」「ウワナベ」古墳の北側に悠然として磐之媛《いわのひめ》陵がある。磐之媛は仁徳天皇の皇后で、皇后は殊のほか嫉妬したことで有名。つまり、皇后陵前に「コナミ」「ウワナベ」古墳の存在することは古墳の大・小形状にちなむものであろうか。（I）

**小西町**《こにしちょう》（奈良市）　奈良市街地の中央部。東は東向中町《ひがしむきなかまち》・東向南町、南は角振町《つのふり》、西は林小路町《はやしこうじ》・高天町《たかま》、北は西御門町《にしみかど》に接する。近鉄奈良駅から三条通りまで南北に通じる商店街、途中で東の東向商店街に通じる小路をはさんだ商店街がある。『奈良曝』に「かハら釜町」とみえ、『奈良坊目拙解』によると、天正二年（一五七四）の地子帳に宝積院《ほうしゃくいん》町の名があり、「小西」の町名は、興福寺より少しばかり西里ということに起因するという。「小」は一種の美称。当地はもと興福寺の西園地の領内であったと伝えられる。延徳三年（一四九一）十一月五日、明応九年（一五〇〇）二月十日に大火があり、元禄二年（一六八九）の家数は四一軒。（O）

**此瀬**《このせ》（奈良市）　旧田原村の旧大字。此瀬は「川の瀬」のことで、田原村を南北に貫流する白砂川流域村落である。タワハラ→タワラは乢《たわ》んだ所、山間の開墾地域で、先年、太安万侶《おおのやすまろ》の墓誌銘発見で、全国的に有名となる。

**駒帰**《こまがえり》（宇陀郡）　宇陀市旧大字。中世文書には「コマカリ」とも書く（一沢家文書）。「推古紀」に「菟田野《うだのの》に薬《くすり》（鹿《ろっ》角《かく》）狩《がり》す」の記事がある。付近に和田・小和田の村名（地形語）がある。またコマカリは小曲《コマカリ》の意、曲はワダ、小和田と同義の地名か。中・近世文書には小曲（庄・村名）と書く。（I）

**菰川**《こもがわ》（奈良市）　奈良市を流れる佐保《さほ》川中流部の支流。起点は奈良市法蓮《ほうれん》町の興福院《こんぶいん》裏山のウワナベ・コナベ古墳の濠の二つ。後者の方は水量も多い。水源の西に『万葉集』の「開澤《さきさわ》」「開沼《さきぬま》」の地があり、菰川の地名はスゲやマコモが多く自生する湿地であったと考えられる。法《ほっ》華《け》寺《じ》町の法華寺の南で南流、八条《はちじょう》町で佐保《さほ》川に流れ込む。平城左京三条二坊跡庭園は、かつて曲水の宴が催されたという玉石を敷きつめたS字形園池で、この水を引いている。ちなみに、『三代実録』貞観元年（八五九）四月条に「法華寺薦枕《こもまくら》高産栖日神」の社名がみえ、『大和志』には「高橋神社、八条村薦枕川東」とある。（O）

**小吉田《こよしだ》**（生駒郡）　斑鳩町大字。県内には、吉田・吉野・吉井・吉岡・吉崎・吉原・吉村・吉本などの大字・小字が多く分布し、大字「吉田」が三、小字「吉田」に至っては約五〇カ所もある。一種の嘉字地名。同郡平群《へぐり》町にも吉田があるので一方を小吉田とした。平群町の吉田は新村と合併して吉新《よししん》となった。かつて幸田露伴は『葛城山の雨』に「吉田新家を合せて吉新といふ馬鹿げたる名をよべる村」と記し、合成地名を批判した。

「小」は小和田《こわだ》・小柳生《こやぎゅう》・小墾田《おわりだ》と同例の美称である。ヨシはアシ（植物）の対語で、アシは「悪し」に通ずることからヨシとした。俗に「難波の葦は伊勢の浜荻」といい、江戸では葦原を開拓して「吉原」とした。多年草のアシは各地の水辺に自生する雑草で、豊《とよ》葦原瑞穂国《あしはらみずほのくに》も「豊」は美称、アシの生えた原を拓いた国の意。

貞応三年（一二二四）七月十七日の、「東大寺梵網会料田注文」（筒井寛秀氏文書）によると「平群郡目安郷十条九里三十五坪内二段、北辺」の小字が「好田《よしだ》」。現在地の小字「芦田」「朝風」付近にあたる。「好田」は「芦田」の対語であろう。（Ｉ）

# さ 行

**才ヶ辻《さいがつじ》**（五條市）　宇陀市旧大宇陀町大字才ヶ辻。古来、大和の重要な辻々には「寒ノ神」「道祖神」「岐神《くなどのかみ》」などを祀り、道饗《みちあえ》祭を行った。「慶長郷帳」頃には「さいか辻」「才辻村」とある。摂津国旧豊川村の「椿の本陣」には「道祖本」と書き「サイノモト」といった。

県内には「才神」「西ノ神」「サイノ上」「西神」「斉神」などの用字で三〇例以上もある。奈良市尼辻《あまがつじ》町には鎌倉時代の地蔵石仏を安置し、交通の安全を祈った。桜井市桜井の「宇陀ヶ辻」、橿原市八木町の「井戸の辻」と「札の辻」、大和郡山市の「追分の辻」、旧大塔《おおとう》村（五條市）の大字天辻の「天辻峠」などが有名。（Ｉ）

**狭井川《さいかわ》**（桜井市）　三輪町。『延喜式』神名帳の「狭井坐大神荒魂《さいにますおおみわあらたま》神社」付近の古代地名。『大和志』にも「狭井渓《かわ》は源を三輪山に発し、狭井寺をめぐって箸中《はしなか》村に至り、向渓に入る」と記している。「神武記」に「是に其の伊《い》須《す》気《け》余《よ》理《り》比《ひ》売《め》命の家、狭《さ》井《ゐ》河《かわ》の上に在りき。天皇、其の伊須気余理比売の許《もと》に幸行《い》でまして、一宿《ひとよ》御寝《みね》し坐《ま》しき」とある三輪山麓の「狭《さ》井《い》河《かわ》之《の》上《へ》」「佐韋賀波」は、やはり同社付近の谷河のことであろう。

狭井の「サ」は、サ田、サ山・サ川・サ野のサ（小）と同意の美称であり、俗に「稚桜《わかさくら》」「若狭井《わかさい》」の語があるが、「ワカ」も一種の佳称で、奈良二月堂の若狭井、生駒郡平群町大字若井などと同義の井名である。「神武記」に「其の河を佐韋河と謂ふ由は、其の河の辺に山由理草多に在りき。故、其の山由理草の名を取りて、佐韋河と号けき。山由理草の本の名は佐韋と云ひき」とあり、山百合の本名から狭井の河名が起こったとみえる。「顕宗紀」条に「福草《さきくさ》」という民部を定めたという記事があり、『姓氏録』には、宮廷に三茎の草を献じたので、三枝部《さいくさべ》連《むらじ》の姓を賜ったという説話がある。サキ草は、幸草の義で、『延喜治部式』にも「福草瑞草也」とみえ、瑞草、すなわちミヅクサとなるがゆえに一茎《ひともと》三枝の草と誤解せられ、三草をサキクサと訓《よ》むようになったという説もある。

賀茂真淵の『冠辞考』には「三枝と書て佐紀久佐と云し物は佐由理花なるべし」とあり、サイクサは三枝の花で、この場合におけるサヰ草は山由理草であろう。『古事記伝』には「狭井は地名なれば、其処にある故に狭井河とは云なるべきを、佐韋草の多かりし故にといふもいかが」と論じているように、佐韋の草名から狭井の地名が起こったとは考えられない。サヰという既存の地名に対し、たまたま同音の草名を付会した、いわゆる風土記的説話であろう。二月堂若狭井の水が若狭国に通ずるという説話が有名。（Ｉ）

## 阪合部　さかあいべ　（五條市）

吉野川両岸に立地し、古代は境部・堺部・佐甲部・酒合部とも書く。『姓氏録』には、坂合部連は大彦命《おおひこのみこと》より出で、允恭天皇の御世、国境に標を立て、境界を定める職掌に関係した部とみえる。「孝徳紀」大化二年（六四六）八月条にも「凡そ仕丁《つかへのよほろ》は、五十戸《いそへ》毎《ごと》に一人、国々の境界《さかひ》を観《み》て、或《ある》いは書《ふみ》にしるし或いは図《かたち》にかきて、持ち来《まゐ》りて示《み》せ奉《まつ》れ。国県《くにこほり》の名は、来《まうこ》む時に将《まさ》に定めむ」とあり、境合部のような職掌のあったことがわかる。酒部（造酒司）説もある。

中世、この地域は坂合部荘と称し、在地武士が城塁を構えた。明応五年（一四九六）の「坂合部殿証文」によると、郷内には犬飼《いぬかい》・上野《こうづけ》・火打《ひうち》・只野（田殿）・大《お》深《ぶか》など一三カ村があった。元亨元年（一三二一）の「火打野村水田寄進状」には「高野山領火打野」とあり、高野山領になっていた。火打野は紀・和国境の火打野（烽火台）か。（I）

**坂戸**　さかと（斑鳩町）　坂戸（坂門）の郷名は、斑鳩・平群町・桜井市の寺川流域に残る。旧當麻町大字尺土《しゃくど》も坂戸で、土地の下がった所。実際、近隣大字よりも低地で水災をうけることが多い。田原本町の大字阪手も奈良盆地中央部の低地に立地する。（I）

**阪原**　さかはら（奈良市）　「柳生の里」の傾斜地。阪原は川原をカハラというようにサカラ－サガラとも発音する。京都府の郡名の「相楽」も阪原（旧奈良坂北方の坂）でサカラ→「相楽《サガラ》」に好字化。やがてサガナガ・サガラカに転訛、現在のソウラクの郡名になったか。吉野郡の高原（大字）はタカラ→タコラに、旧榛原町隅阪の角柄《ツノガラ》（大字）はスミガハラ（隅ガ原）→スミガラからツノガラに転じた。大和高田市の石園《いわその》が磯野《いその》に、奈良市では中津原がナカツラ（中貫）に、御所・天理市ではナガハラ（永原）が名柄（長柄）に転じた。（I）

**酒舟石**　さかふねいし（明日香村）　大字岡《おか》の酒舟石について『飛鳥古跡略考』には「飛鳥由来記には酒谷山。大石あり、上に大壺を掘、これに溝あり、上の壺に濁酒盛りて下へ流し清して神酒となし、飛鳥神へ供ふ　これ和国の清酒の始なりといふ」とある。その酒舟石付近の地名を調べてみると、その北側に「坂谷《さかたに》」（二カ所）が隣接する。「坂谷」の「谷」はフネ、またはクラといった。橿原市の「船付山」の「岩船《いわふね》」、南山城《やましろ》（京都府相楽郡）の岩船寺《がんせんじ》前の「岩船」のように、凹地のある岩を「船石《ふないし》」といった。つまり、酒船石は「酒・船石」のことで、この「酒」はサカ（坂）のことでもある。

「坂谷」の「坂」は地形の下がった所か。たとえば、『万葉集』に「水蓼《みずたで》の坂手」といわれた古代の「坂手池」は低湿地である。坂手に美称を用いた「小坂手」の下略が同村大字「小坂」であろう。

江戸中期には法隆寺の小字「酒呑」は「坂谷」から誤写したもの。さらに「酒呑」は「酒ノ免《さけのみ》」となった例もある。（I）

## 佐紀《さき》（奈良市）

万葉地名「佐紀」は、奈良市の平城宮跡の北方、いわゆる佐紀古墳群（成務《せいむ》・孝謙《こうけん》・平城《へいぜい》天皇の諸陵）の所在地である。『万葉集』には「咲野」、「生沼」などとみえ、地名の起源ははっきりしない。しかし、近くに「佐保」（奈良市法蓮《ほうれん》町付近）の万葉地名があって、ここにも元明《げんめい》・聖武天皇の諸陵が存在する。

佐紀地域には「山陵」の村名もあることから、サキはミササキとの関連が考えられる。貞和三年（一三四七）の『春日大社文書』によると、「添下郡秋篠庄九反、御散在六町七反云々」とみえ、蒲生君平の『山陵志』には「美賛佐伊」とある。御散在は御陵のことで、県内に「ミサンサイ」（五カ所）、「三才山《さんさいやま》」（飯豊《いいとよ》天皇陵）、「ニサンサイ」などの地名が十数カ所に残っている。すべて広壮な古墳の名である。つまり、ミササキのミは敬称、ササ（美称）、キは「奥津城《おくつき》」の「城」のことであったか。いずれにしても、ミササキは陵墓に対する尊称であったらしい。佐紀はミササキの上略語であろうか。（I）

## 鷺池《さぎいけ》（奈良市）

奈良市高畑《たかばたけ》町。奈良公園の浅茅ヶ原の南に位置する池をいう。もと鷺原《さぎはら》池と称し、別名、蓬莱池といった。奈良公園の春日野町と高畑町の境、谷間を西流する率川《いざかわ》に築かれた池で、下流には荒池《あらいけ》がある。地名はこのあたりの水辺に鷺が多く生息していたことによる。また、大正五年（一九一六）十二月には、池に浮かぶ木造の六角形檜皮葺《ひわだぶき》のお堂（休憩施設）が築かれた。この建物は、当初「浮御堂」と呼ばれていたが、現在は「浮見堂」と表記される。建物が老朽化したため、平成三年から同六年にかけて修復工事を行っている。（O）

## 鷺栖坂《さぎすさか》（橿原市）

橿原市藤原宮跡付近に「鷺」にかかわる地名が多い。宮跡内の大字醍醐《だいご》の「鷺棚」は「鷺栖」の誤写であろう。『釈日本紀』氏族記に「鷺櫟坂の北に藤原宮あり」とあるのは現四分《しぶ》町の「鷺栖神社」であるという説があり、明日香村大字上《かむら》の「茂古《もこ》の森」を「鷺の森」ともいう（『道の幸』）。また、「垂仁紀」には本牟和気《ほむつわけ》皇子が鷺櫟池にすむ鷺、甜白梼《あまかし》前《さき》の葉広熊《はびろくま》白梼《かし》に宇気比《うけひ》（呪詛）したという記事があり、さらに皇子のためにクグヒを追い尋ね、高志《こし》国（越中国）の「和那美《わなみ》」の水門に網を張り鳥を捕えたという鳥網にちなむ地名説話がある。この「和那美」は実は「利《と》奈《な》

鷺栖神社

美《み》」（越中国砺波《となみ》郡）の誤写であろうか。『和名抄』（急本）陸奥国日（旦の誤写）理の郷名「和太利」が「利太利」の訓註に誤写し、『万葉集』（巻十一―三三七八）にも「和」を「利」に誤写した例がある（『類聚古集』）。

ちなみに、『古事記』には喪儀に際し、鷺をして掃持《ははきもち》（ほうき持ち）とし冥《めい》界への道をきよめたとあり、四条古墳からは木製の鳥、笠などの葬祀用具が出土するなど、鳥霊は儀礼的に発哀哭泣する使者とみられたのであろうか。（N）

**桜井**《さくらい》（御所市）

御所《ごせ》市西佐味《にしさび》内に桜井の古地名があった。『大和志』に「桜井、属邑一」とあるのは当村のこと。地蔵寺東側に今も榎葉井《えのはい》跡が残っている。この井を桜井といった。「催馬楽《さいばら》」や鴨長明の『無名秘抄』（建暦元年〈一二一一〉）、三条西公条《きんえだ》の『吉野詣記』（天文二十二年〈一五五三〉）、『葛城名区考』（元禄十一年〈一六九八〉）などにも「豊浦」「桜井」にかかわる記事がある。『続日本紀』光仁《こうにん》天皇の歌には、「葛城《かづらき》寺の前なるや豊浦寺の西なるや桜井に」とある。（I）

**桜井**《さくらい》（桜井市）

「履中紀」によると、天皇が磐余《いわれ》の市磯《いちし》池に船を浮かべて遊宴のとき、膳臣余磯《かしわでのあれし》の奉った盃に、桜の花弁が落ちたことから、稚桜《わかさくら》の地名が起こり余磯に稚《わか》桜《さくら》部臣の名を賜ったとある。

さらに、物部長真胆連《ながまいのむらじ》が桜の花を掖上（「池上池」説がある）の室山に求め、これを献上したことから稚桜《わかさくら》部造《べのみやつこ》の姓を賜ったともいう。いわゆる地名説話である。

サクライの「サ」は接頭語、クラは鞍（凹部）を意味する古語で、サクラ峠も小（サ）鞍で県内に多く分布する。同市内にも滝倉《たきのくら》・口倉《くちのくら》・倉橋《くらはし》・小倉《おくら》など、サクラ関係の地名が少なくない。サクラは植物の桜を意味しない。桜井は大字谷付近の地形名で、サクラに美称「若」を冠し、ワカサクラ（若桜・稚桜）ともいった。

財部が宝井（栃木県）に、忍坂部が小坂井（愛知県）に、物部が物井（千葉県）に、春日部（春壁）が春日井（愛知県）に転じたように、桜井も桜部（または若桜部）であったと考えられる。「稚（若）」は長宗我部の「長」、香宗我部《こうそかべ》の「香」というように美称であった。（I）

## 桜峠《さくらとうげ》（宇陀市）

地名の「トリ」は空飛ぶ「鳥」のことではなく、タヲリの転訛とみる場合が多い。『万葉集』に「うちたをり多武の山…」とあるタヲリは多武峯《とうのみね》のことで、タブ―タムは地形のタワんだところ。宇陀郡旧菟田野《うたの》町の「桜峠」の別名が「多武井《タブイ》峠」で、タヲはタヲリの下略か。タヲ→トウには峠・嵶・乢などの文字を用い、山の鞍部のことをいった。峠は山の鞍部を越えるところ。つまり、馬の背のようなクラを越える。宇陀郡の大字佐倉のサは「小」、「クラ」はタワんだところ。サクラは「桜」ではなく、「桜峠」は約三〇例もある。また「峠」には「小峠《をとぎ》」（乙木・御斉峠・宇陀半坂の小峠など）が多く、多武峯東方の音羽山は「小タワ」の訛ったもの。京都東山の音羽越が有名である。また「小峠」は「コトホゲ」が「小仏峠」となり、東海道筋の「小仏峠」、吉野の「小仏峠」があり、さらに「コホトケ」がコトヒキ（琴弾《ことひき》）に転じた。芭蕉の日記に「大和の琴弾峠」（宝生村三本松）とあり、遺跡顕彰碑が建っている。「小」は一種の美称であったらしい。

生駒山系の「クラガリ峠」は「鞍ヶ嶺《くらかね》」の転で、暗峠とも書くが、峠絶頂は眺望絶佳な景勝地で、うす暗い路ではない。

伊勢参宮の街道の宇陀郡の「鞍取坂《くらとり》」は難路として知られる。京都の鞍馬寺は谷間の古刹である。奈良市・葛城の「竹内」の「タケ」も「峠」の意であった。

二上山東麓の「鳥谷」は旧當麻町染野《そめの》の小字で「鳥《とり》谷口《たにぐち》古墳」が有名。大和・河内国境の谷間である。大和側は極めて難路であるが、岩屋岐道として『名所図会』にもみえる。（I）

## 迫《さこ》（吉野郡）

川上村大字サコは「佐古」「砂古」「辿」とも書く。ほとんど吉野郡に限られ、三〇〇例以上ある。「サコ」は狭少な地形を表す古語で、「迫」には丹生川《にうかわ》神社が鎮座する。「慶長郷帳」には「廻村」と記すのは誤写か。「元和郷帳」には、「せひ村」と記している。佳字化して勢井（旧西吉野村）とも書く。吉野山間部にはこうした古方言の地形名が多い。（I）

## 篠楽 ささがく（宇陀市）

明治十六年（一八八三）同市の篠野村と極楽寺村が合併、現在は篠楽（大字）となる（合成地名）。篠野は吉野郡「篠原《しのはら》」と同義で、シノ笹（竹）の生えていた所、植物地名か。

正平十六年（一三六一）の「極楽院主信覚等連署水田売券」（「東大寺文書」）には「宇陀郡篠野庄内極楽寺云々」とあり、慶長郷帳には「しのの村」、元和郷帳には「しの村」、寛永郷帳には「篠野極楽寺村」とみえる。元禄十五年（一七〇二）には、篠野村と記している。慶長以降松山藩、元禄以降幕府直領。

極楽寺村については叡尊《えいそん》の「感身学正記《かんしんがくしょうき》」弘安六年（一二八三）三月条に記述があり、同寺で「六百四十九人、授菩薩戒云々」とある。また『大乗院雑事記』寛正二年（一四六一）では大乗院尋尊らが室生寺よりの帰途「宇陀極楽寺」に参詣している。（I）

## 篠畑 ささはた（宇陀市）

明治八年、山辺村（東）・山辺中村・山辺西村が合併、旧大字山辺三《やまべさん》となった。中世、篠畑庄、篠畑神社鎮座地。

『風土記』逸文によると「宇陀《うだ》の郡《こほり》、篠畑の庄。御《み》杖《つゑ》の神の宮。祭れるは正魂霊《おほみたま》にあらず。倭《やまと》比売命《ひめのみこと》、天照大神を戴き、御杖と為《な》りて此の地《ところ》に至りき。仍《よ》りて御宮地《おほみやどころ》を尋ねて三月を経《へ》、終《つひ》に神戸《かむべ》と為《な》しき」とみえ、篠畑は御杖宮の鎮座地。「垂仁紀」の「菟田《うだ》の篠幡」であろう。（I）

## 佐々羅 ささら（吉野町）

吉野町の峡谷盆地に位置する大字。旧小字に佐皿《ささら》谷があった。ササは細小《ささ》の意。『新撰字鏡』に「佐々《ささざ》良石《らいし》（又小石）硝」とあり、硝は鉱石であるが、小さい・くだけるの意である。つまり、佐々羅は地形語で、細かい砂礫《されき》の多い谷の義か。あるいは、サ（美称的接頭語）＋サラ谷は皿状の浅い谷の意味か。（T）

## 佐田 さだ（高取町）

『万葉集』巻二には佐太・佐多の岡とあり、「草壁皇子の墓」「東明神古墳《つかみょうじんこふん》」の所在地。今はサダと発音する。サタ（狭処）は狭くなった地形を意味し、県内にはサタ・サッタワなどサダ関連地名は約二〇例もある。またサタはハタオリがハットリに変わるように、サッタに転訛する例もある。サッタは仏語の菩薩を意味し、大サッタ峠は大菩薩峠に変化する。大和方言ではサタワ、狭戸《せばと》・迫戸ともいう。富士山を望む景勝地である

「薩埵峠《さった》」、小説『大菩薩峠』が有名。

　鹿児島県に佐多《さた》岬、愛媛県に佐田《さだ》岬があるが、サタはさらに蹉跎《さた》と書き訓読みしてアシズリとなる。小説『足摺岬』も有名。　（Ｉ）

## 讃岐《さぬき》（広陵町）

『和名抄』広瀬郡の郷名。「讃良」については、吉田東伍の『大日本地名辞書』によると、六異称がある。「佐良々」（『和名抄』）、「更荒」（『霊異記』）、更浦（『法隆寺資財帳』）、「更占」（『西大寺資財帳』）など、「サララ」と訓《よ》むことができる。

『竹取物語』の「讃岐造」は「サルキノミヤツコ」とある。したがって「難波」を「ナニワ」と訓むように、「讃岐」は「サラキ」と訓むことができる。「サラキ」は御所市の宮山古墳北側の「蛇穴《さらき》」（今城《いまんじょう》）で、飛鳥小墾田（大野丘）にも「蛇穴」「ジャケツ」の地名が存在する。サラは「新」の意で、新木《あらき》と「今城《いまき》」は同義の語でもある。

　広瀬郡の「散吉《さぬき》」、現散吉神社付近の新木《あらき》（仁基山）古墳の地域は、『万葉集』には「高市皇子尊《たけちのみこのみこと》の城上《きのへ》の殯宮《あらきのみや》の時、柿本朝臣人麻呂の作る歌」（巻二―一九八）一首とある「城上殯宮」で、同地の「紀三上」（「紀之上《きのへ》」の誤写）神社付近の地域であろうか。「敏達紀」十四年八月条に「天皇、病《みやまひ》弥留《おも》りて、大殿《おほとの》に崩《かむあが》りましぬ。是の時に、殯宮《もがりのみや》を広瀬に起《た》つ」とみえ、「舒明紀」に「天皇、百済宮に崩《かむあが》りましぬ。丙午《ひのえうまのひ》に、宮の北に殯《もがり》す。是を百済の大殯《おおもがり》と謂《い》ふ」とあり、「推古紀」二十一年条に「棺ノ上《きのへ》」の語がある。現在の広陵町百済《くだら》、広瀬《ひろせ》付近の地名は「百済」で「新来《あらき》」地域でもある。ちなみに、中世の談山《たんざん》神社文書の百済庄差図には「ジャケツ」（蛇穴のこと）「キヘ」「キヘ田」の地名がある。　（Ｉ）

## 狭野《さの》（桜井市）

大和一の宮の三輪山の尾崎―初瀬川の景勝地。この辺りを狭野といった。「神武記」「神武紀」にみえる磐余《いわれ》（桜井市）の「狭野」は神武天皇（神倭伊波礼比古命《かんやまといわれひこのみこと》）の別名で、天皇が三輪のに高佐士野《たかさじの》に遊行《あそ》ばされた所。高佐士野の「士」は、秋野をアキシノ（秋篠）、奈良野をナラシノ（習志野）というように、三輪狭野の高地を意味する一種の美称（強調語）。
　平安時代、多くの都人《みやこびと》が三輪寺観音（大御輪寺《だいごりんじ》）や長谷寺観音に詣でた。藤原定家の「駒とめて袖うちはらふ　三輪ヶ崎、佐野の渡りの　雪の夕暮れ」という旅路の歌の本歌は、『万葉集』（巻三―二六五）の「苦しくも　降り来る雨か　神《みわ》の崎　狭野のわたりに家のあらなくに」。この「わたり」は「渡し」の意で、今の新宮市の三輪ヶ崎とする説もあるが、都から遠く離《はな》れた紀伊国の狭野ではなく、大和の三輪・佐野を有力視する説もある。

現在、三輪の佐野橋辺りは、別に「追分の佐野」ともいわれ、古来、「追分けの刀鍛冶」が有名であった。また、追分街道は伊勢に通ずる初瀬街道・上《かみ》街道（奈良道、中街道の西）・大坂への分岐で、「天武紀」八年条によると「即ち泊瀬より宮に還《かえ》りたまふ日に、群卿《まへつきみたち》の儲《ま》けたる細馬《よきうま》を、迹見駅家《とみのうまや》の道の頭《ほとり》に看《みそなは》して」とある迹見は、同地の外山《とび》（外見山《とみやま》の二字化地名）で、古代交通の要所であった。（I）

## 佐保山 さほやま（奈良市）

「佐保山」「佐保川」「佐保路」「佐保の河原」の地か。「武烈紀」には「春日《はるひ》　春日《かすが》を過ぎ、妻ごもる小佐保《をさほ》を過ぎ…」とみえ、「継体紀」に「匝布《さほ》」、「開化記」には「沙本」とも書く。『続日本紀』天平二十年（七四八）条に「是日火葬太上天皇於佐保山陵」とあり、元正・聖武天皇の陵所。また、『続日本紀』養老五年（七二一）条に「蔵宝山雍良岑」と記す。谷森善臣の『山陵考』には「椎《なら》山陵・奈保山・佐保山・雍良山など、号は三種に移りたれど、その実は一所異名なること知るべし」とみえ、雍良は椎良《なら》の誤写で、久安五年（一一四九）佐保山陵に実検使を遣わしたときの日記に「東大寺諸司申云、佐保山・奈保《なほ》山是一所、異名也」とある。また、『前王廟陵記』ではナホ山（那富山・直山・奈富山）とも書き、サ保山も同所に立地することになる。すなわちサホは「邪保」で、「那保」の誤写から転じた語ではなかろうか。「邪」と「那」は字形類似する。サは伊邪河《いざかわ》（『記』）の用字をみるように、地名用字は極めて自由であった。

なお、サホはソホ（層富）で、後世の「添」に転じたと推定される。春日山東方に「芳《ほ》山」がある。（I）

## 蛇穴 さらぎ（御所市）

同市の史跡・宮山古墳北側に、蛇穴と書きサラギと訓《よ》む村名がある（御所市旧大字）。サラキは新来《いまき》（今《いまん》城《じょう》。新しく移り来た所）の義であろう。サラは今を意味する。蛇穴村に隣接する今城《いまんじょう》も新来《さらき》（新漢《いまき》）でもある。新城《あらき》は殯《あらき》で、前方後円墳の別名でもあろう。応永二十五年（一四一八）の『春日大社文書』にはサラケとも

佐良気神社（春日大社摂社）

蛇穴神社

書いている。蛇が円くなり穴をつくることをサラキといい、土器をサラキというのも、土器は蛇が円くなるような過程をへて製作されるからであろう。祭器を作る所も佐良介《さらけ》と称し、千葉県香取郡では「浅甕」（底の浅いかめ）と書き、サラケと訓《よ》んでいる。また、土器を俗にホトキとも称える。オサラギに「大仏」の文字を用いる理由も説明がつく。『延喜式』にもサラケ（甅）、ホトキ（瓫）の用字がみえ、サラキに蛇穴の文字を使用することも容易に理解される。一種の義訓（語の意義によって漢字をあてるもの）である。ちなみに、橿原市和田ほか数カ所に蛇穴の小字があり、サラキと発音している。

　奈良春日大社の摂社《せっしゃ》、佐良気《さらき》社は、すなわち蛇穴社で、この蛇穴は蛭兒《えびす》の草書体の誤読から起こった社名であるともいわれる。しかし、蛭兒《えびす》神も福徳の神で外来神とも考えられるので新來《さらき》の神とする説もある。

　蛇穴村の野口神社では毎年五月五日に蛇引きの行事がある。同社縁起をみると、茨田《まんだ》連が葛城蛇穴に移住し、その祖神（神八井耳命《かむやいみみのみこと》）を祭祀し、同地の小字「万田」も茨田であるという。なお、神社御神体は「竜」であって、元来、蛇穴村は玉手《たまで》、寺田、本馬《ほんま》村など付近農村の水源地（小字ワキス）となっていて、養水を守護する竜神信仰（室生村の竜穴信仰のように）が根強く残っている。（I）

## 猿沢池《さるさわいけ》（奈良市）

　奈良市登大路《のぼりおおじ》町。興福寺南大門前、三条通の辷《すべり》坂の下に位置し、同寺の放生池である。周囲約三〇〇メートル。『興福寺流記』に「宝字記云、南花園四坊、在池一堤、天平記云、名佐努作波」とみえ、また同書に「猿沢池竜池」についての記述があり、すでに奈良時代に興福寺の南花園に佐努佐波《さぬさは》池が築造されていた

猿沢池

ことが知られる。この池は春日《かすが》神社や御蓋《みかさ》山南麓あたりを水源とする率川《いさかわ》の渓谷に築かれており、「佐努」は狭い野、「佐波」は沢（渓流）の意と考えられる。「佐努佐波」が「猿沢池」になったという説もある。長禄二年（一四五八）十月には、奈良中の郷民が出て猿沢池の西・南・東に松など数種の木を植えて堤の強化を図っている（『大乗院雑事記』）。興福寺供養の日には船楽を行った（『春記』補遺）。池には竜がすむと信じられ、池が赤変すれば凶事の前兆という言い伝えがある（『多聞院日記』）。

　室町時代から「猿沢池の月」は南都八景の一として、京都の公家たちの間でもてはやされた。『実隆日記』に「猿沢池月眺望無比類者也」とみえ、飛鳥井雅章《あすかいまさあき》も「のとかなる波にそこほるさるさはの池より遠く月はすむとも」と詠んでいる。

　この池には、古来、采女《うねめ》投身の話があり、『大和物語』にも、平城《へいぜい》天皇に仕えた采女が、帝の寵愛が衰えたのを嘆き猿沢池に身を投げたという話がある。伝説では文武天皇の時といい、柿本人麻呂の歌「わぎもこが寝くたれ髪を猿沢の池の玉藻と見るぞかなしき」が『拾遺和歌集』にみられる。『枕草子』にも「猿沢の池は、采女の身投げたるをきこしめして、行幸などありけんこそ、いみじうめでたけれ。「ねくたれ髪を」と人丸がよみけん程など思ふに、いふもおろかなり」とあり、平安中期にすでに物語として伝えられていたことがわかる。謡曲「采女」はこの話をもとにしている。

　池の西北隅に采女神社があり、東畔には采女が入水する時、着物を掛けたと伝える衣掛《きぬかけ》柳がある。

　中秋、旧暦八月十五日には、ここで采女祭が行われる。午後四時ごろから大きな花扇を積んだ花車を中心に十二単衣を着た花使と稚児らが奈良の大路を練り歩いて采女神社に参拝。やがて花扇をのせた竜船が管絃の音につれて月明かりの猿沢池をめぐり、のち花扇を水面に浮かべる。

（O）

## 沢《さわ》（宇陀市）

鎌倉時代の庄国（山城国安楽寿院領―現京都市伏見区）。『太平記』に「真木・佐和・秋山」の宇陀武士の名がみえる。中世、キリシタン城主・沢氏の居城跡としてヨーロッパにまで認識された。

地形語の「沢」は東部日本に多く、西部日本の「谷」「迫」などに対応する地名である。「沢」は谷間に立地し、宇陀市内には大沢の大字（莵田野《うたの》区）がある。現在「城山」には城跡の遺構を残しているが、同大字には現観音堂以外に六カ寺もあったと伝える。『三箇院家抄』には「沢、五ヶ村」とある。

現に小字「両徳寺」「延命寺」「洞泉寺」以外に「金剛寺」「堂念寺」「ドンガン寺」などの俗称を伝えている。金剛寺の仏像は宇陀郡御杖《みつえ》村の安能《あんのう》寺に移され、隣村の大字栗谷《くりだに》（榛原区）の知足庵の仏像は吉野郡内の寺院に移されている。堂念寺の「地蔵曼荼羅」や「涅槃図」は現在民家に保存され、寺跡には「永仁三年」の五輪塔（地・風・空輪）が残っている。洞泉寺には永禄十二年（一五六九）の五輪塔があり、中世には前記五カ村の寺院の存在が確認される。（I）

## 三箇《さんが》（五條市）

「栄山寺文書」（保元三年〈一一五八〉八月）に「宇智・今井・三宅の地」とある。三宅―三家《みやけ》を音読してサンガとなった。吉野郡天川《てんかわ》村天河大弁財天社所蔵の「後亀山天皇論旨」（元中九年〈一三九二〉）に「三箇庄」、「惟成親王令旨」（同年）に「三ヶ庄」とある。五條市今井の小字「松ノ下」付近に三箇城跡があり、元禄時代には外堀が残っていた（『元禄十二年今井村文書』）。宇智郡内には、中世、いわゆる「二十一家」として二見・宇野・坂合部・野原・牧野・大岡・阿陁・滝・福岡・吉原・犬飼・表野・階田（貝田とも書く、ハシ田―八田か）・久留野・近内・鳥野・栄山・三箇（次郎左衛門）らの名がみえる（弘治四年〈一五五八〉「宇智郡列名訴状」）。三箇氏は戦国期、畠山政長麾下に属して活躍した（「今井町三箇家文書」）。旧河内国讃良《さらら》郡三箇村は三箇氏に関係するという説がある。しかし、この「三箇」は『和名抄』同郡の「山家」の郷名（山守部→山家）にちなむものか。（I）

## 三郷《さんごう》（生駒郡）

三郷町は生駒郡の南端に立地、明治の市町村制施行の際、立野・勢野・南畑の旧三村を合併し三郷村とした。当初は「みさと村」と発音していたが、いつしか音読化した。当時、同郡平群町に岩井・中ノ宮・安明寺が合併、大字三里《みさと》とした例もある。（Ｉ）

**三宮寺**《さんごじ》（宇陀市）

宇陀市の旧大字三宮寺《さんごじ》は三荒神を祀ったところ。サンゴジは三荒神《サンコウジン》の転訛か。（Ｉ）

**三綱田町**《さんごでちょう》（奈良市）

奈良三条通りの南、JR奈良駅の東に所在。もと興福寺領。三綱《さんごう》とは上坐《じょうざ》・寺主《じしゅ》・都維那《ついな》の三職、すなわち寺の庶務を取り扱った僧綱《そうごう》（僧官）のことで、地名は興福寺三綱三家、いわゆる一条・福智院・多聞院の領田があったことに由来するという（『奈良坊目拙解』）。江戸初期に町屋とは隔てたところに民家が建ちはじめ、のちに東西一列に連なる村を形成。元禄の奈良町家改めでは家数は二三とある。この地域は農家が多かったが、現在ではJR奈良駅前の住宅地となっている。明治十六年（一八八三）三条村に併合され、三綱田町の通称が残っている。町域の南に子守池・三条池あるいは三綱田池と呼ばれる灌漑用水の池があったが、近年JR奈良駅前の開発で池は埋められ、マンションが建設されている。（Ｏ）

**三　在**《さんざい》（五條市）

散在とも書く。葛城市の飯豊《いいとよ》天皇陵の別名を三才山と称しているが、このサンザイはミササキ（音便）の転訛語で、御陵のこと。県内にはミサンサイ（橿原市・明日香村・桜井市）の小字があり、ミサンサイのミ音脱落、ニサンザイに変わる例もある。

同市西端に接する隅田はスダで、同市大字住川もスガワと発音する。三在もミサンザイの語頭音の省略とすれば、御陵《みささき》村ということになる。奈良市には山陵《みささき》町がある。

水戸光圀の『大日本史』には「他戸《おさべ》王庶人《しろと》墓、続日本紀、延喜式、大和志にみえ、三在村にあり」と記し、『大和志』には「庶人墓、三在村上方に在り、土人他戸王墓と言ふ」とある。他戸王は光仁天皇の皇后井上内《いのえない》親王の皇太子で、死後、陵を御山と称した。三在はミサンザイ（御陵）にちなむ語とすれば、同大字、小字「御リヨ谷」の親王墓古墳が注目される。（Ｉ）

**三社池**《さんしゃいけ》（奈良市）

東大寺南大門の東南、東南院跡の園池。吉城《よしき》川の水源にあたる。『奈良名所八重桜』には、正応年中（一七一一―一七一六）聖珍《しょうちん》法親王が東南院に住んだとき、池水に伊勢・八幡の三社の託宣を見つけ、その影を写して、世に弘めたことから、世に託宣池《たくせんいけ》と呼ぶようになったとある。また池の端の大石は、聖宝僧正が大峯山《おおみねさん》から持ち帰ったものと伝えている。『南都名所集』には、池を如意池、大石を如意塚と記している。（O）

## 山上ケ岳《さんじょうがだけ》（天川村）

別称「金峰山・大峰山」。

広義の大峰山は大峰山脈の主要部の諸峰をさし、狭義には山上ケ岳をさす。山上ケ岳（標高一七二〇メートル）は、大峰山脈北半の盟主で、白鳳年間、役行者《えんのぎょうじゃ》が開いたという伝承がある。修験道の根本道場となり、日本の山岳霊場を代表する山である。今なお、ただ一つの女人禁制《にょにんきんせい》が守られ、山頂に大峰山寺本堂がある。山頂を「山上」といい、麓の吉野山蔵王堂を「山下《さんげ》」と称し、いずれも金剛蔵王権現を祀る。中国五代後晋（九四五）から後周（九五四）になる僧義楚《ぎそ》編纂『義楚六帖』日本国条には、「本国都城の南五百余里に金峯山有り。頂上に金剛蔵王菩薩有り。第一の霊異なり。大小の寺数百。曾て女人有りて上ることを得ず」とあり、平安中期には中国まで日本第一の修験の山と知られていた。二〇〇四年、「吉野・大峰」「奥駈道《おくがけみち》」「熊野」「高野山」の「紀伊山地の霊場と参詣道」が世界遺産に登録された。

別称の大峰山の大峰は大と峰（ミネ）の合成語で、「ミネ」の「ミ」は褒称、「ネ」は高峻をいう（狩谷棭斎『箋注和名抄』）。また「峯　山が尖り高い処也」（『色葉字類抄』、図書寮本『名義抄』）である。それに広大・尊貴の意味を示す「オホ」（大）を付した。さらに、白川静『字訓』によれば、峰の「夆」は、木の秀《ほ》つ枝に神霊の降る形。「み」は神霊の意をもってそえる接頭語、「ね」は神霊の領《うしは》くところ、「みね」は神のすむ山の意である。

山上ケ岳の山名は、山上本堂、山上参りというように大峰山の「山上」がそのまま山名となったという説がある。しかし、霊山の頂上を禅定《ぜんじょう》という。禅定は禅頂ともいうが、もとは高い山に登って山林修行することである。『義経記』巻七（直江の津にて笈《おい》探されし事）に「この清川と申すは、羽黒権現の御手洗《みたらし》なり。月山の禅定より北の腰に流れ落ちけり」とある。山上ケ岳は「せんじょうがだけ」（吉田東伍『大日本地名辞書』）ともいうが、禅定→山上の転訛とも考えられる。（T）

## 三条町《さんじょうちょう》（奈良市）

奈良市街地の中央部。西は県道木津・横田線を境に三条本町、北は油阪地方《あぶらさかじかた》町・西之阪《にしのさか》町・今辻子《いまずし》町、東は下《しも》三条町、南は杉ヶ町《するがまち》に接する。三条通りの南に位置し、奈良町の西入口にあたる。地名は平城京の左京三条大路に由来する。文禄四年（一五九五）以後、豊臣・徳川政権を通じて村高はともに八七七石余。慶長（一五九六―一六一一）・寛永（一六二四―一六四四）年間以降、村内の町場が興福寺領の町として奈良町に編入。三条出口町（三条東町・三条西町）・今井町・弥勒堂町・新屋敷町（三条横町）・細川町（細川東町・細川西町・細川退《ぜり》町）・三綱田《さんごで》町の町並みが、村方と区別されるようになった。明治十七年（一八八四）、これらの町が再び三条村に編され、同二十二年奈良町の大字となった。明治三十一年からは奈良市の大字名、同三十六年以後は現在まで奈良市の町名である。（O）

## 三条本町《さんじょうほんまち》（奈良市）

昭和四十二年、奈良市が住宅表示条例を定めたことから同四十五年に誕生した新町名である。もとは三条川崎町と呼ばれていた地区が大部分で、大森町の一部をも含んでいる。東は県道木津横田線を境に三条町・杉ヶ町・大森町、北は三条通りを境に大宮町一丁目・同二丁目、西は三条宮前町・三条大宮町と接する。JR関西本線・桜井線の奈良駅が町域の中央に位置し、鉄道によって町は東西に二分されている。（O）

## 三条宮前町《さんじょうみやまえちょう》（奈良市）

奈良市街地の西部。東は三条本町、南は三条大宮町、西は三条添川《そえかわ》町。北は市道三条線（三条通り）を境に大宮町二丁目と接する。当地はもと三条横枕《よこまくら》町と呼ばれたが、好ましい町名でないということから小字名をとって三条宮前と改称したという。（O）

## 入野《しおの》（吉野郡）

吉野郡の吉野町に大字入《しお》野《の》、同郡天川《てんかわ》村に大字塩《しお》野《の》がある。入野は津風呂《つぶろ》川（ダム）、塩野は猿谷ダムの上流塩谷にある。県内の吉野郡内に「入谷《いりたに》」関係が約三五例、「塩谷《しおだに》」関係が約二〇例。「入谷」を「シオダニ」（塩谷）と訓《よ》むのは、吉野山間部のみに分布する。「入野」は谷間の入り込んだ地域語か。川上村旧大字入之波《しおのは》は入野谷の意か。谷間がタニワ―タンバになったとすれば、同郡紫園《しおん》は入野―塩野《しおの》の「ノ」の母音脱落語か。また、河筋に多い地名で「樋野《ひの》」（槭野）は『和名抄』などには「以比野《いひの》」とみえ、イヒ野は「穴《あな》咋《くい》」が「穴栗《あなくり》」に転訛したようにイリノ－入野に転じたかも。ちなみに樋（楲）入野－イヒリ野→イブリ野に転じた例がある。御所市樋野《ひの》の旧名がイブリ（旧名飯降村）。和歌山県伊都《いと》郡かつらぎ町の飯降《いぶり》村は紀ノ川水分樋の所在地。同郡の「指理《イブリ》」は「揖理」の誤写である。（Ｉ）

**磯城** しき（磯城郡）

古代の郡名。県名・邑名。十市《とおいち》・城上《しきじょう》・城下《しきげ》郡から成る。城上・城下は、磯城上・磯城下の二字化したもの。一に式上・式下とも書く（明治三十年合併して磯城に）。「崇神記」には「師木《しき》の水垣宮《みづがきのみや》」、「崇神紀」には「磯城瑞籬宮《みずがきのみや》」とみえる。別に施基・志貴・志紀・之　奇・敷（『記・紀』『万葉集』）とも記す。シキは石城で石で堅く固めた所の意。磐余《いわれ》（岩村－石寸）と同意の語か。シキは初瀬川の式島、『万葉集』の住吉の敷津《しきづ》浦、名張川上流の敷津、天川の五色《しき》など、シキは水辺の地名であろう。シキはスカ（州処）で、さざなみのシガ、真菅《ますが》よし（スガの類音ソガにかかる枕詞）ソガと同義、砂洲のことか。初瀬《はせ》川（磯城川）の式島に「飛鳥《あすか》」の地名があり、飛鳥井堰《あすかいせき》（小字「飛鳥井《あすかい》」）がある。（Ｉ）

崇神天皇磯城瑞籬宮跡

**敷島** しきしま（大和）

敷島の名は、『万葉集』（巻九・一三・二〇）に「磯城島のやまとの国」「式島のやまとの国」「志貫島のやまとの国」「之奇志麻乃夜末等」などとあり、「秋津洲」のアキと同様、大和の枕詞となった。「欽明紀」に「磯《し》城《き》島金刺宮《しまのかなさしのみや》」、「崇神紀」に「磯城瑞籬《しきみつかき》宮」とみえ、「欽明記」に「師木島大宮」、「崇神記」には「師木水垣宮」と記されている。城《しき》島は磯城島の二字化したものであろう（例・葛城上郡－葛上郡）。この磯城は本来、磐境《いわさか》（神籬《ひもろぎ》）と同義語とする説もあり、三輪山に発生した信仰地名として、近傍の地方に及ぼし、わが国の別名に拡大したともいわれる。シキのシマは、初瀬川曲流地域の俗称であった。このシキシマの地名も室町頃にはわずかに慈恩寺領の字名として残った。永禄二年（一五六〇）の「南都般若寺収納帳」に「シキシマ一段、一石五斗代、八斗五升定、ヲツサカ助二郎」とみえ、今に「式島」の字名を伝えている。秋津島の宮号が日本の総称となったことと対照的である。アキは豊饒地を意味する古代地名で、アキノ（宇陀郡阿騎野）、アキ（秋）シ（強調語）ノ（奈良市大字秋篠）のアキであった。秋津島はアキ（秋）ツ（助詞）シマ（島）であろう。ツは師木津彦命《しきつひこのみこと》（『記』）・遠江《とほつあふみ》（『紀』）の「ツ」と同義の語である。アキは葛城川曲流地域（大和高田市旧大字秋吉）の局部名でもある。（I）

**直田**《じきでん》（田原本町）　田原本町大字唐古《からこ》の小字直田《じきでん》は「リキデン」とも称し、同町阪手《さかて》に小字「南・北喰前《じきぜん》」がある。県内には「食田」（御所市南郷）、「喰田《じきでん》」（天理市田町《たちょう》）、「ジキ田」（天理市九條）、「ジキン田」（橿原市寺田中町）、「リキンデン」（川西町結崎《ゆうざき》）、「地近田」（橿原市常盤町）、「シキ田」（天理市永原町）など、食田は二十余カ所に分布する。このジキ田―シキ田は「職田《しきでん》」のことであろうか。職田とは職分田の略であって、律令時代の宮僚の俸禄として支給された田で、死亡・退官・免官の場合は直ちに収公されることになっていた。『類聚三代格』によると「太政官符　大政大臣職田《じき》四十町　内廿七町外十三町　大和国廿町　城下郡十町　添下郡十町…」とみえ、また同書「諸司田事《しょしでん》」には「大和国四百六十七町」を諸司に給したとある。いわゆる田制地名であろう。土地の公有制が徹底し、国家の土地管理の強さを示すものであろう。

また、田原本町大字十六面《じゅうろくせん》には「乾田《かんでん》」、同千代《ちしろ》には「神天《かんでん》」、同法貴寺《ほうきじ》・武蔵などには「カンデン」小字があり、「勘田」（川西町大字櫟本《いちのもと》）など、「カンデン」関係の小字が約五〇カ所に分布する。別に「神《かん》田《だ》」の小字が約五〇カ所もあるので、その区別は明確にできない。官田は皇室用におよび、公費にあてた公田―屯田《みた》のことである。宇陀市の旧大字見田、奈良市大安寺町に「見田」の小字がある。

なお、田原本町大字矢部に小字「修理敷《しゅうりしき》」があり、大和高田市田井《たい》に同「シュルシキ」、平群町越木塚《こしきづか》に同「修理田《しれだ》」がある。つまり、修理敷田は修理田《しれだ》で、発音容易なシリエダ（修理枝）に転じた。前記「諸司田事」によると、修理職人に対して大和国の十四町六反を支給した記事がある。（I）

**地獄谷**《じごくだに》（奈良市）　奈良市高畑《たかばたけ》町春日奥山に所在する谷。現在の石切峠の南側にあり、能登川・岩井川の水源地にあたる。高円山ドライブウェイからの山あいの道を行くと、凝灰岩層を利用して作った仏堂的な地獄谷石窟《せっくつ》仏がある。中尊《ちゅうそん》は弥勒または釈迦かと思われる如来坐像で、脇に十一面観音立像、如来立像などがあって、いずれも線刻彩色されている。奈良後期と平安後期とみる説がある。『春日験記絵』（御物）には、解脱上人の弟子璋円《しょうえん》僧都が地獄に落ち、春日大明神に救われる話がある。璋円は大明神のお告げを受け、この地獄谷で衆生済度の地獄供養を行ったという。地獄谷は十二世紀ごろ興福寺僧によって開発されたらしい。室町時代、地獄谷は大乗院門跡が知行《ちぎょう》、江戸時代にも同院の支配下にあった。明治十四年には能登川沿線村落の用水源として新池が築かれている。明治以後は、地獄谷は官有となり、国有林とされている。（O）

**篠原**《しのはら》（五條市）　純山村。旧名は川瀬村。舟ノ川《ふなのがわ》流域の渓谷集落。舟ノ川のフネもV形状の地形を示す語。川瀬よりも「川迫」か。同市には「迫」「勢井」などセ・セイにちなむ地形語が少なくない。篠原は篠笹の多い地域であったか。篠原踊《しのはらおどり》が有名（県指定無形民俗文化財）。（I）

**芝**《しば》（桜井市）　芝の旧名は岩田村で、当初、戒《かい》重《じゅう》村にあった織田藩屋敷を岩田村に移すため、岩田村も艾樹であるとし、移建に成功した。この艾樹を芝村に省画改字した。明治の市町村制実施の際、旧織田村（織田藩領）旧大字の芝村を「芝」と省略した。吉野郡旧小川村大字小村も「小」としてヲムラとする。同地、国津神社はクニツ→クニチから九日を祭礼日とする。地名を故意に改変する好例。旧岩田村は祝田《いわた》村で、昭和六十一年十月同市教育委員会の発掘調査で「三輪山祭祀の神田」を検出した（同月九日奈良新聞記事）。（I）

**芝辻町**《しばつじちょう》（奈良市）　奈良市街地の北西に所在。芝辻町（通称に芝辻北町・芝辻中町・芝辻南町・芝辻プラス町の区別）・芝辻町一―四丁目。延暦二十二年（八〇三）六月の東大寺家地相換券文（東南院文書）に、平城左京二条五坊七町に紀朝臣《きのあそん》勝長の家地があったことがみえ、その地は芝辻の東部にあたる。興福寺門郷のうちで、室町時代には芝築地（『経覚私要鈔』長禄四年閏九月六日条）、芝辻子（『大乗院雑事記』文明十二年六月十九日条）とも。『大乗院雑事記』文明十八年（一四八六）十二月三十日条には「字フル河」の作人として「シハツシ（芝辻）の三郎五郎」の名前がみえる。地名の由来は、『奈良曝』に「北市に市の立ける時、此辻にて柴の市をたてけるゆへかく云とぞ」とあり、『奈良坊目拙解』によると、当郷西南にある「佐保開芝」という所に由来し、芝は新たに芝生の原を開いたことによるという。近世は芝辻村で、幕府領。奈良廻り八カ村の一つ。寛永十一年（一六三四）には、村内の東部が芝辻町と呼ばれて奈良町の一町に編入され地子免除となっている。『奈良坊目拙解』には「此町に大なる井有、弘法大師のほらせ給ふといひ伝ふる。此井を漢国まつり、氷室まつりの時、神人めくる事ハ、此井の水をのむ氏子息災なる様ニと水神へちかいのために、御幣を持て井をめくる也」とある。文安元年（一四四四）二月十四日、筒井勢が寄せ来たって芝辻付近の民家を焼いたことがあり（『経覚私要鈔』）、宝永元年（一七〇四）四月十一日の大火は芝辻町から出火し、奈良町のうち四十五町千軒を焼いた（『奈良坊目拙解』）。

明治二十二年（一八八九）から奈良町、同三十一年からは奈良市の大字。同三十六年には奈良市の町名となり、現在に至っている。大正三年（一九一四）には大阪・奈良間に大阪電気軌道（現在の近鉄奈良線）が開通し、芝辻町南部の油阪駅の新設に伴い船橋通り周辺が発展した。しかし、昭和四十四年（一九六九）近鉄奈良駅の地下移設事業で油阪駅が廃され、西方に新大宮駅が開設されるや、西部田園地帯に宅地化がすすみ、芝辻町一丁目から四丁目ができた。JR関西本線の東に芝辻町。同線の西側、北境を西流する佐保川と南境を東西に走る近鉄奈良線との間に芝辻町一丁目から四丁目がある。現在、四丁目の近鉄新大宮駅周辺にホテル・商店が立ち並んでいる。 （O）

## 四分《しぶ》 （橿原市）

『和名抄』高市郡遊部《あそぶべ》郷の地域か。『大和志料』によると遊部はアソブ（阿曽布）部と訓《よ》む。『令集解』には「楽を奏し、鎮魂の儀に関係した部」とある。

『夫木和歌集』には、「笛吹の遊岡」の歌があり、アソブを上略、今もソブ田（高市郡明日香村豊浦《とようら》）・ソブ橋（東竹田町）・ソブ井（橿原市今井町）・ソンブ→ソンボ川（同四分町《しぶちょう》付近）の地名が残る。 （I）

## 自明《じみょう》（宇陀市）

宇陀市榛原区。自明山悟《ご》真寺《しんじ》の山号による地名。奈良市東山中の忍辱山《にんにくせん》・大慈山《だいひせん》・菩提山《ぼだいせん》や広陵町の六《ろく》道山《どうやま》などの旧大字も所在寺院の山号であった。（Ｉ）

## 染野《しめ》（葛城市）

大和平野西方、二上《にじょう》山麓の染野に石光寺《せっこうじ》（染寺《そめでら》）がある。先年、弥勒堂の下から弥勒の石仏のあることが判明した。「石光」の寺名もこの石仏にちなんだものか。天文二十二年、三条西公條《きみえだ》の『吉野詣記』によると「染殿に参りけるに、本尊も大仏なりしも雨露にをかされ、糸を染め給へる池とても水もみえず…」とある。文面からみると、本尊は石仏であったらしい。さて、当寺は中将姫《ちゅうじょうひめ》が蓮糸《はす》で織った曼荼羅《まんだら》で有名で、この蓮糸を染めたという「染《そめ》の井《い》」が残っている。

村名の染野はシメノではなくシメである。上毛野《かみつけの》を上野《こうつけ》、火打野を火打《ひうち》（五條市）、今熊野を今熊《いまくま》（京都市）というように「野」を省略して二字化する地名が多い。「ノ」の語勢が弱いことから、発音上、下略したのであろう。本居宣長の『玉勝間』にも「俗語にはノといふべきを省きて言はざること多し」とある。シメノは『万葉集』に「あかねさす紫《むらさき》野《の》行き…」とある禁野《きんや》（天皇の猟場として一般の人の狩猟を禁じた所）で標《しめ》野《の》とも書いた。この染野は中世の藤原庄で金剛砂の産出地で、中世の『臥雲日件録』によると、この砂（金剛砂）を京師《みやこ》禁中に納めていたとある。『続日本紀』には天平時代、大坂 史《ふひと》がはじめて大坂沙《いさご》（大坂は二上山付近の地名）で玉石を磨いたとみえる。したがって、この付近が禁中の禁野として重視された。（Ｉ）

## 下市《しもいち》（下市町）

吉野郡北部の町名。支流秋野川が吉野川南岸で合する谷間に立地する谷口集落で、古くから市場町を形成した。下市は吉野の玄関口として、上流の上市と対称的に名づけられた。願行寺《がんぎょうじ》蔵、明応六年（一四九七）九月の「方便法身尊像裏書」にも「和州吉野郡郷五領、秋川下市云々」とあるのが初見である。

蓮如が建立した願行寺の保護を受けた市場町として十六世紀前半より栄え、江戸初期には日本最初の手形である下市札が流通していた。毎月六回の市が立ち、これを六斎《ろくさい》の市と称し、ついに下市という地名が起こったと伝わる。中世、市場発達の重要な社会的背景となったのは寺社の門前はそれ自身市場を営む所として適した。法隆寺が常楽寺の市、興福寺が北市南市を設けた。下市が地理的に吉野地方における物資交易地として繁栄したという裏面には、願行寺（下市御坊）、滝上寺などの宗教勢力の影響があった。願行寺の永禄十年（一五六七）十月の紀年銘がある古鐘には「秋野河里下市村願行寺」とあり、秋野の河里とも呼称していた。（T）

**下茶屋**《しものちゃや》（御所市）　大和・河内国境、大坂・岩屋坂・竹之内の各峠から南下し、新庄・櫛羅・楢原・宮戸・多田を経て当村を過ぎ、風ノ森峠を越え、五條から高野山に至る。いわゆる「高野道」の南北に連なる街村で、茶屋の所在地。また、河内国金剛山から吉野山に至る東西交通路の要所でもあった。（I）

**尺土**《しゃくど》（葛城市）　近鉄南大阪線「尺土」駅付近。シャクドは坂門《さかと》の意。『和名抄』平群郡に坂門の郷名がある。尺土西方の大阪・岩屋・竹内の各峠に至る坂の入口。峠を越えて河内国古市郡にも『和名抄』の尺度郷があり、清寧《せいねい》天皇河内《かわち》坂門原《さかとのはら》陵（羽曳野市）が所在する。平群郡坂《さか》門《と》郷は現三郷町の「坂根」付近か。坂上（サカノヘ）の転訛語であろう。（I）

**蛇喰**《じゃはみ》（生駒市）　小字蛇喰は蛇を喰《は》むという意味ではない。「砂《じゃ》崩《くえ》」という地形名が、ジャグイ（蛇喰）→ジャハミに転じたもの。吉野郡十津川村大字重里《しげさと》には「蛇ハミ」と「ジャグエ」の小字がある。また、同郡内には小字「クエ」が約一〇例、「クエ谷」が約一五例あり、いずれも地形名であることがわかる。「蛇」の文字を用いた地名は「蛇穴《さらぎ》」（御所市大字、橿原市小字）、「蛇谷《じゃたに》」（郡山市小字）など、県内に約五〇カ所に残る。蛇は竜と同様に嘉名として用いられた。（I）

**十三**《じゅうそう》（御所・葛城市）　御所・葛城市の旧大字。「十三」は重相・十増・十楚などと書く。古代条里制の「十三の坪」ではない。十三は「ツツミ」とも訓め、葛城川の堤の村を意味する。『和名抄』の南・北十三村は「津《つ》積《み》」の郷名地域であった。

御所市小字ワキカミから南方の室村に続く葛城川堤防は古代の遺跡で、「持統紀」四年条にも「天皇、腋《わきの》上陂《かみのいけのつつみ》に幸《いでま》して公卿大夫《まへつきみたち》の馬を観《み》たまふ」とある。この陂は、現御所市の旧大字南十三、葛城市の旧大字北十三で、葛城川流域に接続立地する。

腋上陂跡の「ワキカミ」(旧御所町)は元文五年(一七四〇)の水害(俗に「御所流《ごせながれ》」といった)で、六軒だけ残ったのが今の「六軒町」。近くの「曽大根《そおね》」は大根の産地ではなく曽根・大西村の合成地名。

桜井市の初瀬川堤の旧大字江包《えつつみ》は川堤のこと。大阪市内の十三《じゅうそう》の町名(阪急線「十三駅」)は「淀川堤」の市街地で、淀川の堤防に立地している。下流の「梅田」(同線駅名)は堤の埋立《うめたて》地。『曽根崎心中』で有名な曽根崎(JR「大阪駅」前)は川堤の确《そね》地。「福島《ふくしま》」(JR駅名)は泓島《ふけしま》(湿地)の好字化地名であった。(I)

## 十六面《じゅうろくせん》(磯城郡)

磯城郡田原本町。旧大字富本《とんもと》から分村した。「とむもと」が「とむもて」に転訛、これに「十六面《とむもと》」の文字を用いた(『磯城郡誌』説)。また、県内には「十六」(一三例)、「十六仙」(二)、「十六面」(二)、「十六銭」(二)の小字がある。本町の「十六面」は、条里制の西十六条にあたることから条里制にちなんだ地名であろうか。また、この地で十六個の猿楽面を掘り出し、竹田金春の子孫に伝えたとの口碑が残る。(Y)

## 城古《じょうこ》(河合町)

北葛城郡河合《かわい》町。『和名抄』広瀬郡の城戸《きのへ》郷か。城古の「古」は「戸」か。唐古《からこ》(田原本町)・軽古《かるこ》(橿原市)なども軽戸・軽部の義か。「武烈紀」の城上《きのへ》、『万葉集』の城於《きのへ》道の地域か。(I)

## 上居《じょうご》(明日香村)

明日香村旧大字。飛鳥の「浄御原《きよみはら》」とみえ、『万葉集』には「明日香の清御原《きよみはら》の宮に天の下知らしめしし天皇(天武)」と記している。この浄御原を「ジヨウゴ」と音読することもでき、浄御原宮を上居とする説もあるが、多武峯《とうのみね》の北方に下居《おりい》(桜井市)がある。ちなみに、飛鳥の東南にある芋峠に三軒茶屋があり、明治以前には上居《かみい》・中居・下《しも》居茶屋と称した。上居(上戸)は旧大字上村《かむら》と同意で、高所の村落を意味する地名であろう。(I)

## 小綱《しょうこう》(橿原市)

當麻《たいま》寺・長谷寺を結ぶ東西の「横大路《よこおおじ》」(伊勢街道)と、南北に走る矢継街道―旧太子道《たいしみち》との十字路に立地する。古代交通の要所。小綱は現在、「ショウコウ」と音読しているが、コツナ→コウツナであったか。

「天武紀」元年七月の「壬申の乱」条に「更に還《かへ》りて金綱《かなづな》の井に屯《いわ》みて、散《あか》れる卒《いくさ》を招《を》き聚《あつ》む」とある金綱の井は鉄索井戸のこと。ちなみに、今井は新《あら》井・新《いま》居《い》と同義の中世的集落。明暦元年（一六五五）九月、大坂傾城町の了賀らが小綱に茶屋を構え、挙屋《あげや》四軒に遊女をうつし非常に繁栄したが、万治元年（一六五八）の火災で大阪に移転した。入鹿神社が有名。（Ｉ）

## 定使《じょうつかい》（橿原市）

定使は、中世荘園の下級荘官で、領家（本所・荘園の所有者）と現地の荘官との間を往復し、命令伝達、年貢の徴収などを担当した。定使田は定使給として与えられた給田のことである。橿原市豊田町に「定使」、同市観音寺町に「定遣」、奈良市池田町に「上遣田」の小字がある。ジョウツカイと発音する。中世文書にもしばしばみえる名称である。別に駈使《はせつかい》ともいった。いわゆる近世・近代の村の用使いをする人で、所によっては農民が廻り番でつとめることもあった。

『和名抄』によると安房・美濃・下野・越中の国などに丈部《はせつかべ》の郷名がある。ハセツカヒのことで、もっぱら馳せ使いに従事した部民（後世の飛脚のようなもの）で、丈部はもともと杖使部で馳せるとき杖を持っていたといわれる。額田部を「客卩」と書くように、杖部が丈部となった。万葉歌人にも丈部直大麻呂《あたひおおまろ》・丈部直不《ふ》破麻呂《わまろ》・丈部路忌寸若勝《みちのいびきわかかつ》らの名がみえる。（Ｉ）

## 城戸町《じょうどちょう》（奈良市）

柵をめぐらして区切った一郭の町名。『奈良曝』には、筒井左馬之助が椿井《つばい》町に住み、この地に城戸《きど》（今の南城戸町）を構えたことから、町名が生まれたとある。また、村井古道の『南都年中行事』の正月十四日の条に「一町宛に木戸門の境界を正した」と記しているので、各町の堺に木戸門があったことがわかる。『春日社記録』中臣祐賢記の文永二年（一二六五）四月十五日条によれば、城戸郷民が春日社・同若宮に恒例の御幣を奉納したことがみえ、弘安三年（一二八〇）五月五日条には小五月会《こさつきえ》のため田楽法師を伴って社参、これ以後小五月会に城戸郷だけが田楽法師を出し、田楽を奉納している。

『大乗院雑事記』文明十年（一四七八）条には、城土郷が念仏風流に舞車を出したことがみえる。同書文明十二年条に「七郷」（興福寺寺門郷）のうちの南大門郷のうちに「西城土」「東城土」の町名がある。近世初期、慶長郷帳の村高は四六二・九五石で幕府領。寛永十一年（一六三四）の奈良町の地子《じし》（公田の賃租料）免除によって、村内の一部が奈良町に編入され、寛文四年（一六六四）の奈良代官所が創設された際、奈良廻り八カ村の一つとなり、その直轄地となった。応永二十一年（一四一四）に興福寺六方衆が南都七郷内に中市を開設、率川《いさがわ》神社の東南にあったことから子守尻《こもりじり》市とも称した。（〇）

## 丈六《じょうろく》（橿原市）

近鉄「橿原神宮前駅」の東口付近の旧村名。国土地理院地図（二万五千分の一）にも「丈六」の地名を明記している。この地域は古代の厩《うまや》坂のあったところ。「応神紀」三年十月条には「蝦夷《えみし》を役《つか》ひて、厩《うまや》坂道《さかのみち》を作った」とみえ、同十五年条には阿直岐《あちき》が馬を養ったことから厩坂《うまやさか》といったと伝える。さらに同紀十一年条には前記の地に厩坂池《うまやさかのいけ》を築造したとあり、「舒明紀」十二年条には「厩坂宮《うまやさかのみや》」の名がみえる。確かな古代地名である。

駅前北側には櫟《くぬぎ》林の小高い丘陵があって、厩坂寺跡と伝え、礎石らしきものが数個が出土したことがある。「丈六」とは一丈六尺（十六尺、約五メートル）のこと。「推古紀」に「始めて銅《あかがね》・繍《ぬひもの》の丈六の仏像《ほとけのみかた》、各一躯《おのおのひとはしら》を造る」とみえる。いわゆる「丈六仏」といわれた。大和方言では「丈六《じょうら》組む」というのは坐像仏のように胡座《あぐら》する容姿を意味した。すなわち、厩坂寺には丈六仏の本尊を安置していたのであろうか。しかし、寺院跡の存在には若干の疑念を残している。

世界遺産、吉野郡吉野山の吉野神宮付近の台地「長峰」は俗に「丈六平《じょうろくひら》」または「丈六峯」と伝える。「丈六千軒跡」ともいわれた。明治以前には、ここに金峰山寺の塔頭《たっちゅう》があって、丈六の蔵王権現を祀る蔵王堂（五間四面）があった。当寺は大峯《おおみね》修験道の一行場で、中世以来、付近には多くの寺院が存在していた。長峰は元弘の乱では大塔宮《だいとうのみや》方の防塁となり、のち占拠され、北朝方の本陣になったと伝承している。さらに同地には江戸期の大和三筆、松竹梅三堂の一人、浅田松堂の筆塚が路傍にある。梅堂は役行者《えんのぎょうじゃ》誕生地茅《ち》原寺《はらでら》の法印良石、竹堂は當麻寺の学僧、松堂は大和絣《やまとがすり》の発明功労者（贈従五位）として有名。

なお、奈良県内には小字「丈六」は高取町羽内《ほうち》、橿原市久米・石川、五條市岡、下北山村池峯《いけみね》、吉野町左《さ》曽《そ》などにある。さらに小字「丈六アン」が曽爾《そに》村今井に、「丈六垣内」「丈六堂」が五條市釜窪《かまのくぼ》に、「丈六谷

尻」が同市上野《こうずけ》町に、「丈六畑ケ」が同市旧大字八田《はった》に、「丈六岸」が天川《てんかわ》村塩野などに残っている。(I)

## 白河《しらが》(桜井市)

白河は三輪山の東南にあり、旧初瀬町の大字に属していた。たとえば、景行《けいこう》天皇は、日本武尊の功績を伝えるために武部(伊勢国安濃郡建部)を、垂仁《すいにん》天皇は誉津別命《ほむつわけのみこと》のために誉津部(大和国葛下郡品治)を、仁徳天皇は去来穂別《いざほわけ》皇子のために壬生部《みぶべ》を、皇后磐之媛《いわのひめ》のためにその本拠地名にちなみ、葛城部などを定め、皇后・皇子などの名が部名となったが、大陸文化の交流によって、唐朝の制度を学び、いわゆる諱《いみな》を避けるようになった。清寧天皇(白髪武広国押稚日本根子《しらがのたけひろくにおしわかやまとねこ》)の御名《みな》代《しろ》として設定した「白髪部《しらがべ》」の名は、建暦四年の詔により「真髪部《まかべ》」とし、桓武天皇の諱が山部であったので、「山部」を単に「山」というように改変した。

摂津国島上《しまかみ》郡真上(末加美)、駿河国有度《うど》郡真壁(万加倍)があり、河内国讃良《ささら》郡山家、下総国千葉郡山家、信濃国筑波郡山家(也末無倍=やまむべ)など、いずれも真髪部、山部である。山部赤人の名もヤマノアカヒトを秘訓し諱を避けた。現在でも三笠宮の名によって、奈良三笠山の名を避ける風潮がある。ちなみに、『帝王編年記』には清寧天皇の宮跡を注して、「大和国十市郡白香谷是也」としている。(I)

## 尻枝《しりえだ》(奈良市)

奈良市帯解《おびとけ》町の「広大寺池」、西方の六条・七条町に「七条大池」がある。天保十一年(一八四〇)の「東大寺池古図」には「字広大寺池、本郷稗田《ひえだ》村支配、此池之儀は聖徳太子御寄附」とみえ、古来、稗田村(現大和郡山市)の所有池となっている。稗田村は「天武紀」壬申の乱条に「乃楽《なら》に向ひて稗田《ひえだ》に至りし日に……」とあり、稗田は奈良時代の地名であったことがわかる。恐らく広大寺池西方の稗田村の樋尻(樋元《ひのもと》)の水司《ひのもと》村であったらしく、稗田は池の尻―尻田に立地し、シレダ→ヒエダに転訛した。

一方、七条大池は旧幕府時代の古図(慶長―文久年間)によると「勝間田池」「竜王の池」「薬師寺御池」などとある。北浦定政《さだまさ》が調査した平城旧跡古図を見ると、大池は蟇股《かえるまた》状に描き、現在も同状態で残っている(ただし西北部を開発して宅地化)。七条村では俗に「ガルマタ池」と称し、東方の樋口から羅城門跡付近を潤し、西流する広大寺池の水と交わり、平城京跡一帯を灌漑している。『万葉集』に「勝間田の池は吾知

る蓮《はちす》なし　然云《しかい》ふ君が鬚《ひげ》なき如し」（巻一六―三八三五、新田皇子に奉った歌）とある。この池の尻田が現稗田村（七条村）で、旧地名が「尻枝村」であった。

　広大寺池は別に稗田池ともいったらしいが、この稗田は式内社・売田《ひめだ》神社の鎮座地で、稗田阿礼の居住地と伝承している。

　ちなみに、桜井市内の中世文書に「尻江田」村がみえ、一に「修理枝」（慶長期文書）、「しゆり村」（元和郷帳）とある。現在の大字修理枝―シユリエダ→シレダになっている。　（I）

**新賀**《しんが》（橿原市）　「新家」のことか。中《なか》ツ道の貫通する新口《にのくち》（新居口）の新居と同意の義か。また、新口の北の新堂（現在の西新堂）も新戸で、新村の義か。　（I）

**新庄**《しんじょう》（葛城市）　古代葛城の中心地。旧南・北葛城郡の間に立郡した忍海部《おしぬみべ》の地域。葛城御県《かつらぎみあがた》神社鎮座地。忍海《おしみ》角刺《つのさし》宮跡。日本古代文化の重要地域に「新庄」の町名を用いた。「新しい庄」とは中世地名。明治市町村制施行の際、飯豊（飯豊天皇陵所在地）・布施（布施城跡）という町名案もあったが、近時、葛城市となった。（I）

**神通寺**《じんどじ》（御所市）　大和国旧葛上郡は『延喜式』神名帳によると、一七座（大十二座、小五座）となっている。

　まず、鴨都味波八重《かもつみはやえ》事代主《ことしろぬし》命神社の「鴨都味波」は「賀茂の御和《みわ》（三輪）」で、三輪山の大己貴命《おおなむちのみこと》の御子、事代主《ことしろぬし》命を祭祀している。社地小字「ワキカミ」は大神に対する「若神」であったか。葛城には高鴨、上・中・下鴨の地名があった。上鴨は高鴨《たかかも》神社（あるいは鴨山口神社か）、中鴨は御歳《みとし》神社と考えられる。カミとカモ、ワカカミとワキカミ（掖上）は同義の語であろうか。

　鴨・葛木・多太・巨勢・大倉・長柄・葛木水分・高天・大穴持・高鴨などは鎮座地名で、式内の古社には神宮寺があった。高鴨神社地には現に神通寺《じんどう》の村名が残っている。神通寺は「神戸寺《じんどじ》」の意であった。この「神戸」は兵庫県ではコウベ、三重県ではカンベ、鳥取県ではカンド、岡山県ではジンコ、東京都ではカノト、そのほかコウト、ゴウトなどの地名がある。大重神社は大重《おおしげ》（大茂野の二字化か）で、駒形神社と合併して現在は駒形大重神社となっている。郡内の大倉比売《おおくらひめ》神社の鎮座地のみが不詳となっているが、旧大字柏原の神武天皇社・ホコラの宮の神宮寺には薬師如来（藤原時代）を安置し、天平二十年「正倉院文書」には「葛上郡柏原村」とある。当社も『延喜式』内に相当する古社ではなかろうか。

『延喜式』内社については、葛城市逢坂の山口神社と隣村の穴虫大坂山口神社が、ともに式内・大坂山口神社を標榜《ひょうぼう》している。『延喜式』神社の所在地名、並びに神宮寺の検証は古代地名研究上、実に重要なことである。

**神南**《じんなん》（斑鳩町）　大和川北岸、式内・神岳《かみおか》神社鎮座地。『三箇院家抄』には「コウナン」と記している。『大和志』には「磐瀬杜、神南村東、車瀬村ニ在リ」、あるいは「三室山、神南村に在り、嶺、大島と号す。また、島山と号す。山中ニ三室院有リ」とみえ、今は「ジンナン」と称しているが、神南はカムナミ・ミムロと同義語。カミモリ→ミモリのこと。カムナミはカミノモリ→カミノリ→カミナリ、カミナミ（神南）に転じたか。飛鳥川辺のカミナリは「雷」（雷土）、イカツチ村に訓読した。飛鳥神名備は飛鳥川対岸の甘樫丘《あまかしのおか》であろうか。飛鳥川（天ヶ瀬・甘ヶ瀬）流路の曲水《まがみ》（真神）があり、竜田川の神南には車瀬《くるませ》の地名がある。神南は飛鳥の神奈備と同義の地名であろう。神の鎮まる神名備は三輪・葛城・飛鳥など、大和の重要地に存在、その根本は『万葉集』に「三諸《みもろ》の神奈備山《かむなびやま》に五百枝《いほえ》さし…」とある。いずれも諸川の曲流地に鎮座している。（Ⅰ）

**神楽**《じんらく》（大和高田市）　環濠集落。寛永十七年（一六四〇）の「大和国郷帳」には「秦楽村」と記す。当村東方近く、磯城郡田原本町の大字秦之庄《はたのしょう》に秦楽寺《じんらくじ》の村名（寺名）があり、秦河勝《はたのかわかつ》の移住地と伝える。このジンラクも「神楽《かむら》」を音読したもの。神楽池から石包丁片が出土。大日堂・照光寺には文明・明応・天正年間の五輪塔・石仏などがあり、室町時代の「金峰山文書」には「神楽殿」とある。また、神楽北方には百済野・百済庄・百済村の名があり、西方の岡崎村には百済の意太良《おたち》を葬る高田丘《たかたのおか》がある（「武烈紀」）。葛城は外来文化を移した先進地域で、神楽は前記、秦之庄の秦楽寺の寺田の所在地であろうか。（Ⅰ）

**須恵**《すえ》（五條市）　集会町（『桜井寺文書』）・統（『三代実録』）とも書く。古代の陶工集団の居住地か。須恵北方の天神山から奈良時代前期の瓦跡を検出、鴟尾《しび》断片も出土した。同市久《く》留野《るの》町の荒坂《あらさか》瓦窯跡からは、飛鳥・川原両寺の瓦と同一様式の古瓦が出土、数カ所に窯跡を残している。「雄略紀」には工人渡来の記事中に「陶部《すへべ》」の名がみえる。いわゆる陶部集団の存在を裏づける地名か。　（I）

**菅原**《すがはら》（奈良市）　菅原寺（喜光寺）所在地。古代、菅草《すがくさ》の生える地域。別名を伏見（伏水）というように、この付近は湿地帯であった。　（I）

**習宣**《すげ》（奈良市）　添下《そへしも》郡菅原郷内、現奈良市の西大寺付近の地域と推定される。奈良期～鎌倉期の地名。天平十九年（七四七）の『法隆寺資財帳』に、大倭国添下郡菅原郷の栗林一処の四至《しし》のうちに「習宣池」とみえるのが初見。スゲまたはスガと訓《よ》んだ。菅と習宣とは同源と考えられる。どちらもスゲの自生する草原にちなむ地名であろう。

『寧楽遺文』家伝の藤原武智呂伝に天平（七二九～七四九）初年ころ、毎年九月藤原武智麻呂が習宣の別業《べつごう》に文人・才子を集め、文学の集会を開いたが、当時の学者はそれを登竜門と考えて競いあったと述べられている。永仁六年（一二九八）十二月の『西大寺田園目録』の中に、「添下郡左京西大寺西山内一段字スケノ池但池ハ今田也」とある西山内の石塔院は興正菩薩叡尊の墓所のことで、スゲ池はここから少し入り込んだ谷にあったとみられる。習宣の地は平城の西京極付近から京外の兵陵地域にかけての地域をさす称呼であった。

**須坂峠**《すさかとうげ》（御所市）　同市国見山と玉手丘《たまてのおか》の間を東西に走る坂道。俗に須坂越（吉野道）ともいう。スサカは寿坂でコトブキーコトヒキ坂とし、「允恭紀」の琴弾坂とする説もあり、「景行紀」の大和琴弾原白鳥陵《ことひきのはらしらとり》の所在地とも伝え、同地の鑵子《かんす》塚に比定される（『和漢三才図会』）。『大和志』は琴弾原を「原谷・富田村の間に在り」とする。須坂は隅坂の義か。宇陀の墨坂、巨勢路の辺坂（旧大字重阪《へさか》）も隅ノ坂である。明日香村の大字上村をカムラ、吉野郡の道股《みちまた》を大字千股《ちまた》に改変したように、発音上、ミ音脱落例が少なくない。　（O）

**朱雀**《すじゃく》（奈良市）　町名。朱雀は、南方を支配する四神の一。平城宮の朱雀門・朱雀大路にちなむ地名で、実際の所在は奈良市役所西側（二条大路南三丁目付近）にあたるが、現在は近鉄京都線「高の原」駅東の新町名となっている。

右京は朱雀大路の西側、左京は東側を意味するが、新町名の左京・右京も共に平城宮跡北方、平城ニュータウン内にある。ＪＲ京終《きょうばて》駅付近の奈良市京終はキョウバテで、左京の東端。京都市の京極と同義の地名である。朱雀・右京・左京の通称町名は昭和六十一年九月、行政町名として改変することになり、存続か変更かで対立し、史実的に不当（反対）として論争があった。ちなみに、現「二条大路一丁目」も条里制からみると「三条大路一丁目」である。（Ｉ）

## 頭塔《ずとう》（奈良市）

奈良市高畑《たかばたけ》の通称。「頭塔の山」「頭塔の森」ともいい、『東大寺別当次第』には神護景雲元年（七六七）、実忠《じっちゅう》和尚《おしょう》が良弁《ろうべん》僧正の命によってつくったとみえる。「頭塔《ずとう》」は「土塔《どとう》」の意。大阪府堺市内にも「土塔町」があり、同地にも土塔がある。最近の調査によると、基壇《きだん》（土壇《どだん》のこと）の上に七段の石積みが階段状に積まれ、十九体の石仏（奈良時代後期）を安置していて、いわゆるインド系の古式のスツーバの典型的な遺跡であることがわかった。

『奈良曝』巻三には市内の眉目《びもく》塚・肘《かいな》塚などの町名も玄昉《げんぼう》（法相宗の僧）の眉・目・肘を埋めた所という地名説話が残る。ちなみに、橿原《かしはら》市内小字面工《あざえだくみ》が画土《えど》から円図《エンズ》に改変した例があり、ダ→ザ行音転訛例は認められる。（Ｉ）

## 墨坂《すみさか》（宇陀市）

『日本書紀』神武即位前紀に「又、女坂《めさか》に女軍《めのいくさ》を置き…墨坂に焃炭《おこしすみ》を置けり、其の女坂・男坂《をさか》・墨坂の号《な》は、此に由りて起これり」とある。この墨坂は初瀬（長谷）東端の隅の坂である。同地の角柄《つのがわら》（すみがはら）は「隈ヶ原《すみがはら》」の意で、角柄に二字化、ツノガラに転じたもの。たとえば、同郡の「嬉河原《うれしがわら》」は「漆《うるし》ヶ原」の改字村名であった。また、「隅」（スミ・クマ）は丘を畏《かしこ》むという意味から「熊」に改変した。宇陀郡東南隅に大熊峠、奈良市西北隅に押熊（大隅）がある。熊本市も古くは「隈本」であった。（Ｉ）

## 巣山《すやま》（広陵町）

馬見《うまみ》丘陵中の前方後円墳。巣山は一に「陶山《すやま》」とも書く。巣は陶《すえ》（埴輪など）の出土地を意味するところか。「崇神紀」七年条に「茅渟県《ちぬのあがた》の陶邑《すえのむら》に大田田根子《おほたたねこ》を得て貢《たてまつ》る」とある陶邑は、現大阪府泉南《せんなん》郡で、同郡岬町内にも「巣山古墳」がある。

　馬見古墳群には「城上《きのへ》」→大塚古墳、「仁墓山」→新木《あらき》山古墳、「築山」→城山古墳など、「城《キ》」にちなむ古墳名が多く、また「城之上」→「紀三上」（誤写）、「於城」→「城上《きのへ》」などと表記する地名があり、『万葉集』の「城之上」「城於道《きのへ》」「城上宮」の地域（墳墓）であると考えられる。

　二〇〇七年一月、国の特別史跡・巣山古墳（四世紀後半）の周濠《しゅごう》から死者を黄泉《よみ》の世界へ送る前例のない木製の舟形葬送具「喪船《もふね》」が出土した。喪船の全体や古墳での葬送儀礼を解明するうえで貴重な資料とみられている。

　出土した喪船の部材は、舷側とみられる板状（長さ九五センチ・幅二〇センチ・厚さ二センチ）と屋形の一部と考えられる柱状（長さ一・八メートル・幅二〇センチ・厚さ三センチ）があり、柱状の部材は片側が反っていた。これらの木製品は、周濠を覆う葺石《ふきいし》の基底《きてい》部に沿うような形で見つかり、葬送儀礼の終わった後、一連の部材を意図的に埋めたらしい。こうした大古墳には殯葬《ひんそう》にあずかる部曲《かきべ》が存在したらしく『令集解』喪葬令にも遊部は鎮魂・卜事《うらへごと》に関係したのであろう。

　大陵《おおみささぎ》である仁徳天皇陵は百舌鳥《もず》野に所在し、応神天皇陵は藻伏《もふす》陵といわれる。向日《むこう》市の物集女《もずめ》車塚古墳はモヅメと呼称するなど、大古墳群にはモ（喪）、または「土師《はじ》」「城《き》」にかかわる地名が多く残っている。
（I）

## 杉ヶ町　するがまち　（奈良市）

　旧奈良町西南端に位置。杉ヶ西町・杉ヶ中町・杉ヶ東町の三地区に分かれる。近世、奈良廻り八ヶ村の一つ、杉ヶ町村の慶長郷帳の村高一一九・八五石。寛永十一年（一六三四）村高のうち、村域東部の十九・三九六石が奈良町に編入、年貢赦免地となった。奈良町に含まれた杉ヶ町は、『奈良曝』に「町役廿六軒。柳町の西うち町」とある。現在の町域は、東が柳町、南が大森町、西が三条本町、北が三条町に接している。地名の由来は、昔、人家がなく水田であったとき、当地の杉の大樹によって字名としていたことによる（『奈良坊目拙解』）。真宗大谷派の徳願寺の境内に杉《すぎ》市《いち》大神の小祠のみが残っている。戦後、町の中央を東西に貫く新道（市道杉ヶ町高畑線）が開通し、多くの住宅や店舗が建てられるようになり、田園風景は消えた。

吉野郡黒渕村の小字「スガ谷」(天文二十年三月土地売券―一五五一)が、七年後の弘治四年三月の小字では「スルガ谷」となっている。吉野郡内の小字「菅谷」が一例、「スルカ」が二例、「スガ谷」は「スギ谷」の転訛であろう。同郡の大杉谷は有名であるが、同郡には小字「杉谷」が約五〇例、同「杉ノ谷」が約二〇例あり、植物の「杉」関係の地名が非常に多い。同郡内では「スガ谷」は旧宗桧《むねひ》村の一例にすぎない。

この「スガ谷」は「スギ谷」ではなかったか。吉野郡は銘杉の生産地である。前記、奈良の「杉ヶ町」は、「スルガ町」と呼称しているが、スギガ町→スリガ町→スルガ町に転訛したものであろうか。（I）

## 勢井《せい》（五條市）

吉野郡小字「辿《たわ》」(嵶・乢)によく似た地形名に「迫《せ》」がある。勢井は旧「迫村《せい》」(元禄郷帳)。同村内には旧大字「迫」があるが、現地発音はサコ、同村大字大迫は元禄郷帳では「大セヒ村」とみえ、同郡十津川村には大字迫西川《せいにしがわ》がある。さらに、同郡野迫川《のせがわ》村は明治二十二年四月、旧野川組・迫組・川波組の頭文字を連ねた合成地名であった。

吉野郡内には「迫」関係の地名が多い。小字ともなると「迫《さこ》」だけでも三〇〇例以上もあって、一部には「左古」「砂古」「佐古」などとも書く。つまり、「迫」は「セ」「セイ」「セヒ」「セリ」「セコ」とも訓《よ》む。「ア」の接頭語を用いた「アセヒ」から十津川村大字「旭《あさひ》村」の仮名に対し、白銀《しろがね》村大字汗入《あせり》(慶長郷帳)は明治二十六年、「十日市」に改称した。「綸言《りんげん》汗の如し」というのは、天子の言はいったん口から出たら取り消されないことをいう。「汗入」とは奇妙な村名。

結局、「迫」は山と山の間隔《かんかく》の狭《せ》められた谷間で「狭戸《せばと》」(同郡東吉野村大字)のような地形で「原」ではない。大和国中《くんなか》の「長谷」(桜井市)、「笠間《かざま》」(小狭間《こはさま》の略)、「迫間《かさま》」(宇陀市)などと同意の語であろう。さらに、長谷寺奥の「上之郷《かみのごう》村」の大字芹《せり》谷も現地では「セイリン」といい、芹《せり》の群生地とする説もあるが「迫」の地形名にふさわしいところ。明日香村の「細《ほそ》川《かわ》谷」のような階段状の渓谷の地域をいった。ちなみに、「迫」「瀬」「背」「勢」などの用字は地名の場合は意外な好字に転じた。

たとえば、奈良市の『延喜式』神名帳の「穴咋《あなくひ》神社」の社名「穴栗《あなくり》」に転訛している。桜井市の浅古もア・迫《さこ》の義か、アサコ(朝来)のアは朝倉(佐倉)、朝妻（薩摩）などのアと同様の接頭語か。

## 関屋《せきや》（香芝市）（Ⅰ）

県内には大字「関屋」が二例、同「関戸」が一例、小字「関屋」が約二五例、同「セキ」「セキ～」が約二〇例、同「セキショ渡」、同「関茶屋」など各一例が残っている。

「天武紀」八年条に「初めて関を竜田山《たつたのやま》・大坂山《おほさかのやま》に置く。仍《よ》りて難波《なには》に羅城《らじやう》を築《つ》く」とみえる。難波に羅城を築くために、関を置いたとある。竜田山は生駒山脈の東南部で、竜田山という主峰があるわけではないが、竜田大社付近の高地を指す汎称であろう。「竜田越」の経路については「天武紀」によると「竜田の関」名がみえている。関は「高山」集落から「峠」集落の地に推定されている。

竜田大社

大坂山は香芝市大字逢坂《おうさか》の西方大字関屋《せきや》、田尻《たじり》付近の総称で、竜田山と同様、主峰はみられない。大字穴虫《あなむし》、逢坂には大坂山口神社（式内社）が鎮座し、大和中央部から下田・畑《はた》・追分・関屋・田尻を経て大阪中心部（難波）に至る最短経路となっている（現在の近畿日本鉄道路線と同じ）。大坂は逢坂、坂合の義、峠である。大字関屋の地名が示すように関の所在していたことは否定できない。

竜田道（いとり橋）

金剛・葛城山に跨がる水越峠にも大字関屋があり、この峠は大和南部から大阪に通ずる交通路としては、かなり古くから利用されていた。また、この地が『和名抄』の大坂郷に考証され、「ヲウサカ」（大字増）の小字を残している。大和・山城国境の、奈良市奈良坂にも関所があって、今なお小字「関屋」がある。

室町時代、明応四年十月、桜井市赤尾に東大寺二月堂の関所が設けられ、関銭を徴収していた。赤尾村の関は桜井町の宇陀ヶ辻から忍坂を経て宇陀郡に入る通行人を対象とするもので、同村には「二月堂」なる地名も残っている。また、伊勢参宮が盛んとなるにつれて、春日、三輪、追分、初瀬、伊勢を結ぶ街道の参宮人を対象とする通行税を徴収する目的で、各地に関所が設けられた。慈恩寺関、長谷寺関、萩原関、赤埴《あかばね》関、田口関の諸関所があった。（I）

**勢野**《せや》（生駒郡）　三郷町大字。セヤは瀬野、瀬谷とも書く。大和川の北岸に立地する。勢野のセは巨瀬《こせ》・野勢《のせ》などのセ（瀬―浅い川のこと）と同義。好字を用いたもの。月瀬（滝瀬）、広瀬など、野や瀬にちなむ地名は極めて多い。（I）

**前鬼**《ぜんき》（下北山村）　前鬼は国道一六九号から林道を前鬼川沿いに上った山腹に位置する。前鬼は大峰奥駈《おくがけ》修行の第二十九番の行場で大峰入の修験者が宿泊した集落で、現在は宿坊小仲坊《おなかぼう》（第六十一代五鬼助義之《ごきじょよしゆき》）が残っている。地名の由来は、役行者《えんのぎょうじゃ》に従った前鬼、後鬼の子孫が定着したことによるという。役行者とは、七―八世紀のころ、大和・城山に住んで修行した伝説的な呪術者で、修験道の祖とされる。

宮坂敏和『吉野』によると、前鬼は平安中期ごろ既に開けていた村で、子孫の五家がそれぞれ宿坊を営んで、奥駈入峰者の先達を務めてきた。中世以降多くの修験者や僧俗の参籠《さんろう》地として栄えた深山灌頂《かんじょう》道場の山伏集落として、深山宿への食糧補給の重要な基地であった。五家とは五鬼熊《ごきぐま》（行者坊）、五鬼継《ごきつぐ》（森本坊）、五鬼上《ごきじょう》（中之坊）、五鬼助（小仲坊）、五鬼童《ごきどう》（不動坊）をいう。幕末の畔田《くろだ》伴存『吉野郡名山図志』には「善（前）鬼村　五坊有り、外に祈禱寺一ケ寺、毎月六日の日には五鬼坊、此堂にて祈禱ありと云ふ…釈迦岳の麓東南に向ひたる山原也。この地深山幽谷にして、山霧常に覆ひ畳襖を腐らしむ」と記している。前鬼川の三重の滝は修験の裏行場である。西行法師も修行で訪れて、「三重の滝ををがみけるに、ことに尊く覚えて、三業の罪もすすがるる心地してければ〈身につもることばの罪もあらはれて心すみぬるみかさねの瀧〉（『山家集』）と詠んでいる。（T）

**善城**《ぜんぎ》（下市町）　吉野川支流の「秋川」流域の谷間の小平地。善城は吉城《よしき》（奈良市春日野の吉城川と同意）で、ヨシキのヨシは吉野・吉田・吉原などのヨシと同義の語であろう。善城は『日本霊異記』の桃花鳥《つき》の里（滝の里）と伝え、秋川のたぎり流れる同地の藤谷山瀧上寺《りゅうじょうじ》は名所。（I）

**前栽**《せんざい》（天理市）

大和川支流の布留《ふる》川北流右岸に位置する集落で、古代中《なか》ツ道の東側にあたる。「前栽」は南北朝期の荘園名が初見で、江戸期から明治二十二年までは村名として「千済村」とも「千才村」とも記した。それ以降は、はじめ二階堂村、昭和二十九年からは天理市の大字として残る。昭和三十三年から「天理市前栽町」となる。

「前栽」とは庭先に植える草木、あるいは草花・庭木を植えた庭園を意味した普通名詞である。古語辞典には野菜や青物を意味する「前栽物」の略として使われる場合もあるとしている。地名の語源は恐らく瑞祥地名である「千歳《せんざい》」と同意（『地名用語語源辞典』）、もしくは「千載《せんざい》＝千年・長い年月」の借音地名か。（Y）

**曽我**《そが》（橿原市）

曽我川岸の村落、宗我都比《そがつひ》古《こ》神社の鎮座地。ソガはスガ・シガ・サガと同意の古語であろう。『播磨国風土記』には「吾が意《こころ》宗我宗我志…」という記事がある。『万葉集』は「真菅《ますが》よし曽我の河原」とあるように、マスガはソガにかかる枕詞で、菅草《すがくさ》は神聖な植物とみられた（『延喜式』）。また、ソガはスガ（清）に通ずる語で、曽我村を中心として「真菅」の村名を制定した（明治時代の町村制による）。

ソガは地名には「曽我」、神社名には「宗我」、人名には「蘇我」とあって、地名の用字についてははっきり違っていた。江戸時代、石塚龍麿《たつまろ》の『仮名遣《かなつかい》奥山《おくのやま》路《じ》』（寛政十年〈一七九八〉本居大平序文）によると「国名・地名・姓人名」などの用字は定まっていて、「イセ」（伊勢）のセには「勢」、「カヒ」（甲斐）のカには「甲」、「ツクシ」（筑紫）のシには「紫」などもすべては決まっていて、「今の世までも、をさを違わずして古《いにしえ》より用いてきたもの」とある。さらに、用字について、たとえ発音が同じであっても用いる文字は厳然と定まっているというのである。

『万葉集』をみると、ウネビ山（橿原市旧大字畝傍）は雲火山、『続日本紀』ではウナテ（橿原市旧大字）は雲梯と書く。同じ「雲」であってもウネとウナと違うのは何故《なぜ》なのか。

有名な天の香具山は『万葉集』では「高山《カグヤマ》」と書く。長野県の信濃はシナノ、大阪府の信太山（JR駅名）はシノダ山と発音する。何故に「信」がシナ・シノと読むのか。これらの地名起源を解明した本居宣長は『地名字音転用例』を、東条義門は『男信考《なましな》』を著した。賀茂真淵・新井白石・契沖の諸学者の万葉地名の研究に残した業績も偉大であった。

今でも広陵町の「馬見山」はウマミで「ンマミ」と発音する例が少なくない。大阪市の梅田もウメダではあるが現地発音はンメダでもある。このウメは『万葉集』には「牟梅《ムメ》」あるいは「宇梅《ウメ》」ともある。これは恐らく「梅《メ》」の語はmmeであったがmをあらわすために「う」「む」を冠したのであろう（ちょうど「馬《ま》」をウマ・ムマというように）。古来、ウメかムメで問題となり本居宣長と上田秋成（御所市名柄《ながら》出身の幕末文学者）が大論争した話は有名である。（I）

**曽爾** そに（宇陀郡）　蘇邇、素邇とも書く。室生《むろう》火山郡内の岩石の多い地域。黒岩の村名がある。「仁徳紀」に速総別命《はやふさわけ》が素珥《そに》山中に潜み、のち、伊勢の蔣代野《こもしろ》で討たれたという記事がある。赤埴《あかはに》をアカバネ（赤羽）というように、ソニ－ソネは岩石の多い荒地を意味する。

『新撰字鏡』には「埆《そね》」（石の多いところ、堅いやせ地）とあり、田圃よりもやや高い畑地を示す場合もみられる。ただし、大和高田市の曽大根《そおね》は曽根と大西村の合成地名である。（I）

曽爾谷

兜岳（宇陀郡）

## 相場振り山《そばふりやま》（三郷町）

古代の放烽《ほうぶ》（のろし台）に次いで、中世、戦乱の時代にも多くの烽台のあったことは否めない。やがて近世には情報通信の意味から、いよいよその存在性が認識されてきた。

たとえば、江戸中期、大坂堂島の米市場は、「米将軍」といわれた徳川吉宗によって安定をはかった。享保十五年（一七三〇）幕府が堂島に先物取引を公認し、近国への米相場通信の手段として、白・黒色の旗を用い、右に振れば十の単位、左に振れば一の単位にしたといわれる（大坂堂島に記念碑あり）。

堂島から大和平群郡の十三峠《じゅうさん》付近の南、南畑《みなみばた》の「相場振り山」から「送迎山《ひるめ》」を通じ、三輪・高田へ、あるいは奈良（近鉄奈良駅北側）へ、さらに奈良から旧五ケ谷村の高峰山（相撲《すもう》取り山―相場《そば》取山の転訛）を経て、都祁野《つげの》、笠間の「相場取り山」を通って、伊賀上野に連絡した。平群郡の「旗振り源助」はこれを職業としていた。源助は「見通《みとお》しの与三次《よそじ》」「鳩を使った堺の寅吉」らと共に、この手旗速報で巨利を得、「一手千両の花が咲く」といわれた。

平成三年六月十四日、日本テレビが関西大学の協力を得て実験を試みたことがある。まず堂島から千里山（吹田市）→阿武山《あぶやま》（高槻市）→天王山（京都府大山崎町）→大岩山（京都市伏見区）→小関山《こせき》・追分《おいわけ》（大津市・旗振山）までの各所に見張り台を設け、旗振実験の結果、堂島・大津間四七キロメートルを六分四五秒で送信することができた。つまり、時速四〇〇キロメートルとなることから江戸までは約一時間二〇分で送信することができるという。ちなみに、六甲山中に「ハタフリ山」の地名があるのは尾道までの通信の名残であるという。古代難波から、近世堂島からの連絡は放烽、手旗による大和への信号は平群町がもっとも早く通じた。

（Ⅰ）

## 杣之内《そまのうち》（天理市）

杣とは針葉樹の総称。杣之内は、明治十二年の木堂・山口・内山の三カ村合併によって「木」「山」「内」の文字を合成したもの。木堂は木戸・城戸で、山口は山の口、山の神、水の神を祀ったところが多い。内山は内山永久寺の所在地。固有の古語を破壊した作字地名。

（Ⅰ）

## 園池《そんのいけ》（御所市）

旧大字楢原の垣内《かいと》名。「ソンノ池」に転訛。

古代の園池とは宮中に供御する野菜などを栽培、家禽《かきん》を飼育した料地のこと。大和国からは別に支子《くちなし》、金剛《こんごう》沙《しゃ》（砂）などの禁野があった。宮内省園池司《そのいけのつかさ》に属し、『延喜式』によると「奈良園、六町八段三百二十歩」とみえ、『山槐記』には「蜜園大和」と記している。『和名抄』の忍海郡《おしみぐん》に「園人」の郷名があり、『古事記』には「葛城之五村苑人《そのひと》」の記事がある。

　治安四年（一〇二四）三月の「興福寺維摩会菓子園司解」に「葛上郡菓子御園」とみえ、延久二年（一〇七〇）の『興福寺坪付帳』に「葛上郡西菓子庄廿二丁七反…卅五条八里」とみえるのは、この園池垣内に該当する。（Ⅰ）

# た 行

## 大安寺村　だいあんじ　（田原本町）

旧大字大木《おおぎ》の北部に立地。旧大安寺領。『姓氏録』大和国神別条に「服部連《はっとりのむらじ》」の居地と伝え、『大和志』に「大安寺村あり、服部神社、今波都《はと》里《り》神と称す」とある。『大乗院雑事記』文明十六年（一四八四）条に「森屋庄…この内卅六丁は大安寺領地」とみえ、現大字大安寺はほぼ三十六町を占めている。元和元年（一六一五）郡山藩（水野勝成）領となり、延宝七年（一六七九）から幕府直領となった。ちなみに、「大安寺」（奈良）は伊勢国寺領に「大安寺」の町名、備前国御野郡に「旧大安寺村」（現大安寺高等学校付近）などの地名を残している。（Ⅰ）

## 高家　たいえ　（桜井市）

大字高家は多武峯《とうのみね》谷の高地に立地している。高戸でもある。高市の郡名が古くはタケチ（多介知）といったように、タカへはタギへ（「仁徳紀」の「我家《わがいへ》」はワギへに）→タイエ（音便）になった。當麻（タギマ）がタヘマ・タヱマ・タエマ（近世道標文）からタイマに、さらに春日部が「春日井」に、財部が「宝井」に、飛鳥部が「飛鳥井」、田部庄が「田井」などに転じた例もある。

**醍醐**《だいご》（橿原市）　（Ⅰ）

藤原宮大極殿《だいこくでん》跡は大字醍醐の東南隅、同大字の第一番地の小字「大宮《おおみや》」「当ノ坪《とうのつぼ》」「宮所《みやどこ》」（木簡にも）、「名ナシ田」付近に該当し、醍醐の大字、醍醐《だいご》の大后寺なども、大極殿跡にちなむ地名であろうか。藤原京内には大字「高殿《たかどの》」「城殿《きどの》」、小字「孫殿《まごどの》」「京殿《きょうどの》」「中殿《なかどの》」「沖殿」などがある。「中殿」を「中田《なかた》」と書き、大字高殿の高所寺《こうしょうじ》池（高殿・別所・法花寺の合成地名）の別名は小字「コウ田」（高田）とある。

奈良市の大字「神殿」は「神田」で、コウデン→コウドノ→コドノに転じ、葛城市大字小殿《おどの》は御歳《みとし》神社前の「神田《こうでん》」、山辺郡の中世、染殿庄は染田庄で、「田」は「殿」に改字した例がみられる。

**大黒ヶ芝**《だいこくがしば》（奈良市）　（Ⅰ）

平城宮跡の小字「東《ひがし》大宮《おおみや》」「大リ宮」付近（佐紀町）に、大極殿《だいごくでん》跡がある。明治二十五年頃の観光地図には、すでに「大黒が芝は大極殿の跡なるべし」とあり、同二十九年、同宮跡を調査した関野貞がこの地名を「大極殿」の基壇と確認したといわれる（明治三十三年一月一日・奈良新聞）。しかし、小字「大黒《ダイコク》ヶ辻《ツジ》」（「辻」は「芝」か）は同市旧大字法蓮《ほうれん》村にもあり、文久三年（一八六三）の北浦定政の「平城旧跡之図」では佐保山と興福院の間に図示しているのが「タイコクヶ芝」で、『打墨縄』には「聖武陵の西北に字『大黒が芝』とよぶ所あり。文武の皇后の佐保山西陵とあるは是なり。則ち大黒は太皇后の訛なり」とみえ、『大和志』には「平城朝太皇太后藤原氏宮子」「在眉間寺西北陵六百歩許呼曰大皇后（タイコク）之尾云々」と記す。

さらに、『山陵志』には、「聖武皇后、藤原氏、文武后の陵、今呼んで大黒の柴と為す。后を尊んで太后と

朱雀門（建設中）

為す。大黒は其の音の訛れるなり云々」とみえ、現在は元正《げんしょう》天皇陵の南、聖武天皇皇太子の墓とされ、七疋狐の石が埋めてあるという那富《なほ》山に考定している。
また、谷森善臣の『蘭笠《いがさ》の雫』には「多門山の平城跡近う續きたり…大コクガヒラなる立石より、ひだち道へは…」とある。さらに、『大乗院雑事記』延徳二年（一四九〇）正月条には眉間《みけん》寺北西の「大黒之芝」にある芝石に多くの人びとが参詣すると記している。「大黒の芝」は法蓮村にあった地名で、享保二十一年（一七三六）の村井古道の『奈良名所絵巻』にも「大黒ヶ芝石」として図示し、「昔時彫刻、濫觴不詳」とある。墓内には犬石・鼠《ねずみ》石・隼人《はやと》石・七疋狐などがある。自然石に頭部は動物、体部は人身の線彫りにしたもので、古墳墓の護石と同じく、十二支の中の「北」「東」「南」「西」の四方に石像を建てたという説がある。現在の平城大極殿跡付近の小字は「大宮」「神明野《しめの》」「大内裏《だいないり》」である。「大黒ヶ芝」は「法蓮村」の小字であって、「太皇后ヶ芝《タイコウコウガシバ》」の転訛と考えられる。ちなみに、藤原宮跡内の大極殿跡「宮所《みやとこ》」は大字醍醐《だいご》東南隅、一～三〇の番地付近となっている。

「大黒ヶ芝」（奈良名所絵巻）

現在、平城宮跡内に大極殿が再建中であるが、明治二十五年頃、水木要太郎らの観光案内書『ならのしるべ』などには「大黒が芝が大極殿の跡なるべし」とあり、この伝承を関野貞が吟味検討し、土壇状の殿跡を確認された功績は大というべきである。しかし、佐紀・法蓮の二カ村に「大黒ヶ芝」の残ることは事実で、地名の発生・転訛・改字には十分な注意が必要である。

（Ｉ）

## 田井庄《たいのしょう》（天理市）

田井庄の「井」は「部」、田部庄であったか。忍坂《おさか》井《い》・春日井《かすがい》は忍坂部《おさかべ》（忍壁）・春日部《かすかべ》（春壁）で、ワ行のヰはエ（ベ）の転訛語と考えられる。高市郡高取町田井庄は兵庫庄と一括して田井兵庫庄ともいわれた。兵庫は武器庫のこと。大和高田市の田井は文永四年

（一二六七）の「宗性書状」には「葛下郡田部庄」とある。磯城郡田原本町の為川《ためがわ》（大字）も貞和三年（一三四七）の「興福寺造営段米並田数帳」には「田部河」とある。バ行とマ行音の転訛例も少なくない。（Ｉ）

**大福**《だいふく》（桜井市）　大福は東西に走る旧初瀬街道（横大路《よこおおじ》）と南北の橋街道（中ツ道《なかつみち》）の交差地域にあり、横大路に面した場所に横落村（横大路）がある。大仏供《だいぶく》には上・中・下庄があり、上庄は現在の上之庄《かみのしょう》、中庄は東新堂《ひがししんどう》、下庄は現在の大福《だいふく》にあたる。太閤検地の「文禄検地帳」には「和州十市郡大福下庄」、「慶長郷帳」には「大仏供下庄」と記している。銅鐸出土地として有名。

延久二年（一〇七〇）の『興福寺坪付帳』には「十市郡東郷、大仏供庄三十丁、不輪田畠一町九反、公田畠二八丁一反、木工寮田五反」とあり、興福寺の荘園であった。大仏供庄は、興福寺の白米・灯油などの諸物、供養・諸会式・転読料（お経をあげる費用）などの諸費をまかなう土地。ダイブク、またはダイブックと称し、大福は佳字化したもの。（Ｉ）

**大仏池**《だいぶついけ》（奈良市）　東大寺戒壇院《かいだんいん》の北にある大池。別名を二ッ池といい、近年では正倉院南池とも呼ばれている。佐保川の支流で、俗に中御門川《なかみかど》という小川（今は暗渠）の水源にあたる。天正十七年（一五八九）四月、豊臣秀長が掘り起こし、上下両池を築造し油坂・芝辻両村に用水池として与えたもので（『多聞院日記』）、のちに大仏上《だいぶつかみ》池《いけ》・下池《しもいけ》と呼ばれるようになった。十七世紀の「東大寺寺中寺外物絵図」にも両池が見られるが、明治二十七年（一八九四）の「奈良市街名区古跡図」では、二つの区画を示し、その中に「池」「田」と記している。明治中期までには下池に水はなく、田園と化したらしい。今は上池のみが芝辻町によって管理されていて、木々や芝原に囲まれた池面に大仏殿が影を落とす風情ある景観を見せている。（Ｏ）

**高家**《たいへ》（桜井市）　桜井市南部の山村。旧多《とう》武峯《のみね》寺領で、針道《はるみち》（墾道か）・椋橋《くらはし》（倉橋とも）・細川とともに多武峯四郷の一。四郷の中では最も寺に近く、根本所領として、直属的な存在であった。『万葉集』に「ぬばたまの夜霧は立ちぬ衣手の高屋《たかや》の上に棚引くまでに」（舎人皇子）とある高屋は、高家であろうか。埼玉をサイタマと訓《よ》むように、発音上転訛した。（Ｉ）

## 當麻《たいま》（葛城市）

当麻寺

當麻寺《たいまでら》の所在地。大和の當麻路は大和葛城《かつらぎ》と河内石川郡を結ぶ「當麻岩屋坂」のことで、縄文時代の遺跡に立地する。「當麻地蔵ヶ辻」には當麻蹶速《くえはや》の墓と伝える碑があり、日本相撲の発祥地といわれる（「垂仁紀」）。

葛城の一部、當麻は近世の「道しるべ」を見ると「たへま」「たゑま」「たえま」などと刻み、近鉄駅名では「たいま」となっている。『常陸国風土記』行方《なめかたの》郡《こほり》の条に「當麻郷《たぎまのさと》あり、古老《ふるおきな》の言へらく、……地探浅《つちたぎたぎ》しかかりき。悪しき路《みち》の義《こころ》をとりて、當麻《たぎま》といふ」とある。つまり、悪路のことはたぎたぎしい所といい、川水の急流もたぎつ瀬といった。吉野川流域に「滝」「黒　滝」「宮滝」など、タキにちなむ村名が多い。このタキも水のたぎつ流れるところ。『万葉集』には「…み吉野の清き河内のたぎつ白浪」とある。

當麻道は今の二上山中を越える岩屋峠のことで、俗に當麻岩屋道というように、この道は「當麻」にある山路で、現在の竹内峠のことではない。『日本書紀』履中紀にも「大坂（穴虫峠）に遇《あ》ふや、少女《をとめ》を道問へば、ただには告《の》らず當摩径《たぎまち》を告る」とある。すなわち、穴虫の大坂を行かずたぎたぎしい路をといえば、當麻路に至る岩屋峠ということになる。実際にたぎたぎしい岩屋坂道である。『河内名所図会』にも「河内国より大和當麻に至るには、険阻ではあるが岩屋坂を越え行く」とある。いわゆるこの付近が古代の「當麻郷」であった。

さて、當麻はタウマかトウマであるが、古代の當麻はタギマであった。たとえば、香山《コウヤマ》をカグヤマと訓《よ》むように、この場合の「ウ」はカ行の音に開音節化した例が多かった。こうして考えると「葛城の當麻」は「カツラキのタギマ」であった。（I）

## 大領《たいりょう》（御所市）

御所市、旧葛上《かつじょう》・忍《おし》海《み》郡境界にある地名。『頭陀親王入唐略記』に「大和国葛上郡旧国府に到る」とみえ、貞観三年（八六二）三月、高岳《たかおか》親王が巨勢寺から難波津に赴く途中、名僧数十人が葛上郡の旧国府まで「追従相送」したという記事がある。この葛上郡の旧国府といえば葛上郡の郡家のことで、現御所市の元町《もとまち》・大字 薑《はじかみ》 地域の小字「大領《たいりょう》」「国造前《こくぞうまえ》」「東コクソ」（東国造）、「橘本《たちばなもと》」「矢萩《やはぎ》」（矢作）、「日《へ》置《き》」「式部《しきぶ》」などの地名を残し、石光山《せっこうざん》古墳、地光寺《じこうじ》（慈光寺とも）廃寺、「清寧紀」の角刺《つのさし》宮跡がある。「孝徳紀」の大化二年（六四八）条に「郡 司《こほりのみやつこ》には国 造《くにのみやつこ》の性識《ひととなり》たましひ清廉《いさぎよ》くして、時の務《まつりごと》に堪《た》ふる者を取りて、大 領《こほりのみやつこ》・小 領《すけのみやつこ》とし」とあり、律令官制上、郡司は国司に次ぐ地方官で、葛城の古代豪族の中から選任されたのであろう。「大領」の古訓はコホリノミヤツコで古代郡院の所在地であったか。（Ｉ）

**高田** たかだ （大和高田市）　地名「高田」は大和高田市・大和郡山市の町名。両市の大字高田付近は高い土地ではなく、むしろ低湿地であろう。大和郡山市の大字高田では、小字「神殿《しんでん》」と「神田《しんでん》」（宮田のこと）が並存しているが、奈良市の「神田」が「神殿《こどの》町」に転じているように、低地なるがゆえに、「高田」に改字したか。たとえば、「川内」を「仙台」に、「河中」を「高知」に、「上河内」を「上高地」に好字化している。大和高田も高田本郷を流れる甘田《かんだ》川（神田→高田）にちなむ地名か。その甘田（葛城市大字笛堂《ふえどう》の小字）は上流の笛吹神社の神田伝承地といわれる（宝暦元年『高市郡古跡略考』）。（Ｉ）

**高塚** たかづか （宇陀市）　「宇陀郡田地帳案」に「高塚庄」、宇太水分《みくまり》神社古図には「高塚」とある。古墳にちなむ地名か。建長八年（一二五六）の高山寺（京都市）の文書に「於宇陀郡高塚寺書了」、文永八年（一二七一）の金沢文庫古写本跋に「大和国宇多郡之内高塚極楽寺」、「沢氏古文書」（宝徳二年―一四五〇）に「高塚御寺極楽寺」、『三箇院家抄』には「高塚・舜覚上人」と記す。寛永郷帳や『大和志』『和州旧跡幽考』などには「鷹塚村」ともある。

『延喜式』神名帳宇陀郡の「八《や》咫《た》烏《がらす》神社」鎮座地。『続日本紀』慶雲二年（七〇五）九月条に「置八咫烏社于大倭国宇陀郡祭之」とみえる。前記、鎌倉時代の極楽寺は、恐らく同神社の神宮寺であろうか。（Ｉ）

**高殿** たかどの （橿原市）　藤原宮跡内にある村落。『続日本紀』（文武）に

「大宝元年（七〇一）六月丁巳王親及び侍臣を引て西高殿に宴《うたげ》す」、また、同二年正月条にも「群臣西閣に宴す」とみえる。『日本書紀』には高楼・高堂・楼台・楼閣をタカドノと訓《よ》ませている。同市の法花寺《ほっけいじ》・別所《べっしょ》も高殿から分村したものである（『高市郡志料』）。東大寺の中世文書には「高殿」の庄名をみる。（I）

**高取** たかとり（高市郡） 高取山の山頂には高取城跡がある。高取の語義はタヲリのこと。『万葉集』にも「あしひきの山のた折《を》りに」とみえ、「ふさ手折《たを》り多武《たむ》の山…」ともある。山脈は北方、冬野《ふゆの》から多武峯に続く。冬野もトウノ、乢《たわ》んだ所、水の湧く所でもある。（I）

**高の原** たかのはら（奈良市） 近鉄線「西大寺」駅から京都に向かって「平城」「高の原」駅へと続く、この「高の原」の「の」は「大和の国」の「の」で、「飛火《とぶひ》が野」の「が」、「阿《あ》騎《き》つ野」の「つ」と同義の連体助詞。「の」は「神奈備の森」「殯《もがり》の杜《へ》」など、敬意の対象たるべき場合に、もっぱら用いられている。

西大寺が高野原の寺で、「平城」駅前の孝謙（称徳）天皇陵は『延喜式』には「高野陵」とし、『大和志』には「平城京御宇天皇、大和国添上郡に在り」とみえ、『本朝皇胤紹運録』には「称徳天皇陵、大和国高野陵に葬る。西大寺北なり」とある。谷森善臣の『藺笠の雫』（安政四年〈一八五七〉）には「西大寺また高野でらといふなるは佐紀高野ノ里に建てられたる寺なるによりて、さはいへるなるべし…昔は高野といひし地なれば、此寺の本願となす孝謙天皇の高野陵もこの近きわたりに在るべき云々」とある。したがって「高の原」は「高野原」に起因して命名したと考えられる。となると「高の」は「高野」「たかの」とすべきではなかろうか。

ちなみに、『山陵志』に「孝謙陵、高野に在り。佐貴高野山陵に作る。佐貴は狭域なり云々」として地名のことを記す。高野の「野」を「の」に変えることは、古代地名の意義を失う結果ともなった。（I）

**高原** たかはら（吉野郡） 川上村大字。高原は上多《かみた》古《こ》・下多古《しもたこ》と同様、高は「上」を意味し、原は墾《はり》と同義。高原は高地に開けた村落をいった。タコラは高原の転訛。（I）

**高天** たかま（御所市） 金剛山中の旧大字。式内・高天彦神社鎮座地。

高間である。山腹の小平地をあらわす地名。近世まで女人禁制の金剛登山口。南北朝時代、高間行秀の居城跡。前記神社の神宮寺である高天寺跡、橋本院が残る。明治初年、同院より興福寺に移された地蔵菩薩像は鎌倉初期の作。『大乗院雑事記』長禄三年（一四五九）九月条に「高間寺炎上云々」とあり、『万葉集』の「葛《かづ》城《らき》の高間の草野《かやの》…」の地か。（I）

## 高天市町《たかまいちちょう》（奈良市）

奈良市街地の中央部。旧奈良町の北西端に位置する。高間市とも書く。当町の南は高天町・油阪町、北は内侍原《なしはら》町、東は中筋《なかすじ》町、西は阪新屋《さかのしんや》町と接する。町の通称には高天市東町・高天市西町の二つがある。町名の由来については、高天は当地が周囲よりも地勢の高い場所であること、市は天文二年（一五三三）興福寺の学侶《がくりょ》（学僧）が穴口郷の「高天北方」に市を開いたのにちなんで高天市の称が起こったと考えられる。

現在、町の中心やや南寄りにある恵比須社は市の鎮守で、寛文時代の石灯籠がある。江戸時代初期には酒家・具足師等の富豪の家、また大和小泉藩の片桐石見守（貞昌）の別邸があった。高天市町は職人方、高天市百姓方の町であった。北は内侍原《なしはら》町南内で限られていたが、西方の高天市百姓との間は混合して分けがたいものであった。百姓方は当初芝辻村の枝郷で、奈良廻り八カ村の一であった。ここには農家が多かったが、次第に百姓方・職人方両町の区別がなくなったようである。この町を高天市百姓町と呼んだ。宝永元年（一七〇四）四月一日の大火が類焼、享保二年（一七一七）二月二十日の火災でも南方を焼失している。（O）

## 高天町《たかまちょう》（奈良市）

奈良市街地の中央部。東は西御門《にしみかど》町・小西町、南は林小路《はやしこうじ》町・漢国《かんごく》町、西は油阪町、北は高天市町に接する。中央は東西に走る国道三六九号と南北に通る市道六条奈良阪線（やすらぎの道）が交差する地域で、古くから「高天辻」と呼んでいる。一に高間・高天とも。鎌倉時代から高天郷として知られる。寺門郷のうちで、東西に延びる街路のうち、北側の街路は穴口郷、南側の街路は西御門郷に属した。若草山麓から西に張り出した台地上に位置し、興福寺の寺地より一段低い平坦地にあり、南および西は急傾斜で下り、また北も緩く下がっている。奈良盆地や西の生駒山を一望のもとに見渡せる勝地《しょうち》で、興福寺西御門の門前にあたっている。南には「率川《いざかわ》の坂上《さかのえ》」、西には「府坂《ふさか》」（油阪）の地名がある。

『時代別国語大辞典』によれば、タカは「形状言。高いさま」、マは「二つのもの、所・時にはさまれたあいだを指す」とある。町名の由来については、筒井氏の一族の高間氏の屋敷跡によるとする説（『奈良坊目拙解』）がある一方、地勢の高い場所を意味する見方もある。町名はその地形が天上にある「高間原」のようにみえるところから、高天や高間の文字を充当したものであろう。室町期には南都仏所の高天仏所があった。東大寺法華堂の不動明王像の応安五年（一三七二）の修理銘に「仏師高天円源」の名があり、『大乗院雑事記』文明十八年（一四八六）二月三日条に「高天仏所」の文字がみえる。

江戸初期には漢国神社大鳥居の北方西側南端に将軍家甲冑師の岩井与左衛門屋敷があり、与左衛門が寛永年中に江戸に移住したことから俗に江戸屋と呼ばれていた。また、西側江戸屋の北隣に猿楽の一座である金春屋敷があった。辻の北東には醸造家の横井宗清宅があった（『奈良坊目拙解』）。平成十八年、高天町と高天市町にまたがるビル建設に伴う発掘調査で、江戸時代初め十七世紀中ごろの東西に伸びる溝が見つかった。長さ八メートル以上、幅一・五メートル、深さ〇・七メートル。この溝は高天、高天市両町の境界線と一致、「町割りのための溝」であった可能性が高まった。（O）

## 高松塚《たかまつづか》（明日香村）

大字平田の西南部、文《もん》武《む》天皇檜隈安古岡《ひのくまあこのおか》上陵の北方に所在。江戸時代には文武天皇陵となっていた。昭和四十七年（一九七二）三月、古墳に極彩色の壁画を発見、壁画は星宿（星座）・日月・四神・人物群像などが描かれ、文化史的意義を高めた。古墳は国特別史跡、壁画は国宝、出土遺物は国重要文化財。

平成十九年、壁画の色彩退化によって古墳を解体移動して保存のうえ、再調査することになった。しかし、高松塚のみならず、大和の古墳は古代人の奥津城として厳重に守られてきた。『山陵志』には「石棺、慄々畏怖してあえて之を侵さず」とみえ、元明天皇の詔《みことのり》に「墳墓、普く祭酹《さいらい》（酒を注ぐこと）を加えて以て幽魂を慰めよ」とある（『続紀』）。（I）

## 高御門町《たかみかどちょう》（奈良市）

脇戸《わきど》町の南にある町。東は西新屋《にしのしんや》町、南は鳴川《なるかわ》町、西は陰陽《いんよう》町に接する。『奈良坊目拙解』によれば、古くは元興寺の西門があり、これを高御門と称したという。『春日社記録』中臣祐賢記の弘安三年（一二八〇）五月六日条に小五月郷《こさつきごう》内に「高御門」があり、『大乗院雑事記』文明十二年（一四八〇）六月十九日条の「七郷」（興福寺寺門郷）の南大門郷にもその名がみえる。同書の長享元年（一四八七）十一月二十四日条に高御門郷の西側は七郷のうちで、東側は元興寺内とみえ、東側の民が元興寺郷の所役を逃れるため、西に加わり七郷の内と称したことがわかる。当地が元興寺の西端に形成され、次第に同寺との関係を弱めていった。大永五年（一五二五）の御領内元興寺領地口銭帳（内閣文庫文書）によると、春日社田楽頭役方のため二〇軒に地口銭がかけられていた。（O）

## 高安山《たかやすやま》（生駒郡）

高安城跡は大阪と奈良の府県境にある。「天智紀」二年、白村江《はくそんこう》の敗戦後、対馬・壱岐・築紫国に防《さきもり》と烽《すすみ》を置き、高安城は、国都防衛の砦《とりで》として朝鮮式山城を築いた。城内には多数の倉庫を建て、武器庫をつくり、井水を蓄えた。

大宝元年（七〇一）廃城、和銅五年（七一二）天皇行幸の記事がみえる。昭和五十一年、倉庫群跡が発見された。（I）

## 滝《たき》（吉野郡ほか）

タキはタギの清音化した語。現代語の滝は瀑布のことをいう。古語のタギは水の曲折して激しく流れることをいう。『常陸国風土記』にはタギタギしい路をタギマという。凸凹、曲がりくねった所をタギマといった。五條市旧大字滝、吉野郡川上村大字大滝など、すべて吉野川の曲流地で、『万葉集』に「み吉野の清き河内《かふち》の多芸津《たぎつ》（激《たぎ》つ）白浪」「石走《いはばし》り多芸千《たぎち》（激《たぎ》ち）流るる泊瀬河絶ゆることなく…」とある。県内には「滝ヶ久保」「滝垣内」「滝ヶ谷」「滝川」「滝ノ上」「滝尻」「滝ノ瀬」など、タキ関係の小字が約五〇〇カ所に分布する。（I）

## 滝坂《たきざか》（奈良市）

奈良市高畑《たかばたけ》町から東進して御蓋《みかさ》山南麓から春日《かすが》奥山《おくやま》に至る谷間の道。地名はこの道が能登《のと》川の渓流に沿って登る山道であることに起因する。タキは、古語の「激《たぎ》る」、すなわち水が激しく流れていることを意味する。滝坂道は奈良から柳生《やぎゅう》の里笠置《かさぎ》山に通じる街道の一部で、すでに奈良・平安時代には信仰の道として開かれていたと考えられる。滝坂には寝仏《ねぼとけ》・夕日観音・三体地蔵・朝日観音・首切地蔵・春日山石窟《かすがやませっくつ》仏《ぶつ》・地獄谷石窟仏《じごくたにせっくつぶつ》など中世の石仏が多く残っている。嘉禎二年（一二三六）十月の春日供物運上路注進状（『中臣祐定記』春日社記録）にみえる「誓多林路《せたりん》」と考えられる。（O）

**滝畑**《たきはた》（吉野町）　竜在《りゅうざい》峠南方の山峡の集落で、明治時代までは街道の要所であった。桜井市多武峰《とうのみね》から高市郡明日香村冬野《ふゆの》を過ぎ、竜在峠を経て滝畑に下り、さらに千股《ちまた》から吉野に向かう道路があり、一方、竜在峠から東方に分かれ、細《ほそ》峠を経て竜門に出る山路もあった。平安朝以来、吉野宮滝、吉野山に向かう旅人はこの峠道を越えた。飛鳥の東に連なる山並みで、松尾芭蕉・上田秋成・本居宣長・貝原益軒らもこの路に足跡を残した。

本居宣長『菅笠日記』には「たむの峰より一里半といふに、滝の畑といふ山里あり。まことに滝川のほとり也」とみえる。滝川の滝は瀑布でなく、「滾《たぎ》（激）つ」の転訛で、水が勢いよく流れる「たぎつ瀬」、畑は端《はた》の意である（「宮滝」参照）。

滝畑上方の峠にはかつて茶屋があり、雲居（「雲井」とも）茶屋といった。『万葉集』に「吉野の山は影面《かげとも》の大御門ゆ、雲居にそ遠くありける」（巻一―五二）とある。吉野の山は南の宮殿から遠く雲のかなたにあるという。この雲のかなた（雲居）の吉野の山は、地理的にみると竜在峠のあたりで、「雲居」とはよく名づけたものである。（T）

**滝本**《たきもと》（天理市）　桃尾《もものお》滝の所在地。桃は墹《まま》の転訛か。百谷《ももたに》（五條市）、百市《もものいち》（桜井市）などの大字は谷間に立地している。滝本は明治九年、桃尾村と針の尾《はりのお》村と合併したもの。「針」は谷間の開墾地の意か。「尾」は桃尾、針尾の尾で「生」（を）の意味もあり、市尾は櫟生《いちのお》（市尾《いちのう》）、松生は松尾《まつのお》、椿生は椿尾《つばお》などのように桃や榛の木の生えていたところとする説もある。（I）

**竹内峠**《たけうちとうげ》（葛城市）　大和平野の東方、山辺の道の「竹之内《たけのうち》峠」（天理市）に対し、西方の葛城の山根にも「竹内峠村」がある。かつて、竹内村に行脚した松尾芭蕉は「藪《やぶ》より奥に家あり」と題し、「わた弓や琵琶に慰《なぐさ》む竹の奥」の名句を残した（『野ざらし紀行』貞享元年〈一六八四〉）。

峠の村には斜面の崩壊を避けて竹を植えた。しかし、この竹藪と地名は全く無関係である。実は「竹」は「峠」のことであった。普通、山脈の地形のタワんだ所が鞍部であった。大和では「乢《たわ》」「嵶《たわ》」「辿《たわ》」「田和」「太和」「田輪」「多和」など、タワにかかわる地名（小字）が一〇〇例以上ある。「乢《たわ》」や「嵶《たわ》」の文字を見ただけで地形がよくわかる。このタワんだ所を越える「タワ越ヘ」がタヲゴヘ→タヲゲ→タケに転じ「タケノ下」（約三五例）、「竹ノ尻」（約二〇例）、「竹ノ内」（峠の内の扇状地）にいたっては約三〇例もある。地形名であることがわかる。

「斉明紀」に「山名の田身は太務《たむ》と言ふ」とみえ、「持統紀」には「多武嶺」とある。多武峰の近世道標には「たむのみね」「たふのみね」「とうのみね」などと刻み、「談峯」の地名説話が起こった。宇陀から吉野への佐倉《さくら》峠は、中世「タブイ峠」と言い、現在、「多武井」のバス停がある。

宇陀郡旧室生村の船入《ふないり》峠のフナ・クラも谷の意、地形のタワんだ所、すなわち峠である。「峠」に「小《を》」の美称を冠した小峠（コトウゲ）がコトヒキに転訛して「琴引」の文字を用い、いまの「琴引」の村名が起こった。芭蕉もこの「琴引峠」を越えたことを『笈の小文』に書いている。『伊賀国風土記』（逸文）には「大和・伊賀ノ堺ニ河アリ。中嶋ノ辺《ほとり》ニ神女常ニ来テ琴ヲ鼓《こ》ス」とあり、同地には白鳥神社や琴引山長命寺などがある。

「小峠」（琴引）の地名もまた多い。小字「小峠」「コトヒキ」など、約二〇例がすべて「峠」の名となっている。竹内峠には「小峠」の姓を名乗る旧家（元庄屋）がある。大和国中《くんなか》東方の竹之内峠（天理市）にも乙《おと》木《ぎ》（於都伎）の村名が残る。芭蕉はここでも有名な句を残した。

近世の道しるべ（石標）をみると、南大和《やまと》から堺・四天王寺に至るには穴虫・田尻の峠越えを利用したことがわかる。現在の竹内峠は明治十年以来、五カ年の歳月を要し、屏風《びょうぶ》のような断崖を切り下げたもので、俗に「深枌《みそぎ》峠」（渓谷）ともいい、樹木を枌《そ》ぎながら越えたという。昭和六十年、さらに頂上を削平《さくへい》、完全に変容してしまった。近世の名所図会をみると「岩屋坂」がもっとも利用されたらしい。頂上の石窟《せきくつ》寺、中腹の鹿谷《ろくたに》寺をはじめ、山麓には當麻《たいま》寺・石光《せっこう》寺・高雄《たかお》寺・加守《かもり》寺など奈良時代の遺跡が連なる信仰の路でもあった。

竹内峠は岩屋峠と同じく険しい道であった。天誅組の落武者や吉田松陰もこの峠を越えているが、現在のように平坦な道ではなかった。いわゆる「竹内嶺」として旅人を威圧した。現在では大和高田、河内富田林《とんだばやし》間の交通が重要視されるにいたった。（I）

**竹田**《たけだ》（橿原市）　田原本町には西竹田がある。東竹田は橿原市東端に位置し、『延喜式』の竹田神社鎮座地。同地の寺川堤には、今も竹ヤブが多い。東竹田は、「神武紀」の「皇師《みいくさ》の立詰《たちたけ》びし処、是を猛田《たけだ》といふ」とある「猛田」と伝え、『万葉集』の「竹田庄」とも。また、『新撰姓氏録』左京神別条によると、十市郡の刑坂川《おさかがわ》辺りに住む竹田川辺連《むらじ》が緑竹を供《たてまつ》ったという賜姓説話があり、『大同類聚方』には竹田社の祝部が「太計太《たけだ》薬」を伝来することを述べている。（I）

**ダダボシ**《だだぼし》（桜井市）　吉野郡や天理市などには「ダダボウシ」「ダダボシ」「ダンダンボシ」などの小字が残る。関東地方ではダイラボッチ・ダダホウシ・ダンダラ星などの地名があり、いずれも巨人伝説にかかわる。のち、天狗や弁慶伝説に変化した。『日本霊異記』『今昔物語集』には道場《どうじょう》法師の名がみえ、法師が鬼と戦ったという怪力伝説を伝えている。一寸法師と反対である。また、ダイタラのタラは太郎の義、太郎もまた坂東太郎というように「大」を意味した。（I）

**多々羅部**《たたらべ》（田原本町）　磯城郡田原本町の大字法貴寺《ほうきじ》内に「タタナベ」という小字がある。永仁二年（一二九四）の『大仏灯油料田記録』には「式下部十五条二里八坪ホケシ字多々羅部」とあり、ホケシは法貴寺（現田原本町）・タタラベ（「立里《たてり》」参照）の存在を示す地名であろう。また、この付近は『和名抄』鏡作郷で、鏡作麻《かがみつくりま》気《け》神社が鎮座する。（I）

**田鶴**《たづ》（御所市）　南郷《なんごう》小字「田ズ」付近。金剛山下の「大東《おおひがし》遺跡」は葛城川の支流、天満《てんま》川の導水施設を中心とする祭祀遺跡で、渡来人定着の様相を示すと考えられた地域。その近接地の「ヒビキ遺跡」には大規模な濠をめぐらした掘立柱の建物の遺跡があった。さらに続いて飛鳥時代（七世紀後半）の古代寺院「二光寺廃寺」も当地に勢力を張った渡来系氏族の遺構といわれる。

これらの遺跡を中心に立地するのが「田鶴《たづ》」の集落で、旧葛上郡四十条二・三条間に位置し、大和平野を展望する景勝地であった。国土地理院地図には「田鶴」、条里制地図には小字「南田久」「田久」「中村」と表記している。桜井市に「メスリ古墳」と「メグリ古墳」(茶臼山古墳《ちゃうすやま》)があるように、「田久」は「田ズ」の誤写と思われる。

「田鶴」は古代遺跡に立地するだけに古い集落であるに違いない。同地の天満川筋には四〇カ所以上の樋(井手)があった。文政頃(一八一八～一八二九)の「金剛山谷川筋御普請所絵図」(秋月元三郎下知)、土砂留《どしゃどめ》御普請所によって、下流から上流に向かって樋名を調べてみると、「樋の本」「樋の井手」「ひの井手」「樋の浦」「桧木《ひのき》」「ひゝき」「ひの木」(現小字「上桧木《ひのき》」「下桧木」)などの小字が残っている。

田鶴はツルのこと。『万葉集』には「若の浦に…多頭《たづ》(鶴)鳴き渡る」(巻六―九一九)、「天飛ぶ鳥も使ひぞ多豆の音の声…」(「允恭紀」)とみえ、歌語はタヅ。「見つるかも」の場合は「見鶴鴨《みつるかも》」(巻一―八一)と鶴の文字を借訓仮名として用いた。

『新撰字鏡』は「葛―カツ・クヅ・ツツラ・ツル」と訓《よ》み、『和名抄』には「鶴―多豆」とある。いわゆる「藤《つる》」、あるいは葛城の「葛」はツル草の総称で、葛蔓《かつつる》→カツツル→カツラに転じた。「葛」は好字で、中国にも「葛城」「諸葛村」(孔明)がある。現御所市には「葛」と命名された村もあった(明治市町村制)。『続日本紀』孝謙天皇(宝字元年)条には、「藤原部を改めて葛原部となす」という記事がみえ、『万葉集』(巻三―四二三)には「延《は》ふ葛《くず》のいや遠《とほ》永く万世《よろづよ》に絶えじ」とある。また、『万葉集』にはカハヅをカヘルというように、タヅもツルに転じたとすれば、「神武紀」の葛城国造《かつらぎのくにのみやつこ》の剣根命《つるぎねのみこと》のツルギも葛城《つるぎ》と同義か。タヅの生えていたことから「葛城」の好字地名が起こった。「神武紀」には、葛《かづら》の網《あみ》を用いて土蜘蛛《つちぐも》(大和朝廷に従わない土着の集団)を誅殺したことから葛城の地名が起こった、という記事もある。

ツルはタヅでタドに転訛した。讃岐国多度郡藤原(『続紀』延暦八年条)は『和名抄』には「葛原」とある。當麻郷の只塚、宇智郡田殿に接続して只野村があり、金剛山下の五條市内に、タズ原(近内)、ダスハラ(居伝)、ダズハラ(住川)、クズハラ(大野)などがある。

(I)

## 龍田《たつた》(生駒郡)

斑鳩町大字法隆寺に属した。法隆寺西部の地名。

昭和五十四年十月「住居表示に関する法律」によって

「法隆寺」の一部を「龍田北一丁目」と改変した。住民らは「法隆寺地名訴訟」を起こし、旧地名復活に努めたが、昭和五十八年三月、最高裁は訴えを退けた。

龍田北一丁目は、現在の斑鳩中学校南方、子守神社付近にあたる。古代条里制の「平群郡八条十里十四蟇《ひき》田《た》池」の地域である。延久四年（一〇七二）聖律師道《どう》静《せい》がこの地域を開き、法隆寺西別所金光院《きんこういん》三昧堂を建てた。天永二年（一一一一）には、聖徳太子ゆかりの法華・勝鬘《しょうまん》・維摩《ゆいま》の三経にちなみ、三経院《さんぎょういん》と改称した。天承二年（一一三二）には、大法師源義が院主となり、中世における法隆寺の宗教活動の拠点となった。今に「上ノ坊」「弥勒山」の小字が残る。

同地の桜池は、サ（接頭語）クラ（谷）の地形名にちなむもの。谷間に築造した池で、「開浦池」と記し、後には「浦」が「補」に誤写し、鎌倉期には「開補《さくら》池」とも書いた。

三経院の地域は中世、法隆寺が古代寺院に生まれ変わる過程を示す重要な地域といわれる。　（S）

**立里**《たてり》（野迫川村）　吉野郡野迫川《のせがわ》村の大字。タテリはタタラの転訛語である。蹈鞴《たたら》は足で踏んで空気を送るふいごのことで、鉱石の精錬用具である。江戸時代、「立里フイゴ五十丁」といわれるように、かつて銅山（含銅硫化鉄鉱）があった。「和州立里山」と刻んだインゴット（鋳塊）が、近年吉野川の沈没船から発見されたことがある。昭和三十五年頃まで空中索道を利用、鉱石を五條市二見《ふたみ》町まで運んでいた。また、立里には日本三大荒神の一つとして知られる荒神社が鎮座、火の神（火産霊神《ほむすびのかみ》）、タタラ部の守護神が祀られている。なお、当村上方の山中に応永五年（一二九四）在銘の結衆《けっしゅう》・逆《ぎゃく》修《しう》の宝篋《ほうきょう》印塔が残っている。　（T）

立里荒神社

**谷**《たに》（桜井市）　若桜《わかざくら》神社鎮座地付近。若桜宮伝承地。若桜のワカは美称。クラは低地の意、地名は嘉名好字化した。サクライのイはワ行のヰで、大和方言の、ベ→ヱ→ヰに転じたのではなかろうか。忍坂井・飛鳥井・春日井の「井」はすべて「部」とも考えられる。若（稚）桜部の住居地か。

（I）

## 玉置山《たまきさん》（十津川村）

別称「沖見獄」「舟見岳」。大峰山脈の南端に聳える山（一〇七六メートル）で、十津川村大字玉置川《たまいがわ》にある。山頂の玉置《たまき》神社は鎌倉時代から熊野修験の聖地で、近世以降は大峰七十五靡《なびき》第十番の行所である。同社の梵鐘（重要文化財）は「応保三年（一一六三）癸未三月三日甲午」の紀年銘と梵字を刻む（『大和志』）。境内には樹齢八百年以上の神代杉《じんだいすぎ》や巨大杉群がある。明治の廃仏毀釈により大峰修験の行場であった玉置山権現（聖護院派、別当寺高牟婁院《たかむろいん》）は玉置神社となった。

元来は石（枕状溶岩）や玉石の磐座《いわくら》信仰の山である。山頂付近の玉石社は社祠がなく、地上に露出する無数の白い丸い玉石が御神体である。玉は古代における自然界の霊魂をいう。「たま」の尊称が「みたま（御魂・神霊）」である。『吉野旧事記』によると、「玉置権現は熊野権現の御子にて、三珠の玉に示現し玉置山に飛来。杉の標《しるし》に神とし、故に昔古は玉木と書也」とある。験《しるし》の杉である玉木は三輪神社、稲荷大社などの神木として知られ、玉木→玉置と考えられるが、『大和志料』は「孰《いず》れか是なるを知らず」とする。

あるいは、玉石（三珠《みたま》）は神仏習合の中世には、あらゆる願いを叶える如意宝珠として修験者たちの崇拝対象となる。ご神体の玉石が鎮坐《す》えてあるので、玉置山の名はここから出たともいわれる（観智院本『名義抄』は「鎮」をオクと訓《よ》む）。また、『大和志料』に東麓の集落名は「玉置《イ》川村」と載せる。「元禄郷帳」は「玉井川村」、『大和志』は「玉井川、井旧ハ作レ置」とある。「置」をイと訓んでいるが、字義・字訓が相通じるのは「居」（イ—旧仮名遣はヰ、オク）で居《ゐ》は「坐《ゐ（お）》」である。また、「置」自体ヤスと訓み、「安んじる」（安泰する）であり、「安」も字訓は「スフ居、オク」である（観智院本『名義抄』）。いずれにしても、つまり玉置山は「み玉（神霊）の坐《お》わす山」という意であろう。

山頂には沖見地蔵の祠があり、熊野灘が見えるところから沖見、舟見の山名が付いている。この地蔵は廃仏毀釈の後、行方不明になっていたが、林道工事で発見され、旧に復されたものである（『新日本山岳誌』）。

（T）

## 玉手 たまて （御所市）

旧大字。縄文遺跡、「孝安記」の「玉手丘上《たまてのおかのえ》陵《みささぎ》」所在地。「允恭紀」に玉田宿禰《たまだのすくね》、「天武紀」に玉《たま》手臣《てのおみ》の名がみえる。玉手の古称は玉田か。現満願寺前を「玉田《たまんだ》」といった。『和名抄』によると、石田郷が石出に、『万葉集』の安太《あだ》を『続日本紀』では阿提《あで》と書く。紀州では笠田が加勢田というように母音AがEに変わった。玉手はタマダか。「仁徳紀」によると、佐伯直《さえきのあたひ》阿餓能古《あがのこ》が雌鳥《めとり》皇女の足玉・手玉を奪い、その代償として献じた地を玉代といったという地名説話がある。この玉代は河内国（大阪府）の玉手という説がある。タマは玉垣・玉葛《たまかずら》・玉櫛《たまくし》などの玉と同義の美称。ダ（デ）は田の意か。

大字玉手の南方、旧満願寺村は、古代葛城氏支族、玉田宿禰の居住地（「允恭紀」）。玉手は玉田の転訛語か。現玉手集落より早く開けた地域か。（I）

## 手向山 たむけやま （奈良市）

東大寺東方、手向山《たむけやま》八幡宮のタムケもタワ越ー峠のことであろうか。国境にある峠から、邪悪の入り来ることを防ぎ、往路の安全を祈り、神に手向けの信仰が生まれた。『万葉集』に「佐保過ぎて寧楽《なら》の手向に…」とみえ、峠に幣《ぬさ》を置く歌があるが、手向けしたからタムケ山の名が発生したという説もある。（I）

## 多聞山 たもんやま （奈良市）

現奈良市法蓮《ほうれん》町の東端、佐保山丘陵の東南に位置し、多聞城跡ともいう。標高一一五メートル。比高《ひこう》三〇メートル。現在、主要部は若草中学校敷地、西部は仁正《にんしょう》皇后陵・聖武天皇陵となっている。この山には、もと眉間寺《みけんじ》があったが、戦国末期松永久秀の築城の際、聖武天皇陵西寄りに移され、明治維新に廃寺となった。永禄二年（一五五九）八月、松永久秀は大和に入って信貴《しぎ》山城を改修して居城とし、三好長慶政権下の最大の実力者となった。その余勢をもって、次いで永禄三年（一五六〇）佐保《さほ》山に多聞城を築いている。

耶蘇会士ルイス・フロイスの『日本史』によれば、この城は山上を拓いてゴアの町の三分の一ほどの平地を拓き、そこに幾多の城塁を造り、深壕をめぐらし、その中に家臣の邸宅を構え、白壁が輝き輪奐《りんかん》の美を現出した。さらに、その用材などはすべて精選したものを用い、それに各種の技工を施していた、とあるから、その大概を推し量ることができる。城郭用語では平櫓《ひらやぐら》が長大化したものを多聞櫓《たもんやぐら》と呼んでいるが、この名称は多聞城で初めて建てられたためとも、武神である毘沙門天（多門天）を祀ったためともいう。さきに信貴山城に入った松永久秀が、聖徳太子が物部守屋《もののべのもりや》討伐の際に多聞天に祈願した故事によって、奈良佐保山の城に多聞天の像を安置し、護軍の神として崇めて城を多聞の城と号したと考えられる（『平城坊目考』巻三）。

私見では奈良盆地北東隅に築かれた佐保の新城が、信貴山城の対城としての性格をもつことから、信貴山城の北東に位置し、ここに多聞天が祀られたことで、「多聞」「多聞山」の名が出たのではなかろうか。天正元年（一五七三）松永久秀が織田信長に降伏して多聞城を空け渡したため、同四年、信長は筒井順慶を大和守護に任じ、多聞城の破壊を命じた。石垣は筒井城、さらに郡山城へと運ばれた。城址南側は、江戸時代、奈良奉行所の与力・同心屋敷「多聞屋敷」となり、山上は練兵場として使用された。

昭和二十三年（一九四八）奈良市立若草中学校の建設にともなって城跡は壊され、同五十三年（一九七八）北縁の土塁も校舎新築のため破壊された。いま城跡と佐保川の間に「多門」の町名が遺存する。（O）

## 樽井町《たるいまち》（奈良市）

猿沢池の西隣の町名。興福寺南大門前の辷《すべ》り坂《さか》の下、三条通りの南側に位置する。南円堂と三条通りを隔てた一段低いところにある。奈良時代には興福寺の南花園《はなその》が存在した。元禄年間の「奈良町家寺社改帳」には、往古は興南院の境内、足井は南側の辻子にあり、興福寺大衆の住居や別院興南院の水不足のため掘った井戸で、足井といった。または垂井、いつのころにか樽井と改めたとある。

元文年間の「奈良町絵図」には町の中ほどの小路の傍らに井戸が図示されている（現天平ホテル敷地）。地名学的には、タルは垂（垂水の略）で、落ちる水を意味する。『名義抄』に「足　ユタカタリ」とある。地名はこの地が南円堂の下の傾斜地にあり、豊富な涌水に恵まれていたことに由来すると考えられる。タルイの初見は永仁二年（一二九四）の『大仏灯油料田記録』に添上郡の作人に「タリ井　籠三郎」とあるもの。長禄四年（一四六〇）にはタル井郷に大乗院門跡に属する檜皮（葺）座衆がいた（『大乗院雑事記』）。永禄九年（一五六六）十月五日の夜、町の北向分が焼かれ、天正十年（一五八二）十二月十八日には筒井順慶が陣を置くなど（『多聞院日記』）、興福寺に近く、主要道路に面していたため戦禍を受けることもあった。江戸時代は旅籠《はたご》屋《や》町として繁栄し、駅宿南都馬次所があった。

文化五年（一八〇八）十二月上旬、第六次の四国方面での測量を終えた伊能忠敬が、樽井町池田屋庄左衛門方に止宿している（『伊能忠敬測量日記』）。幕末の奈良奉行川路聖謨《としあきら》の『寧府紀事』に、旅籠屋「小刀や善助」では多い時には五〇〇人を収容。明治中期の「宿や引き札」には、猿沢池の周囲に興福寺堂塔とともに遊宿「小刀や善助」の店先の様子が描かれている（『奈良公園史』）。

いま町の北東角に鳥居を背に社殿がうしろ向きに建っている采女《うねめ》神社がある。『大和物語』に、むかし帝の寵愛が衰えたのを嘆いて猿沢池に入水した采女の話がある。この采女の霊を祀って、池畔に社を建立したところ、身を投げた池を見るにしのびず、社殿は一夜で向きを変えてしまったと伝えられている。現采女社の創始については、「元要記」に、弘仁年間（八一〇―八二四）興福寺南円堂鎮壇南院の衰微で采女社として祀られるようになったものと考えられる。（O）

## タワ《たわ》

万葉歌人が藤原京あたりから吉野連山を臨み「名くはし　吉野の山は…雲居にそ　遠くありける」と歌った。明日香村の最高峰、旧冬野村（四軒茶屋村）あたりは、飛鳥川の水源地で、その名も「竜在峠」である。峠には「雲居茶屋」があった。

多武峰《とうのみね》「西口茶屋」から、これらの茶屋を過ぎ吉野山に向かう。「雲居の峠路」は確かに「歴史の道」であった。かつて、松尾芭蕉・本居宣長・上田秋成ら、多くの文人墨客がこの峠に足跡を残した。

さて、冬野は当初はタヲ野→トウ野で、冬野を訓読してフユ野となり、蕗野《ふきの》の地名説話が起こった。柳田国男の『遠野物語』のトウ、信州「高遠城跡」のトウ、南山城の石仏の里の「当尾《とうの》」、竜田山の「雁多尾《かりんとう》畑」などのトウはタヲ―タワであって、大和では「田和」「田輪」「多和」などの用字があり、吉野郡内だけでも一〇〇例以上もある。「屼《たわ》」「嵶《たわ》」の国字の構成をみると、たしかに地形語であることがわかる。吉野郡には「辿」という特別な用字もあって、地形の低く撓《たわ》んだところであった。

山脈の峠にあたることから「タヲ越《こ》え」から

「峠《とうげ》」の名が発生した。「斉明紀」元年条には「田身《たむ》は山の名なり。これをば大務《たむ》といふ」とある。多武峰もタワ（タムートウ）の峯であった。『万葉集』に「ふさ手折《たを》り　多武の山」とあり、タヲはタヲリ→トリに転じ、「高取山」「クラトリ坂」「ヒヨドリ峠」、またはトウゲに「小」の美称を冠した乙木《おとぎ》峠（天理市）、御斉《おとぎ》峠（上野市）があり、「小タワ」→「オタワ」から、「音羽《おとば》山越」（京都市など）に転じた。

地名「タワ」に対し、「フケ」（湿地、県内約一五〇例）、「クラ」（谷間）などの二音節の形状地名は貴重な文化的遺称で、柳田国男が『遠野物語』で「山村の伝説―願わくは之を語りて平地人を戦慄《せんりつ》せしめよ」といったのは明治の末年であった。（Ｉ）

## 田原本　たわらもと　（磯城郡）

旧十市《とおち》郡、磯城郡田原本町旧大字。低湿地を意味する地形語か。奈良市東山中の田原（旧村名）、生駒市西方の俵口《たわらぐち》（旧大字）と同様の形状語。田原本は『大和志』には「旧名坂田」とみえ、田原坂の地名があるように、地形のさがった所。橿原市旧大字中《なか》（町名）には式内・坂門神社（現阪門神社）が鎮座する。『万葉集』には「水蓼《みづたでの》穂積」（現大字保津）、「鳥網《となみ》張る坂手」（現大字阪手）といわれた地域で、古代「坂手池」跡でもある。大和川の舟運による川港もここに（今里）残る。先年、阪手から古代川跡を発掘、シガラミ（柵）を検出した。

旧十市郡内には環濠集落が非常に多く、低湿地たることをよく示している。最近、寺川流域の大改修工事が完成、川岸に記念碑を建てた。（Ｉ）

## 丹波市　たんばいち　（天理市）

天理市にある地名（住居表示）。大和川支流の布留川《ふるがわ》流域に位置する。

「丹波市」は荘園名として平安期に現れ、江戸期から明治二十二年までは山辺《やまべ》郡内の村名としてその名を継承。中世より市場町で江戸前期から繁栄してきた。「丹波市」の南北に通ずる上《かみ》街道沿いには本町、中之町、南之町、中島町、北之町、新町などができ、明治二十二年以降は山辺村の大字名、明治二十六年から山辺郡山辺村を改称して丹波市町（自治体名）になる。大字川原城《かわはらじょう》に丹波市駅が開設（同駅は昭和三十八年に天理市駅に、昭和四十年には天理駅に改称された）。昭和二十九年からは天理市の大字となり、昭和三十三年に「天理市丹波市町」となる。

古くは「丹波」といったが、市場化して「丹波市」というようになった。地名の由来は『先代旧事本紀《くじほんぎ》』天孫本紀に物部布都久留連公《ふつくるのむらじのきみ》の三男として「物部多《た》波連公《はのむらじのきみ》（依網連《よさみのむらじ》等祖）」がみえ、この人物が当地に居住したことにちなむとも、また丹波国から市神である夷《えびす》神を勧請したことにちなむともいわれる。（Y）

**丹原**《たんばら》（五條市）　吉野川合流地に位置する。延喜式内・丹生川《にうかわ》神社鎮座地。丹原は丹生であった。「生」は「原」に転じた。「柳生」と「柳原」、「斉明紀」四年条の「市経《いちふ》」（櫟《いち》生《ふ》）と「櫟原《いちはら》」との関係も同様。原は伐り開いた所の意。また、栗田・豆田は『弘仁私記』に阿波布・末女布と註している。さらに栗田の「田」は中世には「殿」となり粟殿（桜井市旧大字）に、奈良市の神田は「神殿」（旧大字）に、御所市の神田は神殿－小殿（旧大字）に転じた。（I）

**近内**《ちかうち》（五條市）　旧北宇智《きたうち》村大字。宇智郡東北部に立地。宇智郡は畿内の西南端（南海道）に位置する。近内は宮都にもっとも近いところ。「近つ宇智」ともいえる。「近つ飛鳥」「近つ淡海」などと同類の方位地名であろう。

**稚児渕**《ちごふち》（吉野郡）　吉野郡には「チゴ」にちなむ奇妙な渕名が多い。（I）

児子渕　吉野郡吉野町吉野山
児子ノ渕　吉野郡吉野町丹治《たんじ》（吉野川）
児《ちご》ノ渕《ふち》下　吉野郡吉野町飯貝《いいがい》
児渕《ちごふち》　〃
チゴフチ上　吉野郡十津川村西中
チゴロ渕　吉野郡川上村北和田
〃　吉野郡上北山村白川
〃　五條市尼ヶ生《あまがしょう》
チゴロフチ　吉野郡旧高見村（東吉野村）伊豆尾《いずお》

など、吉野郡吉野川の河岸の小字である。滋賀県旧高島郡朽木《くつき》村の安曇《あど》川流域には、地主神として「志子《しこ》渕《ぶち》」関係の神社名が各地に鎮座されている。「志子渕」の神は安曇《あど》川では「川渕」に鎮座するのは、古来、流筏の安全を祈念したことから起こったのではなかろうか。「志子神」は、いわゆる「水神」の信仰である。水精・河伯《かわのかみ》（「皇極紀」）のことと考え、佐賀県辺りの方言では「カワッソ」というのは「川獺《かわうそ》」のことであったらしく、木津川流域には「獺瀬《うそせ》」の旧村名がある

（現山添村大字遅瀬《おそせ》）。

河童は、その文字が示すように、稚児《ちご》の形であることから「河童《かわわっぱ》」「川太郎《がたろう》」「小僧渕」などと称した。さらに、「水虎《すいこ》」ともいった。この「水虎」は中国から輸入した河童の異称とされる（『本草綱目』巻一〇）。したがって、水虎－スイコは、志古－シコのことで、危険な渕の災いを避けることから、筏師らの信仰の対象となった。山に「山の神」を祀るように、川には水神として志古神を祭祀したのではなかろうか。ちなみに、大峯修験の行場（大峰奥駈《おくがけ》七十五靡《なびき》）の六十番が「稚児泊《ちごどまり》」（上北山村）である。（Ｉ）

## 千代《ちしろ》（田原本町）

旧八条村と安部田村の合併大字。八条は条里制の城下郡《しきげ》路東十八条一里から同二里は付近に立地し、八条村は十八条の「十」を略した村名である。延久二年（一〇七〇）の『興福寺坪付帳』に、八条庄は北・中・南の三庄に分けた雑役免田であった。

天平十九年（七四七）の『大安寺資財帳』に「大倭国五処、一在十市郡千代郷」とある。この付近の大安寺領が大字大安寺となった。寛弘七年（一〇一〇）の東大寺荘（『東大寺要録』）にある「香菜庄園」の十市郡内に、千代の荘園名がある。寛正四年（一四六三）の『諸庄段銭成足帳』（「お茶の水図書館大乗院文書」）にも「十市郡…千代一丁三反半」とみえる。したがって、千代庄は十市郡に属していたことになる。千代とは古代の代制《しろせい》の遺称か。一代は五坪を表す単位で、千代は五千坪（二町歩）に相当すると考えられる。千代をセンダイと読み、前栽《せんざい》（天理市）の文字を充用したか。（Ｉ）

## 茅原《ちはら》（桜井市）

桜井・御所両市の旧大字で、県下には「知原」「千原」「血原」などの文字を充用し、約三〇カ所に分布する。茅原はイネ科の草、チガヤの叢生《そうせい》する原の義、一名ツバナ、大和方言ではツンバナという。柳原、櫟《いち》原《はら》、柏原と同類の植物地名である。『常陸国風土記』（行方郡）に「栗・竹・茅《ち》の類《たぐひ》、多《さは》に生《お》へり」とあり、『和名抄』には「一名・白羽草」と記している。桜井市・綱越《つなこし》神社に御祓《おんぱらい》茅輪を作る神事があるが、『備後国風土記』逸文にも茅輪をもって厄除けとしたという記事がある。「崇神紀」に「神浅茅原《かむあさぢはら》」の地名がみえ、天皇が多くの神々の霊を請招して、この地に卜問《うらとひ》をさせたとある。「神」「浅」は美称である。

『大和志』によると、神浅茅原が笠山の下にあると書いている。笠山は旧上之郷村大字笠に所在するという説もあるが、奈良の御蓋《みかさ》の山名が示すように、三輪山も笠状の稜線を形容した語である。檜原・茅原は磯城笠縫邑《かさぬいむら》の伝承地で、有名な「山ノ神」祭祀遺跡として、古来、神聖視された地域である。三輪山西南麓、小字山崎南方に「浅地原」の小字が残っている。（Ｉ）

**千股**《ちまた》（吉野郡）　吉野町の集落名。チは「道」、また「股」は道路の分岐を表す地名。相岐れ道→「追分」と同義地名。

本居宣長の『菅笠日記』（安永元年〈一七七二〉三月）には「春の日もいととく暮ぬれば、千俣という山ぶところなる里にとまりぬ」とある。『大和志』には、東千股は竜門庄、西千股は池田庄に属し、明治九年、東・西千股村が合併して千股村となったと記す。事実、吉野川北岸の下市町から多武峯《とうのみね》・飛鳥地方への通路の分かれ道となっている。（Ｉ）

**中峯山**《ちゅうぶせん》（山添村）　『延喜式』内、神波多《かんばた》神社鎮座地。中世、藤井庄の「中分山」、俗称「天王」といった。奈良市東山中の大字虚空蔵《こくぞう》・菩提山《ぼだいせん》・忍辱山《にんにくせん》・誓多林《せたりん》・大慈仙《だいじせん》・中峯山《ちゅうぶせん》・鹿野園《ろくやおん》などのように、中峯山は仏教霊跡の鷲峯山《じゅぶせん》にちなむもので、一に、『万葉集』の「波多《はた》の横山」ともいわれる（『大和志』）。鷲峯山は同地善明《ぜんみょう》寺の山号で、その寺領が「助命《ぜんみょう》」村である。文化頃の郷帳には「中峯山」と「中豊前」に分けて記し、明治八年（一八七五）、両村名合併し中峯山となる。ちなみに、広陵町旧大字六道山《ろくどうやま》は同地願宗寺の、葛城市の旧大字如意《にょうえ》は同地蓮生院の、宇陀郡旧榛原町旧大字自《じ》明《みょう》は同地悟真寺の山（院）号にちなむなど、仏教関係の地名もまた少なくない。（Ｉ）

**茅原**《ちわら》（御所市）　御所市の茅原は修験道の開祖、役小角《えんのおづぬ》の誕生地で、茅原山吉祥草寺《きっしょうそうじ》の所在地として有名。「茆原」とも書く。『今昔物語集』『扶桑略記』などの伝説によると、「吉祥茅」ともいわれる草で、今も茅原寺にはこの草花を植えている。野生のいわゆる茅原ではない。『西大寺田園目録』によると「葛上郡三十三・四条の内庄、新井庄と号す」とある新井《あらい》庄で、この新井については『吉祥草寺縁起』に、小角誕生の時、この井水を産湯に用いたという。「新井」は「新居」か。同寺の民俗行事、松明儺々会《たいまつとんどだだえ》が有名。（Ｉ）

## 月ヶ瀬《つきがせ》（奈良市）

奈良市の北東隅の地域名。大和高原の一角を北流する名張《なばり》川（五月川）の峡谷に位置し、梅花の名所。V字形の渓谷を挟んで二分され、川西に桃香野《ももがの》・月瀬《つきせ》・嵩《だけ》の三集落、川東には長引《ながひき》・尾山《おやま》・石打《いしうち》の三集落がある。元禄十五年（一七〇二）の大和国郷帳に「月ノ瀬村」の名がみえる。明治二十一年（一八八八）の町村制施行によって、石打・尾山・長引・月瀬・桃ヶ野《ももがの》の五村が合併し、添上《そえかみ》郡月瀬《つきせ》村が成立。同三十年山辺郡波多野村大字嵩《だけ》を編入、昭和四十三年一月一日に月ヶ瀬村と改称した。平成十七年（二〇〇五）四月一日、月ヶ瀬村は山辺郡都祁《つげ》村とともに奈良市に編入されたことから消滅した。

奈良市編入合併前の旧月ヶ瀬村の面積は二一・三五平方キロメートル、人口は一八九〇人であった（平成十六年九月現在）。月ヶ瀬渓谷には約一万三千本の梅の木がある。大正十一年（一九二二）月瀬梅林として名勝に指定、昭和五十年（一九七五）には県立月ヶ瀬神《こう》野《の》山自然公園に指定されている。梅林は元久二年（一二〇五）尾山真福寺境内に天神社を創建して梅樹を栽培したのに始まると伝える。

享保二十一年（一七三六）の『大和志』には中心地桃香野の土産として桃・梅・柿を載せ、当地では紅染の媒染剤である烏梅《うばい》の生産が盛んに行われていた。明治十四年（一八八一）の烏梅の生産高は、尾山・長引が各八〇駄《だ》、月瀬が四〇駄、桃香野が一四〇駄、嵩では墨梅六〇〇貫（二〇駄）という状態であった（『大和国町村誌集』）。

江戸末期、同地を訪ねた頼山陽・斎藤拙堂らの文人墨客が「ツキノセ」「ツキガセ」などとして詩歌を残した。ツキはタキ（滝）のことであろう。月瀬の上流には遅瀬《おそせ》があり、広瀬・長瀬の地名が続く。ツキ瀬は、いわゆる「たぎつ瀬」で、水のタギリ流れる所、タギツセ→タギカセ→ツキガセになった。安政六年二月『月瀬紀行』を書いた幕末の歌人・伴林光平《ともばやしみつひら》は「里の名の月に乗りてもわたらまし梅が香にたぎつ谷川の水」の歌を残した。

吉野川流域は『日本霊異記』では「桃花《つき》の里」といわれた。吉野郡下市町大字善城の滝上寺付近である。この桃花は「神武紀」の「桃花鳥《つき》坂」によく似た表記で、桃花の里は「滝の里」の好字として用いたもの。ちなみに「善城《ぜんぎ》」は「吉城」の意か。（O）

**桃花鳥坂** つきさか （橿原市）

「綏靖紀」に「桃《つ》花鳥《き》田《だの》丘上陵《おかのへのみささぎ》」、「宣化紀」には「身《む》狭《さの》桃《つ》花鳥《き》坂上《さかのうへ》」の陵名がみえ、「神武紀」の「築坂邑《つきさかのむら》」と同地域と考えられる。現橿原市旧大字鳥《とり》屋《や》付近か。桃花鳥は朱鷺とも書く。いずれも表意用字であるが、ツキは桃花《ト》鳥《キ》でもある。「仁徳紀」の「百《も》舌《ず》鳥《の》耳原《みみはら》陵」の用字もモズの近似音で、表意・表音を巧妙に使用した古代地名。斑鳩も怒るように啼くまだら鳩の群集地といわれる（『大和名所記』）。 （I）

宣化天皇陵

桃花鳥坂付近

**月日の岩** つきひのいわ （奈良市）

春日奥山ドライブウェイ沿い、水谷《みずや》神社から水谷川を少し溯った川の中に、自然石に円型（日）と三日月型（月）を彫出した岩があって、天平勝宝八歳（七五六）の「東大寺山堺四至図」にみえる「氷池」の所在地と考えられている。この付近は「洞《ほら》の紅葉《もみぢ》」と呼び、秋の紅葉の名所とされる。 （O）

**都祁** つげ （奈良市）

大和東山中の都介野高原は、早期縄文遺跡。『日本書紀』仁徳紀に「都介氷室《ひむろ》」、「允恭《いんぎょう》紀」に「闘鶏国造《つげのくにのみやつこ》」、『延喜式』神名帳に「都介《つげ》水分神社」、「都介山口山口神社」（小山戸明神）、「大倭国正税帳」には「都介《つげ》神戸」の名がみえ、大和東山中の古代文化の先進地域であった。また、大和国中《くんなか》から伊勢に斜行する「都祁の山道」（『続日本紀』霊亀元年条）の途中、笠間越は近世では大阪・伊勢間の手旗信号（堂島の米相場）の中継地であった。

植物のトガ・ツガ・ツゲ以外に、トゲ（棘）に転ずることもある。都祁の「都」は「ツ」「ト」の二音を表す仮名であるから、都介のツゲは「竹渓」とも書く。高原の峠道でありながら「藺生《いう》」の大字があり、藺生《いう》田《だ》が改字・転音し、いつしか現大字「友田《ともだ》」になった。さらに柘植《つげ》(桑)のような用字もあり、地名はつねに改変するだけに「ツゲ」のような古代地は起源未詳というべきか。 (I)

**鼓坂**《つさか》(奈良市) 東大寺正倉院境内から転《て》害門《がいもん》付近の地名。『東大寺寺中寺外物絵図』(江戸時代十七世紀)によれば、転害門の東に「鼓坂」と書かれた坂がある。『奈良名所八重桜』には、津坂弁才天について、「手蹀《てがい》の門より東に見ゆる社をいふ。(中略)やしろより南を津坂と号し、北を鼓坂といふ。このつづみ坂の北に、いにしへ杉本坊といひし大天狗のすみし大杉あり。また坂本の社をば、かぎとりの宮と号す」とある。鼓坂の地名は東大寺の鎮守社である手向山《たむけやま》八幡宮の祭礼、転害会《てがいえ》(手掻会《てがいえ》)に関係がある。この祭は現在十月五日に行われるが、昔は旧暦九月三日に勅祭《ちょくさい》として実施されていた。祭礼は八幡神を宇佐から影向《ようごう》した神事を再現したもので、転害門が神輿を安置するお旅所《たびしょ》であったが、この時、伶《れい》人(雅楽寮の楽人)が坂の途中で鼓を打ったところに由来すると伝えられている。天文八年(一五三九)の転害会には、「鼓坂ヨリ伶人御迎ニテ還御ナル事、御影向ノ時ノ儀式ニテ云々」(『東大寺図書館薬師院文書』)とある。現在、転害門の北東に鼓阪小学校がある。 (O)

**筒井**《つつい》(大和郡山市) 大和郡山市にある地名。南流する佐保川右岸に位置する集落。区画内には東西に国道二五号線が貫き、南北には近鉄橿原線(旧大阪電)が走り、その交差する交点に筒井駅がある。筒井集落を含む地域は筒井順慶の居城跡とされ、「筒井」は室町期からみえる地名で、中世に活躍した一乗院門跡坊人の衆徒筒井氏の本拠地であり、同氏の興隆とともに地名も現われている。江戸期から明治二十二年までは添下《そえじも》郡のうちの村名としてその名を継承。ついで筒井・丹後庄・杉・本庄・天井《てんじょう》の五カ村が合併し、昭和十六年までは自治体名「筒井村」となる。その後、郡山町、のち大和郡山市の大字名。昭和三十年からは「大和郡山市筒井町」となる。「ツツ」は井戸の形態をいったもの。一般的には姓氏よりも地名が先に生まれたと判断される。 (Y)

**津積**《つつみ》(葛城・御所市) 大和川上流の大和側に「安堵《あんど》」「江包《えつつみ》」「津積《つつみ》」「磯城《しき》」、下流の大阪側に「安堂」「十三《つつみ》」(ジユウソ）「志紀」など、異字・同義の地名などもあって、まことに複雑多岐である。『和名抄』大和国忍海郡の「津積郷」（南・北十三村）に対し、『和名抄』河内国大県郡に「津積郷」、『延喜式』（民部省）の諸国駅伝馬の条に「河内国津積駅」とあり、『和名抄』高山寺本には「津積駅」を「津守」とある。津積は十三《つつみ》（堤）のこと。　（Ｉ）

## 角刺宮《つのさしのみや》（葛城市）

「清寧紀」によると、「大和《やまと》辺に見かほしものは、この高城なる角刺《かどさし》宮」といわれた角刺《つのさし》宮跡（飯豊《いいとよ》天皇宮居）で、古代豪族・葛城氏の本拠地であった。角刺の角《つの》はカド・ツルで「葛」に通ずる語、刺はサシ（城）ので、角刺は葛城と同義の語であろう。葛城国造《くにのみやつこ》の剣根命《つるぎねのみこと》のツルギも葛城と考えられる。剣根は葛城土着の豪族であった。同地に飯豊天皇埴口《はにぐち》陵がある。埴口は埴内（田）の誤写であろうか。北花内の村名（葛城市）が残っている。　（Ｉ）

## 椿井《つばい》（平群郡）

奈良県内には「井」にかかわる地名が多い。たとえば、「椿井」は井の傍らに常緑の椿樹を植え、太陽の直射を防ぎ、椿の炭を井底に敷くと良水が湧出するといわれた。生駒郡平群町大字椿井の名もここから起こったと伝えられている。『万葉集』の海柘榴市《つばいち》（椿市）も実は「椿井市」のことで、桜井市三輪《みわ》、綱越《つなこし》神社西方に「椿井」の小字が残っている。三井《みい》・五百井《いおい》（斑鳩町）、五井・若井（平群町）、狐井《きつい》（香芝市）、井戸（御所市）、狭井《さい》・桜井（桜井市）、椿井（奈良市・平群町）、新泉《にいずみ》（天理市）、今泉（香芝市）など、井・泉にちなむ町名や大字が多い。

「泉」という小字は県内約一二〇カ所に実在し、橿原遺跡からは平安初期の井が二〇カ所で発見されている。古代大和には「井」「泉」が非常に多かった。聖徳太子ゆかりの三井《みい》には春《はる》井・千載《せんさい》井・赤染井《あかぞめい》があり、赤染井は今なお厳重に保存法を講じ神聖視している。また、この三井と同名の井が橘寺と、河内叡福寺《えいふくじ》西方院にも残っている。

斑鳩町の五百井は岩井に充用した佳字であろう。事実、五百井には自然石を粗雑に組み合わせた古井（別名を業平姿見の井）があり、橿原市の五井は永正年間の談山《たんざん》神社の文書には「五位」と書いているが、御《ご》井での意か。御はミと訓《よ》み、斑鳩では三井の村名が生じた。三輪山の狭井《さい》（『古事記』）の、サは美称、奈良二月堂の若狭井の「若」も美称で、若狭国との間に「お水取り」の説話を伝える。香芝市大字狐井には杵築《きつき》神社があり、社地には古井が残っている。
（I）

## 海柘榴市《つばいち》（桜井市）

桜井市大字三輪の大神《おおみわ》神社前（大鳥居前）に「椿井」の小字が残っている。椿市（『日本紀略』）、海柘榴市は歌垣の行われた地であり、椿市の衢《ちまた》に唐客を迎えたという記事もある（「武烈・推古・敏達紀」）。また、都人の長谷寺詣の際、大御輪寺の十一面観音（現聖林寺観音）を拝み、この市で必ず御供の品を買いもとめた（『枕草子』）。椿市《ツバキイチ》はツバイチに転訛した。阿斗桑《あとのくわの》市《いち》（「敏達紀」）、高市、百市《ももち》など、植物にちなむ地名が多い。

『万葉集』に「三諸《みもろ》は人の守《も》る山　本辺《もとべ》は馬酔木《あしび》花開き　末辺《すえべ》は椿花開く…」（巻一三―三二二二）とあり、文保二年（一三一八）の『三輪大明神縁起』にも、椿・樫・柞《なら》などの五木で神籬《ひもろぎ》を作り、松・杉・榊《さかき》で三霊木を立て、ご神体としたとあるように、三輪付近に椿樹が多く生えていたことが考えられる。康保四年（九六七）東大寺尊勝院領、式上《しきじょう》郡下に「椿冨」の荘名がみえるのもこの付近のことであろう。

椿市には、市の神として恵比須神を祀っている。民間信仰の対象としての福神は、恵比須となっているが、学術的には蛭子尊《ひるこのみこと》説、事代主命《ことしろぬしのみこと》説、彦火々出見尊《ひこほほでみのみこと》説、蝦夷《えびす》神説などがある。県下の市場地名にも守護神として恵比須神社が鎮座し、「エビス」の地名が存在する。福神としての恵比須神は海上守護神から漁業守護神へ、さらに市場守護神として尊崇され、室町期に集成された七福神の一員として加わり、有力な民間信仰の対象として、現代に生きているのである（中山太郎著『日本民俗学辞典』）。したがって恵比須神社の鎮座地は、かつての市場であったということができる。大阪市の今宮戎《いまみやえびす》、西宮市の蛭子祭はあまりにも著名であるが、奈良市の北市・南市・高天市《たかまいち》や、宇陀《うた》市菟田野《の》区古市場《ふるいちば》、生駒郡竜田、下市町下市《しもいち》などの正月「初えびす」祭は有名であった。
（I）

## 椿井町《つばいちょう》（奈良市）

南都、旧奈良町の中心に位置する町名。三条通りの南、餅飯殿《もちいどの》町の西側にある。『奈良坊目拙解』によれば、北の通り東西の町を横椿井《よこつばい》、南の方東西の町を江戸屋、南の南北の町を元三《がんざ》町という。地名は、横椿井町の南側、民家の庭にあった空海が掘ったと伝えられる椿井による。

十四世紀から十六世紀半ばにかけて、興福寺所属の椿井仏所があった。『春日大社文書』に応安二年（一三六九）椿井仏師の舜覚房法眼慶秀《しゅんかくぼうほうげんけいしゅう》が春日神宮寺の十一面観音像を修理したことがみえるが、これ以後寛慶・舜慶・成慶・集慶・春慶らの名が知られている。長禄三年（一四五九）椿井郷が焼け、このとき過半数の仏師の宅が失われている（『大乗院雑事記』長禄三年四月二十三日条）。椿井町は『奈良坊目拙解』に往古椿井寺の跡と伝えられるが、『平城坊目遺考』には、椿井町東側は、昔菊屋長左衛門が造酒業を営んだ宅地で、このうちに椿井があり、天満天神の五月五日の祭礼渡《と》御《ぎょ》に際し、井を廻る習わしがあったと記している。今その地は椿井小学校となっている。

椿井町西側南北の間、辻の南方（現、奈良墨の古梅園）は、南都町司庁舎の跡と伝えられている（『平城坊目遺考』）。『奈良町家寺社御改帳』には大和大納言豊臣秀長が御殿を建て、続いて井上源五が居住したことから、南都の奉行職を務める家となったが、のちに奉行所は興福寺の北西、現奈良女子大学の敷地に移されている。宝暦元年（一七五一）一月に老中本多伯耆守《ほうきのかみ》・松平右近将監《うこんしょうげん》が来町した際、松平右近が椿井町に立ち寄った。現存の製墨の老舗古梅園である。（O）

### 津風呂《つぶろ》（吉野町）

吉野町の大字。ツブロはツボ（壺）クラ（谷）をいい、山峡の意。壺坂・岩壺と同義の語。ツボの古語はツフ（「敏達紀」十三年条訓注）で、ツボクラがツフラ（リ）―ツフロに転訛した。「天武紀」元年条に「津振《つふり》川《かは》に逮《いた》り」とみえる。津振川は津風呂川を指す（『日本書紀通釈』）。高市郡の壺阪寺のツボサカも同型の地形語。壺のような山峡を利用して、ダム建設を計画、一九六一年津風呂湖が完成した。付近住民は奈良市に移住し、津風呂を新町名とした。（T）

### 妻田組《つまだくみ》（橿原市）

藤原京跡の耳成《みみなし》山付近には「枝《えだ》組」（画工《えだくみ》）、「土田組」（土工《つちたくみ》）、「妻田組」（爪工《つまたくみ》）、「カンザシ」「笠部」の古代職掌地名が集中し、「横大路《よこおおじ》」線上の、大和高田市には「爪工」の祖神を祀る『延喜式』内「多久豆《たくつ》（虫）玉《たま》神社」が鎮座している。宝亀八年（七七七）の東寺文書には「耳成里三十五画工田一丁」とみえ、同地、坪井遺跡からは水鳥や貫頭衣《かんとうい》人物・大形舟などをヘラ書きした線刻土器をはじめ、朱塗木製剣柄頭《つかがしら》・

小字「妻田組」付近（三輪山）

木製短甲類や精巧な蓋《きぬがさ》型《かた》埴輪《はにわ》（京都国立博物館蔵）や弁天塚から装飾性の強い特種器台などが出土している。

「爪工」（造蓋司《ぞうごいし》）の語は「正倉院文書」にもみえ、『姓氏録』右京神別条には「爪工連《むらじ》は神魂命子《かみむすびのみことのこ》、多久《たく》都玉命《つたまのみこと》三世孫後《すえ》也」、『同』和泉国神別条には「雄略天皇の御代に紫《むらさき》の蓋《きぬがさ》御座《みくら》をよそほひ奉りき。仍《か》れ、爪工連《つまたくみむらじ》の姓を賜ひき」とある。さらに『三代実録』貞観元年（八五九）に「奉授大和国従五位下石園多久豆玉《いわそののたくつたま》神従五位上」、『延喜式』には「石園坐多久虫玉《いわそのにいますたくずたま》神社二座」（「豆」「虫」共に「美」の誤写か）とあり、『日本書紀』天武天皇十三年十二月条には倭文《しづおり》連・忍壁《おさかべ》連・神服《かむはとり》連・爪工連など、五〇氏が「宿祢《すくね》」に昇格している。一説には多久豆玉《たくつの》神は手置帆負命《たおきほおひのみこと》で、御笠・矛《ほこ》・盾《たて》などを作る諸工《たくみ》（技芸）の祖神として崇められた（『古史伝』）。

同社祭神は建玉依比古命《たけつたまよりひこのみこと》・建玉依比売命《たけつたまよりひめのみこと》、二座であるが、社名の「石園」は山城国の「祝園《ほふその》」と同義語か。「欽明紀」には「祝津」の宮名がみえ、「祝《はふり》」は祭祀に従事する神職のことである。『万葉集』には「うま酒を三輪の祝《はふり》が…」、「祝《はふり》部らが斎《いは》ふ社…」とある。この祝園—御蔵戸《みくらべ》（現三倉堂《みくらど》町）で、石園《いわその》は射園《いその》→磯野《いその》に転じた。なお、社名の多久豆（虫）玉神社の多久豆神は爪工（同社縁起類の派工・羽工は爪工の誤写）の祖神（『姓氏録』）であるから「多久豆」の「豆」「虫」は「多久美《たくみ》」（字形類似）の誤写であろう。（Ｉ）

## 手貝《てがい》（奈良市）

東大寺西大門の所在地。門は転害《てがい》門ともいわれる。

『奈良坊目拙解』によると、手貝は手蓋・転害・手掻・天貝・輾害・輾磑・天害・手害・伝害・転磑などと書く。これらの用字から、いわゆる地名説話が起こった。

まず、東大寺宇佐八幡の神幸《じんこう》道路（一条大路）で、殺生を禁じたことから転害や輾害が―。行基菩薩がバラモン僧正を掌で掻《か》くようにして迎えたことから手掻に―。門の傍らに唐の臼《うす》を置いた庵があり、唐臼を輾磑といったことから碾磑→碾害に―。さらに、武士の景清が僧を装って源頼朝を狙ったことから景清門ともいうようになったとか。諸説があってはっきりしない。

　また、手掻会《てがいえ》（祇園祭）で笹鉾を出したのが笹鉾町。手掻文殊鍛冶平三郎包永が住んでいたから隣地に「包永」の町名が誕生したという。転害門南の押上町雲井坂までの南北路を「手掻通り」とも称し、付近を手掻郷といった。近世、押上町東側に宝永元年（一七〇四）の大火以後、公慶上人が町を開いたので「蛤《はまぐり》辻《ず》子《し》」ともいった。焼けて開けたので「蛤辻子」とも。（I）

## 鉄砲塚《てっぽうづか》（明日香村）

古代、難波津から大和の飛鳥・藤原・奈良の都に通報した「放烽《ほうぶ》」（のろし台）の実態については、「軍防令」の「置烽」の十一ヶ条に詳しく規定されている。烽長一人、烽子《ほうし》一二名、計一三名によって構成されたか。こうした烽台の造設は、あたかも全国的に分布する前方後円墳の築造の定義が判明しないように、置烽についても「軍防令」の十一ヶ条以外のことははっきりしない。後世、とくに西海の異変を大和に通報する必要がなくなったので、その実態の把握ができず、単に定型化した十三築処《トミつか》（十三塚）の名のみが残ったにすぎない。直線上に一三基の小土壇が連なっているだけである。全国に約三〇〇例残存していても、事、機密に属していたこともあって、この定説は今なお揺《ゆ》らいでいる。

「天智紀」に「烽を置く」、『続日本紀』に「大倭国春日の烽を置き」（飛火野《とぶひの》）などとみえ、烽台の事実は窺知される。平成元年、宇都宮市竹下町の「飛《とび》山」（古くは鵄山）から「烽家」の墨書土器を検出した。

　十三塚《とみづか》は大和には数カ所に認められる。トミは古代の飛火《とぶひ》塚のトブヒ→トビ（鵄）→トミ（鳥見）と転じた。藤原京跡西方、高安山・十三峠《じゅうさんとうげ》を直視する十三塚（橿原市中曽司《なかぞし》）は今も「トミ塚《トミ》」と発音、多量の焼木炭を検出した。桜井市内の鳥見山麓に外山《トビ》があり、外山は外見山の二字化したもの。奈良市の富雄《とみお》川には外《と》川《がわ》（外見川の二字化）の村名がある。この富雄川も、富小川のこと。さらにトビ橋を鳶橋とし、鳶を二字化して戈鳥《イトリ》、安富《あんとみ》（旧安堵・富郷村の二字化か）などの橋名が誕生した。すべて地名は好字・二字化した。

　生駒山の十三峠の十三《とみ》塚は小字「鉄砲塚」にあって、隣地小字「トボシガエ」（ボはブ、シはヒ、エはネ）は

小字鉄砲塚の十三塚

『万葉集』の「生駒山の飛ぶ火が嶺」の転訛語か。摂津国豊島《トシマ》の郡名がテシマ郡とも呼ぶように、「飛火塚」は「テッポウ塚」に転訛する可能性が認められる。特に明日香村（大字冬野《ふゆの》・上居《じょうご》・豊浦《とようら》）の「鉄砲塚」は東西方向線上に存在している（『高市郡史料』）。（I）

## 寺林町《てらばやしちょう》（奈良市）

奈良市南市町の東南に東《ひがし》寺林《てらばやし》・西寺林《にしてらばやし》の町名がある。地名は昔、並木があったことに起因している（『奈良曝』）。『奈良坊目拙解』には、元興寺中門堂懸板記録に徳治三年（一三〇八）に「元興寺東寺林南辺」の屋敷が売買されたことがみえる。

興福寺大乗院の尋尊《じんそん》の「小五月郷《こさつきごう》指図」（天理図書館蔵）に「光林院　方示之内ニテ寺林郷内」とある。東寺林町の東北には柳生家の蔵屋敷があって、明治初年まで存続した。慶長年中（一五九六―一六一五）に当町にあった光林寺の屋敷と山ノ上（現高畑町）の柳生家別荘とを交換、寛文元年（一六六一）に柳生宗冬が能舞台や茶屋を備えた蔵屋敷を建てたという。『奈良坊目拙解』によれば、西寺林町は北半が南市町の域内となり、南半のみ西寺林町として残ったという。西寺林は刀鍛冶として有名な文殊四郎包永《かねなが》の子孫、包常《かねつね》の居住地であった。（O）

## 天理《てんり》（天理市）

この地は、天理教祖中山みきの生誕地である。昭和二十六年、当時の丹波市《たんばいち》町を天理町に改めようという運動が起こり、住民投票まで行った。結局、大字《あざ》丹波市がこれに反対して投票を拒否したが、投票数の過半数は「天理」の町名を支持した。同二十九年に町村合併（丹波市町を中心とする朝和《あさわ》村・二階堂村・福住《ふくすみ》村など）によって生まれた新市名が「天理」である。（I）

## 東郷《とうごう》（宇陀市）

旧名は東野（『大和志』『大和志料』）。駒帰《こまがえり》東方を意味する方位地名か。駒帰はコマカリ（『沢家文書』）、「小馬返」とも書く（「水分神社中世古図」）。コマカリは小曲《こまがり》とも書く。小曲田《をわた》（小和田）の下略か。

『万葉集』の「軽皇子《かるのみこ》の安騎《あき》の野に宿りましし時、柿本朝臣人麿の作る歌」に「東《ひむかし》の野に炎《かぎろひ》の立つ見へてかへり見すれば月傾《かたぶ》きぬ」（巻一―四八）とある「東の野」をこの東野にあてると、宇陀西部の山々が遠く見えるので、「月傾きぬ」という歌意に合致するのかも。また、この歌は「東野《あずまの》のけぶりの立てる所見てかへりみすれは月傾きぬ」という訓《よ》み方もある（『元暦校本万葉集』『万葉代匠記』など）。「東野に煙立つ」となれば、狩猟生活を業とした当時の生活の歌ともいえる。

ちなみに「推古紀」に「菟田野《うだのの》に薬猟《くすりがり》す」とみえ、現水分《みくまり》神社東方一帯を「宇陀野」「宇太野」（小字）といい、東郷には「アヅマ地蔵」を安置する（『菟田野町史』）。（I）

## 多武峯《とうのみね》（桜井市）

桜井市大字。談山《たんざん》神社鎮座地。丘陵の尾根の低くなった鞍部をタワ・クラと称した。県下約一八〇カ所にある。タワ関係の地名は、こうした地形に限られている。宇陀郡のサクラ（佐倉）峠も中世文書（内閣文庫・沢氏文書）によるとタブイと書いている。生駒郡のクラガリ峠も、クラ（地形語）ガ（助詞）ネ（嶺）峠で、クラはタワ、タム、タフと同義の語である。また手向を峠の義に解釈する説もあるが、峠なるがゆえに手向したのであろう。「坂」「越え」は古語で、たとえば、墨坂（「神武紀」）が中世、墨坂越となり、墨坂峠に転じたように何々坂―何々越から何々峠となる例が少なくない。

談山神社

『万葉集』に歌われた多武《たむ》の山のタムもタワの転じたもので、田身・太務（『紀』）、多武峯（『三代実録』）、談峰（『和州旧跡幽考』）などの文字を使用し、「多武」は中大兄皇子の武勲を讃えたものであり、「談山」は皇子が謀議（談合）を凝らした峰であると伝承している。充当文字に付会した単なる説話にすぎない。各地の徳川中期の石製道標には、「たふのみね」「たうのみね」と刻み、桜井付近から飛鳥、吉野地方に通ずる峠道に立地している。さらに「タフ（タワ）越え」にこの美称を冠し、コタフゲ、コトフキに転じ、琴引・琴弾の雅字を用いた。コトヒキ、コトウゲの地名は大和山間部に約二〇例も残っている。（Ⅰ）

## 十ノ森《とうのもり》（桜井市）

耳成山《みみなしやま》付近の藤原宮跡から出土した木簡は、律令制定に伴い新設された天皇の秘書的な仕事を担当する役所である「中務省《なかつかさ》」にかかわるものが大半を占め、律令国家の行政システムが浮き彫りになる貴重な史料といわれる。

旧桜井町大字上之庄《かみのしょう》の小字「十ノ森《とのもり》」「領佐」は、もともとは「主殿寮田《とのもりりょうでん》」で、「寮田」が「領伝《りょうでん》」から「領佐」に誤写したもの。延久二年（一〇七〇）の『興福寺坪付帳』によると「主殿寮田一町上廿二条三里一坪」とある。

元来、「画工田《えだくみ》」の地名が「ガコウデン」のように音読化、「枝組」のように改字、「エンズ」（円図）のように転じた。かくして、地名は発生当時のものではなく、意外な用字に転じている。「鳥養部《とりかい》」や「馬養部《まかい》」は大和の古代地名であった。鳥養は「鳥飼」から「調子《ちょうし》」や「鳥子《ちょうし》」に改めた。さらに、「調子」は聖徳太子の「調子丸」伝説になって正体を見失ってしまった。「馬養」は「馬飼《まかい》」から「馬飼《まし》」→「真志」→「増」に転じたか。（Ⅰ）

## 十市《とおいち》（橿原市）

橿原市大字。旧郡名。古代の十市県《あがた》。耳成山北方、寺川流域に立地する。『和名抄』には止布知《とふち》と訓《よ》む。トフは低地を意味する地形語のタヲ（低地）のこと。市《チ》はチマタ（交通の要所）のチである。つまり、十市は低湿地（坪井遺跡北方）で、「推古紀」には「耳成行宮」が降雨のため「土砂宮庭に満つ」と記している。川上の南方旧郡名の「高市」の対称語か。（Ⅰ）

## 十日市《とおかいち》（五條市）

旧西吉野町大字。明治二十六年（一八九三）、白銀《しろがね》村大字汗入《あせり》が十日市《とうかいち》と改称した立市（毎月の十日）地名。丹生川《にうかわ》が曲流する谷間集落である。アセリのアは接頭語、アセリを「汗入」と書いた。セリは「迫《せり》」である。迫はサコと訓《よ》み、谷《さこ》のことである。同町の大字勢井《せいい》、桧川迫《ひこがせ》のセイ・セも迫の意。セリの転訛である。初瀬川渓谷の支流芹井川流域の桜井市大字芹井《せりい》（セーリンとも）、十津川村大字旭《あさひ》もアセリの転訛か。兵庫県の篠山市瀬利も谷間集落である。（T）

## 土木《どぎ》（明日香村）

明日香村の飛鳥寺と甘樫丘《あまかしのおか》の中間に「土木《どぎ》」の小字がある（蘇我入鹿墓と伝える五輪塔西側）。同小字のすぐ北方の小字「唐木《とき》」も関係するのではなかろうか。この「土木」は音読ではドギであるがツチノキ（訓読）でもある。ツチノキはいわゆる槻木《つきのき》と考えられた。

「孝徳紀」元年条に「天皇・皇祖母尊《すめみおやのみこと》・皇太子《ひつぎのみこ》、大槻《おほつき》の樹の下《もと》に、群臣《まへつきみたち》を召《め》し集めて、盟《ちか》曰はしめたまふ」とあり、「持統紀」二年十二月条に「蝦夷《えみし》の男《をのこ》女二百一十三人《めのこふたももあまりとをあまりみたり》に飛鳥寺の西の槻《つき》の下《もと》に饗《あへ》たまふ」とある。また「斉明紀」五年三月条に、「甘樫丘《うまかしのをか》の東《ひむがし》の川上《かわら》に、須弥山《すみのやま》を造りて、陸奥《みちのく》と越《こし》との蝦夷《えみし》に饗《あへ》たまふ」とみえる。この飛鳥寺の西、槻の木の下は単なる庭園というのではなく、政治的儀式の場でもあったらしい。

昭和五十五年の発掘調査面積は約三六〇平方メートル。柱穴は二メートル間隔で南北に四個、またこれに並行するかたちで幅一メートルの石溝遺構も見つかった。さらに砂利敷も検出され、飛鳥川が現在よりも曲流（曲瀬）したとも考えられる。『日本書紀』の示す方位から出土した遺構だけに今後の調査の成果が期待される。

中大兄皇子が槻の木の下で蹴鞠をしたという場所が、一小字によって明確になれば、地名もまた重要な考古学的遺物たり得るのではなかろうか。（I）

## 常盤《ときわ》（橿原市）

耳成山の東方、旧大字常盤には小字「大常盤《ときわ》」「南常盤」「行歩《ぎょうふ》」（刑部《おさかべ》）「大坂部」などの地名がある。同トキワは「解部《ときべ》」（裁判役所）の転訛語であろうか。同町にある坪井遺跡（弥生中期―後期）から貫頭衣《かんとうい》人物や水鳥などをヘラ書きした絵画土器が出土した。「欽明紀」に「画工《えだくみ》」の記事があり、宝亀八年（七七七）の「大和国佐位荘券」（東寺文書）には「国符十市郡司、路東廿三条二、耳成里、卅五、画工田一丁」とある。「画工田」は耳成山北麓の小字「枝組《えだぐみ》」で、寛弘三年（一〇〇六）の弘福寺牒には「大和国十市郡廿三条卅五、会土」とあるが、「会土」（「絵工」の誤写）は「絵工」

を意味する。さらに、長和二年（一〇一三）の同寺牒には「会土」と誤写、この会土が転訛して「エンズ」（円図）になった。また、中町・常盤町近辺には、「天役」（典薬）、「加森」、「本部」（木部）、「馬司」「京殿」「姫殿」「見門」「西カシハテ」「ト子リ」「クサカベ」「玉造り」「山部」など、古代職業関係の地名が多く残る。

湿地でありながら古墳が多く「高塚」「大塚」「猫塚」「塚原田」「塚ノ坪」などの地名が残存する。元来、寺川流域には埴輪窯跡が各地（大福・新屋敷・葛本・小阪・鍵・田原本・石見遺跡など）に所在、蓋《きぬがさ》・女人・牛馬・家などの形象埴輪が出土し、「ハネアナ」「ハネタ」などの埴土産出地名を伝え、近くに畝《うね》尾《び》坐《にます》健土《たけはに》安《やす》神社が鎮座する。藤原宮出土木簡には「陶宮」の墨書がある。後の律令に定めた筥陶司《はこすえのつかさ》（箱作りと須恵器作りを司る所）のことで、大宝令制定頃の地名であろうか。（Ｉ）

## 栃本　とちもと　（吉野郡）

下市町大字。植物地名。吉野郡には栃の樹が密生していた。中世の猿楽能が有名。同郡内には栃尾・栃《とち》本《もと》・栃原《とちはら》・小橡《コトチ》などの大字、栃谷・栃垣内《かいと》・栃木平・栃倉・栃木迫（約一五例）、栃山（約三〇例）などの小字が約三五〇カ所に分布する。『太平記』にも十津川の栃粥のことが記されている。栃の用字は明治頃から使われたもの。中・近世の村文書には「橡」の文字を使っている。

北山郷の小橡村には今も「橡尾谷」（橡生谷のこと）の小字がある。ちなみに、小橡は明治八年に合併した小瀬、橡本両村の合成地名である。

明治以来、「栃」で統一しているが、『和名抄』『節用集』『新撰字鏡』『色葉字類抄』などでは橡・栩・杼などをトチと訓《よ》んでいる。トチは一〇（ト）×一〇〇〇（チ）＝一〇〇〇〇（万）であることから大和近世文書では「杤」（国字）を用いた実例が多い。（Ｉ）

## 十津川　とつかわ　（十津川村・五條市大塔町）

大峰山《さん》脈の山上《じょう》ヶ《が》岳《だけ》付近に源を発し、V字形の渓谷をなして五條市大塔《おおとう》町、十津川村を過ぎ、下流は熊野川（新宮川）となり熊野灘に注ぐ。村は紀州の熊野・高野両文化圏を結ぶ重要な地域であった。

十津川は、支流の中原川・川原樋《かわらび》川・舟ノ川・旭川や本流の天ノ川など十川を数え、字義通り十津川とする説や、流域に栃の樹が多く、栃にちなむ地名も極めて多いので栃川の転訛説がある。また、大和国中《やまとくんなか》の外《と》つ川の郷の意に解する説がある。「外つ」は奈良盆地から遠い意で、「つ」は助詞である。

十津川は古くは遠津河《とをつかは》と書く。『堀河百首』には「吉野山十尾津川雪深み…」（源国信）とあり、地名はすでに平安末期にみられる。また、十津川支流の一部は高野山東麓の野迫川《のせがわ》村に発源している。永治元年（一一四一）、同二年、建保六年（一二一八）、文永四年（一二六七）の『高野山文書』によると、現在の野迫川村中津川が「遠津河郷」に属し高野山寺領だった。したがって、「遠つ河」説が有力である。

十津川水系は、大和よりもむしろ紀州の高野山宗教文化圏に依存している。「遠つ河」は高野山側からみると、中津川より遠隔の地にあって、高野山と中津川の間に池津川集落がある。中津川上流の川は池津川という。つまり、池津、中津、遠津の順に立地する一種の方位地名である。高野山から「近つ川」に立地しているので池津川は近津川でもある。なお、天平六年（七三四）『造仏所作物帳』に「吉野遠川」とあるが、この遠川は洞川《どろがわ》と推定されている（福山敏男『日本建築史研究』）。　（T）

## 轟橋《とどろきはし》（奈良市）

奈良市登大路《のぼりおおじ》町。雲井坂の南、吉城《よしき》川の分水を引く緑ヶ池の池尻の樋川にかかる京街道の小橋をいう。この橋の旅人や雨は南都八景の一つに数えられた。十八世紀の「奈良町絵図」（天理図書館蔵）には、雲井坂の雨、緑ヶ池の横の街道にある石橋が描かれ、「轟橋」と明記する。

また、『大和名所図会』にも東大・興福両寺の中間、押明の門の南にあり」と記し、興福寺境内の鳥瞰図のうちに同様の橋が描かれ「とどろきはし」とみえている。動詞の「トドロク」は擬声語で、音がとどろく、どうどう、ごうごうと鳴り響くさまをいう。地名の名義は未詳であるが、これと同源と考えられる。轟橋の名称は、この小橋の下を吉城川の分水が大きな音を立てて西流していたことにちなむものであろう。

明治の金澤昇平の『平城坊目遺考』には、「此橋奈良所の内、詩歌多し。今民屋建連ねて気色なしといへども往昔此辺広く東ハ春日山、西北生駒佐保山等の眺望甚よかりし成べし」と記している。

名勝として有名になったのは、京都の旅人が雲居坂を上ってこの橋あたりまで来たとき、大きく視野が広がり美しい山景が望めたためではなかろうか。当地の旅人や雨は風情のあるものであったに違いない。（O）

**殿野**《とのの》（五條市）

旧大塔《おおとう》村には猿谷《さるたに》・簾《すだれ》・惣谷《そうたに》・堂平《どうひら》・小代《こだい》・阪本《さかもと》などの旧大字がある。いずれも地形名。サル（猿）・堂は屼（タヲードウ）、代は台、平の意、殿野《とのの》は戸野で、南北朝時代の戸野氏が有名（『太平記』）。簾と同様、急峻な山腹の村、すなわち山腹の小平地、タオ（垰）野の転訛語か。（I）

**飛火野**《とぶひの》（奈良市）

奈良市春日野町。春日大社の一ノ鳥居の東に広がる芝生の原をさす。地名の由来は古代の通信制度の「烽《のろし》」によると伝えられている。『時代別国語大辞典・上代編』には、飛火について、「辺境に変事が起こったとき、順次にのろしをあげて中央に急報する設備をいう」とある。『続日本紀』に、平城遷都直後の和銅五年（七一二）正月河内国高安烽を廃して、高見烽に、そして、大倭国に春日烽を置いて、平城京に通ぜしめたとある。高見烽は『万葉集』にある「射駒山の飛火が嵬《たけ》」で、今の生駒山頂付近に推定されているが、春日の飛火野が「春日烽」にあたるか否かはわからない。

春日表参道のバス停横の小池は、「雪消《ゆきげ》の沢」と呼ばれている。雪が消える早春の摘草の名所として、古歌にもよく詠まれた。『古今和歌集』に「春日野の飛火《とぶひ》の野守《のもり》出でてみよ　今幾日《いくか》ありて若菜摘みてん」、『風雅和歌集』に「春くれば雪消《ゆきげ》の沢に袖垂れてまだうらわかき若菜をぞつむ」とある。（O）

飛火野（奈良市）

**登美ヶ丘**《とみがおか》（奈良・桜井市）

「天智紀」三年条に「防《さきもり》と烽《すすみ》とを置く」とあり、辺境の危急を告げる施設として「烽《のろし》」の台を配置した。『続日本紀』和銅五年（七一二）には「河内国高安烽《たかやすのすすみ》を廃し、高見《たかみ》烽、及び大倭《やまと》春日山に烽を置き平城《なら》に通せしむ」とみえる。つまり、藤原京が奈良に移るに及んで、生駒山脈の高安烽を北方の高見山に移し、さらに、奈良から都を平安に移した延暦十五年（七九六）、生駒の烽を牡山《おとこやま》に移した。同十八年に廃止。烽《とぶひ》はトビ→トミ（鵄→鳥見→富）に転じたか。

「神武紀」には神武天皇が生駒山を越え、鳥見《とみ》の長《なが》髄彦《すねびこ》と戦った時、飛来した金鵄《きんし》（金色の鵄《とび》。霊鳥）の霊光によって勝利を得たといい、「時人仍《ときのひとよ》りて鵄邑《とびのむら》と号《なづ》く。今鳥見《とみ》といふは、是《これ》訛《よこなば》れるなり」とある。つまり、地名、鳥見にちなむ説話であって、史実ではない。この記事は奈良時代「鳥見」なる地名が生駒山と春日山の間に所在していたことの証《あかし》である。

すでに『和名抄』添《そえ》下《じも》郡内（現奈良市）に「鳥貝（見の誤写）」の郷名がみえ、中世の上・中・下鳥見郷で、延喜式内・登弥《とみ》神社の鎮座地である。現在は登美丘《とみがおか》、鵄山《とびやま》、あるいは富郷《とみさと》、富雄《とみお》（鳥見小川の下略）の町村名、外山《とび》・外川《とがわ》（外見山・外見川の二字化）の大字名、「トビ谷」（安康《あんこう》陵北方の高塚付近）の小字地名がある。

登弥神社

一方、桜井市の鳥見山は中世の鵄山《とびやま》城跡で、山中に鉄砲塚、山麓の外山《とび》（旧大字）には式内・等弥《とみ》神社鎮座地で、「天武紀」下、八年八月条の迹見駅家《とみうまや》の地であった。さて、「光を放つ」という「金鵄」伝承は、「火を飛ばす」という飛火（鵄―鵄見）に付会した地名説話であったか。なお、宇陀郡の旧榛原町にも鳥見山《とりみ》があり、『万葉集』の「鳥見山」伝承地で、中世の「中富」の庄名が残っている。（I）

## 富田　とみた（御所市）

富田は好字地名。国見山西麓、大口《おおぐち》峠北方に位置する。トミは十三《つつみ》のこと。同市十三（旧大字）も堤《つつみ》。富田池の堤にちなむ地名であろうか。堤防には正和四年（一三一五）の大念仏衆建立の五輪塔があった。現在は堤防改修でやや西方に移した。富田は堤田の義か（「富本」参照）。あるいは十三《とみ》田の義かも。（I）

## 富本　とみもと（磯城郡）

『元禄郷帳』には「富元」とある。飛鳥堤防に接する地域。『磯城郡誌』には「堤下に在る地なり。すなわち、富本はトメモトにして、水をせき止める堤の下に在るという義なるべし」とある。トミは十三（ツツミ−トミ）を意味し、モトは田原本・橋本などと同様、その中心地をあらわす語。出村の十六面《ジュウロクセン》（大字）もトムモトと訓《よ》む。

大阪市内の十三は淀川堤のことで、同地に十三《とみ》（富）戎《えびす》神社が鎮座し、市の神（恵比須）を祀る。御所市・旧新庄町の大字南・北十三《きたとみ》も葛城川の堤防沿いにある集落で、『和名抄』の忍海《おしみ》郡津積《つつみ》郷に該当した。「持統紀」に掖上陂《わきがみつつみ》に行幸したとある。桜井市の旧大字「江包《えっつみ》」も初瀬川堤の意である。（I）

## 伴堂 ともんど （三宅町）

磯城郡田原本町大字蔵《くらん》堂《どう》は蔵戸で、伴堂《ともんど》は伴戸《ともべ》の意だろうか。大和高田市の三蔵堂《みくらどう》は御蔵戸《みくらど》とも書いた。葛城市新庄の笛堂は笛戸で、近くに笛吹神社が鎮座する。伴部《ともべ》郷は『和名抄』によると、肥前・肥後・越中・相模・安房・常陸・岩代の諸国などに分布する。

相模の伴部は本来は大伴《おおとも》で、淳和天皇の諱《いみな》「大伴」を避けたもので、別に大友（近江国滋賀郡）ともいった。磐城国の長伴《ながとも》郷も大伴氏の居住地で、弘仁十四年（八二三）、大伴を伴《とも》部とした。また長伴《ながとも》（美濃国安八郡）、広伴《ひろとも》（陸奥国宇多郡）の郷名があり、四国の長曽我部・香曽我部のように、諱を避けて地名を改変した例は少なくない。（I）

## 豊浦 とようら （明日香村）

飛鳥川曲流地。『元興寺資財帳』などには「等由良」「等由羅」「止由良佐岐」、元興寺露盤銘（推古天皇四年）には「等由良」、『慶長郷帳』には「といら」、『元和郷帳』には「とひら」とみえ、『日本書紀』朱鳥元年二月条には「小墾《おはり》豊浦」の寺名がみえる。同村に南浦の大字があるのは米川の曲流地域であろう。

豊浦の「豊」は美称、浦は地形語、「裏《うら》」の意ではなく、飛鳥川の曲流のために州処《すがち》地を形成し、大字和田（曲）に連なる小字「ミノワ」がある。奈良市の布目川に「アマガセ」、宇治川に「天ヶ瀬《あまがせ》」ダムがあるように、各地に「曲瀬《まがせ》」「ワンガセ」などの地名もあって、有名な椀貸伝説（『地名伝承学論』）が起こった。

飛鳥川右岸にある「犬ヶ瀬」の小字は「天ヶ瀬」の誤写で、天ヶ瀬橋付近の「石井手《いしいで》」「樋の口《ひのくち》」付近は洲処地であることから「アマガセ蛍」の名所として保存地区に指定され、「石井手の渡し」は、俗に「天ヶ瀬の渡し」といわれた。さらに、『古事記』『日本書紀』には豊浦にかかわる「言八十禍津日前《ことのやそのまがつひのさき》」「辞禍戸碕《ことまがへのさき》」「甘白梼《あまかし》」の丘名や「盟神探湯《くがたち》」などの記事がみえる。（I）

## 豊田 とよだ（橿原市）

旧十市郡にも豊田庄がある。現在の橿原市豊田町で、ここにも小字トヨクが残っている。ただし、トヨクはトヨダの誤写とも推察される。『春日大社文書』（嘉禄三年）、『三箇院家抄』によると、葛下郡《かつげ》（旧新庄町付近）に豊国《とよくに》の庄名を見る。しかも、「豊久」の小字が現存するのみならず、中世の興田郷《おきだ》（「越智郷段銭収納帳」）に相当するのである。ここでも「興田」（現大字奥田）が「豊国」と共存することになる。

御所市内の奉膳《ぶぜん》（現地発音はブンゼ）は一に豊前（庄）とも書く。付近に典田庄があったが、『春日大社文書』などには「典膳」「伝膳」とも書き、「天前《てんぜ》」「天然」（寺名）に改字している。「典田」も「豊田」ではなかったか。

同市の大字豊田、天理市の大字豊田も中世的佳字地名で、前者は吐田《はんだ》庄の、後者は北川村の地名を改変したもの。「田を吐く」や敗北の「北」を避けたものらしく、在地豪族の吐田（遠長）氏や豊田（頼栄）氏の居城地であった。天正二年（一五七四）豊臣秀吉は近江国今浜を長浜とし、慶長四年（一五九九）森忠政は信州川中島城を松代城とするなど、嘉名に改変した例は少なくない。

磯城郡田原本町大字笠形《かさがた》も旧豊国庄で、ここにも「トヨク」「澳田《おくだ》」の小字があり、別に「興田庄」とも書く。この南方が「南興田庄」で、同地域に「豊前《ぶんぜ》庄」がある。豊前は豊田―ブデンの変化したものか。

笠形の村名も春日田《かすがた》の二字化したもので、同村東南隈に春日神社が鎮座している。興田は興福寺領にちなむ用字ではなかろうか。もちろん、興田は古くから嘉名とみられた。『豊後国風土記』に、

> 豊前《とよくにのみちのくち》の国の京都《みやこ》の行宮《かりみや》より、此の郡《こほり》に幸《いでま》して、地形《くにがた》を遊覧《み》て、嘆きてのりたまひしく、「広く大きなるかも、此の郡《くに》は。碩田《おほきだ》の国〈碩田は大分《おおきた》といふ〉と名づくべし」とのりたまひき。今大分《おほきた》といふ、斯《これ》其の縁《ことのもと》なり。

とある。大分県大分郡の「分」は段中《きたなか》（田地一段の半分をキタナカという）のキタで分けることを意味する。音便によってオオイタに転じた。かくして、地名は発音

の問題以外に、充当文字によって意外な改変を重ねていく。（Ⅰ）

**鳥居町**《とりいまち》（五條市）　吉野川岸の町名、講御《こみ》堂寺《どうじ》前付近。俗にトリゲ町ともいう。川南 霊安寺《りょうあんじ》村の御霊神社の鳥居所在地で、同社の御旅所でもあった。井上内親王はここに移居したと伝える。最近までこの鳥居は残っていた。江戸期の名所図会などにはこの鳥居は五條の象徴として描かれている。（Ⅰ）

**鳥　住**《とりすみ》（吉野郡）　黒滝村の大字で、飛ぶ鳥にちなんだ地名ではない。トリは高取・鞍取《くらとり》のトリで、丘陵の乢《たわ》んだ所を示す。トリスミは、タオリの転訛語か。タオリ―トリの隅という意か。和泉国の熊取も同義の地名か。（Ⅰ）

**鳥見山**《とりみやま》（榛原町）　このトリミ山は古代の鳥見《とみ》山の伝承地。大和のトミ山はいずれも眺望地に立地し、中世の城塁地となっている。『万葉集』（巻一〇―二三四六）の鳥見山を歌った歌碑が建っている（池田末則筆、同町教育委員会建之）。歌は「うかねらふ　跡見山《とみやま》雪の　いちしろく　恋ひば　妹《いも》が名　人知らむかも」とある。「うかねらふ」は跡見山にかかる枕詞で、原文は「窺良布《うかねらふ》」とあって、これは窺《うかが》い狙うことである。『古事記と日本人』の著者・渡部昇一氏は次のように書いている。

鳥見は「遠見」や「鵄」に関係したもの。「遠見」は鳥見と書く。「美」は「ミ」ではなく「ヒ」とも呼ばれる。私は鳥見山からの見晴らしさを考えるとトミは「遠見」が一番しっくりくると思った。近頃の人たちは神武天皇の実在性の問題がひっかかるかもしれないが、そういう人には『古事記』と『日本書紀』にある天皇の歌を拾い集めることを勧める…

とある。（N）

**洞　川**《どろがわ》（天川村）　「洞川」は「瀞川」と同義。「瀞（トロ・ドロ）」は、水のトロッとした所、水の淀んだ所を意味する。トロの音はトウロウに変化した。旧小字「洞籠ケ岩屋《とうろうのいわや》」があったが、その名は静かに水をたたえた鍾乳洞にちなむ。洞窟から川水が流れ出ることから洞川といった。ドロガワは泥の川ではない。『大和志』に「灯籠洞、深さ数百歩。内に泉有り…、泉脈は竜泉寺池に通ず」とある。修験道の霊場山上《さんじょう》ケ岳《がだけ》の登山口である。役行者《えんのぎょうじゃ》の従者後鬼の子孫が定

着した村と伝わる。奈良・三重県境付近に瀞《どろ》八丁がある。このドロも水の淀んだところという意味である。（T）

## ドンド　どんど（御所市）

県内の小字をみると「ドント」が一例（吉野郡）、「トンド」や「ドンド」は各々約二〇例。大和方言では「トンド」は爆竹のこと、「ドンド」といえば滝水を表現したもので、地名・人名では「動々渕《どど》」「百目《どどめ》鬼《き》」「トドメキ」「百々《どど》川」「鳴《なる》滝」「鳴《なる》川《こう》」（訛って鳴《なる》子《こ》）などがある。ドンドは恐らくドドの転訛語で、二月をニンガツというように撥音化して、ドンドになったもの。国名の豊後をブンゴ、備後をビンゴというように語調を柔らげるために、新たに撥音を添加した例も少なくない。

金剛山麓の急斜面の旧大字伏見《ふしみ》地域は「横井戸」の多い所で有名。俗に「マンブ」（横穴）と称し、伏流水（谷水）がつねに水音（ドンド）をたたえて流下している。「伏見」は「伏水」のことで、京都市の伏見も「御神（香）水の宮」があって、湧水の多い地域で銘酒の産地である。

寛政年間（一七八九〜一七九九）の「金剛山谷川筋普請所絵図」によると、金剛山麓の諸川筋には「百々《どど》川」、「どんど」（二カ所）の井堰《いせき》名が残っている。『大和地名大辞典』によると、大字伏見に小字「ドンド」（公称地名）があるのが注目される。（I）

# な行

**中筋町**《なかすじちょう》（奈良市）　奈良市街地の中央部の町名。元興福寺《こうふくじ》別院の華林《かりん》院があったことから華（花）林院町ともいう。

『奈良坊目拙解』によれば、室町中期には華林院が現存していたため、未だ民家はなかったらしい。華林院の旧跡は、江戸時代には西ノ御所（一乗院宮里坊）があって、この町は春日大社や興福寺関係者の居住地であった。（O）

**長　峯**《ながみね》（宇陀市）　旧榛原町大字。丘陵中の村。中世の「長沢庄」。「元和郷帳」には「長嶺村」と書く。長峯は字義が示すように形状地名。長峯地域は古代の宇陀禁野と考えられたらしく、同村天神社文書に「正一位禁野天神之儀者文武天皇之勅願所…文政十三年云々」とある。

室町期、興福寺大乗院庄園。『三箇院家抄』宇多郡の条に「長沢庄、号長峯庄」、「宇陀郡田地帳案」には「長峯庄」とあり、慶長以降松山藩、万治二年以降旗本織田長政領となる。（I）

**名　柄**《ながら》（御所市）　金剛山下、水越《みずこし》峠の扇状地の旧村名。「天武紀」には「長柄杜」とある。接続地の大字増《まし》は銅鐸出土地。ナガラの地名は天理市に大字長柄・同永原があり、北葛城郡河合町に同長楽《ちょうらく》がある。長楽はチョウラクと音読しているが、ナガハラ―ナガラであって、ナグラ（大字穴闇）に転じている。

ナガラは、川原をカワラ、ナカツハラ（中津原）をナカツラ（中貫）、サカハラ（阪原）をサガラ、隅ヶ原を角柄《つのがら》（桜井市東方旧大字）というようにナガハラの転訛したもの。長原は広い原を意味する古語で、一種の形状地名。

「神功《じんぐう》紀」の葛城長江襲津彦《そつひこ》は「百済記」には「沙《さ》至比跪《ちひこ》」とみえ、四世紀末の実在の人物と考えられている。長江襲津彦の長江は長柄ではなかろうか。柄は、ガラ、またはエとも訓《よ》む。傘柄は俗にガラという。大阪市の長柄《ながら》も「長江」、あるいは「長楽」とも記す。『大日本地名辞書』には「その訓ナガエにあらず、ナガラなり」とある。大和高田市の小字「名倉」もナガラの転訛語か。

平成元年九月、名柄小学校付近から有力豪族の住居地とみられる遺構を発掘した。（I）

## 長柄《ながら》（天理市）

天理市にある地名（住居表示）。天理市の南部、県道三六号線以南にある集落。東接する兵庫《ひょうご》町には、JR桜井線（旧奈良鉄道）の長柄駅（大正三年開業）がある。また、西接する西長柄町は戦時中大和海軍航空隊の飛行場（通称柳本飛行場）のあった場所で、現在は住宅地、商店街、並びに運動公園、木材工業団地と変わった。ナガラは長原のこと。

「長柄」は荘園名として平安期からみえる地名で、江戸期から明治二十二年までは山辺郡内の村名。「名柄」とも記した。同二十二年からは近隣の一五カ村（杣之内《そまのうち》・佐保庄・三昧田《さんまいでん》・福知堂・永原・兵庫・新泉《にいずみ》・岸田・中山・成願寺・萱生《かよう》・竹之内・乙木《おとぎ》・園原）の合併による朝和《あさわ》村の、また、同二十九年からは天理市の大字となり、同三十年からは「天理市長柄町」となる。「西長柄町」は同五十七年、隣接する備前町・海知町・九条町・岸田町・長柄町の各一部によって成立した。（Y）

## 穴闇《なぐら》（北葛城郡河合町）

広瀬郡の郷名「穴倉」はアナグラではなく、呼称はナグラである。用字も「長倉」（永承二年〈一〇四七〉）、「長楽」（天養元年〈一一四四〉）、「名蔵」（平治元年〈一一五九〉）などの「東大寺文書」や、「ナクラ」（永仁五年〈一二九七〉）の『西大寺田園目録』などがあり、一〇四〇～一二〇〇年までは「長倉」が「長蒼」に、「名蔵」が「名成」「石成」「石蔵」などに、いずれも字画の類似から誤写した。

『和名抄』紀伊国那賀郡名手の庄名は石手（高山寺本）、右手（東急本）とみえ、同郡名倉村は『高野山文書』には「長柄」とあり、のち「名倉」に訛り、さらに応永二年文書には「名蔵」と書くとある（『紀伊続風土記』）。穴闇付近には「中良」（奈良時代出土古瓦銘）「ナガレ塚」の地名もある。今は「長楽」は音読して「チョウラク」（大字名）になっている。

ナガラは葛上郡では長柄（『延喜式』神社名）、長柄杜（「天武紀」）で、「神功紀」には長柄は一に長江（人名）とある。「柄《え》」が「江」に転じたもの。したがって、川原が嘉幡羅《かはら》（「斉明紀」）と訓《よ》むようにナグラ、ナガラはナガハラ（長原）の転訛したものであろう。天永三年（一一一二）の「東大寺文書」某処分状の葛下郡小字の「長原井」は現在「名倉池」（大和高田市池田町）に転じている。長楽《チョウラク》は表意用字、穴闇《ナグラ》は表音用字か。

『和名抄』山辺郡に「石成郷」があるが、所在は不詳である。前記のように「名成」が「名蔵」の転とすれば、同郡内の大字「長柄」「永原」付近の郷名であったと考えられる。『万葉集』の長屋原か。

さて、ナグラ・ナガラの転訛・誤写することは容易であるが、南北朝になると「穴」の用字が登場する。穴暗《なぐら》（正平十八年〈一三六二〉吉野郡運川寺写経）、穴闇《なぐら》（享保二十一年〈一七三六〉『大和志』）、穴倉《なくら》（近世文書）などと書く。穴闇の「穴《あな》」は「あなにえや」（妍哉）の「あな」で「真に美しい」こと（『神武紀』）、または「あな尊し」の「阿那《あな》」で、感動した時に発する古語である。（I）

## 内侍原《なしはら》（奈良市）

町名。『奈良曝』には「いにしへは毎年両度の春日祭に、内侍所《ないしどころ》の勅使《ちょくし》此町に宿し給ひしより町の名とす。また奈良の京《みやこ》の御時、内侍の官なりし人住給ひしより町の名とすとも云」とある。『続日本紀』天平勝宝元年（七四九）条によると、宇佐八幡の東大寺へ勧進の記事に「梨子原」の宮名（平城宮付近か）を記し、春日大社行事の掌内侍宿所・内蔵梨子原の宿（『中右記』）などの記事をみる。近世には茄子（飯田畑茄子）という地名もあった（『平城坊目拙解』）。（I）

## 菜摘《なつみ》（吉野町）

吉野町大字。『万葉集』に「吉野なる夏実の河の川淀《かわよど》に…」（巻三―三七五）、「夏身の川門《かわと》見れど飽かぬかも」（巻九―一七三六）とある夏実、夏身は菜摘を指す。宮滝のすぐ上流で吉野川が大きく蛇行する凸岸部に位置する。川淀は川水の淀んだ所、川門は川の狭い所をいう。ナツミの由来はナ（魚）ツ（津）ミ（廻）で、魚を採る曲流地域をいうとか、七草を摘んだ「菜摘み」からきているとする説（『吉野町史』）、また、「夏季に行幸ありて吉野川を見るの意味より夏見川の称あり」という『吉野郡史料』の説は使用文字にちなむ付会説にすぎない。

ナツミは動詞ナヅム（泥む）の連用形が清音化した地形語だろう。泥むは土砂を含む川水が滞るの義である。凸岸部では蛇行洲といって、土砂が堆積する地形が形成される。寄洲《よりす》ともいい、菜摘の河岸にみられる。（T）

## 南渕《なぶち》（明日香村）

高市郡明日香村の大字稲渕《いなぶち》は「皇極紀」には「南渕川《みなふち》」、『新撰姓氏録』には「蜷渕《になぶち》」とある。ミナフチがニナフチに転じ、ときにはナブチともいった。これは発音運動の弱化したもので、マ行音がナ行音に転訛した。

たとえば、「檜生《ひう》」が「檜尾《ひのお》」に、「栃生《とちお》」が「栃尾」に、「葛生」が「葛尾」（勝尾）に改字したように、「生」（古くは「フ」→「ブ」）が「尾」に改変する実例が多い。事実、「壬生」（ミズノエ）地名は「水」にかかわる水生《ミフ》―水尾《みのお》（箕面《みのお》）で、神社名に多い。壬生はたまたま「丹生」に転訛したのではなかろうか。また、ミナフチがナブチに上略したように、ミサカがニサカ（荷坂）に転じたか。最近は用字をそのままにニサカと呼称しているが、『延喜式』には味坂比売《ミノサカヒメ》神社の鎮座地となっている。（I）

## 奈保山《なほやま》（奈良市）

『和名抄』大和国添上郡の郷名に「猶」（奈良市）とあり、高山寺本には「楢中」とある。康保五年（九六八）の「藤原某家地売券」（『平安遺文』）には「猶中」の郷名がみえる。「猶」は「楢」との字形類似による誤写であろう。しかも「猶」をナホと訓《よ》み、奈良山が奈保山・那富山・直山（『続紀』『東大寺要録』『大和志料』など）の文字に転じ、一に椎山（『続紀』）とも書いている。もちろん、椎はナラ（『新撰字鏡』）とも訓むので間違っていない。『前王廟陵記』は「椎山は楢山の誤」とあり、伴信友の『比古婆衣』（巻三）には「天皇の陵地続紀の今在る本に椎山と書き一本には稚山とある共に誤写なり」とみえる。この椎山を『公卿補任』には「推山岡」、『和州旧跡幽考』は「推山」と書き、オシヤマの訓註を付している。また、推山に通じる所を推小路《おしこうじ》郷、その上方が押上町（現存）になったという（『奈良坊目拙解』）。

元正天皇陵（奈保山西陵）

さらに、推山は雍山に転じたがナラと訓んだらしく雍良と二字化し、これがヨラとなり、『大和名所和歌集』は「欲良」「推嵬」と書くにいたった。『続日本紀』は「雍良岑」とし、徳川期の記録には「ようらうケ峰」（『蘭笠の雫』）とある。『山陵考』（谷森善臣著）には「椎山陵、奈保山陵、佐保山、雍良ノ岑など、号は三種に替りたれど、その実は一所異名なるべし」とあり、久安五年（一一四九）聖武天皇佐保山陵に実検使を遣わした時の記録には「東大寺諸司申云、佐保山是一所異名也」とある。すなわち推山、奈保山、佐保山は同一地域の地名であったらしい。ナラは恐らく平《なら》すという意味をもつ地形名であったと考えられる。

## 奈良《なら》（奈良市）（I）

ナラは、平城・儺羅《なら》、那《な》羅《ら》・乃楽（『記・紀』）、奈良（『万葉集』『三代実録』）、平・寧楽・名良・楢・寧（『万葉集』）、諸楽（『唐書』）、那良（『延喜式』）とも書く。「平城」は中国的な佳字表記であろう。平城京の北方にある俗称歌姫越《うたひめごえ》が、古代の平山《なら》（奈良坂）で、同地には、「平山」と書き、ナラ山と訓《よ》む小字が残っている。『万葉集』（巻二〇―四四九二）には「…裳《も》引き平《なら》し菅原の里」とある。

『万葉集』に「青丹《に》よし奈良……」と歌われた地名「ナラ」の初見は、「崇神紀」に「草木踏み平《なら》す。因《よ》りて其の山を号《なづ》けて那羅山と曰《い》ふ」とあり、既存の地名「ナラ」に付会した地名説話がみえる。奈良の地名は、草木を踏み平した所であるという。奈良・平城の地は、奈良坂→佐紀《さき》付近の丘陵をさした方域名であろう。ナラ（平）した所という意味の地名もあるが、奈良の場合は、平らかにつづく丘陵（平山《なら》）を形容し、『万葉集』の写本によると、ナラ山は、「猶山」（細井本）、「乎山」「猶山」（元暦校本）、「常山」（寛永本）とも書く。猶山は「楢山」の、乎山は「平山」の誤写であり、「常山」は「寧楽山」を二字化した「寧山」の誤写と考えられる。

平城宮跡（井戸跡）

また、「猶山」は『続日本紀』や『東大寺要録』によると、「奈保山」「那富山」「奈富山」「直山」というように改字を重ねた。さらに、那富山は邪富山→佐保山に転じたか。ナラ山は、『続日本紀』に「椎《なら》山」と表記され、「雍山」「擁《よ》良《ら》山」の誤写が生じた。「擁《よ》良《ら》山」はヨラ山に転じ、「欲良山」や「養老山」に改変した。

**奈良口**《ならぐち》（大和郡山市）　郡山城下の東北部奈良町（江戸）への出入口。天正八年（一五八〇）、筒井順慶が築城を始め、豊臣秀吉の弟秀長が紀伊・和泉・大和三国の大守として二〇〇万石を領し、郡山城に入封、城下町を整備した。その後、水野・松平・本多氏ら譜代大名の居城となったが、享保九年（一七二四）柳沢吉保の子、吉里が一五万石をもって入り、郡山は明治維新まで大和の経済・文化の中心地として栄えた。同市には、北鍛冶町《きたかじまち》・塩町《しおまち》・大工町《だいくまち》など、城下町特有の地名が残っている。現奈良口町・西奈良口町・観音寺は平城右京一坊大路の名残であり、現九条町（小字市田）は平城京西市の所在した所。古来、郡山は京都・大坂に近いため政治・経済・軍事的に重要視され、特別な町場を形成していた。平成元年、郡家跡とみられる遺構を検出した。（I）

**奈良公園**《ならこうえん》（奈良市）　平城宮跡東部、「奈良社寺門前町」一部で「世界遺跡」の地域（総面積五〇二・一七ヘクタールに及ぶ）。正式には「奈良県立都市公園奈良公園」と称する。広義の奈良公園は、奈良県立都市公園のほかに隣接する社寺（春日大社・東大寺・興福寺など）・奈良国立博物館・正倉院などを含んでいる。約六六〇ヘクタール。県立奈良公園は明治十三年（一八八〇）二月十四日に開設され、昭和三十一年（一九五六）十月、都市公園法が施行された。

奈良公園の区域は、次の通りである。登大路町の観禅堂・緑池・雲井阪・築地の内・猿沢・春日野、高畑町の菩提・山ノ上・垣内・高畑、春日野町の野守・浮雲・小九折・大谷・春日山・嫩草・春日野・御蓋山・御蓋、雑司町の若草山麓・鼓阪・茶山・三社・手向山・天神院・惣持院・茶山ノ下・東南院裏・東塔・下馬・上生院裏・知足院谷・知足院裏・八枚ハタ、芝辻町の地蔵・廻り松・大仏池、川上町の明場山・鎌研山・寺井山・花山・芳山・赤井山、水門町の水門・南院畑・東院畑、白毫寺町の白毫寺高サギ、油阪町の油阪大仏上池。（O）

**楢原**《ならばら》（御所市）　『和名抄』葛上郡楢原郷。ナラは平、原は開かれた所、あるいは椎・楢の樹の生えていた所。現地は葛城山麓の傾斜地で、中世、楢原氏の本拠地。同村極楽寺には「正長」の年号を刻む塔があった由、天明の村明細帳に記す。（Ｉ）

**奈良廻り八カ村**《ならまわりはちかそん》（奈良市）　奈良町に接した八カ村の総称。法蓮《ほうれん》・芝辻《しばつじ》・油坂《あぶらさか》・杉ヶ町《するがまち》・城戸《じょうど》・京終《きょうばて》・野《の》田《だ》・川上《かわかみ》の各村。幕府領で、近世初期は奈良町奉行の管轄下、寛文九年（一六六九）奈良代官所の創設で、その支配下となったが、代官所の廃止で再び奈良町奉行所の管理下に置かれるようになった。奈良町に隣接する村でも、三条《さんじょう》・木辻《きつじ》・木寺《きでら》・高畠《たかばたけ》の各村は興福寺領に属し、肘塚《かいのづか》村は元興寺・璉城寺《れんじょうじ》・正覚寺・新薬師寺・東大寺真言院・円証寺・福智院・安養寺・不空院の十三カ寺相給《あいきゅう》村である。（Ｏ）

**平山越**《ならやまごえ》（奈良市）　ナラは「ナラシ田」「平シ田」「奈良原」など、県内各地（六〇カ所以上）に分布する。地形名で、平らな所、平《な》らした地域である。奈良市北方の平城《へいじょう》山一帯に平らかな丘陵が連なり、「奈良山墓」「奈良坂」などの古地名が残る。平城宮跡北方の歌姫越も古くは「平山《ならやま》越」といい、京都への往来の路としてよく利用された。「平城」は帝都の威厳を保つ上にも適切な用字であった。（Ｉ）

**成相（疋相）**《なりあい》（広陵町）　広陵町大字疋相《ひきそ》。『延喜式』の成相《ならあいの》墓《はか》（押坂彦人大兄皇子《おしさかひこひとおおえのみこ》墓）は『続日本紀』には成合《ナリアイ》山陵とあり、和銅二年（七〇九）の『弘福寺文書』には「真野条七成相里」とある。条里制の七条は大字疋相《ひきそ》に該当、匹相とも書き、音読してヒキソとなる。現地呼称のナリアイは相並ぶという意味か（『大和志料』説）。真野は真木野（牧野）の二字化で、同地の牧野《ばくや》古墳（成相陵の伝承地）はバクヤ墓とも称し、莫耶《ばくや》の剣を埋めたという説話を伝える（『和州旧跡幽考』）。（Ｉ）

**鳴川**《なるかわ》（平群町）　生駒山鳴川峠の村名。渓流淙々《そうそう》と流れる所。同地の清滝地蔵は鎌倉時代に造られたもの。また、同町の福貴畑《ふきはた》に「鳴石《なるいし》」の小字がある。ここから出土した小石を振るとコトコトと音が出る。正倉院宝物にある「禹余粮《うよりょう》」で、薬用とした。奈良市の鳴川も『平城坊目

拙解』には「洪雨の時、水音有り。鳴滝・鳴海と同じ」とある。ナルカハ→ナルコウ—ナルコ（鳴子・鳴戸）に転じた。（I）

奈良市の鳴川は同市高御門町の南に隣接した町名。町の中心を小川が流れるが現在は暗渠。かつて水音高く流れた川に由来する。奈良の京の時、横佩《はぎ》右大臣藤原豊成の屋敷の跡と伝承している。『大乗院雑事記』長禄四年（一四六〇）の「領内間別銭事」に「ナル河廿四間六尺五寸」とあり、文明十二年（一四八〇）六月十九日条の「七郷」（福寺門郷）のうちの南大門郷に「鳴川」の地名がみえる。

大永五年（一五二五）の元興寺領地口銭帳（内閣文庫文書）に「東鳴川」とみえ、「箇聚図絵鈔」の小五月《こさつき》郷指図には「西ナル河南北行東ナル川東西行」とあり、十六世紀前半には東西に分かれていたことが知られる。『奈良曝』には、傾城町で、白山辻子とともに町役二五軒、上屋六軒、くるわ四軒があったと記している。鳴川町の安養寺徳融は藤原豊成邸跡と伝え、徳融寺に豊成と娘の中将姫の石塔といわれる二基の宝篋《ほうきょう》印塔がある。（O）

## 縄手 なわて（橿原市）

県内に「縄添《なわそえ》」「縄掛《なわかけ》」「縄入《なわいり》」などの小字が約一二〇カ所分布する。建久二年（一一九一）十二月の「東大寺文書」「檜前姉子田地売券」に「大和国添上郡六条四里三坪二段…限西大道、限南縄手、限北縄手」とある縄手（境界）である。同地の小字「小縄手」の西北線は、まさしく高市郡路東二十四条一里の基準線である。四條畷《しじょうなわて》（市名）は有名。（I）

## 南都八景 なんとはっけい（奈良市）

大和国奈良、現在の奈良市東部の市街地にあった八つの景勝。中国の瀟湘《しょうしょう》八景になぞらえて漢詩に詠まれたことに起因する。十五世紀に記した『蔭凉軒日録』寛正六年（一四六五）九月二十六日条に、「南都有八景、東大寺鐘、春日埜鹿、南円堂藤、猿沢池月、佐保河蛍、雲居坂雨、轟橋旅人、三笠山雪」とみえるもので、後世この八景にそれぞれ和歌が配された形で伝えられた。京都の遊客が多く足をはこび、絵画の画題ともなった。特に「奈良の八重桜」は古歌に有名。

「東大寺鐘」は大仏殿の東の「奈良太郎」とも呼ばれる大鐘を、「春日埜鹿」は春日の飛火野に見える鹿を、「南円堂藤」は興福寺南円堂の前の藤を、「猿沢池

東大寺大仏殿

奈良八重桜（奈良名所絵巻）

月」は同寺南大門の下の池に出たところの月を、「佐保河蛍」は奈良町の北を流れる佐保川の蛍を、「雲居坂雨」は押上町南の東大寺門外で、興福寺築地の東側にある小坂の雨を、「轟橋旅人」は雲居坂の南にあった小橋をゆく行人を、「三笠山雪」は春日山の西峰でその形が蓋に似た山をいったものである。しかし、今ではほとんど八景の景勝を失っている。　（O）

**新沢**《にいさわ》　（橿原市）

橿原市旧村名。明治の市町村制実施の時、三月誕生を記念して「弥生」の村名を用いることになったが、新時代の恩沢に浴すという理由の新説もあった。新沢は近代地名。もし弥生村に制定していたとすれば、同地は有名な弥生文化遺跡であるから、さらに誤解されたことであろう。　（I）

**新泉**《にいずみ》　（天理市）

新泉の「新」は「今」と同義の語。泉は「住」の意。御所市今住《いまずみ》、香芝市大字今泉《いまいずみ》、吉野郡下市町大字新住と同様、新しい居住地を意味した。　（I）

**丹生川**《にうかわ》　（吉野郡）

丹生は奈良市では「ニュウ」、吉野郡では「ニフ」「ニウ」と呼称する。丹生川は紀ノ川水系の一級河川で、水源地の黒滝村東部山地から吉野川に注ぐ支流である。「神武紀」即位前記に「厳瓮《いつへ》（神聖な器）を造作《つく》りて、丹生《にふ》の川上《かはかみ》に陟《のぼ》りて、用《も》て天神地祇を祭《いはいまつ》りたまふ」とみえ、丹生川の地名は古くから存在した。『万葉集』にも「丹生の河瀬」（巻二―一三〇）とある。

丹生は丹《に》（赤色土や水銀化合物）の産出を意味しがちである。丹は辰砂、丹砂、朱砂《すさ》、丹朱ともいう。しかし、奈良県内のニウ（ニュウ）地名（旧字名を含む約二〇カ所）で辰砂産出が確認されたのは宇陀市菟田野《うたの》区入《にゅう》谷《だに》（旧大和水銀鉱山）、奈良市丹生町《にゅうちょう》、吉野郡下市町だ

丹生川神社（下社・太鼓《たいこ》踊。太古踊とも）

けである（市毛勲『朱の考古学』）。

丹生川流域には式内社丹生川上《にうかわかみ》神社下社（下市町長谷《ながたに》）、丹生神社（五條市旧大日《おび》川）、式内社丹生川神社（五條市丹原《たんばら》町）、対岸に式内社二見《ふたみ》神社（同市二見）、天文二十一年（一五五二）の刻銘碑がある丹生《にふ》明神社（同市犬飼）などが鎮座する。丹原は丹生と同義で、『万葉集』（巻六―一〇六二）に「味原《アヂフ》宮」とみえ、「原」の字は古訓で布といい、櫃原は加志布という（邨岡良弼『日本地理志料』ほか）。いずれも祭神は、止雨・祈雨の神である闇龗《くらおかみ》神や罔象女《みつはのめ》神（水波女命）である。

丹生川上神社は、『続日本紀』天平宝字七年（七六三）五月条に、幣帛《へいはく》（神への供物）を畿内の群神に奉る時、「丹生河神者《は》加黒毛馬、旱《ひでり》也」とある。『類聚三代格』神社事・寛平七年（八九五）六月条に「大和丹生川上雨師神社」と見え、度会延経『神名帳考証』に「雨師《うし》神」、『易林本節用集』に「雨師アメノカミ・ウシ」（雨の神）と載る。「丹生川上」の「上」は、本来は「ホトリ」であろう。社は川の辺《ほとり》に位置する。古来、丹生川上神社の鎮座地については、高龗《たかおかみ》神（山上の竜神）を祀る吉野郡川上村大字迫《さこ》の社、罔象女《みつはのめ》神（水源の神）を祀る同郡東吉野村大字小《おむら》の社、闇龗《くらおかみ》神（谷に住む竜神）を祀る同郡下市町大字長谷《ながたに》の社があるが、大正十一年（一九二二）、三社はそれぞれ官幣大社に指定、上・中・下社となった。

つまり、流域各所には古くから水神信仰があったことを示す。「丹生《にふ》」は「水生」の転訛・改字という。壬生（ミブ⇅ニフ）のようにミとニの通音である。京都市中京区壬生は、もと低湿地で湧泉が多く水生《みぶ》と称した（『京都府地誌』）。愛媛県西条市壬生川は「ニュウガワ」と称している。『伊予温故録』に「もと丹生川と書いたが、文和元年（一三五二）に壬生川に改めた」とある。

また、「水生」は水脈《みお》で、水尾に通じ、水源地の水分即ちミクマリでもある。したがって「丹生」は水口《みなくち》と川筋の水を治め司る語である。ちなみに、『大和志』（文苑）に「遊副《ユフ》川」とあるのは「迩副《にふ》川」の誤写か。

（T）

### 入谷《にうだに》（明日香村）

高市郡明日香村大字入谷は、飛鳥《あすか》川上流、南《な》淵《ぶち》川の源流地にあたる。入谷は「丹生谷」とも書く。大仁保《おおにほ》神社の旧鎮座地。大仁保の神名は、『三代実録』（元慶元年〈八七七〉）に「大和《やまと》国大仁保神」とみえ、「丹生《にふ》告門《のりと》」の神幸《じんこう》日記の「十市《といち》丹生」と考えられる。

丹生《にふ》は水生《みふ》（水神信仰地）で、『和名抄』郷名の壬生《みふ》もニフ（尓布）と訓読している。『延喜式』によると、丹生の神は山口・水分《みくまり》の神（大和国内三十六座）と同じく、祈雨・止雨の神で、水生の神は各地に鎮座され、丹生《にふ》・丹原《たんばら》・雨師《あめし》などの地名を残した。この入谷の場合も南渕川の上流にあり、「皇極紀」元年の条によると、「南渕川に幸《みゆき》して雨を祈る」とあり、「天武紀」には細川山の伐採を禁じ、山林保護のことを勅した記事がみえる。大仁保神社は、現在、南淵の宇須多伎比売《うすたきひめ》神社境内に移しているが、古くはミズハノメの神を祀《まつ》っていた。神社前に滝瀬があり、ここから分水して南淵の農地を灌漑《かんがい》している。この地に祈雨の神を祭祀していたことが容易に考えられる。入谷東方、十市・吉野郡境には竜在《りゅうざい》（水神）峠がある。高市郡高取町には「丹生谷」の旧大字がある。

（I）

### 荷阪《にさか》（宇陀市）

現地発音はニサカ。渓谷の山里。味坂比売《みさかひめ》神社鎮座地。同社は『延喜式』には「ミノサカ」と記す。奈良市の二名はミミョウと発音、御陵《みささき》はミサンサイ、ニサンザイといい、ミ―ニは通音。ニサカはミサカ（深坂）の意か。『和名抄』宇陀郡郷名「浪坂」はこのミサカであろうか。『続日本紀』には浪坂郷から銅鐸の出土したことを記す。

（I）

### 西河《にしがわ》（川上村）

吉野郡川上村大字。吉野川支流、音無川流域に立地する。西河は南北朝時代からみえる地名で、中世は吉野の金峰山《きんぷせん》吉水《よしみず》院の所領だった。建武元年（一三三四）の吉水院「坊領証文紛失状」（『吉水神社文書』）に「二十河郷」、「長慶天皇綸旨」弘和二年（一三八二）に「二十講」、「後亀山天皇綸旨」元中元年（一三八四）に「廿講」などとあり、ニジッコウと称した。大和古方言では、川（河）をコ・コウと発音する。近世に入ると『慶長郷帳』では「西川村」、『元禄郷帳』で「西河《にじかう》村」となり、幕府領だった。『大和志』は「西河」と記す。

なお、ほかに、音無川に景勝、蜻蛉《せいれい》の滝があり、この飛沫が虹をつくるので虹川といったという説や、川上村大字東川《うのがわ》の西方にあるので西河と称したという説があるが伝承の域を出ない。ウノガワのウは十二支の卯で、方位では東の方角をいう。

蜻蛉の滝については、「雄略紀」二年秋八月条に「蜻蛉野《あきづのをの》」、「雄略記」（吉野）に「阿岐豆野《あきづの》」とあり、本居宣長の『古事記伝』も「阿岐豆野《あきづぬ》は、吉野の内にあり。大和志に、川上荘西河《にじかふ》村に在り。さもあるべし」として当地としているが、今日では宮滝付近とする説が有力である（「蜻蛉野《あきつの》」参照）。近世、文人たちが訪れ、松尾芭蕉は「ほろほろと山吹ちるか滝の音」（『笈の小文』）と詠み、儒者、貝原益軒も『和州巡覧記』（元禄九年〈一六九六〉）に「清明が滝、岩間よりみなぎ落る滝なり。…この下の辺り蜻蛉《あきつ》の小野とて名所なり。しからば、蜻螟《せいめい》が滝なるべきを、あやまりて蜻蛉が滝と書たるべし」と記し、本居宣長『菅笠日記』には「西河《にじかふ》のかたへかへり、せいめいが滝を見る」とある。

「蜻螟《せいめい》の滝」は水音がセミの鳴き声に似ているため、セミ（蟬）の滝とも。さらに蜻螟を近くの蜻蛉小野の蜻蛉をアキツと訓《よ》み、雄略天皇が幸したという「秋津野」とみられたという説もある。また、『万葉集』には「秋津の野辺に、宮柱、太敷きませば…」とあることから、アキツは現在の宮滝付近とする説が有力で、同地には「秋戸」の地名がある。吉野川流域には秋川・秋野などの地名がある。「あき」「あきつ」は圷《あくつ》のことで、川辺を意味する古語であったか。　（T）

## 西河内　にしごうち　（五條市）

大阪府の旧河内国に、北・中・南河内の郡名があり、奈良県五條市内に「西河内」の村名がある。河内の国名は淀川と大和川の二大河川の土砂の堆積によって形成されたことから起こったもの。西河内は旧宇智郡北宇智村の大字で、吉野川支流の内川（大字佳川―隅川の意）にちなむ村名であろうか。

河内国は凡川内《おおしかわうち》（大河内）で、大川の曲流する所、略して「汭《うら》」である。伊勢国では「宇治」「内」、山城国では「有智」「宇治」と書いた。杜甫の「曲江《きょくこう》」の詩は長安城の東南隅、域外に出っ張った池で詠んだもの。「人生七十古来稀《まれ》なり」が「古稀」の起源となった有名な詩であるが、日本の古代でも「飛鳥の島の宮勾《まがり》之池」「飛鳥の真神《まかみ》の原」（『万葉集』）、「勾金箸宮」

（「安閑紀」）、「軽の曲峡宮」（「懿徳紀」）、「山辺勾之岡上陵」（「崇神紀」）など、「曲水の宴」のように、地形の曲流するところが重視された。『日本書紀』では「曲」をワダ、またはワと訓《よ》み、大和田（大和川曲流地）、小和（五條市金剛登山路）などの村名がある。宇陀郡の大字「大和田」に対し、「小和田」は「小曲」と書き「コマガリ」と訓み、「駒帰《こまがえり》」の文字に改変した。『播磨国風土記』には「曲《まがり》」に「望理」の好字を用いた例もある。

　ところが、「曲者」はクセ者とも訓む場合はこれを避けた。「川堤」は決潰《けっかい》することを案じてか、「河内《こうち》」は「高知《こうち》」（県名）に、「上河内」は「上高地」に、曲瀬は飛鳥・布目・吉野川などでは「天ヶ瀬」「天ケ生《あまがせ》」などと書いている。アマガセは人名の場合は「一番合戦《いちまがせ》」と書き、曲辻→尼ケ辻→甘壌《かんじょう》に改字する実例もある。

　天文二十二年（一五五三）の『吉野詣記』（三条西公条）によると、曽我川の曲流すると見て、「高田泊瀬の寺に泊りぬ。…きさらぎも今日のみなるに桃花ここかしこに咲きて川のまがり曲水の興を催《もよほし》すべき所のさまなるよし申して「盃に千とせのめぐれる桃の花　川はまがりの水にうかべて」とある。この曲川《まがりかわ》の地名は先年「マワリカワ」の呼称に変えた。（Ｉ）

**西寺田**　にしてらだ　（御所市）　旧掖上《わきかみ》村大字東寺田の対語。事実、西寺田は奈良西大寺領に属し、末寺の勝福寺には文永・永仁年間（一二六四〜一二九九）の笠塔婆・五輪塔が残る。（Ｉ）

**西　峠**　にしとうげ　（宇陀市）　宇陀市の西端、西峠は旧伊勢（初瀬《はせ》）街道が東西に貫通しており、古代交通の要地として発達し、中心集落の萩原は宿場町として繁栄した。西峠は初瀬《はせ》渓谷（長谷《はせ》寺）に通じ、墨坂ともいわれた。旧墨坂神社鎮座地で、「神武紀」には、「墨坂《すみさか》に焃炭《おこしずみ》を置けり。…墨坂の号は、此に由《な》りて起れり」という地名説話が伝えられている。「崇神紀」には、「赤盾八枚《あかたてやつ》、赤矛八《あかほこや》竿《さを》を以《も》て、墨坂神を祀《まつ》れ」と記されている。

　「天武紀」壬申の乱条には、天武方の大伴吹負《ふけい》が乃《な》楽《ら》山の戦いで敗走し、墨坂で伊勢からの救援軍と遭遇したとある。墨坂は大和《やまと》平野東端の隅坂の意であり、西端は大坂山であった。さらに『万葉集』には、柿本人麻呂の「君が家にわが住坂の家道をも」と歌われ、町内には万葉地名が多い。

　西峠の東方、「垂仁紀」二十五年の条の「菟田《うだ》筱《ささ》畑《はた》」は、中世の笹幡庄《ささはた》（山辺三）で、倭姫命《やまとひめのみこと》が天照《あまてらす》大神《おおみかみ》を伊勢へ移すとき、大神を菟田筱畑に鎮め祀《まつ》った所で、現地には篠畑神社が鎮座する。（Ｉ）

### 西ノ新屋《にしのしんや》（奈良市）

高御門《たかみかど》町の東南に所在。もとは元興寺《がんごうじ》小塔院の敷地であったが、宝徳三年（一四五一）十月二十日の火災で、元興寺の諸堂が焼失、その後復興を見ず荒地と化した。享禄年間（一五二八―一五三二）の「奈良七郷記」に町名が載っていないが、天正年間（一五七三―一五九二）の地子帳には町名が見えているので、この間に人家が立ちならび町を形成したと考えられる。町名は元興寺の西の新屋敷という意味。

『奈良坊目拙解』には、南北の町家を西ノ新屋といい、東西の町家を吉祥堂町ともいう。町の中心には庚申堂があって、青面《しょうめん》金剛・吉祥天女《きちじょうてんにょ》・水子地蔵などをまつる。（Ｏ）

### 西御門町《にしみかどちょう》（奈良市）

奈良市街地の中央部にある。南は小西町、西は高天《たかま》町、北・東は中筋《なかすじ》町に接する。中央を国道三六九号線が東西に通り、地下には近鉄奈良駅がある。御門のミは接頭語。興福寺《こうふくじ》の御門を指していう。町名は興福寺西御門通の西にあることに由来する。西御門郷は建仁二年（一二〇二）に、「西御門幷西不開御門両郷民等」とあり、興福寺から当郷民に対し春日若宮御祭細男《せいのお》頭役の勤仕が命じられたことがわかる。

次いで室町期には大乗院門跡塩座の塩商人や一乗院門跡方の素麵座に属する商人がいたことなども知られる。文明十一年（一四七九）九月には応仁・文明の乱の余波で筒井方の足軽が眉間寺・西御門辺に乱入、その後西御門などで古市方と合戦に及び、敗退している（『大乗院雑事記』）。元禄二年（一六八九）町家改帳では西御門町の家数は三七軒。宝永元年（一七〇四）四月十一日の大火では芝辻町より出火、当町四辻南方両頰二三軒を炎上している（『奈良坊目拙解』）。（Ｏ）

### 二条大路南一丁目《にじょうおうじみなみー》（奈良市）

平城宮条坊制地名。長屋王邸宅跡。奈良市役所所在地。中・近世も三条村の地域。この二条大路は先年、新住居表示法により制定された。同町名公示の際、三条大路と誤っていることが判明、やむを得ず二条大路の「南」に所在するとして「二条大路南」とした。しかし、「二条大路の南部」は「二条大路内の南部」を示すものである。誤り

を重ねた。（Ⅰ）

**二上山**《にじょうざん》（當麻町）　大和・河内国境を南北に走る双峰（男・女嶽）は『万葉集』の歌詞に知られる。かつて本居宣長の『菅笠日記』には「今二上《にじょう》山をニジョウサンといっているが、古はふたかみ山である。からめきたる名に変わってしまったのはいと口惜《くちを》しい」といっている。現在の「登美ヶ丘」「真美ヶ丘」などの団地名も「鳥見《とみ》山」「大豆《まめ》山」（馬見山）で古代地名であった。

小説家の渡辺淳一氏も「こと地名に関しては、その土地固有の名前にまさるものはない。見かけはきれいでもあとでつけた名前は、どこか無愛想でリアリティがない。新開地でこれから名前をつける場合、その土地に根ざした名前を大切にしたい…」と述べている（『週刊現代』）。（Ⅰ）

**西代**《にしんだい》（田原本町）　西代の「代」は田部か。田部とは屯倉《みやけ》を耕作した部民のこと。天永三年（一一一二）二月の「某処分状」（『東大寺文書』）に「大和所領田畠事…在葛下郡、廿坪、七里七坪大和町　田部」とある田部は、現大和高田市西代に該当し、文永四年（一二六七）二月の「宗性書状」（『同寺文書』）には「葛下郡田部庄」とある。天理市の田井庄《たいのしょう》、高市《たかいち》郡高取町大字田井庄も田部のこと。また、べはメにも通じる。笠目（安堵町大字）は、勝目《かじめ》・笠縫部《かさぬいべ》・鍛冶部《かぬちべ》の二字化地名か。御所市の猿目《さるめ》も猿女、もしくは猿人部のことか。

県内には「多部」「田辺」「タナベ」など、タベ関係の小字が二〇数カ所に分布し、「田井ノ坪」「田井ノ原」「田井野」など、田井関係の地名は十数カ所に残存する。ちなみに、西代東方、初瀬川東岸にある旧為《ため》川《がわ》村は『春日大社文書』貞和三年（一三四七）には「蔵堂田部河」とある。（Ⅰ）

**新口**《にのくち》（橿原市）　ニノクチは、近松門左衛門の浄瑠璃『冥途の飛脚』で有名な所。「奈良のはたごや三輪の茶屋、五月三日夜をあかし、二十日あまりに四十両、つかひ果して二分残る。かねもかすむやはつせ山、よそに見すてて親里の新口村に着きたる…」と記している。実在の事件をモデルにしたもの。新口東方の旧郷墓《きゅうごうばか》（現安楽寺境内）には「忠兵エ」「梅かわ」と刻む墓碑が残っている。

旧大字新口にある善福寺も碑文（慶長）に「ニノ口村」とある。承久三年（一二二一）の「長英田地配分状」

（「東大寺文書」）には「二井ノクチハコノモリ」と記す。ハコノモリは「墓の森」で新口の近くにある墓山古墳のこと。二井ノクチは「新居ノ口」の意か。（I）

**丹生**《にゅう》（奈良市）　丹生は奈良市では「ニュウ」、吉野郡では「ニウ」という（「丹生川《にうかわ》」参照）。平城宮、朱雀門東方壬生《みぶ》門前の小字「ニフ」はミフの転訛語。同市二名をミミョウというようにニ・ミは通音。また陽明門は山部―山門の嘉名化したものであり、陽明が楊梅と化し、楊梅宮・楊梅陵の名が発生した。平城宮十二門でも唐風呼称のあったことがわかる。（I）

**忍辱山**《にんにくせん》（奈良市）　円成寺《えんじょうじ》の所在地。安元二年（一一七六）の文書（大東急文庫）に「添上郡　大楊生郷之内　忍辱山北谷」の地名がみえる。忍辱山は、円成寺の山号。奈良市東山中、春日奥山から柳生→山添村に至る地域には虚空蔵《こくぞう》・菩提山《ぼだいせん》・誓多林《せたりん》・大慈山《だいひせん》・中峯山《ちゅうむざん》などの旧村名がある。正暦寺の山号が菩提山であるように、いずれも寺院の山号であった。それぞれの寺院の門前に発達した在家村名。（I）

弘仁寺（虚空蔵村）

忍辱山円成寺

## 額井 ぬかい （宇陀市）

額井岳南方の村落。近世は西山辺村に属した。同村中に「額井」と称する井がある。井足《いだに》（大字）、福地《ふけ》（弘地）の地名があるように、湿原の谷間地名か。ちなみに、額田（大和川流域の湿地帯）が濘《ぬ》ヶ《か》田《た》の意、額井は「淳ヶ井」（水の豊かな井）の義か、同村の十八神社上方に古井があり、毎年五月八日には「水祭り」を行っている。額井岳西方の香酔山のコウスイは香水（『大和名所図会』）とも書き、山中には俗称「臍の水」があり、傍に竜神（水神）を祀る。この井に雨を祈れば必ず霊験ありという。香酔は神水か（仏語では聖水）。三輪山狭井《さい》の水を神水《こうすい》という。ちなみに、額井は額部（額田部の二字化）で、春日井・忍坂井が春日部・忍坂部であったように部制関係の地名か。寛永郷帳には「西山辺内赤瀬・ぬか井」とみえ、慶長以降松山藩、万治二年以降本田長政領となる。（I）

## 額田部 ぬかたべ （大和郡山市）

古代の額田部郷で、南方・北方・同寺方に分かれる。付近の旧名は熊凝《くまごり》で郡《こおり》の隈《くま》を意味する語か。現在の平端《ひらはた》（近鉄駅名・旧村名）も「平群《へぐり》の端」を意味する。『日本書紀』には額田部皇女《ひめみこ》、額田部比羅《ひら》夫《ぶ》・額田大中彦皇子《おおなかつひこのみこ》らの人名がみえ、「額田郷」は河内・伊勢・参河《みかわ》・上総《かずさ》・上野《こうずけ》など十数カ国に分布する（『和名抄』）。「仁賢紀」に「大倭国《やまとのくに》の山辺郡《やまのへのこほり》の額田邑《むら》」とある額田邑の地か。松江市岡田山古墳出土の鉄刀に「額田部臣…」の銘文があった。額田部は「額田《ぬかたの》、嫁にやっても荷はやるな」というように、大和川岸の低湿地帯である。ヌカタは「沼ヶ田」か。（I）

## 猫塚 ねこづか （五條市）

同市大字西河内《にしかわち》小字。「猫塚」古墳が有名。ネコは根子の意。開化・清寧《せいねい》・持統天皇の御名に大日本《おおやまと》根子《ねこ》の尊称を用いている。約してヤマトネコと称しているが、本系たることを示す古語である。単にネコというのは地方豪族の意で、被葬者の権威を表した墳名。（I）

## 根槻 ねつき （桜井市）

談山《たんざん》神社鎮座地は「田身嶺」「太務峰」とも書く。中臣鎌足が中大兄皇子と蘇我氏討伐のことを語った所。『万葉集』に「うちたおり多武の山…」とある。地形のタワんだ所、国字の「乢」「嵶」でタワノ峰（鞍部）のこと。同地の根槻《ねつき》（念誦崛）は双槻《なみつき》宮伝承地。ナミツキ→ナツキ→ネツキで、「斉明紀」の「天宮」とも

いわれる。当地方では上村をカムラ、水渕―南渕をナブチと訛るように、ミ音脱落例が少なくない。（Ｉ）

## 根成柿《ねなりがき》（大和高田市）

根成《ねなり》村南・北に分かれる。俗称のオデマチは出町《いでまち》の転訛語か。昔は野市が盛んであった所。北方には現在も出《いで》という旧大字がある。

『西大寺田園目録』に「葛下郡九條一里六坪小字子ナシカキ」とあり、現在の天満神社前に相当する。旧葛下《かつげ》・葛上《かつじょう》・高市《たかいち》三郡の交差点に所在するところ。「根成柿」は「根成垣内《かいと》」の下略で「根成垣」から「根成柿」となったか。「垣」が「柿」になった例は桜井市の「横柿《よこがき》」がある。

「根成」とはイネナリ（稲生）のことで、橿原市の飯高（イヒダカ）をヒダカと呼ぶように、語頭母音が省略されたか。同地の南部には式内社・稲代坐《いなしろにいます》神社が鎮座する。祭神は稲代大神で、別名は宇迦之御魂《うかのみたま》。いわゆる稲生の神で、イナナリはイナリ（稲荷）に、あるいはネナリ（根成）に変転したか。（Ｉ）

## 野口《のぐち》（大和高田市）

各地に「山の神」を祀るように、野の口には「野の神」を祀った。御所市大字蛇穴《さらぎ》の野口神社は有名。野神信仰は各地に残っていて、小字「野神」は県内だけでも約三〇カ所に分布する。

小字、三十一ノ坪、六ノ坪、三十一ノ坪、三十六ノ坪というように、坪（六町四方）の東南・西南・西北・北東の隅々に残っている。たとえば、旧葛下・忍海・高市郡（現在の橿原市・大和高田市）だけでも七カ所に事例がある。大字野口も旧葛下郡二十三条七里六の坪にあり、「野口堀」の俗称が残っている。吉野の山間部の「野際《のぎわ》」「野々熊《ののくま》」は「野の隅」を意味し、「野の口」の対語に相当する。（Ｉ）

## 能登川《のとがわ》（奈良市）

大和川水系、佐保川の支流。奈良市白毫寺《びゃくごうじ》町の東、春日山と高円山《たかまどやま》の間の地獄谷に発し、南西に流れ、高畑《たかばたけ》町から紀寺《きでら》町を経て南京終《みなみきょうばて》町で岩井川右岸に注ぐ。源流部は石切峠付近で、地獄谷池から滝坂を下り、奈良市高畑町に入り一級河川となる。名義は不詳。『万葉集』（巻十九―四二七九）に「能登河の後には会はむ暫《しまし》くも別ると言へばかなしくもあるか」とあり、地名ノト川のノトと類音のノチにかかる枕詞ともなった。ノトは山戸・川戸・城戸・寺戸・中戸・井戸などと同義の「野戸」の義か。（Ｏ）

## 野宮（野々宮）　ののみや　（奈良市）

野宮《ののみや》は、京都市嵯峨野の「野宮」が『源氏物語』の「謡曲」で有名。いわゆる「野宮」は伊勢斎宮《いつきのみや》にかかわる宮名で、太神に奉仕する種々《もろもろ》の祭典・儀式を修得する宮であった。

天武天皇の皇女・大来皇女《おおくのひめみこ》は、十四歳ではじめて斎宮に仕えられ、白鳳二年（六七三）四月、泊瀬《はつせ》の斎宮で潔斎《みそぎ》されたのが「野宮」の始まりと伝えられる。ところが、皇女の弟、大津皇子が謀反の罪に問われて殉死され、葛城の二上山《ふたかみ》に葬られた。時に皇女が歌った「うつそみの人なる我や明日よりは二上山を弟世《いろせ》と吾が見む」（巻二―一六五）という「万葉歌」が有名である。

奈良市六条町にある「野々宮」と「竜王南」の小字が注目される。「野々宮」の古文書を調べると、寛永六年（一六三一）以前からこの付近一帯（現、離宮ヶ丘）が「野宮」「野々宮」と伝え、神社南側が「竜王」「竜王南」である。さらにその南隣りが「七条大池」で、古図には「七条御池」、または「勝馬田池《かつまた》」とある。この池名は『万葉集』の「勝間田池」のことであろうか。池の樋尻《ひじり》の田が「尻枝《しりえだ》（尻江田）村」で、現在は「稗田《ひえだ》」に転訛・改字している。

もっとも古い『薬師寺縁起』によると、大来皇女と大津皇子の事歴が並んで書かれている。そして、皇子は二上山中の加守寺《かもりじ》に住み、竜《りゅう》と化したことから竜峯寺《ほうじ》と改名したという伝承を記録している。

西ノ京の「野宮」は寛文年間（一六六一年頃）に「野宮天神社」となったが、「野宮」はかつて大来皇女の霊を祀った社であったか。あるいは、天神は御霊《ごりょう》天神のことであろうか。

野々宮（六条町）

野宮隣接地の竜王社は「大津宮」とも伝え、大津皇子の木像が安置されていたといわれる。現在、木像・社殿は薬師寺内に移されている（『六大寺大観』）。

小字「竜王南」を古来、「リョウオウミナミ」と称しているのは「御霊《ごりょう》神」を祀った所である。非業の死を遂げた大津皇子の慰霊のために、皇女と皇子を同地

竜王社（薬師寺内）

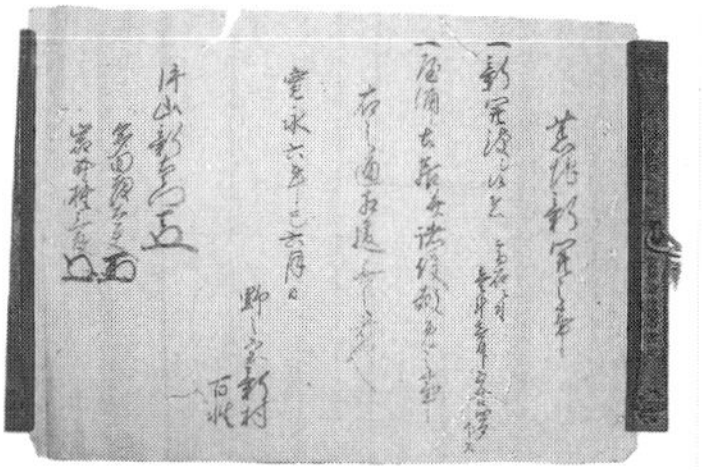
野々宮文書（寛永六年）

に鎮め祀ったのであろう。ちなみに、五條市内に井上内親王の怨霊を鎮め、「霊安寺」の村名まであるように、平安朝以来、各地に御霊の神を祀る事例があった。西京の「野宮」も「野宮天神社」として尊崇されたのであろう。（Ｉ）

## 登大路《のぼりおおじ》（奈良市）

登大路は油阪《あぶらさか》東方、若草山方向に至る東高西低の地形語。長門国美祢《みね》郡にある長登《ながのぼり》は『防長地名渕鑑』によると、「往古奈良の大仏を鋳させ給う時、地金として当地の銅百余駄を貢らしめられる。其恩賞として奈良登の地名を賜わり、其比天領にて御制札にも奈良銅山村とありし由言伝ふ」とみえる。

現奈良市市街地の中心。近鉄奈良駅付近から東大寺や春日大社に至る道路名、またはその周辺の地域名（町名）。かつて平城京左京、外京の二条と三条の間に位置し、五坊から七坊の間を東西に通ずる道であった。「のぼり」（上・登）は、ノボルの名詞形で、高いところへ行くことを意味する。「大路」は「おほち」（大路）で、大通り、表通りをいう。『興福寺流記』に寺地の四至を記して「北は東大寺小路より春日の里 葛《つづら》中尾《なかお》に登る」とあるので、九折《つづらおれ》山、すなわち若草山からのびる中の尾根上の道に起因することが知られる。享禄二年（一五二九）の『奈良七郷記』に、東御門郷金堂郷、東里、西野田、芝、重持院、中村、上大路郷とみえる。『多聞院日記』には「登少路」「上り少路」と記している。江戸初期の東大寺南大門の西南、吉城川付近に登内村とある。（Ｏ）

# は 行

## 榛原 はいばら （宇陀市）

榛樹《はり》を伐り拓いた地域、あるいは墾原《はりはら》の義か。榛は万葉植物。室町期の『宇陀郡田地帳案』には「萩原《ハイハラ》庄定田三十六町」とある。「神武紀」に「乃《すなは》ち霊時《まつりのには》を鳥見山《とみのやま》の中に立てて、其地《そこ》を号《なづ》けて上小野《かみつをの》の榛《はり》原《はら》・下小野《しもつをの》の榛原と曰《い》ふ」とみえ、榛原・小鹿野《おがの》（小ケ野）の地名があり、神武天皇が斎場をつくり、皇祖天神を祀った「鳥見山中霊時跡《とりみやまなか》」と伝承する。同伝承地には桜井市外山《とび》の鳥見山説がある。旧榛原町の鳥見山の現地発音はトリミ。俗にトウベ（鳥部）高原ともいった。

「神武紀」に「且当《まさ》に山林《やまはやし》を抜き払《ひら》ひ、宮室《おほみや》を経営《をさめつく》りて…畝傍の橿原に宮柱」を太《ふと》しく立てたとある。すなわち、橿原を伐り開いた所で、元来は固有の地名ではなかったらしい。榛原は伊勢・大和路間の重要交通路に立地する。また、熊野・大和両文化圏を貫通する宇陀市は『古事記』『日本書紀』の神武伝承（建国神話）の地として重視された。「雄略紀」に「菟《う》田《だ》鳥養《とりかひ》部《べ》」の記事がみえる。鳥養（飼）部を二字化・音読して「鳥子」（室町期）から旧大宇陀町大字調子《ちょうし》になったらしく、奈良市の鳥貝《トリカヒ》郷（『和名抄』）も鳥見郷の誤写で、上・中鳥見の庄名をみる。

榛原の庄名については『宇陀郡田地帳案』には「中富《トミ》庄」とあり、同市下井足《しもいだに》から篠楽《ささがく》に至る地域とする。榛原の町名は明治二十二年市町村制実施当時の制定であるが、萩原の音便「ハイバラ」と、「神武紀」の用字「榛原」を用いたものであろう。古来、榛・萩は共にハリといった。『日本書紀通釈』には「榛と書きハキと訓せたる処あり」「榛原とかきてハイハラとよむ」とみえ、『和名抄』遠江国蓁原の郷名を波以八良と訓註している。ハギ（萩）が音便のハイからハリに転訛する可能性もある。したがって萩原または榛原と書いてもハリハラと訓《よ》むことは古くから認めていたのであろう。『詞林采葉抄』にも『播磨国風土記』の「萩原里」について「ハキといひ、ハリと言ふも同じときこえたり。キとリと同類のゆへなるべし」とみえ、ハリ（榛）をハギと訓むことによって萩原となったとも考えられる。

『播磨国風土記』揖保郡条には萩原の里名説話がある。すなわち、「萩原と名ずくる所以は、萩一根生ひき。高さ一丈ばかりなり、仍りて萩原と名ずく。仍ち萩多に栄えき、故、萩原といふ。」とある。

ちなみに、県内の小字「ハンノキ」、同「ハリノキ」は各約三〇例、同「ハギハラ」は約一五例。（Ⅰ）

**牧野** ばくや （広陵町） 広陵町大垣内《おがいと》。六世紀末から七世紀初頭の築造とみられる牧野古墳から、鉄地金銅製の馬具一式など多数の副葬品が出土、一躍、その名が知られた。牧野は古代の真木野（真野条里）の二字化。音読転訛してバクヤとなった。

江戸時代中期の『和州旧跡幽考』や『大和志』はこの古墳を『延喜式』の牧野墓とみているが、敏達《びだつ》天皇の子、押坂彦人大兄《おさかのひことのおおえ》皇子の葬られた成相墓《なりあい》とする説がある。『和州旧跡幽考』は成相墓について「牧野墓の十町ばかり東にありて…思ふに牧野墓のあと、東西に並べつきけるによりて成相の名あるか」と書いている。

『弘福寺田畠流記』和銅二年（七〇九）に「葛下郡成相村」、また、同寺文書の寛弘三年（一〇〇六）の条に「広瀬郡…成相里」とみえ、葛下・広瀬両郡の境界付近にあったことがわかる。現在の疋相に合致する。疋相はヒキソと読み、匹相とも書く。匹はナラフ－ナル－ナリと転訛、成相に改変したものと推定される（『大和志料』）。（Ⅰ）

**羽子田** はこだ （田原本町） 平成十年五月二十九日、磯城郡田原本町の「羽子田《はこだ》遺跡」（六世紀前半とされる前方後円墳）から「楯持人《たてもちびと》埴輪」（全高四二センチ）の頭部が出土した。頭に冠を、顔面に入れ墨を表現していた。同地からは明治三十年（一八九七）に牛型埴輪をはじめ、人物・楯・キヌガサなどの形象埴輪が出土している。特に牛型埴輪は珍しいもので、昭和三十三年重要文化財（国）に指定されている。同地は前方後円墳を削平したものと想定され、築造年代は六世紀前半（出土須恵器から判断）と考えられている。特に古墳周濠とみられる所は「瓦粘土採掘地」となっている。つまり、ハニ土の多い地域である。

この「羽子田」は「ハコダ」ではなく、「ハネダ」であったに違いない。埴土の多出することから、大和平坦部では「ハネダ」といった。この埴輪出土の地名「羽子田《はこだ》」は、テレビでもハコダとして報じていた。

天理市の「波多子塚古墳《はたご》」は「双子塚《ふたご》」（二つの丘が並ぶ古墳）のことであろう。つまり、「フケノ山」を「ホケノ山」というように、母音の交替現象の地名は少なくない。（Ⅰ）

## 箸中《はしなか》（桜井市）

箸墓

桜井市大字。「崇神紀」に、「則ち箸《はし》に陰《ほと》を撞《つ》きて薨《かむさ》りましぬ。乃ち大市《おほち》に葬《はぶ》りまつる。故《かれ》、時人《ときのひと》、其の墓を号《なづ》けて箸墓《はしのみはか》と謂ふ」とある箸墓は大字箸中に所在する。箸にて陰を撞くというのは、箸墓という地名に付会した説話で、「大坂山《おほさかのやま》の石を…人民《おほみたから》相踵《あひつ》ぎて、手逓伝《たごし》にして運ぶ」とある。巨大な前方後円墳は、土師《はじ》のすぐれた築造技術に拠るところが大であったと考えられる。

すなわち、土師氏は土木工事、造陵、祭祀儀礼、軍事などに関係した有力な氏族であった。箸は「土師《はじ》」の義か。山城国山城町、大塚山古墳群集地に吐師《はぜ》の地名がみえ、河内国応神陵を中心として、古市《ふるいち》・誉田《こんだ》古墳群を本拠とする土師氏がある（『和名抄』土師郷）。また、和泉国、仁徳陵を中心とする百舌鳥《もず》古墳群集地にも有力な土師が存在し、今なお「土師」の地名を伝えている。

さらに、土師を菅原・秋篠に改氏姓しているが、その居住地が佐紀（楯並陵）・菅原（垂仁陵）付近の地であったことが考えられ、葛城市の埴口《はにぐち》陵も旧南花内村にあり、広陵町旧箸尾も箸生→埴生で、古墳群集地には、土師氏関係の地名が遺存している。

永保元年（一〇八一）の大般若経奥書（五條市二見 生蓮寺所蔵）に「大和国城上箸墓郷内云々」とあるように、平安朝時代には箸墓の郷名を用いていた。天文二十二年（一五五三）の三条西公条の『吉野詣記』には「此所のはしづかとて、名あるものなるよし申して云々」とみえ、室町期には箸墓が箸塚に転呼していた。『大乗院雑事記』長禄三年（一四五九）五月二十八日の条には「箸ノツカ」、『三箇院家抄』には『箸塚』の地名を載せている。ハシノハカが発音上（母・子音脱落）ハシナカに転訛する可能性がある。あるいは、ハシノハカ→ハシナハカ→ハシナカに転ずることも考えられる。『和名抄』の「多乃倍」は「田辺」、「石ナ塚」は「石ノ塚」の義で、箸中は「箸墓」の転訛した語である。（I）

### 初瀬　はせ（桜井市）

「隠国《こもりく》の長谷《はせ》」といわれたように迫（セ―ハセ）で、長い狭谷を意味する古語。長谷の現地発音はハセで、

こもりくの長谷

初瀬川

豊泊瀬《とよはつせ》・泊瀬小国《はつせおぐに》などは佳名。

『日本書紀』には泊瀬《はつせ》斎《いつき》宮、「雄略紀」に泊瀬朝倉宮、「武烈紀」に泊瀬列城《なみき》宮、泊瀬柴籬《しばかき》宮、あるいは「崇峻紀」に泊瀬部天皇泊瀬女《はつせめ》（『万葉集』）などの名がみえる。

初瀬町は初瀬川が急に曲流する谷の果に立地する。長谷渓谷の迫（谷）でもある。（I）

### 長谷　はせ（桜井市）

大和国の名所、「長谷《はせ》」もあれば「長谷《ながたに》」（奈良市）もある。長谷は長い狭間のことで、長谷《はせ》は泊瀬《はつせ》・初瀬なども書く。「允恭紀」の大泊瀬《おほはつせの》天皇は雄略天皇の、小長谷《をはつせべの》笠麿は万葉歌人の名で、長谷寺の観音信仰が信濃国更級郡に移り、小長谷《オハツセ》の山名からオバステ（姨《おば》捨《すて》山）の伝説が生まれたという。志摩国和具・鵜方《うがた》あたりでは「小迫間」がオバサマに転じている。

桜井市の「長谷《はせ》」は文字通りの細長い谷間である。同地の南の谷間は笠間で、カサマは小狭間《コハサマ》の約音（母・子音脱落）したもので、さらに南の方の谷間は大字迫間《はさま》である。

宇陀市旧大字「大和田」「和田」「小和田」のワダは曲《ワダ》を意味する語で、大和川の曲流地に大輪田、丹生川

には大字和田がある。「小和田」は「小曲《コマカリ》」と表記し、コマガリは左門を左衛門というように、「駒帰《コマカヘリ》」に改字したのである。五條市の金剛山登山口の大字「小和」は小和田の下略した地形語であろうか。

「景行紀」に「倭《やまと》の琴弾原《ことひきのはら》」、「允恭紀」には「琴引《ことひきの》坂《さか》」の地名がみえる。琴を弾いたわけではなく、コトヒキは小峠《ことうげ》の転訛であろう。室生寺の近くに「琴引村」がある。伊勢街道の小峠で、琴引石などの琴弾伝説が多く残っている（『伊賀国風土記』など）。　（Ｉ）

**鉢伏峠**《はちぶせとうげ》（奈良市）　奈良市の高円山《たかまど》（マトは間戸－谷間の意）白毫寺《びゃくごうじ》付近から東行する旧伊勢街道の鹿野園《ろくやおん》・古市東方から春日宮天皇陵に至る道（間処）で、峠の絶頂付近に鉢伏の山名があり、鉢を伏せたような形容を示す。県内には「鉢伏世」「八伏」「八伏世」などの小字が数カ所に残る。

文永二年（一二六五）の『中臣祐賢記』によると「馳淵尾」とみえ、『経覚私要抄』文安六年（一四四九）条には「菩提山路の事…八峯山茶園」とあり、『多聞院日記』天正三年（一五七五）六月には「ハチブセ」とある。『元禄郷帳』には「鉢布施村」など、種々の用字がある。　（Ｉ）

**花内**《はなうち》（葛城市）　葛城市旧新庄町にある飯《いい》豊青尊《とよあおのみこと》を葬った前方後円墳は「埴口墓《はにくち》」（『延喜式』）に比定される。埴口は、「埴内岡」（『水鏡』）、「埴田」（『扶桑略記』）と書く例もある（『奈良県の地名』）。埴田－埴内－埴口などの字形がよく似ている。『続日本紀』天平六年六月条には「大倭国・葛下郡の人、白丁花口宮麻呂」の名がみえる。同市には人名の花口は埴口によったものであろうか。同市には花内（旧新庄町　南・北花内）の地名がある。「忠臣蔵」で知られる「赤垣源蔵」も「赤埴源蔵」であった。

県内の小字名を調べてみると、「八子《はね》穴」「羽子穴《はねあな》」「羽祢《はね》穴」「羽穴《はねあな》」「八子《はね》尾」「羽二《はに》穴」「八根坂《はねさか》」「ハネ浦」「～ハネ」「羽生《はねお》」「羽根倉」「八子ジ」「ハネ辻」「羽口《はねぐち》」「八子床」「中羽根」などハネ・ハニ関係の小字二〇〇例以上が認められ、特に、「ハネ」が約五〇例、「八子《ハネ》田」「ハネ田」「羽根田」が約二〇例ある。　（Ｉ）

**花山**《はなやま》（奈良市）　春日山の背面、東側に位置する山名。東大寺や興福寺が花（樒《しきみ》をさす）を採取したという故事にちなんだものという。奈良盆地から眺めて、御蓋山《みかさやま》の背後に聳えて稜線をなす連峯を「春日山」と呼び、稜線の「春日山背道」（峯通り道）を境界として東側を花山と呼ぶようになった。嘉禎二年（一二三六）正月に「春日山・花山」に樵夫《しょうふ》の入山のことがみえ（『中臣祐定記』）、弘安三年（一二八〇）三月に興福寺が花山から南大門造営料木を採取したことが知られる。（〇）

## 馬場町 ばばちょう （奈良市）

東・南は北風呂《きたふろ》町、西は南魚屋《みなみうおや》町、柳町に接し、北は西城戸《にしじょうど》町と隣する。『奈良曝』には、昔南都町中の支配を筒井順慶が考え、一族の筒井左馬助を椿井《つばい》町に居住させた時の馬場の跡という。現町域全体が馬場になっていたので、馬場といったとも。（〇）

## 羽生の辻 はぶのつじ （御所市）

「羽生の辻」は曽我川（巨勢郷）を分水し、羽生川となり、同市今住《いまずみ》から柏原村を貫流、ふたたび曾我川に注ぐ。その間約四〇町歩の水田を潤した。当地は埴輪《はにわ》などをつくる良質の粘土「埴土《はにつち》」を産し、埴生《はにふ》→ハブとなったもの。中世の「越智郷段銭算用状」（『春日大社文書』）には「波部《はぶ》」とみえ、この羽生川が古代条里制の「一里」の基準線となり、西方に向かって二里、三里と区画された。今も水路は高市と葛城の郡界となっている。（I）

## ハミ塚 はみつか （天理市）

旧大字岩屋《いわや》町小字「十三塚」は文禄十二年検地帳にみえ、大正十四年刊の『奈良県史跡名所天然記念物調査会報告（第八回）』によると「十三塚」は「一ノ塚」から「十三ノ塚」を記録している。近隣の「ハミ塚」は「トミ塚」（十三《とみ》塚）の誤写であろうか。（I）

## 林小路町 はやしこうじちょう （奈良市）

奈良市街地の中央部。林小路の地名は鎌倉期から興福寺寺門郷の一つの郷名としてみえる。

文永二年（一二六五）三月二十一日の家地売券によれば、東西一〇間・南北九間の屋敷地を「高天辻林少路面〈字古世殿之内〉」と記している（『春日大社文書』二）。『奈良坊目拙解』には「林小路者往古平城左京蘭林坊旧跡也」とある。室町時代には寺門郷（南都七郷）の西御門郷を形成、興福寺から公事や夫役などが賦課されている。また、「筒井家記録」によれば、天文二十年（一五五一）六月二十日、筒井順昭が当郷の別荘で死去したとある。天正年間（一五七三―一五九二）頃には林宗二（一四九八―一五八一）が林小路に住み、饅頭屋を営みながら、出版も行っていた。『源氏物語林逸抄』五四巻や饅頭屋本『節用集』はその著である。元禄二年（一六八九）の家数四七。町の中央を南北に通ずる市道六条奈良阪線（やすらぎの道）の開通によって、近代的な町に変化している。（O）

**原**《はら》（五條市） 吉野川流域。古代の阿陀《あだ》郷に属した。弥生遺跡。原《はら》は墾《はり》、すなわち開墾地を意味した。（I）

**原谷**《はらたに》（下市町） 吉野郡下市町の大字原谷《はらたに》は旧大字の栃原と石堂谷（いしどうたに）の合成地名であるが、御所市の旧大字「原谷」は『大和志』には「景行紀」の日本武尊の大和琴弾原白鳥陵の「原谷」とする地形説がある。同字・同音地名であっても意味の異なる場合も少なくない。（I）

**針道**《はりみち》（桜井市） 多武峯《とうのみね》谷の東部渓谷の山村。ハリは墾のこと。奈良市の都祁《つげ》（旧都介野《つげの》村）の針、奈良市旧村名「治道《はるみち》」、橿原市土橋《つちはし》町南部の「治道の森」（俗称地名）、飛鳥の小墾《をはり》（治）田《だ》宮のハリなどは同義の地名。「治」は好字として用いたもの。旧国名の「尾張」「播磨」（針間とも書く）も小治・墾間《はりま》であった。針道は、多武峯の山陰を墾いた所。樹林は急激に生育せず、等間隔の木目がある深紅色樹幹は鼓の製作に適した。中世の大和は能楽四座の発達したところ。大型の鼓を作る名工が住み、多くの名作を残した。工匠には、多武峯系・下《おり》居《い》系などの流派をみた。（I）

**吐田**《はんだ》（磯城郡） 川西町大字。「半田」「飯田」などとも書く。吐田は初瀬川と佐保川の合流する所。墾《はり》田のこと。川原の開墾地。以前は「吐田、結崎《ゆいさき》水づきどころ、嫁はやっても荷をやるな」と歌われた低湿地。ハンダは低湿地の墾田に対し、葛城山麓の急斜面を開墾した吐田平《はんだびら》もある。（I）

**吐田**《はんだ》（御所市） 水越峠扇状地帯を「吐田八郷」「吐田八カ村」「水郷八カ村」（関屋・増・名柄・豊田・多田・宮戸・森脇・寺田村）ともいった。豊田には吐田城跡がある。一言主《ひとことぬし》神社北方の「吐田平《はんだびら》」は古墳群集地。「神武紀」に「高尾張邑《たかをはりのむら》」の地名を葛城に改称したという地名説話がある。高尾張邑の「張」も「墾」「原」と同義の語。名柄竜正寺の山号を大張山と称し

ているが、ハリは開くことを意味する語で、前記、都祁野高原の「針」と同意語である。県内約五〇カ所に分布する。（Ⅰ）

**比布《ひう》**（宇陀市）

宇陀市榛原区旧大字。檜生の意。柳生・葛生・萱生などの「生《ヲ》」は、その植物の生育地。また、生《ヲ》は松尾・葛尾・檜尾・栃尾・椿尾などの尾《ヲ》と通音の語。宇太水《みく》分《まり》神社古図には「檜生野」と記している。高比布《たかひふ》（高日生）の「日生」を一字化して「星」となり、高星《たかへ》となったとも。あるいは高家《たかへ》の意かも。（Ⅰ）

**火打《ひうち》**（五條市）

和歌山県境に立地。銅鐸出土地。近世まで火打野村。対岸の大字大沢・木原には、大沢火打・中火打・下火打などの小字がある。県内にはヒノクマ・ヒウラ・ヒカゲ・ヒノワキ・ヒノウチ・ヒノモトなどの小字が三〇〇例以上もある。

寛治二年（一〇八八）二月、白河太上天皇が、天治元年（一一二四）十月に鳥羽太上天皇が、それぞれ高野山行幸の際、「火打崎行宮」で宿泊している。ウチは吉野川の内で、国名の「河内」の内と同義の語であろうか。『万葉集』に「吉野の河内」とあり、内は汭《うち》で、川辺の地名でもある。この内の地名が郡名となり、同書に「玉きはる内の大野」とある大野は、旧大字宇野付近か。

伊勢国度会《わたらい》郡の五十鈴《いすず》川流域に「宇治」の地名があり、山城国紀伊郡の「宇治川」に「有智」の地名が残る。なお、「火打」は火打石の産地という意味ではなく、国境の狼煙《のろし》をあげた所とも考えられるが確証はない。（Ⅰ）

**稗田《ひえだ》**（奈良市）

奈良市七条《しちじょう》町内に「稗《ひえ》田《だ》」の旧村名がみえ、大和郡山市内には同名の大字がある。七条の稗田は七条大池の「池尻」の地域で、徳川中期の『大和志』には七条村の属邑となっている。七条大池の水樋のある所。いわゆる池の尻田村であった。大池は近世文書には「勝間田池」とみえ、六条村近世文書には「勝馬田池」とある。この大池の、いわゆる「池尻」の村名が一名「尻技村」であり、法隆寺の中世古瓦には「西京、尻枝村」と刻んでいる。近世の七条村は「西《にし》ノ《の》京《きょう》」であった。小曲→コマカリがコマカヘリ（宇陀市駒帰）に転訛したような実例に似ている。このシリエダがシエダに転じ、ヒエダになったか（ラ行音脱落地名も少なくない)。

大和郡山市の「稗田」も七条大池に匹敵する広大寺池の池尻である。「天武紀」の壬申の乱の記事にこの稗田の地名が現れる。ちなみに、桜井市内の中世地名に「尻江田」がみえる。別に「修理江村」(慶長時代文書)とみえ、「しゆり村」(元和郷帳)ともあるが、近世になると、同市旧大字修理枝ーシュリエダ→シレダとなっている。したがって、奈良、郡山の両稗田はそれぞれの「池尻」の村であったか。

橿原市旧大字池尻は、古代、益田池の池尻と伝承され、同市久米の久米寺には弘法大師筆(高野山金剛峯寺蔵)の益田池の碑が建立されている。戦後、同池の木樋が発掘されたが、同池の堤跡が同町久米寺西方に保存されている。 (I)

**日笠**《ひがさ》 (奈良市) 奈良市東山中の旧田原村大字。光仁天皇陵所在地。

平成十八年十一月三日の各新聞は、「天平十年七月始□□進上□□」「始廿古使中吐博士馬一匹」などの墨書木簡や男性器をかたどった木製品などの出土したことを報道した。出土品のうち絵馬は三点で、内一点は縦一九・九センチ、横二七・八センチ、厚さ〇・八センチで、古代絵馬では最大級のもの。鞍、馬具をつけた流麗な筆致で描かれていた。

光仁天皇陵(日笠町)

天平時代、平城京の長屋王邸跡付近から検出した絵馬と酷似しているという。天平時代前後に作製した可能性が強く、橿原市内坪井遺跡付近には「枝組《えだくみ》田《だ》」(画工田)、「ガコウテン」(画工田)などの小字が残っているが、古くから画工司の所在していたことがわかる。こうした馬は疫病祓いや雨乞行事に用いた可能性がある。出土地は太《おおの》安万侶《やすまろ》墓から東方約六〇〇メートル。平城京の葬送地の一つと考えられてきたが、都の中心部と同じような祭祀を行う特別な空間であったことが考えられる。

出土地の日笠は光仁天皇皇后・新笠姫との関係地か。日笠は新穂《にひほ》・新納《にひろ》と訓《よ》むようにニヒガサとも訓める。また、出土地の「フシンダ」は低湿地であるために木簡の保存状態が良好であったか。フシンダ―フシミタは「伏水田」の意で、各地の「伏水」は水量の豊かな地域で、京都市の伏見（伏水）は良酒の産出地。旧葛城村大字伏見のドンド（水音）遺跡付近は古代の水の祭祀遺跡（大字南郷）として有名。（Ⅰ）

**東田**《ひがしだ》（桜井市）　旧纏向《まきむく》村大字。大字江包《えつつみ》の東に位置し、大乗院の貞和二年（一三四六）年貢目録には「ヒガイタ」とみえる。事実、同地は初瀬川の東方に位置している。

『和名抄』城上《しきじょう》郡の部に「辟田」（比気多）の郷名があり、引田部赤猪子《ひけたべのあかゐこ》（「雄略記」）、三輪引田君難波麻呂《みわのひけたのきみなにはまろ》（「天武紀」）、大神引田公足人（『続紀』神護景雲二年）、大神引田朝臣（『三代実録』仁和三年）、引田朝臣広目《ひけたのあそみひろめ》（「持統紀」）、辟田首（『新撰姓氏録』大和国諸蕃の条）、辟田首《さきたのおびと》（「推古紀」）、曳田神社（『延喜式』神名帳）とある。すなわち、辟田・引田（比気多）・秉田の地名がみえる。『延喜式』の「曳田」、『大和志』の「秉田」は「東田」の字形類似の誤写であろうか。（Ⅰ）

**東向**《ひがしむき》（奈良市）　奈良市内、近鉄奈良駅付近（平城の外京六坊大路）の地名。今は公選の「ひがしむき」の愛称でよばれる。

室町時代（永禄頃）、東向きの人家が並び「東向」の称を用い、興福寺の果園として四季の菜花を植えたところで、花芝の町名も残る。『奈良坊目拙解』には「東向南町―興福寺西築地之壇下なり。当町は往年人家なく、興福寺別院（宝積院《ほうしゃく》）あるいは果園の地なり」とある。

先年、新聞で愛称の公募を行ったとき一〇〇例以上の候補地名があったという。結局「都小路」に決まったらしいが、決定直前、「都小路」では、「奈良に都小路のあることが当然」という理由で「東向」をひらがなの「ひがしむき」に命名したというのが実情らしい。

「東向」は春日・若草山に対し、「青竜《せいりゅう》」の方位に向かっていることで、「日向」の国名と同義の佳称である。さらに大寺の「興福」の雅名に対していることから、いかにも古都にふさわしい町名とする。

「東向」の西方に「小西町」がある。「小」は美称、「西」は「東向町」の西方を示す方位地名で「東向北町」と同例。古来、「東向」の嘉名を意識して命名した町名であったらしい。

同市内の「西ノ京《にしのきょう》」「京終《きょうばて》」なども古都の方位を

示す地名である。「京終」は平城京の外京《げきょう》の最端《はて》に立地し、京都市でいえば「京極《きょうごく》」の地域に相当した。俗に「南京終《みなみきょうばて》」の町名をナンキンオワリ町と読むことがよく話題になる。また、平城宮の南端が中世の「清澄庄」で、京隈《すみ》（都の隈の意）のことで、「隈」は「阝《おか》を畏《おそ》れる」という文字の構成を避けて佳字化したもの。こうして地名用字は種々に改変し、用字そのものに歴史が秘められている。

ちなみに、近世、忠臣蔵―赤穂四十七士で有名な浪人、大石瀬左衛門信清が「東向中町《ひがしむきなかまち》の東側、南より七軒目」に居住していたという説がある。実は元禄十四年の冬から銭屋孫四郎と名を変え、老母と実弟と従者の三人が同町に住み、身分を隠すため木辻遊廓で遊興していたという。翌十五年春、京都に移り、大石内蔵助らと共に江戸に下り、同年十二月十四日、江戸松坂の吉良上野介の屋敷に討ち入り、翌年二月四日切腹、年二十七歳であったという（『奈良坊目拙解』）。（I）

**東向北町**《ひがしむききたまち》（奈良市）　室町期には東向郷とある（『多聞院日記』天正十一年四月二十日条）。近世、東向北町・東向中町・東向南町となった。元禄十一年（一六九八）の町改帳によれば、寛永十九年（一六四二）、宝永元年（一七〇四）の大火で全焼、東向北町は家数三九とある。現在、興福寺の西に南北に続く東向、同北町は奈良町第一の繁華街となっている。（O）

**疋相**《ひきそ》（広陵町）→成相《なりあい》

**飛驒**《ひだ》（橿原市）　県内には備前・吉備・薩摩・豊前・土佐など、旧国名にちなむ地名（大字）が多い。奈良朝以前から、朝廷が力役の民を集めた結果、各地に出身地の国名が残ったという。飛驒も飛驒人が出身地の国名を移したという地名説話がある。旧国号地名は藤原宮跡付近に多く、その造営に関係した木工《たくみ》らが居住し、わが国建築文化の発展に尽くした。（I）

**飯高**《ひだか》（橿原市）　橿原市大字飯高はイヒダカ→ヒダカと発音し、日高池がある。飯高は『和名抄』十市郡の飫富《おふ》郷に該当する飯富《をふ》―飯高には式内小部神社がある。別にコベ神社ともいわれるが、ヲフに鎮座する社名とすれば小部はヲフ神社と訓《よ》むべきか。隣村の多《おお》村（現磯城郡田原本町多）も飫富《をふ》村で、多《をほ》坐《にいます》弥志理都比古《みしりつひこ》神社がある。小《を》部《ふ》・多《おほ》は古代の飫富《おふ》郷の地域であった。

「雄略紀」六年条によると小子部連《ちいさこべのむらじ》螺蠃《すがる》が蚕《かいこ》を集めて来いとの勅命をとりちがえ、嬰児《こ》を集めてきたので「少子部連」の姓を賜わったとある。いわゆる賜姓説話であった。地名「少子部《をふ》」は三字でオフと訓むべきか。

ちなみに、多社前の小杜《こもり》神社には太安万侶を祀っている。吉野山の水分《みこもり》神社は子守明神として有名。子を守《も》ることから安産の神として信仰されている。コモリは安く産まれることから安万侶信仰を、柿本人麻呂を祀って「人生まる」の信仰から安産信仰の起こった例もある。

『磯城郡誌』には「飫富は於保《ヲフ》なるを訛まりて於布《ヲフ》と言ひしより、或は小部《ヲフ》、または飯武《ヲフ》と書き、飯武と称へ転じて又ヒタケとなり、終に飯高と変じ、村名となりたるものなり」とある。なお、飯高の小字「雲分寺」はヲフ寺と伝承し、俗にクマゲ寺ともいう。クマゲはクモワケの転訛語。「舒明紀」によると、子部《こべ》社の木を伐り九重塔を建てたが、神威によって焼失したとある。飯高西方に「百済《くだら》」の川名を伝えている。（Ｉ）

**日高山**　ひだかやま　（橿原市）　藤原宮跡南方の小丘陵、旧大字上飛騨《かみひだ》に所在する。藤原宮に用いた瓦が出土する。瓦窯跡がある。ヒダカは飛騨ケ山の意か。（Ｉ）

**檜前**　ひのくま　（明日香村）　明日香村大字。檜隈・日前とも書き、飛鳥時代、渡来人の居住地であった。欽明天皇檜隈坂合陵《ひのくまのさかあいのみささぎ》（平田）、文武天皇檜隈《ひのくまの》安古岡上《あこのおかのえの》陵（栗原）、天武・持統檜隈大内《ひのくまのおおうちの》陵（野口）などの陵墓名から推定すると、檜隈は広域にわたっていた。

文武・持統天皇陵（野口）

檜隈寺層塔

ヒノクマのクマは、入りこんだ谷間、隈の意。「浦」「曲」のこと。『万葉集』の檜隈《ひのくま》川は下流久米《くめ》（曲）川に続く。ヒノクマは檜曲川の意か。押熊（奈良市）・大熊（宇陀市）も、こうした形状（この場合も隅《すみ》の意）を示す地名。檜前の「前」は「隈」を好字化したもの。

ちなみに、檜隈安古岡上陵《ひのくまのあこのおかのえのみささぎ》の安古は『続日本紀』には「安古」とあり、『延喜式』には「安占《ヤスウラ》」とみえる。占は古の誤写したもの。同地に「浦谷」姓の旧家が残る。（I）

## 檜牧 ひのまき （宇陀市）

宇陀市榛原区大字檜牧《ひのまき》。宇陀川支流、内牧川流域の山村。

『日本後紀』延暦十八年（七九九）条に「宇陁肥伊牧」とみえ、古代宇陀郡上県《かみのあがた》二条、肥伊里《ひいのさと》に該当。下県は「神武紀」に「遂《つひ》に菟田下県《うだのしもつこほり》に達《とほりいた》る」とあり、旧菟田野《うたの》町大字宇賀志《うがし》に比定される。また、延長九（六）年（九三一〈九二八〉）の安倍弟町子家地売券案には「在上県二条給理里」とある。「給理里」は『和名抄』伊予国越智郡では「古保利」と訓《よ》む。「氷室」の所在地であろうか。同地には御井神社が鎮座する。同郡室生村大字室生（室生寺所在地）に「コオリカミ」、同郡御杖《みつえ》村大字神末《こうずえ》に「コオリトリバ」の小字がある。「神武紀」に「是菟田《これうだの》主水部《もひとりら》の遠祖《とほつおや》なり」とあるように、宇陀主水部の存在が注目される。天正十年（一五八二）二月の文書に「檜牧主水」の人名がみえる。ヒノマキは氷牧の意か。（I）

室生寺

## ヒビキ ひびき （御所市）

二〇〇五年二月二十二日、御所市の金剛山下、旧葛上村大字極楽寺・同北窪から古代寺院跡「二光寺（廃寺）跡」と古代住居跡「ヒビキ遺跡」発掘の現地説明会の記事が大々的に報道された。

「大和国条里制地図」（県立橿原考古学研究所編No.103）によると、「ヒビキ」は標高二四八メートルの急傾斜地、東流する天満《てんま》川と和田川に挟まれた台地で、大和平野を一望する環境に立地している。

御所市役所の地籍図（明治二十三年調査）小字は判読不可能な地図で、市役所では地図そのものがいかにも古くなって閲覧不許可のもの。この「ヒビキ」は当初は「桧之本」→「桧之木」で「桧之木」の「之」は「々」の字画に酷似するために「桧々木」（ヒビキ）と見たのであろうか。「丶」は楷書化されて「々」（同の字点）になったもの。この事実は文政頃（一八一八―一八三〇）の「金剛山谷川筋御普請所絵図」によると、天満川・和田川筋の下流東方から「桧の本」「釈迦山」「ひの井手」「樋の浦」「ひの井手」「つばな山桧木」「長田」「下ノ谷ひこ木」「ひの木」へと連なっている。この「つばな山樋木《ひのき》」付近が遺跡に該当している。「つばな山」東部の南郷、天満川右岸の「大東遺跡」からは巨大な木樋で水を引く装置が発見され、『水と祭祀の考古学』（県立橿原考古学研究所付属博物館編）には「導水施設と埴輪の考古学」「水まつり」「カミによる水まつり」など、神と水の祭りを通して古代史の謎について報告されている。

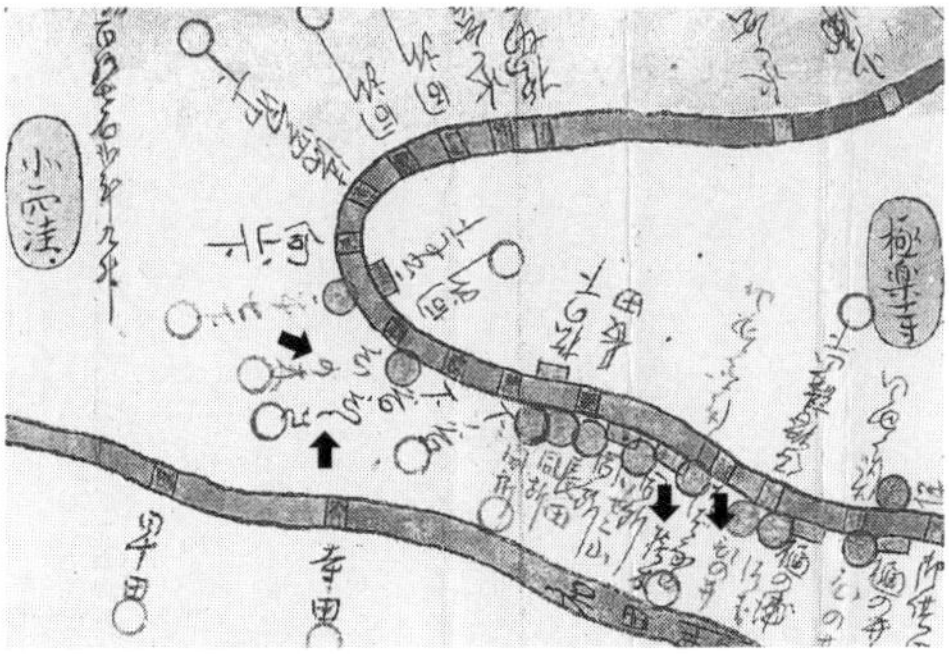

極楽寺村小字「ひの木」付近古地図

さらに、天満川左岸の南郷「安田遺跡」からは五世紀中頃（古墳時代中期）の四面庇付きの掘立柱建物跡を発見、古代豪族が祀った神殿遺構跡を検出、建物は三重の柱四八本で支えられ、内側は一辺約七メートル（柱間二間）、真ん中は約一二メートル（同四間）、外側は約一七メートルのほぼ四方形で、柱穴跡のうち二九カ所にはヒノキなどの柱材を残していた。柱の太いものでは約四〇センチ、建物は頑丈で高さ二〇メートルを超す高床式建物と推定され、ヒノキ材の利用も考えられる。（I）

## 氷室　ひむら（御所市）

旧大字鴨神《かもかみ》。氷室はコホリグラとも訓《よ》む。氷を貯蔵する所であった。「仁徳紀」の大和闘鶏《つげ》の氷室は有名。宮内省主水司《もひとりのつかさ》に属した（大宝令）。氷室は氷を凍らすに適当な山間の地、清浄な水の湧く所を選んだ。『延喜式』によると、大和国には三〇カ所となっている。氷の運搬は四月一日に始まり、九月三十日に終わった。（I）

**百貫川**《ひゃっかんがわ》（明日香村）　明日香村、飛鳥川の「ミロク石仏」のある「木の葉井手」から分水して香久《かぐ》山西方の木之本までの水路をいう。この水路は、百貫の金子《きんす》を費やして作ったと伝え、江戸時代には上流と下流の間に水争《みずあらそい》もあったが、水路は古くからあったらしい。「木の葉の水は木の本へ」という俗言が残っている。ヒャッカンは百間で長いことを意味する語。百間堤の地名は各地にみられる。「斉明紀」には「甘檮《うまかしのをか》丘の東の川上《かわら》（カワノへとも）」にかかわる記事がある。カワノへはコノへで、転じてコノハ（木の葉）となったものであろうか。（I）

**兵庫**《ひょうご》（天理市、高取町、奈良市）　「皇極紀」には、「蘇我氏が甘檮《うまかしのをか》岡に城柵《きかき》を設け、武器庫を置く」とあり、「孝徳紀」大化元年条に「辺《ほとりのくに》国の近くに兵《つわもの》庫《ぐら》をつくって刀《たち》・甲《よろい》などを収《おさ》め集めた」とあるのが注目される。天理市・高市郡高取町には旧大字兵庫《ひょうご》がある。

奈良市尼辻《あまがつじ》町の「兵庫」は垣内《かいと》名。平城京の兵庫《ひょうご》寮《りょう》の関係地か。兵器を司る役所。『和名抄』にはツハモノクラノツカサとある。（I）

**屏風**《びょうぶ》（田原本町）　斑鳩と飛鳥を結ぶ磯城郡三宅《みやけ》町の大字屏風に太子道《たいしみち》がある。古来「屏風の里」と称し、聖徳太子が同地を通過の時、屏風を立ててお迎えしたという地名説話がある。村域は寺川から飛鳥川にかけて、水利を得るため屏風を立てたように、東西方向に極めて細長く立地している。（I）

**平尾**《ひらお》（広陵町）　平尾は『延喜式』の成相《なりあい》陵所在地に近く、地形を平《なら》した所。高山寺本『和名抄』（讃岐国）の郷名「成相」に「奈良井」の訓註をみる。低丘陵の連なる地域、「広陵」の町名も前方後円墳の群集地のことではなく、旧広瀬《ひろせ》郡の丘陵地帯を意味する。宇陀市大字陀区には拾生、平尾《ひらお》の大字がある。（I）

**送迎**《ひるめ》（王寺町）　北葛城郡王寺《おうじ》町大字畠《はたけ》田《だ》に「送迎」と書き「ヒ

ルメ」と訓《よ》む地名がある。旧五万分ノ一地図（国土地理院刊行）にも「送迎」に「ヒルメ」のルビを付している。同町西方にある明神山（二七五メートル）は、俗に西山と称し、明治中期までは、大阪から十三峠をへて大和各地へ手旗で信号を送迎する「気色見《けしき》」（相場振《そばふり》山の別名）山として有名であった。手旗を振って大阪堂島の米相場を即時に大和へ報らせたという。

　徳川末期、伊勢大神宮信仰にからむ新興宗教がこの山に発生した。それは慶応時代を頂点として、全国的に流行した「ええじゃないか」運動の先駆をなすものであった。天保年間の「和州送迎大神宮之図」によれば、明神山を「送迎《ひるめ》の峰」と唱え、神明造りの御本宮、舞殿、庁舎のほかに遙拝所、茶所などがあり、浄財を受け付ける勧進所もあった。特に注目すべきことは、送迎内宮、亀山外宮が鎮座し、山麓の村を「ヒルメの里」と名づけたことである。当時流行した俗謡にも「諸方から日に日に参るヒルメ山、何かと聞けば神がようがふ」「西山にお祓ひさまがござるとて、人が参れはすてておかれぬ」「指図する村役人小まいまで、ソレッとおどろき詣る西山」「しかじかと知れたは卯月おついたち、それは不思議と村も混雑」「宿坊や茶屋小屋普請できあがり、おひおひにはんじょうひるめ雲門山」「人の気がおひおひここに集まりて、何時のほどにか外宮、内宮に」などがあり、大神宮信仰はとみに殷盛《いんせい》をきわめたので、郡山藩主が徹底的に弾圧を加えた。

　貞享三年（一六八六）九月、隣村の新村で、鎮守社勧請行事に村芝居を開催しただけで、御法度を心得ぬという理由をもって、農民数人が入牢したという事実がある。とにかく、この種の行事に対しては藩主も異常にヒステリックであった。ヒルメの伊勢信仰も、結局、廃絶せざるを得なかった。

　ヒルメに送迎の文字を充当することは、この片岡の地が、かつて聖徳太子が斑鳩宮から河内《かわち》磯長《しなが》太子へ往来の際、里民が送迎したことにちなむという。「推古紀」二十一年十二月条に「皇太子《ひつぎのみこ》、片岡《かたをか》に遊行《い》でます。時に飢者《うゑたるひと》、道《みち》のほとりに臥《こや》せり。仍《よ》りて姓《かばね》名《な》を問ひたまふ。而《しか》るに言《まう》さず。皇太子、視《みそなは》して飯物《をしもの》与へたまふ」とみえ、太子が「しなてる　片岡山に　飯《いひ》に飢《ゑ》て　臥《こや》せる　その旅人《たひと》あはれ」という意味の歌を詠まれた。この道に臥したる飢者について「それ凡人《ただひと》に非《あら》じ。必ず真人《ひじり》ならむ…時の人、大《おほ》きに異《あやし》びて曰《い》はく、聖《ひじり》の聖を知ること、それ実《まこと》なるかな」と記している。同地の達磨寺の伝承によると、この飢者《うえたるひと》は達磨の化身であったといわれているが、いずれにしても、斑鳩から磯長に通ずる直線的な太子道は、この付近を通っていて、今なお太子道の名を伝えている。

明神山に祭祀した大神、すなわち、天照大神は一にオオヒルメムチノカミとも伝称する。この神名のヒルメが太子道の送迎伝承に結びつき、送迎をヒルメと訓むにいたったのである。まさしく太子信仰と伊勢信仰を混交した地名である。こうした信仰的・宗教地名は、近代においても天理市、金光町などがあるが、早くも徳川期において命名したことは珍しい。

文政六年（一八二三）の山之坊村『吉川利右衛門古記録』によると「西山、ひるめ山、伊勢大神宮、参詣人が非常に多く、諸村のおかげ参りもヒルメへ踊りこみ、当村も同山へ踊りこんだ。五位堂釜屋仲間からも鑵子（茶釜）を両宮に寄進し、ヒルメ信仰は驚異的に発展している」という意味のことを書いている。この茶釜や、鉄製の釣灯籠には「文政□年」「大神宮」「和州雲門山」などの銘文があった。（I）

## 拾生《ひろお》（宇陀市）

旧大字平尾《ひらお》があるように、平地のこと。元来、檜生（比布《ひふ》）・柳生・芝生《しぼう》などの「生」は、「ヲ」と訓《よ》み、「尾」に変わる例が少なくない。いわゆる松生《まつお》・栃《と》生《ちゅう》・椿生・葛生《くずう》・櫟生《いちのお》はそれぞれの植物の生える地域であった。この植物を伐採して開くことによって松原・栃原《とちはら》・櫟原《いちはら》・柏原・藤原などの地名が起こった。原は墾《はり》に通ずる語。栃生・椿生などの「生」は「尾」に改字した。

平尾の場合は、丘陵の尾部をあらわす形状語であろう。吉野町や広陵町にも平尾の大字があり、小字にいたっては旧吉野・山辺・添上・磯城郡の山間部には約六〇カ所に分布する。吉野郡旧西吉野村では、平尾を平雄に佳字化した。（I）

## 笛堂《ふえどう》（葛城市）

笛堂は笛戸・笛部で、笛吹部の二字化地名であろう。『大和名所和歌集』に「遊の岡、笛吹村東南の地なり、今は遊田《いうでん》といふ。笛吹のやしろは西にあたれり、笛吹の縁によって笛吹といふなるべし」とある。笛堂は笛吹神社の神戸か。笛吹は笛吹連《ふえふきのむらじ》の本貫地と伝える。笛吹神社はその祖神を祀るという。神社境内に古

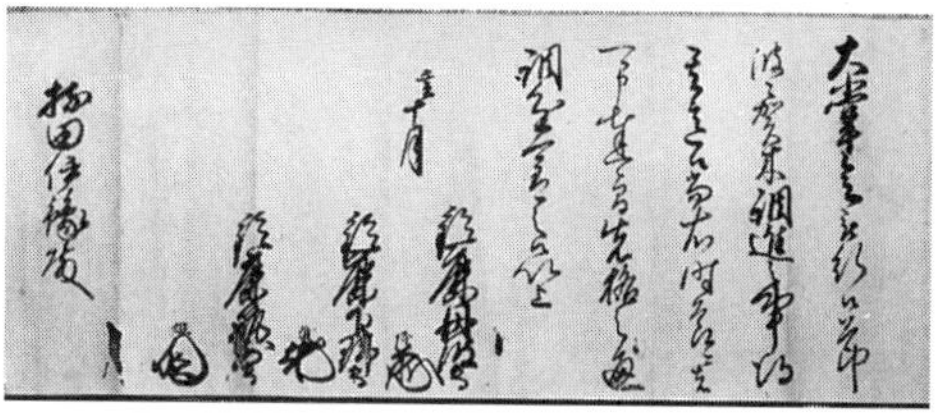

笛吹神社文書

墳がある。また、境内の「ハハカ」の樹は吉凶を卜《ぼく》する樹として有名。孝明天皇の大嘗会に調進した記録が残る。『藻塩草』に「笛吹の社の神は音にきく　遊びの岡や行きかよふらん」とある。付近に「遊岡」伝承地があり、笛吹部は笛を吹き、鎮魂の儀に関与したと考えられる。（Ｉ）

## 福地　ふくち　（宇陀市）

宇陀市榛原区福地は低湿地（宇陀・香酔川合流地）を意味する泓《ふけ》地の義か。「水分神領古図」には「福智」、『三箇院家抄』には「福智庄、宇多郡之内　萩原辺也」とある。『延喜式』の椋下《むくもと》神社は急峻な山を背景に鎮座、『神名帳考証』（伴信友）には「一本、クラジ」とみえ、社前に伊勢街道が東西に貫通している。クラは谷の意で、事実、福地は低地に立地している。『春日社記録』「中臣祐重記」の養和二年（一一八二）条によると、福智庄は春日社神供料所で、建久九年（一一九八）の「中臣祐明記」には「山辺守行　住所宇陀福地庄」とみえ、室町時代には興福寺大乗院領として宇多郡内に福智の庄名がみえる（『三箇院家抄』）。

慶長六年（一六〇一）松山藩、万治二年（一六五九）旗本織田氏の知行となり、代官所が置かれた。

文久三年（一八五九）、天誅組の伴林光平の『南山踏雲録』に、滝谷の農民が福地陣屋の秋元健三郎に愁訴して聞き入れられず、健三郎を刺殺した日加志《ひかし》八十次郎の義民のことを記している。（Ｉ）

## 福西　ふくにし　（御所市）

奈良県内の湿地は俗に「フケ」といった。「不毛」「布ケ」「浮気」「武卦」「布家」などの用字もあるが、転訛して「フカ」（深）、「フク」（福）、「フキ」（福貴・吹）、「ホキ」（歩危）、「ホケ」（法花）などとなった。「フケ」には「泓」という国字があることから、「フケ」は古語であった。この「フケ」は「福」の好字に転じた例がもっとも多く、「福井」「福岡」「福田」「福谷」「福島」「福地」「福垣内」「福住」「福良」などの小字がある。

「福西」は方位地名である。葛城の「福西」（旧西佐味《にしさみ》）、宇陀の福西（旧榛原町）は確かに「フケ」（池）に立地している。「フケ」は丘陵の池沼地域であることに間違いない。しかも、「福西」の小字は約九〇例もあって、その多くは吉野山間部にみられる。「福西浦」「福西表」「福西岸」「福西田」「福西上」「福西垣内《かいと》」「福西迫《さこ》」「福西前」などが残っている。しかし、この「福西」に対して「福東」「福南」「福北」の方位地名は一例もない。フクヒガシ・フクミナミの方位名は三音節で、発音がやや困難であることから、地名化しなかったのであろう。それにしてもフクキタは残りそうであるが、キタは「北《に》げる」の意から中世には「北川」（天理市）を「豊田」に、「北之庄」を「福井」（市名）に、「北」を「喜多」に改変した例がある。

（I）

## 浮気《ふけ》（十津川村ほか）

「浮気《ふけ》」「小浮気」「片浮気」など、「フケ」関係の地名は県内には約一七〇例もあって、「不毛」「布家」「更ケ」「泓ケ」などの用字がある。中でも「大フケ」は約二五例、「小フケ」「子伏ヶ」「小深」「小楸」「小泓」などが約六〇例で、「湫」は「泓」の誤写であろう。また、「片フケ」は「片富貴」「片吹」「片福」「片受」など、約二五例もある。

四国の大歩危《ぼけ》（川瀬）の奇景は天下に有名であるが、ボケはフケの転訛したもの。奈良県内にも「ホケ」「ボケ田」「ホケノ山」「ボケノ山」（約一〇例）などがあり、ハケ－バケにも転じた。

フケ→ホケの転訛例（母音U→O）は、「大丹生《おおにふ》→大《おほ》丹穂《にほ》」、「近江《アフミ》→近江《オホミ》」「布施屋《フセヤ》→ホシヤ（JR和歌山線駅名）」「逢坂《アフサカ》→オホサカ」「穴生《アナフ》→加名生《アノオ》」など少なくない。

橿原神宮外苑の「深田池」、奈良市の勝馬田池（七条大池）は薬師寺古図には「御池」「ふけ」の小字が並別して残っている。平群町大字福貴畑《ふきばた》、旧榛原町大字福地《ふくち》もフケ地で、「泓」「湫」の国字の構成が示すように、フケ池は湿地、池沼に多く、特に周濠のある古墳付近に多くみられた。

河内国の仁賢天皇陵の「野中ボケ山」は前方後円墳で、周濠《しゅうごう》のある古墳は「フケの山」である。桜井市の「ホケノ山」古墳も現地では「ボケノ山」（条里制地図）と称し、東隣りの「フクマワリ」は「フケノマワ山」で、西方の「箸墓堤」が小字「小フケ」「三反フケ」である。『続日本紀』称徳天皇天平神護元年十月条「和泉国深日《ふけ》行宮」が有名。

**藤　尾**《ふじお》（生駒郡）　生駒山の暗《くらがり》峠付近にある。櫟生《いちのお》が市尾になったように、藤尾は藤生であった。藤はカヅラのこと。葛根《かっこん》を俗にフジの根といった。藤尾にはカヅラハラの小字があるほか、生駒・葛城山系にはカヅラのつる草が多く、葛根の採掘地として知られる。藤尾をトウビと音読、「神武天皇鳥見《とりみ》山中霊畤《やまなかまつりのにわ》跡」とも考えられたことも。（Ｉ）

**伏　越**《ふしごえ》（葛城市）　布施《ふせ》越の義か。旧磐城《いわき》村大字。岩橋山東部の村落。布施は旧布施郷にちなむもの。中世、布施氏の本居地で、布施城跡が残る。峠の急坂地に立地するため、近鉄「磐城駅」が近くにありながら廃村化しつつある。こうして峠の扇状地帯の村は交通至便の地域に移動した。（Ｉ）

**藤ノ木**《ふじのき》（斑鳩町）　斑鳩町の「藤ノ木」古墳はあまりにも有名。「藤ノ木」は小字の名を用いている。別名は「ミササキ山」ともいった。「藤ノ木」という木はない。フジは単なる蔓であるが、俗に「フジノ木」といわれる。県内の「フジ田」（御所市の天下塚）、「フジ山」（香芝市の小山）、「フジ地」（西大寺）などの「フジ」は「不事」と書くべきであろうか。「フジ地」はみだりにこれを侵《おか》してはならない、神聖視した所である。

藤ノ木古墳（斑鳩町法隆寺）

つまり、「藤ノ木」は「不事の木」で、大和方言では木を伐っては不事（災難）があるということである。だから今日まで保護されてきた。現在（二〇〇八年）は荒涼として雑草の生えたままの丘となっている。

古来、墳墓に対しては「石棺におよびて慄々畏怖してあえてこれを侵さず…」「普《あまね》く祭酹《さいらい》を加え以て幽魂を慰めよ」（『山陵志』など）とあるが、先年、小学生が、突然、石棺を傷つけて問題となった。法隆寺南大門前には古墳見学拒否の制札が立ち、見学も礼拝もできなくなった。この頃の古墳には礼拝所もなく、香華を供えて拝むという「心」までなくなってしまった。二〇〇五年七月二十七日、明日香高松塚に対し、村議会では「明日香村の文化財保存への支援を求める決議」とする一般への決議表明を議決し、「壁画の劣化は保存科学の失敗ではなく、国宝を守る使命と責任を自覚できていなかった文化庁による人災」と批判していた。

たまたま、二〇〇七年十二月二十二日の朝日新聞に「高松塚」被葬者礼拝石らしき石造物を発見したとある。礼拝石は六十年代、村民が墳丘のすそを掘ったショウガの貯蔵穴で見つけたというのである。（Ｉ）

**藤原田**《ふじはらだ》（橿原市）

橿原市の藤原宮都（六九四〜七一〇）は、当初、大和三山内の東西二・一キロ、南北三・二キロで、現在の耳成山下、横大路以南の地域と考えられていた。しかし、九〇年代、東・西大路は下ツ道《しもつみち》から西方一・六キロ、中ツ道《なかつみち》から東一・六キロの地点にあることから、東西の京極大路を確認、同宮は約一キロを中心に、東西・南北各約五・三キロ四方の「大藤原京」が想定された。「大藤原京」は少なくとも約二五平方キロの面積で、平城京（二三平方キロ）を上回っていたと推定される（二〇〇四年九月十一日朝日・読売新聞記事）。

元来、藤原京付近に飛騨・出雲・石見・備後・土佐・豊前・長門・薩摩・吉備・大隅・但馬・参河・讃岐など西日本の旧国名の町・村・大字名があり、国号地名は藤原京跡近く（中ツ道・下ツ道・太子道・巨勢道など）に分布し、六、七世紀頃、諸国から予想以上の人的資源と高度の技術を必要とした人々が移住してきた証《あかし》であろうか。また、試みに、横大路以北の小字をみると「枝組《えだぐみ》」（画工）、「ガコウデン」（画工田）、「土田組」（土工《つちたくみ》）、「大坂部」（刑部）、「額田部」、「草香部」、「天役」（典薬）、「妻田組《つまだぐみ》」（爪工《つまたくみ》）などの多くの官職地名が存在し、大字葛本《くずもと》には「フジハラ田」が遺存する（坪井遺跡）。『和名抄』讃岐国多度郡葛原郷は、『続日本紀』延暦八年条には「藤原郷」とある。「葛本」は「藤原」の宮名の発祥地となるのではなかろうか（前項参照）。

地名「妻田組」は『新撰姓氏録』和泉国神別条には「爪工《つまたくみ》連は神魂の子、多久豆玉《たくづたま》命の子孫で雄略天皇の御世、紫蓋の爪を造り、連《むらじ》の姓を賜ふ」とある。この「妻田組」の接続地に「替」「等」とあるのは

「簪」の誤写で、文禄検地帳（十市郡中村）には「かむさし」とあるのは造蓋司《ぞうがいし》など笠・簪などを造る部民の居住地であったか。同大字から「蓋埴輪《きぬがさはにわ》」が出土している。小字「笠取《かさとり》」「笠目《かさめ》（笠縫部）」の地名（同郡十八条二里二七坪）に「カサヌヒ」とあり、『延喜式』にみえる官職名であろう。「大藤原京」に貴重な小字が残存していることがわかる。

### 伏見《ふしみ》（奈良市）（Ｉ）

菅原町の喜光寺所在地。
伏見は伏水で金剛山麓にも伏見があり、横井戸のある湧水の豊かな地域である。京都伏見も酒造の名所で地下水が豊富である。「菅原の伏見」といわれるように、菅草も湿地に生える。伏見は「伏水」である。

### 藤原池《ふじわらいけ》（橿原市）（Ｉ）

十市郡路東《ろとう》（下ツ道《しもつみち》）、二二条に小字「藤原田」がある。その二三条に「上藤里」とあるのは「上藤原里」の二字化したもの。「正倉院文書」神亀三年（七二六）計帳に山城国の「雲上里」「雲下里」があり、大和国磯城郡に「城上《しきかみ》」「城下《しきげ》」、葛城郡に「葛上《かつじょう》」「葛下《かつげ》」郡など、郡名に「上」「下」の方位語を残す実例が少なくない。また、「推古紀」十五年条に「倭国《やまとのくに》に、高市池《たけちのいけ》・藤原池《ふぢはらのいけ》…を作る」とある。藤原池はこの「上・下藤原田」「簪《かんさし》」「妻田組」付近に所在したのであろう。現地の古老は寺川（大仏供領）を分水して小字「藤原田」に通じ、中町の細長い「中池」（旧川水路）になったと伝えている。寺川流域の大字「坪井」は木簡出土する湿地で、「推古紀」九年条には耳《みみ》梨行宮《なしのかりみや》が大雨で川水が宮廷に満ちたとある。

さらに、「推古紀」十九年条には「菟田野《うだのの》（宇陀市）に薬猟《くすりがり》す」とみえ、この日は暁に藤原池のほとりに集合、夜明けに出発し、額田部比羅夫連《ぬかたべのひらぶのむらじ》らを前・後の隊長とし、早朝、横大路を通じて宇陀野に到るには藤原池近傍に集会することが想定される。さらに、この日、諸臣《もろもろのおみ》の服の色はそれぞれの冠の色に従い、おのおの頭挿《かざし》を挿していた、その頭挿には大徳・小徳はどちらも金《こがね》を用い、大仁《だいにん》・小仁《しょうにん》には豹《なかつかみ》（ひょう）の尾を用い、大礼《だいらい》から下は鳥（雉）の尾を用いた。『万葉集』には「梅花をかざして…」ともあって冠に簪などを使用していたことが考えられる。

藤原宮大極殿跡や旧葛本村《くずもと》（弁天塚《べんてん》）からは冠型（蓋）埴輪が出土している（京都国立博物館寄託）。葛本町小字「妻田組」に接続して、小字「簪」があることに

藤原宮跡（大宮跡）

よって、当時の職業部の存在していたことが想像される。また、地名「葛本」は延久二年（一〇七〇）の『興福寺坪付帳』では「橘本」のほか「楠本」（『三箇院家抄』）に誤写しているが、古くは「藤原」の宮名を避けて「葛本」に改字したか。孝謙天皇天平宝字元年（七五七）の勅《みことのり》に「自今以後、藤原部の姓を改めて、久須波良《くすはら》と為す」とみえる。「本」は「原」と同義の語で、河内国藤井寺も寺名は葛井《ふじい》寺である。「葛本」は藤原と同義の語であろう。　（I）

## 布施　ふせ　（葛城市）

「布施」の小字は葛城市の葛城山麓の旧大字岩橋と同寺口《てらぐち》に残っている。つまり、旧新庄町一帯は古代置始《おきその》氏の子孫と伝える布施氏の居地であった。天暦十一年（九五七）の土地売券に旧葛下郡廿四条三里に置始氏の名がみえ、天永三年（一一一二）三月の「東大寺文書」に平田庄（當麻寺付近）に置始久行の名があり、応永十四年（一四〇七）に同庄の八荘官として布施行忠の名がある。鎌倉時代に至ると置始氏の名に代わって布施氏となる。布施氏の菩提寺の寺口・置恩寺《きおんじ》石灯籠に「置始」の姓を銘記することによって、その源流を知ることができる。この布施の地名は、いわゆる布施《ふせ》屋《や》の所在を示すもので、布施屋は庶民の宿泊施設で、行基菩薩が創設したと伝えるもの。

宝亀三年（七七二）二月の『東南院文書』に「十市郡市施屋」の地名がみえる。また『続日本紀』天平六年（七三四）には当地の花口宮麻呂《はなぐちのみやまろ》（花口は同町南・北花内か）が私稲を散じて貧民を救ったという記事がある。今も葛城山中には中世の布施城跡があり、河内国に通じる「伏越」の峠は「布施越」のことであろう。明治の市町村制実施の際「布施郷」にちなみ「布施村」説もあったが、古代「葛城国」の中枢地にありながら「新庄」の町名を制定したのである。現大阪府の東大阪市に、近鉄線「布施」の駅名がある。奈良県内でも「フケ」が、ホケに転訛が多いように、和歌山市のJR駅名「布施屋」はホシヤと訓《よ》んでいる。

この「布施屋」によく似た「タンクヮ」(丹過)地名が、高市郡の飛鳥寺付近に残っている(『大和地名大辞典』)。同郡明日香村岡寺門前に小字「タンクワイン」(院?)、高取町清水谷に小字「丹火」、同町大字寺崎には小字「タンクワ」、同町大字兵庫に小字「タンクワ」とあるのは、いずれも「旦過《たんくわ》」のことであろうか。「丹過」とは「夕《ゆうべ》に宿り朝に去る意」で、『文明節用集』には「往来の僧一泊の処なり」とみえ、行脚僧を宿泊させる私的な施設で、いかなる宗派の僧であっても、旦過寮(旦過屋《たんくわや》)に宿泊することができた。

ちなみに、四国八十八カ所霊場には「タングア」「反花」「田鍬」「田桑」などの地名が残っているという。高野山や奈良東大寺にもこれによく似た設備があったという説もある。奈良県の小字のこの奇妙な地名が、四国地方にも存在するのである。特に仏教文化を直輸入した高市郡の飛鳥付近に残っていることは、小字といえども、地名研究上、重要な存在といえるのでは(『岩波古語辞典』、『峠の歴史』服部英雄、朝日新聞社刊など)。 (I)

## 札の辻《ふだのつじ》 (橿原市)

徳川時代、「お伊勢参り」の人びとは宗廟への参拝もさることながら、大和・熊野・大坂・京都・近江まで足をのばした。伊勢神宮前、六軒茶屋の道しるべに「大和めぐり高野道…大和七在所巡道」と刻んであった。寛政九年(一七九七)の『道中案内記』によると、当時の旅は春季の頃と決まっていた。伊勢から大和を志した旅人は、有名な室生・長谷・三輪から吉野をすぎ、高野山に向かったことであろう。したがって、多くの文人墨客が大和各地の名跡を巡歴した。

こうした案内記が後世の資料として取材された。演劇・映画・テレビなどで有名な中里介山の『大菩薩峠』「三輪の神杉の巻」(八木札の辻)の条《くだり》のごときは、天誅組の歴史的叙述に、大和の古代地名の考証などを加えるなど、多くの名作がある。 (I)

## 船倉《ふなくら》 (高取町)

高市郡内の船倉の村名は「船倉谷」にちなむもの。有名な宇陀郡の琴引峠も別名を船入峠といった。平地部にも「船場」「船渡」などの小字地名が数カ所に残っているが、地形語としての「フネ」は山間部に多い。一般的にもV字型・凹字型のものを形容してフネという場合が多く、飛鳥の酒舟石《さかふねいし》、橿原市の舟付山《ふなつきやま》、京都府南山城の岩船寺《がんせんじ》(寺内には巨石・石船がある)などの

「船」は凹型石の存在を示す語であった。

大和北端の岩船越（巨石信仰の神社所在地）は大和と河内両国境の峠を意味する。（I）

**船路**《ふなじ》（御所市）

葛城の西谷（葛城谷）から東谷（巨勢谷）に至る地域（谷間・峠）に立地、フナジのフナはV字型の谷間をいう。船路北方に船ノ岡（大字東持田《ひがしもった》）・舟ノ尾山（大字西持田《にしもった》）がある。フナは地形語で、吉野郡の山中に舟川・舟井・船サコ・船峠・船原・船ノタワ・ミフネ山など、フナ関係の地形名が約二〇〇カ所に分布する。『万葉集』の「三船の山」は吉野郡吉野町の「御舟山」に考証されているが、ミフネ山は深谷《みふね》山の義か。船路東方は典型的なV字型の谷間で、その名もサクラ峠という。サクラはサ（美称）クラ（鞍部）のことで、県内には同名の峠が二〇カ所以上もある。（I）

**船付山**《ふなつきやま》（橿原市）

橿原市舟付山には身狭桃《むさのつ》花鳥《き》坂《さか》陵があり、同地の岩船石には二つの凹部を作る巨石がある。占星台説、石棺説、益田池の台石説などがある。『大和名所図会』にも図示されているが、この船石を築いた所が船付山である。（I）

良助法親王墓

**冬野**《ふゆの》（明日香村）

多武峰《とうのみね》から南方に至る冬野はトウノでトウノミネと同意の地名。五條市大塔《おおとう》村の大字殿野《とのの》（トウノ―トノノ）と同義の形状地名であろう。

冬野は奥飛鳥の地域である。かつて松尾芭蕉《ばしょう》・本居宣長《のりなが》・谷森善臣・飛鳥井雅章・貝原益軒・氷室《ひむろ》長翁・屋代弘賢・伴林光平・藤井高尚・司馬江漢らの文人墨客らが往来し、古くは藤原道真（山荘の所在地）が宇多上皇に従って冬野をすぎ、良助法《りょうじょほう》親王はここで仏典の研究に精進したと伝える。江漢は日記に「茶屋にありて酒を呑む、美女杓を取る、旅宿多く、故に若き女紅粉《おしろい》を施し酒を売る」と書いている。「松屋金持ち、伊勢屋地もち、木屋の又兵衛てかけもち」の里謡のごとく賑わったのである。別名を四軒茶屋といい、北方に西口（多武峯）茶屋、南に雲居茶屋があった。雲居茶屋には竜在峠、その東に細峠があり、かつて松尾芭蕉は「多武峯より竜門に至る途中」と題して「雲雀《ひばり》より空に休らふ峠かな」の名句を残した。

冬野には、式内社と伝える波多神社（別名「岐多」は「波多」の誤写か）が鎮座し、冬野寺跡や良助法親王の墓が残っている。同村から、上畑を経て栢森《かやのもり》へ出る坂道は、高取山城跡をかすめて、葛城、二上山、はるかに難波の津や播《はり》磨《ま》灘《なだ》（大阪湾）が望見できる。小字鉄砲塚は飛火《とぶほ》（遠見）塚の義か。

冬野峠（司馬江漢画）

また、冬野は中世（承安三年〈一一七三〉五月）、興福寺大衆が多武峯と合戦の時、寄手《よせて》軍約三〇〇人が陣し、多武峯軍と激しく戦い、十三重塔・聖霊院などを焼失した時の古戦場でもある。江戸時代の冬野はシャクヤク（薬用植物）などを植えた桃源郷として知られた。（Ｉ）

## 奉膳 ぶんぜ（御所市）

御所市の奉膳はブンゼと発音しているが、この付近にあった「典田庄《てんでん》」は字形類似の「豊田庄」の誤写したもの。「典田」が「典膳《てんぜん》」「伝膳《てんぜん》」「天田《てんでん》」「天前《てんでん》」（天前坂）の庄名と化し、「天然」の寺名が残っている。豊田《とよだ》は好字。ブデン・ブゼン・ブンゼなどに転訛・改字、説話化する例が多い。さらに五條市二見にも「豊田」「豊国」の地名があり、興田某の人名がみえる。奈良市では「奥川原」を「興ヶ原」に改めている。

橿原市の豊田は旧庄名であり、同地にトヨクの小字がある。豊田は豊国に誤写、下略してトヨクに転じた。旧葛下郡豊国庄《とよくに》（大和高田市旧大字笛堂小字豊久《とよく》付近）は豊田《とよだ》庄であって、中世には興田《おきだ》となり、現在では奥田《おくだ》に転じている（字形類似）。磯城郡田原本町大字笠形《かさがた》も旧豊国《とよくに》庄で、ここにもトヨタの小字がある。一に興田《おきた》庄とも書き、その南方が城上郡「南興田庄」で、同地域の中世には「豊前庄《ぶんぜ》」があった。

『豊後国風土記』に「豊の国」に対する地名説話が

あるように、「豊」は嘉名・佳字とみられた。平城宮木簡にも、美作国勝田郡内の郷名に「豊田」「豊国」の両記載がある。「豊」と「興」「奥」、「田」と「国」は古くから誤写された。現代用字からの中世地名の解釈は危険である。

御所市の旧吐田郷《はんだごう》村は吐田遠長の城塁があった所で、旧名を改めて「豊田村」となり、天理市内の豊田村の旧名は「北川村」で、豊田頼栄の城塁の所在地であった。「田を吐く」、「北《に》げる」という意からこうした地名は、中世豪族によって改名したのであろうか。（I）

## 平城　へいじょう　（奈良市）

「山城《さんじょう》」は山上の城《しろ》、「平城《ひらじろ》」は平地の城《しろ》のこと。間違いではない。ところが、「山城《やましろ》」といえば旧国号の名であり（京都府下）、「平城《なら》」は宮都《みやこ》の名である。「山城《やましろ》」は延暦十三年（七九四）旧「山背」を改変したもの。和銅官命（七一三）以来、中国の瑞祥思想をうけて、地名は二字とし、嘉名を用いることになった。「山の背《うしろ》」では宮都の威厳を保つという意味からすると適切な文字ではない。山城の「城」は奈良の「平城」にならったものか。のち陸奥《むつ》国でも岩背の郡名を石城とした例がある。

奈良は表音、平城は表意用字で、奈良の「良」は『和名抄』の「久良」を「クラギ」、「相楽」を「サガラカ」、「サガラ」と訓《よ》むように、奈良もナラキと訓んでも間違ってはいない。つまり、国語化すれば磯城・茨城のように「平《ナラ》の城《キ》」であり、「山城」は「山の城《キ》」である。

江戸末期の藤井高尚は「山城国はヤマノキノクニであること」と題して「城といふ文字は日本書紀にはキと訓み、シロとよめることはすべての古書に見えたることとなし」（『松落葉』）、また、小島知足は「シロといふは山城にかぎりたることとなり…故に城の字にシロといふ義あるにあらず」（『酣中清話』）と述べている。となると、山城の国名の場合のみ城はシロとなる。

平城宮の出土木簡の

平城宮跡ー西ノ京

右京・薬師寺古図（元禄時代）

山城国はすべて「山背」となっている。延暦の改字のことは事実ではあろうが、しかし、山背は「山代」とも書き、『古事記』には「山代国《やましろくにの》造《みやつこ》」、「山代の大《おほ》筒木《つつき》真《ま》若《わかの》王」らの名がみえることから、古くからヤマシロの国名のあったことがわかる。ヤマウシロ説は疑わしくなってくる。

本居宣長は「そのかみより志呂といふことありし故に城の字を用ひられしならむ」（『古事記伝』）とある。山城説は延暦頃の一時期の考えから起こった好字ということになるのでは。シロは知らしめすのシロで、渟《ぬ》代《しろ》・網代《あじろ》・苗代のシロで、土地を占める所・場所がヤマトのト、ヤマシロのシロである。ヤマトの平（ナラ）城京、ヤマシロの平（タヒラ）安京は同義の古語で、いずれも山々に囲まれたまほろば—平《なら》した形状地名であった。 （I）

## ヘカダ（へかだ）（奈良市）

大和各地に分布（約五〇カ所）する。「ヘカ太」「辺方」とも書く。ヘカダは三角田のこと。唐鋤の先端の部分をヘカ（三角形）という。『和名抄』には「閉良 今俗に閉加ともよぶ」とある。古語である。 （I）

## 平群（へぐり）（生駒郡）

平群郡は大和国の西北部、いわゆる平群《へぐり》谷に位置する。生駒は、大和の西北の隅の国で、伊駒—イクマ（イは美称的接頭語）、コマはクマ（隈）であろうか。同郡東部は「隈の郡」で「隅《すみ》」の用字を避けて、「熊凝《くまごり》（熊凝精舎）」の寺号をみたのであろう。この地域は現在の「平端《ひらはた》」（旧町名、近鉄駅名）で平群郡の東端である。したがって、ヘグリとは「大和の辺郡」で、このヘグニがヘグリになったのでなかろうか。

天平二年（七三〇）の『大倭国正税帳』に、「平群」の郡名がみえ、「景行記」に「たたみこも幣具理《へぐり》の山」、『万葉集』に平群氏郎女《へぐりうじのいらつめ》・平群朝臣《へぐりのあそみ》、「応神紀」に平群木菟宿禰《つくのすくね》、「推古紀」には平群臣宇志《へぐりのおみうし》の名を記している。
平群《へぐり》によく似た用字の地名をあげると、幡磨《はんま》（ハリマ）、駿河（スルガ）、信濃（シナノ）、讃岐（サヌキ）、因幡（イナバ）、難波（ナニワ）などの「ン」の語はすべて、ナ行音のナ、ニ、ヌなどに転じている。ヘグリはヘグニであったことがわかる。事実、ヘグニ→辺郡―辺国であった。

**宝来** ほうらい　（奈良市）　（Ⅰ）垂仁天皇の菅《すが》原《わらの》伏《ふし》見《みの》東陵《ひがしのみささぎ》を「宝来山」といった（『大和名所図会』など）。周濠のなかにある前方後円墳を、蓬萊《ほうらい》山といい、付近の村名を蓬萊といった（『経覚私要抄』）。現在は宝来という佳字を用いている。蓬萊山は紀元前三～四世紀ごろ、中国の民間信仰の神仙思想のなかにみえる山名。「垂仁紀」によると、田《た》道間守《じまもり》が常世国《とこよのくに》から非常香実《ときじくのかぐのみ》を持ち帰ったという記事がある。古墳周濠の東部は江戸時代中期に拡大築造したもの。旧堤防付近に田道間守の墓という島がある。「垂仁天皇陵」は『大和名所図会』（寛政三年〈一七九一〉）には、外濠の中にある広壮な前方後円墳を蓬萊山として描く。町名の宝来は「蓬萊山」にちなむ好字化地名。蓬萊山は中国の伝説上の理想郷で、はるか東方の海上にあり、神仙の住む不老不死の山といわれる。湟中《こうちゅう》の東南部の出張った池は興福院村の農民が、垂仁陵の周濠の東南部を大きく拡張したもの。その新旧の境界に石標を建てた。

元治元年（一八六四）の興福院村の古図によると「垂仁天皇の前方後円墳を図示し「高六拾石五年五升、御堀堤下御高御引上」、「興福院御田地、御堀柵外…村方所持」とみえ、天皇陵と村方所持の新池は南北境界線上に木柵が設けてあったらしい。御堀西部の堤の二カ所部が田地化し「三畝十八歩御高五斗七升六合　平

垂仁天皇陵

松村領云々」などとある。したがって、池中の小島は明治になって陵墓改修の際、築造されたという。元禄の頃、柳田吉保老中の御陵調査之地図にも描かれていない。明治頃、堤防修理の際、築造されたと伝えている。

毎年、この濠の浚渫《しゅんせつ》（池床の泥土をとる）することから年中行事として雑魚《ざこ》取りが行われてきた。しかし徳川時代にはこの雑魚の食用を禁じたらしい。したがって、泥土浚《さら》いの時だけは雑魚を猿沢池に移したということが記録に残っている。（Ⅰ）

## 桙削寺《ほこぬきでら》（明日香村）

「皇極紀」三年（六四四）条に、飛鳥の古代寺院という「桙削寺」について次のようにある。「冬十一月《しもつき》に、蘇我大臣蝦夷《そがのおほおみえみし》・児入鹿臣《こいるかのおみ》、家《いへ》を甘檮岡《うまかしのをか》に双《なら》べ起《た》つ。大臣《おほおみ》の家を呼《よ》びて、上《うへ》の宮門《みかど》と曰《い》ふ。入鹿が家をば、谷《はさま》の宮門（谷、此《ここ》には波佐麻《はさま》と云ふ。）と曰ふ。男女《をのこごめのこご》を呼《よ》びて王子《みこ》と曰《い》ふ。家《いへ》の外《と》に城柵《きかき》を作り、門《かど》の傍《ほとり》に兵庫《つはものぐら》を作る。門毎《ごと》に、水盛《みづい》るる舟《ふねひと》一つ。木《き》鉤数十《かぎとをあまり》を置《お》きて、火《ひ》の災《わざわひ》に備《そな》ふ。恒《つね》に力人《ちからひと》をして兵《つはもの》を持《も》ちて家《いへ》を守《まも》らしむ。大臣、長直《ながのあたひ》をして、大丹穂《おほにほの》山《やま》に、桙削寺《ほこぬきのてら》を造《つく》らしむ。更《また》家を畝傍山《うねびのやま》の東《ひむがし》に起《た》つ。池《いけ》を穿《ほ》りて城《き》とせり。庫《つはものぐら》を起《た》てて箭《や》を儲《つ》む。恒《つね》に五十《い》の兵士《いくさびと》を将《ゐ》て、身《み》に繞《めぐ》らして出入《いでいり》す。健人《ちからひと》を名《な》づけて、東方《あづま》の儐従者《しとべ》と曰《い》ふ。氏々《うぢうぢ》の人等《ひとども》、入《い》りて其《そ》の門《かど》に侍《はべ》り。名《な》づけて祖子孺者《おやのこわらは》と曰《い》ふ。」と。

蘇我大臣蝦夷《えみし》と、子の入鹿が甘檮《あまかし》丘に家を建て、大臣の家を上の宮門《かみのみかど》と称し、入鹿の家を谷の宮門《はさまのみかど》といった。その子は男女ともに王子《みこ》と言い、家の外には砦を、あるいは垣を設け、門の傍には武器庫を建てた。門ごとに水を入れた樋を一つと木鉤《きかぎ》を数十置いて、火災に備え、恒に武器を整え、強力の人に人家を守らせた。また、大臣は長直《ながのあたひ》に命じて大丹穂山に桙削寺を造らせた。そして、畝傍山の東に家（旧大字城殿《きどの》の地域か）を建て、池を穿ち砦とし、常時、五〇人の兵士をもって警護した。この記事によると、大丹穂神社は、高市郡高取町大字丹生谷《にうだに》にある大仁保神社付近とする説がある（『大和志』）。

なお、桙削寺の所在については同郡高取町内の小島の法器山《ほうきせん》寺とする説もある。最近の解釈では、法器山寺の後身とし、桙削寺はホコヌキテラとするが、「弓削」の語のあることからホコゲ寺と訓《よ》むべきかとある（『日本書紀』小学館刊）。しかし、原文の「於大丹穂山、造桙削寺」とある「造桙削寺」は「起庫儲箭」（庫を起て、箭を儲む）と読むように、「桙を造り、弓を削る」と読むべきではなかろうか。たしかに「寺」は字形類似の「弓」との誤写と考えるべきであろう。事実、草書体の「寺」「弓」は酷似している。したがって、自家を守護することに窮極のとき、寺院などを建立する余裕がないはずで、同寺院は全く存在しないことになるのではなかろうか。

（Ｉ）

**細川町**《ほそかわちょう》（奈良市）

奈良町の西部、下三条町の西南に所在。現在は奈良市三条町の通称である。もと興福寺領。三条村の一部。率《いさ》川が伝香寺《でんこうじ》の北東角で分流して西方の三条池（三綱《さんこう》田《で》池）に入る細渠が町名にあったことにちなむ。

細川は慶長（一五九六―一六一四）以降、民家が建ちはじめ、元禄（一六八八―一七〇三）の町家改めでは細川東町一一軒、細川西町二一軒、細川退町五軒と区分されている（『奈良坊目拙解』『奈良町家寺社改帳』）。明治末期の奈良街全図に、細川町は市街地の端にあり、集落の南には田地が広がっていた様子が描かれている。

（Ｏ）

**保田**《ほた》（磯城郡川西町）

同地の六県《むつあがた》神社は、古来、保田明神（富貴寺は神宮寺か）、六社権現、六社明神と称し、六面の神鏡を懸けていた。明治初年、神仏分離の太政官の布告で「六懸神社」となった。昭和十年、村総代らが神社顕彰運動を起こしたが、当時の『郷土誌』には「六懸・六県の社名は、上古以来、祭神を穂雷神と崇めてきた保田の神社に何等の因縁もない社名である…」とある。六県《むつあがた》神社は六懸《むつかけ》神社の誤写であろう。天理市の懸《かけ》橋も誤写して熊橋と書き、カケハシという。砂田を安田・野《や》洲《す》田と書く例がある。保田はヤスダの好字（転音）か。

（Ｉ）

**菩提川**《ぼだいがわ》（奈良市）

佐保川中流部の支流。この川は上流からしばしば別名を付けられている。すなわち上流を率川《いざかわ》といい、荒池を出た興福寺菩提院大御堂あたりでは菩提川、率川神社あたりでは子守《こもり》川といい、奈良市恋《こい》の窪《くぼ》三丁目で佐保川左岸に注いでいる。源は奈良市春日《かすが》野《の》町の御蓋山《みかさやま》南西麓の春日大社摂社の紀伊社付近に発し、鷺《さぎ》池《いけ》・荒池《あらいけ》に流れ込み、猿沢池《さるさわいけ》の南をまわり込んで「奈良町」に入る。

『奈良曝』には奈良時代に菩提僧正がこの地にいたことから、この辺を菩提谷というとあるが、地名は興福寺菩提院の傍らを流れていたためと考えられる。（O）

**保津**《ほつ》（田原本町）　田原本町大字。『万葉集』の長歌に「幣帛《みてぐら》を奈良より出《いで》て　水蓼《みづたで》　穂積に至り　鳥網《となみ》張る　坂手を過ぎ…」（巻一三―三二三〇）とある。奈良から飛鳥に至る道順を歌ったもので、穂積、坂手は田原本町付近の地名で、田原本町の東部、南・北坂手の中間に小字「ホウズミ」がある。大字小坂《こさか》は小坂手の下略と考えられる。水蓼の坂手（古代「坂手池」の所在地）は土地の下がった所。同町西方、飛鳥・斑鳩に直通する筋違道《すじかいみち》（いわゆる太子道の要所）にある大字保津（環濠《かんごう》集落）はホツミ（穂積）の下略地名か。同町大字大網《おおあみ》も古代の大《おお》依網《よさみ》の二字化地名で、鳥類を捕る集団の居住地か。水濠の鳥網張る地域は低湿地域であった。旧新庄町北花《きたはな》内《うち》の小字「ヲサミ」とあるのは「ヨサミ」の誤写か。（I）

**発恋**《ほっこい》（橿原市）　「発恋《はっこい》」（田原本町薬王寺《やくおうじ》）は「初恋」のことではない。同町の「発恋」はホツコエである。その発生理由についてはよくわからない。いわゆる「初講田」のことか。ちなみに、静岡県浜名郡では「ハツコエ」と称し、正月四日に田畠に下肥を施していることから、正月に初めて施肥する田を「初肥田《はつこえだ》」といったという（『総合日本民俗語彙』第三巻）。さらに、小字「ホツコエ」（橿原市法花寺《ほっけいじ》町）がある。現地では「ホツコイン」と称している。同地法花寺―法花院の転訛と伝えている。（I）

**秀真国**《ほつまのくに》（奈良県）　「神武紀」にみえる大和《やまと》の国名。さらに大和の国の別名として「昔、伊奘諾尊《いざなぎのみこと》、この国を目《なづ》けて曰《のたまは》く、日本《やまと》は浦安の国、細戈《くはしほこ》の千足《ちだる》国、磯輪上《しわかみ》の秀真《ほつま》国と のたまひき。復大己貴大神《またおほあなむちのおほかみ》、目けて曰く玉牆《たまがき》の内《うち》つ国とのたまひき。饒速日命《にぎはやひのみこと》、天磐船《あめのいわふね》に乗りて、大虚《おほぞら》を翔行《めぐりゆ》きて、是の郷《くに》を睨《おせ》りて降《あまくだ》りたまふに及至《いた》りて、故《かれ》、因《よ》りて目けて虚空見《そらみ》つ日本《やまと》の国と曰《い》ふ」とみえる。とくに磯輪上の「秀真の国」は国の麻保良（『万葉集』）のマホと同義の語で、大和の国を讃美した語であろう。『古事記』景行天皇の条には、「大和は国の麻《ま》本呂婆《ほろば》、たたなづく青垣、山こもれる大和しうるは

し」とある。（I）

**芳山**《ほやま》（奈良市）　奈良市東部、春日山背後の花山と谷を隔てた山。興福寺六方衆（方衆）の持山であったことから方山《ほうやま》といわれ、芳山の文字に転じたという説がる。もともとは花山と芳山は同一視され、東大寺と興福寺の入会地であったが、興福寺衆徒が領有、大乗院領となり、江戸時代には幕府領とされた。芳山の頂上には二尊石仏が安置されている。自然石の隣り合う二面に説法印を結ぶ如来立像を厚肉彫するが、尊名は決めにくい。奈良時代後期の頭塔石仏に通じるものがあり、同期の造立と見られる。（O）

**本馬**《ほんま》（御所市）　文政十二年の『卯花日記』（津川長道）によると、「身狭《むさ》は古き名なるに三瀬《みせ》（見瀬）と転じたるなり、この国にはかゝるためし多し。埴口《はにぐち》は花内《はなうち》なり。嗛間《ほほま》は本馬となり、石園《いわその》は磯野となり、調田《つきた》は疋田となりたるのたぐひなり。古の雅名を失ひて俗名となるぞかなしき」とある。文中の本馬は、御所市旧大字本馬の村落で、本馬丘の西麓に立地、古代条里制の三十三条三里三坪内に該当する。天誅組志士伴林《ともばやし》光平の歌日記『神榾帖』（文久二年）に「蛇穴村西京平右ヱ門ノホトリニ本馬村アリ、ホホマノ岡考ヘシ」とある。中世、薬師寺領。『日本書紀』神武紀三十一年条によると、天皇が大和巡幸の際、掖上嗛間丘《わきかみほほまのおか》から大和国状を廻望し、「蜻蛉《あきつ》の臀呫《となめ》の如し」といわれたことから「秋津洲の大和」の国号が起こったとある。三輪山付近の式島宮から「敷島の大和」の国号が発生したという例によく似ている。いわゆる国号発祥の地名説話であって、史実ではない。

古来、この嗛間丘の所在については諸説があるが、まず、掖上は現御所市鴨都波《かもつば》神社（弥生文化の遺跡）小字ワキカミ（掖上）の地域で、「持統紀」の「掖《わき》上《かみの》陂《つつみ》」が御所市内の十三《つつみ》村とされることから、近くの本馬は掖上のホホマの転訛とみることができる。小字「本馬」は海抜一四三メートルの独立丘陵であって、『大和志』には「本馬は嗛間の転訛なり」とあり、小字「本馬丘」の絶頂に小字「火振塚」がある。火を振る見張の中継所で、飛鳥・畝傍・葛城地域の火振塚に直通する重要な地点（三角点）であった。

嗛間の「嗛」は口に含む―ホホマルの意で、『万葉集』には「保々麻利《ホホマリ》」の語がみえ、「応神紀」に「国の秀《ほ》も見ゆ」とある。延久二年（一〇七〇）の『興福寺坪付帳』には「保馬」と記し、「ホ」は真穂三室山・磯輪上秀津真国・美保・穂津・「国のまほろば」のホ（秀）で、「間」は居間・土間・壗《ママ》などの間か。本馬丘は大和の内つ国を眺望する最適の地で、昭和十六年陸軍演習の統監台（李垠殿下）になったことがある。

『日本書紀私記』に「保々万」とあるように、ホホマの地名は古くから存在した。中世の「本間庄」。南北朝時代には「保間」とあり、室町期（天正）には「本間」と記している。ホマは秀間の意、国状を視察する勝れた所で、神武天皇国見説話の発生する所以でもある。

（I）

# ま 行

**真神原**《まがみがはら》（明日香村）

『万葉集』に「大口の真神《まかみ》の原に降る雪はいたくな降りそ　家もあらなくに」（巻八—一六三六）とみえ、飛鳥の大口《おおくち》の真神原は『大和国風土記』逸文によると「むかし明日香の地に老狼《おいおほかみ》ありて、多く人を食《くら》ふ。土民畏《おそ》れて大口の神といふ。その住めるところを名づけて大口の真神原と云々」とある。狼をマカミといい、大口はマガミにかかる枕詞で、寒々とした雪中で、狼が人を食っているのではなく、マガミの地名に付会した説話と考えられる。

マガミとは飛鳥川の曲水《まがみ》の形状を示すもので、和田（曲戸《わど》の転か）、豊浦（ウラは湾入の意）、天ヶ瀬（阿曲瀬《あまかせ》）、甘梼丘《あまがし》（言八十禍津日前《ことやそのまがつのさき》・辞禍戸岬《ことまがへのさき》）などの「ウラ」、「マガ」には禍津日・枉津日（『記』）の神名がみえ、『万葉集』に「大船の津守が占《うら》に…」（巻一二—三三四二）とあるように「占《まが》」「浦《うら》」は通音で、卜筮《うらない》に密接な関係をもつ古語説がある。「甘梼丘で盟神探湯《くがたち》を行った」という「允恭紀」の記事も「マガ」「ウラ」の地名に付会した説話のようである。ちなみに、「初瀬川中流」、あるいは「磯城川の浜」でも誓明的神事の記事が「応神・敏達紀」にもみられる。こうした曲瀬を卜事《うらごと》の御《み》禊《そぎ》の儀式の場所として神聖視した。

『万葉集』に「明日香《あすか》の川に潔身《みそぎ》しに行く」（巻四―六二六）とあり、柿本人麻呂の歌（巻二―一九九）に「真神の原にひさかたの天つ御門《みかど》（浄御原《きよみがはら》宮）をかしこくも定めたまひて」とある「浄御原」は「真神原」の対語であろうか。特に「原」は「墾」（小治田のハリ）の意味で、もっとも早く開かれた地域であったことがわかる。飛鳥には「大原」「小原」「川原」「藤原」「橿原」「薮原」「桃原」など「原」関係の地名が多い。

（Ｉ）

## 纒向　まきむく　（桜井市）

「邪馬台国」の候補地として有名。『万葉集』に「巻目《まきもく》の由槻《ゆつき》が嶽《たけ》」とあり、マイボクに訛る。『万葉集』「纒向日代宮」「纒向珠城宮」「巻向山」「巻向《まきむく》の檜原」など、『古事記』『日本書紀』『万葉集』地名として三輪山西北一帯の地域。「巻向の山辺…」（巻七―一二六九）と詠われた巻向川流域の傾斜地。中世の「野辺の庄」。また、車谷といわれるように水車の多い所。『爾雅』にも「邑外これ郊という、郊外これを牧という」とあるように、まさしく「牧」である。山辺の傾斜平地。牧―枚は同意で、大阪府に「枚方《ひらかた》」「枚岡《ひらおか》」の地名がある。したがって、牛馬飼育の最適地となる。大和国中ではもっとも豊かに夕陽に向かう斜面で、「雄略記」に「纒向の日代《ひしろ》の宮は、朝日の日照《ひでる》宮、夕日の日がける宮」といわれた。

　纒向の「向」は「向原《むくはら》」「向田《むかい》」「向島」「向山《むこう》」の地名があるように、ムク・ムカイ・ムコウは「その方向に向かう」「向かい合う」こと、相対することで、「互いに向かい合う」の語があるように、巻向川の南北に向かい合う牧《まき》（地域）のことか。

　同地域の崇神・景行天皇陵も相並ぶ前方後円墳で、景行天皇陵を俗に「向山塚」と称するのはその証であろうか。宇陀市室生区大字向渕《むこうじ》も二つの渕（飯降《いぶり》・竜王渕）が向かい合った地域である。

　纒向地域には初期古墳が連なり、古代住居地域として恰好の地形である。植物のマキとは無関係。同地の旧初利《はつり》村と備後村が、明治九年に合併「巻野内《まきのうち》」とした。両村集落は、中央を南北に走る道路を境界として、東は初利、西は備後と称した。中世以来、入組地になっていた。初利は『大乗院雑事記』（応仁二年）、『三箇院家抄』には「羽津里井」と書き、寛永頃の石高帳には「羽津里」と記しているが、現地発音は促音化してハッツリである。同市大字江包《えつつみ》をエッツミに、大字忍《おっ》坂《さか》をオッサカと呼称する例に酷似している。

備後は、旧一乗院領に属し、天正時代、十市備後守の所領地であったと伝承しているが、備後は市内、大字「豊前《ぶんぜ》」、旧村名「長門」などと同様、国号地名ではなかろうか。羽津里井はハタオリベ－機織部（服部）の義であろう。ヰは白鳥を白鳥居（宇陀郡）としたように、あるいは、春日部が春日井（尾張国春日部郷）に、刑部《おさかべ》が小坂井（参河国碧海郡刑部郷）に、また、飛鳥部、藤原部に対し、それぞれ飛鳥井、藤原井の語があり、べはヰ（イではなく）→井に転じたものと考えられる。　（Ｉ）

**増**《まし》（御所市）

近世には「真志」とも書く。水《みず》越《こし》峠扇状地の村名。名柄銅鐸《ながらどうたく》出土地。マシは馬飼《まし》か。「天武紀」に「朝嬬《あさつま》に幸《いでま》す。因りて大山位《だいせんのくらい》より以下《しもつかた》の馬を長柄杜《ながらのもり》に看《みそなは》す」とある。吉野郡吉野川筋（大淀町）にも増（増口・中増・西摩志など）は「雄略紀」に「吉野宮《よしののみや》…御馬瀬《みませ》に幸す」とみえ、天皇はここで狩猟を行い大津馬飼《おおつのうまかい》を斬るという記事がある。御馬瀬はこの増とする説が有力。

ちなみに、葛城川堤より増に至る中間に長柄の杜がある。「持統紀」に「天皇、掖上陂《わきのかみのいけのつつみ》（葛城川堤）に幸《いでま》して公卿大夫《まへつきみたち》の馬を観たまふ」ともある。掖上陂の「蛇穴《さらぎ》の牛市」は中世の牛市として知られた。増は古代牧の地か。　（Ｉ）

**馬出橋**《まだしばし》（奈良市）

奈良市登大路《のぼりおおじ》町。春日大社一ノ鳥居の東にかかる石橋である。古来、毎年春日若宮祭（おん祭）に流鏑馬《やぶさめ》を行うとき、射手がこの橋から馬を駈け出すことになっていて、地名はこれに由来する。

江戸期の諸書には、この橋を詠んだ歌として、「ちはやぶる甲斐のくろ駒ひきよせて、のりていさむる春日野のはら」という古歌を載せている。『南都名所集』の挿絵に「まだしの橋」の絵がある。『南都名所記』には、馬出橋から春日の社殿までを「かすが野」と記している。大社では、馬出橋を八位橋、本社前の雲井橋を一位橋と称し、参詣者は馬出橋から参道を上って本社に至る橋を渡ることで、そこを流れるせせらぎの水で身が清められ神前に近づくことになる、といい伝えている（『春日大社のご由緒』）。万葉植物園の入口の西にかかる馬止橋《うまどめ》は七位橋で、別名を鹿道《ろくどう》橋ともいう。（O）

## 馬司《まつかさ》　（大和郡山市）

奈良県内には「馬司」（大和郡山市）の大・小字があり、「馬司」を「松笠」と改字する例もある（橿原市ほか十余例）。田原本町大字笠形の徳川中期古図の小字「馬司」「馬飼」は、城下郡十八条三里十三・十六坪の小字「松笠《まつかさ》」で、延久二年（一〇七〇）の『興福寺坪付帳』によると「城下郡路東十八条三里十八坪」に該当。同里十一坪が「左馬寮田」、同十三・十四坪が「右馬寮田」と記している。

たとえば、「鳥飼」を音読して「召使」、「調子」と改字、聖徳太子の調子丸古墳の所在地と伝えるなど、～飼部にちなむ地名説話が少なくない。また、式上郡の「外山《とび》」の村名は「天武紀」の「迹見駅家《とみのうまや》」で、「外見山《とみやま》」の二字化地名であった。この地名説話（金鵄伝説）はすでに奈良朝に実在したもので、地名の転訛、用字の改変などは相当古くから行われていた。

橿原市八木の「馬司」は「ウマツカドイ」という。

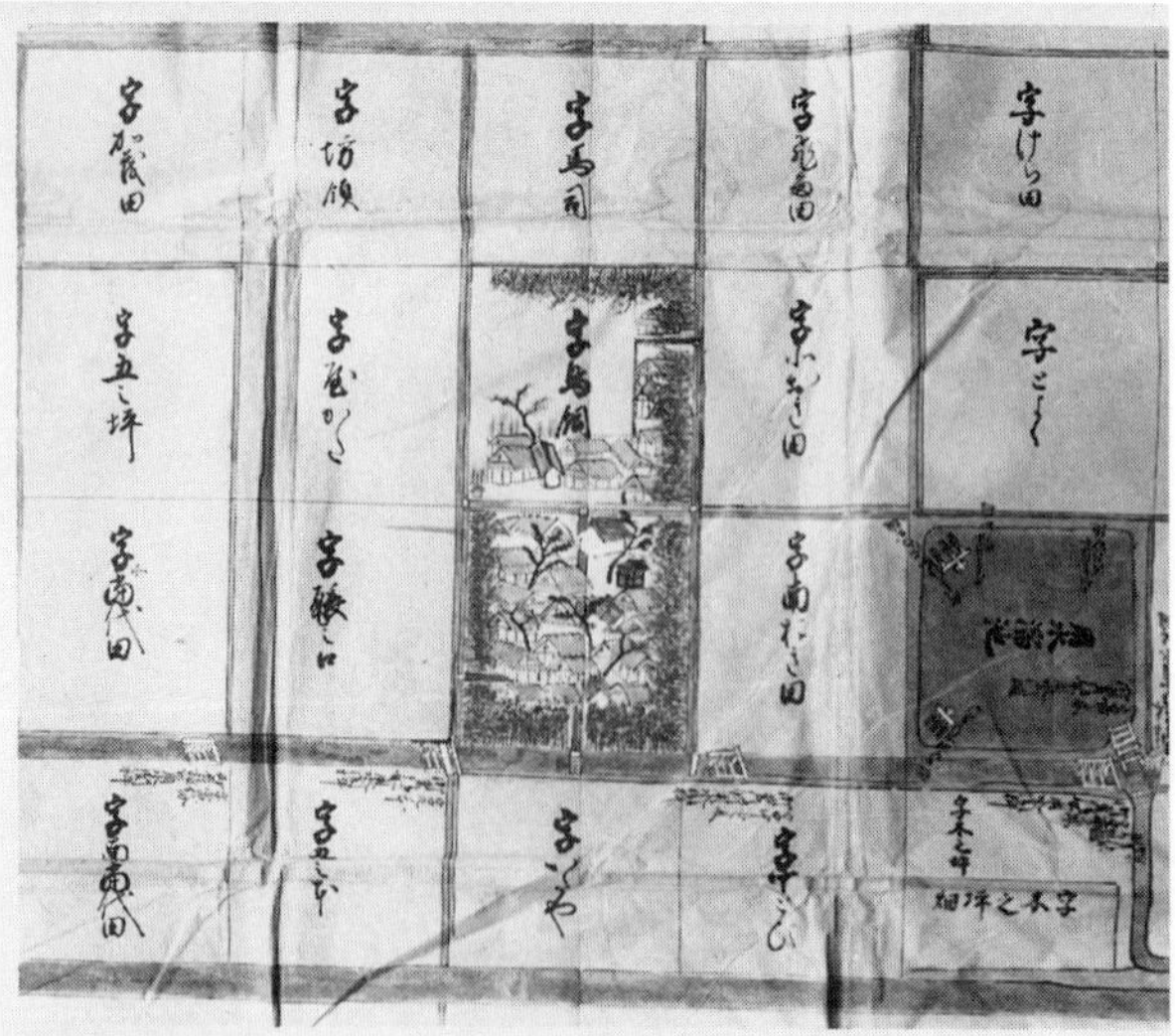


小字馬司→馬飼（田原本町）

「馬司戸」の義か。「御厩《ミマヤ》司」は別当か厩馬司のことであろう。「天武紀」には「倭《やまとの》馬飼《うまかひ》部《べ》」の名がみえる。平城宮出土木簡にも「御馬司」「左馬寮」「主馬」「内厩」などの墨書をみ、佐伯門東南部から「馬寮」の遺構が検出されている（平成六年五月）。

馬見丘陵（広陵町・旧牧山庄）南端の香芝市下《しも》田《だ》東《ひがし》遺跡の井戸から出土した木簡によると、伊福部連豊足《とよたり》の上司あてのもので「御馬飼」の文字があった。内容は一部に「仍豊足□重き病にて御馬飼うに堪えず。伏して乞う」とあり、上申する公文書の解文の様式のものであるといわれる（二〇〇五年十一月八日・各新聞）。さきに同遺跡（旧大字瓦口《かわらぐち》）から五世紀前半の木製馬具が出土している（二〇〇四年四月九日・朝日新聞）。また、馬見丘陵地域は『万葉集』の「城上《きのへ》の常宮《とこみや》」の地で、長屋王邸出土木簡に「木上司等…」、「木上の御馬司…」などの墨書が検出されている。（I）

## 的野《まとの》（山添村）

布目《ぬのめ》川流域に立地。『東大寺要録』には「添上郡満登庄田地十五町三百十九歩、五月二日御斎会料」とあることから、当村は東大寺領荘園であった。満登《まと》は佳字地名。

天暦四年（九五〇）の「東大寺封戸荘園並寺用帳」（『東南院文書』）には「添上郡酒《さか》登《と》庄」とあり、酒登は満登で一種の形状地名。マト野は間戸野で、間戸は狭間・迫を意味する地形語であろう。トは所・処の意。

ちなみに、京都府、日本海治岸の漁村、間人村は現地ではタイザと訓《よ》む。平城京木簡には「丹後国竹野郡間人郷土師部乙山中男作物海藻六斤」と墨書、海藻を貢進していた。聖徳太子の母穴《あな》穂《ほ》部《べの》間人《はしひと》媛がここに移り退座したのでタイザというのは地名説話。間人は海岸の間戸－狭い所。瀬戸内の牛窓《うしまど》のマト、的野（間戸野）と同義の語で、海岸の入り込んだタギタギしい磯、タギイソ－タギイサ－タイザとなったか。典型的な義訓地名。（I）

## 大豆山突抜町《まめやまつきぬけちょう》（奈良市）

奈良市街地の中央部。旧奈良町の北西部に位置している。『奈良曝』に「西側崇徳寺に眉目塚（僧、玄昉《げんぼう》の眉目《まゆめ》塚伝承地）と有ゆへ町の名とす」とあり、一説には同寺の山号「花嘗《なめ》山」が嘗山↓大豆《まめ》山に訛ったとも（『奈良坊目拙解』）。東は花芝町、南は中筋《なかすじ》町、西は大豆山《まめやま》町、北は坊屋敷町に接する。突抜とは、はじめ袋小路の小道が向側の街路にまで延

長された状態を示す語。寛永十九年（一六四二）十一月大火の後、東に通路を開き分立したらしい（『奈良坊目拙解』）。（O）

## 丸山《まるやま》（御所市）

曽我川流域の地名。曽我川はこの付近では円《つぶら》川といい、円橋が残る。「丸」「円」は同語。「雄略紀」によると天皇が葛城円大臣《つぶらのおおみ》邸を攻め、大臣の女、韓《から》媛《ひめ》を妃としたとある。「円」は円大臣の居住にかかわる地名とも。大字増《まし》にも「円《つぶら》大臣屋敷」の伝承地がある。（I）

## 曲川《まわりかわ》（橿原市）

天文二十二年（一五五三）三月、京都の三条西公条《きんえだ》（元・右大臣）は、奈良の連歌師・里村紹巴《じょうは》から吉野の花見を誘われた。当時の日記『吉野詣記』によると、「二月二十九日、かくてこよひは高田泊瀬の寺に泊まりぬ（大和高田市）。この寺の僧文山とて心優しき人あり、旧識の如く心をはこび、ここかしこ道しるべし。有難き心ざしにありける。卅日、この寺を立ち出でぬるに曲川まで若き人、おくりに馬などひかせてきたり、酒すすめて立ち別れけり。きさらきも今日のみなるに桃花ここかしこに咲きて、川のまがり、曲《ごく》水《すい》の興を催すべき所のさまなるよし申して、盃に千とせのめぐれる桃の花、川はまがりの水にうかべて」とある。この曲川は現在の橿原市曲川町で、曽我川の曲流する桃源の里であった。中世は「興福寺領、鈎河《まがりかわ》庄」である。「マガリ」は地形の曲がったところ。古代史には安閑《あんかん》天皇勾金橋宮《マガリのかなはしのみや》、崇神天皇山辺道勾《やまのべのみちのまがりの》岡上陵《おかのえのみささぎ》など、「マガリ」の地名がみえ、『播磨国風土記』賀古郡《かこのこほり》の条には「望理《まがり》の里…この村の川の曲れるを見て…甚美《いとうるは》しきかもと勅《の》りたまひき。故《かれ》、望理といふ」とある。「望理」の用字は「曲川」の好字化か。（I）

## 三笠《みかさ》（田原本町）

奈良市に「三笠」という名物饅頭《まんじゅう》がある。奈良市内の漢国《かんごう》神社内には「林《りん》神社」という社祠があって、有名な菓子屋が集まって年一回の年中行事、「饅頭祭り」を行っている。伊勢街道の「黒崎饅頭」（桜井市大字黒崎）は本居宣長の『菅笠日記』や『西国名所図会』などには「白き肌と肌、あわせてうまい黒崎饅頭」という里謡がみえ、中里介山居士の小説『大菩薩峠』にも面白く書かれている。いずれも「昔の菓子は甘くて柔らかいものが味《うま》いもの」であった。しかし、大阪土産の菓子は堅くてうす甘く、岩のような菓子のことから「イワコシ」（岩菓子）に転じたという。ただし、「粟菓子」説も。

同町大字「三笠」は旧領主（平野藩）家紋が「三っ笠」であることにちなんだものかと思われていたが、事実は、奈良の三笠山（御笠《みかさ》山）がよく見える村というのが命名理由であった（古老談話）。近鉄田原本駅前にある菓子屋の看板に「味笠」という菓子の名がある。同大字三笠産かと思って、よく見ると「あじかさ」の振ガナがある。大和では、昔から「一安《いちやす》、二味《にあじ》、三《さん》量《かさ》」という諺《ことわざ》がある。「安くて味がよくて量《かさ》が多い」という意味からすれば、「味笠」の名は、字義通りの菓子名かも。（I）

## 水分　みくまり　（吉野町）

吉野水分神社は『延喜式』神名帳の吉野郡一〇座の一。祭神は正殿に天之水分神《あめのみくまりのかみ》、右殿に玉依姫命《たまよりひめのみこと》、左殿に少彦名命《すくなひこなのみこと》の諸神を祀る。中央の正殿は春日造《かすがづくり》、左右が流造《ながれづくり》、檜皮葺《ひわだぶき》で、三社並立しつつ背後の板壁と一つ棟につないだ特有の神社建築である。豪華、精巧を極めた桃山時代の特色を示している（県文化財）。

『続日本紀』文武天皇二年条によると吉野水分神社は祈雨の神とみえ、後醍醐天皇の延元二年（一三三七）には正二位の神階を授けられ、雨を司る神が、いつしか「みこもり（身こもり）」の神として「子生みの神」、「子守の神」として信仰された。本居宣長の『菅笠日記』によると、みずから水分社の授け子として「よろずの所よりも、心を入れてしづかに拝み奉る」と書いている。

いずれにしても「水分」はミクマリ→ミコモリに転訛、語勢の弱いミ音が脱落してコモリとなり「子守明神」となったか。しかし、尊称としてミを冠する場合もある（ミ山・ミ田など）。

奈良市の率川《いさがわ》神社は大神《おおみわ》神社の摂社、『延喜式』には祭神は媛蹈鞴《ひめたたら》五十《い》鈴姫命《すずひめのみこと》・玉櫛姫命《たまくしひめのみこと》、子守神で「率川坐大神御子《いさがわにいますおおみわのみこ》神社三坐」（県文化財）とある。いわゆる同社も「水分」（みくまり）の神であったらしく、同社鎮座地名も前記の吉野水分と同じく、「本子守」であった。

『奈良曝《さらし》』には「三条南へ入町。西の側に子守明神あり、子守の宮の前とも云ふ」とみえ、コモリは率川の水分の神に対する信仰にかかわる地名であろうか。

御子神（前記姫神）の父神（狭井《さい》大神―左殿）、母神（玉

櫛姫神—右殿）は中央の主祭神の御子神を守護するかのように鎮座し、古来、子守明神と称し、安産、育児の神として信仰されている。（T）

**三倉堂**《みくらど》（大和高田市）　旧忍海《おしみ》郡の甘田《あまだ》川は笛吹《ふえふき》村→新村→笛堂→曽根村（旧大西村と合併、曽大根村となる）から式内社石園坐《いわそのにいます》多久豆玉《たくずたま》神社鎮座地の三倉堂村→高田村→下田村を経由している。曽根は「埣《そね》」とも書くように低湿地で、三倉堂は石園の森に存在した神庫《みくら》にちなむ地名ではなかろうか。同神社の祭神は爪工《つまたくみ》の祖神（『姓氏録』）で、「天武紀」十三年条には爪工は宿禰《すくね》の姓を賜っている。ちなみに、式下《しきげ》郡蔵堂森屋の村屋坐弥《むらやにいますみ》富都比売《ほつひめ》神社も「天武紀」壬申の乱条にみえる有名な式内古社で、村屋は一に杜屋・守屋などに改字している。この蔵堂も森屋神社の御蔵戸（神庫《みくら》）で、吉野の式内水分《みくまり》神社が子守《こもり》明神に転じたように、発音上ミ音の消失例が少なくない。河内国では森屋村に式内建《たけ》水分《みくまり》神社が鎮座《ちんざ》し、山城国祝園《ほうその》神社は「崇神紀」には「羽振苑《はふりその》」と書かれているように、神社→神奈備《かんなび》（祝園）に神庫《みくら》の存在が認められる。

さて、多久豆玉神社前を北流する高田川の高田も神《こう》田《でん》の改字と考えられ、同川も大和には珍しく無堤防の低湿川のため、人為的に河道を改修して道路化、片岡の対語である下田村に通じているが、同地も深溝の形状を示し、下田村の式内社深溝《ふかみぞ》神社の名にふさわしく、古代の葦田原を経て、大和川に注いでいる。文政十二年（一八二九）の『卯花《うのはな》日記』の多久豆玉神社については「神の御名は、末の世になりては、あらぬ名を誤りゆくぞ　いと口惜しきわさなれ。されとも古は御村かうむらせ給ふ御神の物ふりたる大やかなるにぞしられ侍りぬ」とあるように、射園《いその》の森に鎮まる神庫の存在が考えられる。（I）

多久豆玉神社

**山陵**《みささき》（奈良市）　孝謙・成務天皇陵の所在地。ミササギはミサンサイ（音便）に転訛、県内数カ所に「ミサンサイ」または「ニサンサイ」の地名が残る。興福寺造営料関係の文書にある「添下郡　秋篠庄二十七町九段、御散庄、六町七段」の「御散庄」は御散在の誤写か。葛城市の飯豊《いいとよ》天皇は「三才山《さんさい》」と称した。伴林光平の『野山のなげき』（山陵調査書）には「神武田と字《あざな》したる荒田あり、またミサンザイといふ、此《これ》は正しく天皇の陵なり」と記す。谷森善臣の『藺笠の雫』には「字ミサンザイとよぶ陵は履中天皇陵なり」とあり、ミサンザイは御陵のこと。

なお、ミササキ（ギ）は御小城《みささぎ》の意とする説がある。小丘陵の敬称であろう。『和名抄』には「美佐佐岐」と書く。ミササキもササキ→サキに変化した。江戸期の山陵村文書に「佐貴山」の地名を記す。現秋篠川もサイ河と称した。サイは佐貴川の音便か。（I）

**三島**《みしま》（天理市）　現天理教本部の所在地。旧庄屋敷村。庄屋の住んでいた屋敷で、のち、三島村に合併した。三島明神の鎮座地。俚謡に「三島小在所にすぎたるものがござる寒《かん》のすのりに夏ほたる」があり、布留川下流には中島があった。三島は「水島」の略か。各地には「水越」「水谷」「水呑」「水上」「水口」「水落」「水本」などの小字が多い。（I）

水越峠

**水越峠**《みずこしとうげ》（御所市）　元禄十四年（一七〇一）、江戸城内で赤穂藩主が刃傷事件を起こした。翌年十二月、同藩士四十七士が主君の仇討ちをするという大事件のあった頃、四十七士の一人、大石清左衛門は奈良の東向町《ひがしむき》に住み、木辻遊廓に通っていたという（『平城坊目拙解』）。また、その頃、松尾芭蕉や貝原益軒ら、文人墨客が、吉野・葛城あたりを紀行していた。さらに、金剛山の大和・河内の国境では、かつてない最大の境論・水論にからむ永年の裁判事件が落着した。大和側では「金剛山へ降る雨水は大和国のもの」と主張、河内側では「河内へ流下する水は河内国のもの」と反論。有名な元禄の我田引水事件である。結局、この論争は「水越峠」「越《こし》口行者滝《ぐちぎょうじゃのたき》」「鎌取石《かまとりいし》」（境界石）などの地名が、大和側に有力な証拠となって勝訴の決裁を得た。今も金剛山中の水は峠を越え、谷水は「越口」を通じて、大和吐田《はんだ》米の産地を潤している。

元禄争論の解決に私財を投じた名柄村庄屋、高橋宗倫（佐助）は苗字帯刀を許され、その事績は佐助の墓誌銘に詳しく刻まれている。こうした水論一件の功労者の伝記は、安政年間、『遠香雑記—角之進一代記—』と題し、すぐれた演劇の台本となった。内容はさすがに田舎作者のものではない。水論濫觴《らんしょう》は天正年間の吐田城主に始まり、京都嵯峨と島原遊里、湯峯の香会《こうかい》（香りをたのしむ会）の艶書、遊行上人の説法、三条湯殿の仇討、水越峠の秘策、「越口」の暗殺など、尋常筆致ではない。作者は相当の見識家であったらしい。台本の作成を依頼した庄屋末吉家は有名な小説家、大坂の上田秋成の実家である。この事実から、『遠香雑記』作者は秋成ではなかったか。たまたま明治中頃、金剛登山を志した西村時彦（元朝日新聞論説委員）の著書には「…予思へらく、是小説の好材料なり、先年、浪華のさる小説家が筆に収めたれども虚構多くして、実を失なへるもの…」（『金剛山遊記』）とある。例の「忠臣蔵」は『仮名手本忠臣蔵』となって人口に膾炙し、義民『佐倉宗吾事件』にも似たような物語である。いずれも主人公は最後に非業の死を遂げることになっている。元来、金剛山は『太平記』では河内の金剛山として有名になったが、女人禁制の霊山としての金剛山は万葉時代には、大和の葛城山で、金剛山は山頂の金剛山転法輪寺《こんごうせんてんぼうりんじ》の山号にちなむ山名であった。ちなみに、隣峯の戒那山《かいなやま》は戒那山安位《あに》寺の山号によったもの。別名は河内では篠ケ峯《しのがみね》、大和では天神山《てんじんやま》であった。

## 水谷川《みずやがわ》（奈良市）

（I）東大寺南大門を過ぎ水《すい》門《もん》町に入ると依水園《いすいえん》・吉城園《よしきえん》の庭園があり、ともに池泉廻遊式庭園となっている。上流部の山間では水谷《みずや》川といい、水谷神社・水谷橋の称もある。また、若草山西麓に発し、手向山《たむけやま》八幡宮の南を西流、東大寺中門と南大門の間を通って水門町で吉城川に合流する小川は白蛇《はくだ》川という。

このほか、若草山の北西、観音山北麓に発し、東大寺の塔頭群の間を出て鏡池や大仏池に流れる細川も吉城川に注ぐ。『万葉集』に「吾妹子《わぎもこ》に衣《ころも》春日の宜寸《よしき》川縁《よし》もあらぬか妹が目を見む」（巻一二—三〇一一）と詠まれている。水谷川上流の川中に月日の形を彫った岩があり、「月日《つきひ》の磐《いわ》」と称している。文永四年（一二六七）四月には、春日社が谷川の水を月日の磐付近で社内に引きこんで祓殿に落とし、手水に利用している（『中臣祐賢記』春日社記録）。天正十五年（一五八七）、水谷川上流、春日山中の四〇〇余の石が郡山築城に際して運搬された（『多聞院日記』）。（O）

丸山古墳

牟佐神社

**見瀬**《みせ》（橿原市）

ミセはムサ（牟佐・身狭・身射とも書く）の転訛と考えられ、国史跡・丸山古墳は「武遮墓《むさのはか》」ともいう。「天武紀」壬申の乱条に牟狭（生霊《いくたま》の神）の社名があり、付近には倭彦命《やまとひこのみこと》身狭桃花鳥坂《むさつきさか》、宣化天皇身狭桃花鳥坂上陵があり、『日本書紀』には身狭村主青《むさのすくりあを》・身佐君勝牛《むさのきみかつし》・身狭臣《むさのおみ》などの人名がみえ、「欽明紀」には「高市郡に遣《つかは》して、韓人大身狭屯倉《からひとのおほむさのみやけ》、高麗人小身狭《こまびとのをむさの》屯倉《みやけ》を置かしむ」とある。大字阿部山の「キトラ」古墳南方の小字が「ムサノマヘ」である。また、橿原市大字小房《オフサ》は「小身狭」の転訛か。（I）

**御田**《みた》（宇陀市）

御田は天皇・土豪の直轄所領として設置されたもの。御家《みやけ》・屯家《みやけ》などは同義の語。「天武紀」壬申の乱条に「菟田《うだ》郡家《こおりのみやけ》」の地名がみえ、旧菟田野《うたの》町に御田の大字が残る。なお、大和平野中心部、磯城《しき》郡に三宅の町名があり、『和名抄』にも三宅の郷名がある。この三宅は田原本町大字宮古《みやこ》の地域だと推定される。

また、「仁徳紀」によると、天皇の皇子額田大中彦《ぬかたのおおなかひこ》皇子が私領にしようとした御田、および屯倉《みやけ》の記事中に「倭《やまと》屯田《みた》及び屯倉」とあり、さらに出雲臣《いずものおみ》の祖淤宇宿《おうすく》禰《ね》が大和の屯田司《つかさ》をつとめたとも記している。（I）

**御杖**《みつえ》（宇陀郡）

御杖村は明治市町村制実施時に命名。神末《こうずえ》は同村大字。神末（コウヅエ）は名張川上流発源地、「川の末」の意であろうか。たとえば、吉野郡川上村神之谷《こうのたに》は「川の谷」、五條市西吉野町神野《こうの》は「川野」、香落渓《こうちだに》は「川内谷」で、名張川の大川遺跡（早期縄文）もオオコと発音する。また、神末は承平四年（九三四）の『光明寺文書』（「伊賀国夏身郷刀祢解案」）には「上家」とみえる。上《こう》つ家《え》は神つ戸—神戸のことであろうか。御杖神社は中世、国津《くにつ》神社と称し、棟札によると「上津江」（天文二十三年〈一五五四〉）、「国津大明神上津江村」（慶長十八年〈一六一三〉）とあり、この国津《くにつ》はコウヅ—ゴウヅに転じ、仏語の牛頭《ごず》天王（祇園守護神）と習合、国津神の素戔嗚命《すさのおのみこと》は牛頭天王と同視され、祇園の神となった。旧都祁《つげ》村の国津《くにつ》神社も祭神は九頭大明神（大国魂命《おおくにたまのみこと》—国つ神）で、桜井市の国津神社もクニツ（国津）で、九日《くにつ》社ともいわれてきた。九日は国津神のクニツ—クヅであった。

また、神末—神杖—御杖の称が起こり、「御杖」の社名をみたとも。「垂仁紀」二十五年、倭姫命《やまとひめのみこと》を御《み》杖代《つえしろ》（ヨリシロ、大神を奉じて巡幸する斎王《さいおう》の通称）として伊勢神宮に奉仕された。ちなみに、『倭姫命世記』には倭姫命を御杖代として宇陀の筱幡《ささはた》の地に詣《いた》ったとある。筱幡は宇陀市山辺三の「筱畑」の地か。（Ｉ）

## 三碓　みつがらす　（奈良市）

富雄《とみお》川岸の村名。同地の根聖院《こんしょういん》境内に自然石でつくった三つの唐臼《からうす》の伝承がある。また水車のことを水唐臼ともいい、「天智紀」には「三碓を造りて冶鉄《かねわか》す」とみえ、水車を利用していたことがわかる。平群町大字椿井《つばい》では「三碓《ミズガラス》を以て油を製す」（『大和志』）とある。

弥生遺跡の唐古《からこ》も中世は「唐子《からす》郷」と書く。カラス（唐臼）であったかも。唐古池は大和平野の最低湿地帯である。水を汲みあげる低地で、唐古南側に烏子《からす》田川の小字が残る。水車を利用したことが考えられる。吉野郡川上村運川寺の大般若経には「添下郡中鳥見庄三唐臼」（応永四年〈一三九七〉）とある。新潟県では最近まで水唐臼を用いてモグサを搗《つ》いていた。（Ｉ）

## 三茶屋　みつちゃや　（吉野町）

旧中竜門《なかりゅうもん》村の大字。

奈良県には砂茶屋・下《しも》茶屋《ちゃや》・追分《おいわけ》茶屋など、茶屋にちなむ地名が多い。三茶屋は伊勢街道の要所、三軒の茶屋があった。三茶屋は安政元年（一八五四）大野村といったが、明治十五年（一八八二）国栖《くず》郷にも大野村があり、北大野村と改称した。

明治二十四年一月、当時の中竜門村大字北大野・中谷徳蔵区長は小牧昌業県知事に対し、三茶屋村名を復活するように請願書を提出した。同書状には、「初瀬《はせ》・吉野・高野《こうや》等巡歴スルニ必ズ当村ニ経ルニアラザレバ外ニ便路ナル事ナシ、就《つい》テハ本村ヲ訪人三茶屋村ノ称ヲ以テス、旧記等三茶屋ナラザルハナシ、為ニ村民不利不便ヲ蒙《こうむ》ルコト容易ナラズ」とある。知事はただちにこれを認め、三茶屋の村名に復した。ちなみに、明日香の芋ケ峠《いもがとうげ》にも上・中・下の三軒茶屋があった。（I）

## 三橋《みつはし》（大和郡山市）

平城宮跡西南隅。「近鉄郡山」駅東方、佐保川東側。上・下三橋がある。『続日本紀』和銅七年（七一四）十二月条に「新羅使入京…率騎兵一百七十、迎於三崎（椅）」、『同』宝亀十年（七七九）四月条に「率騎兵二百、蝦夷廿人、迎接於京城門外三橋」とある。京城門外の三橋《みつはし》のあった所。『春日社記録』寛元四年（一二四六）に「三橋庄」は春日社神戸荘園とあり、『多聞院日記』天正八年（一五八〇）七月条に「三橋ノ茶屋」の地名がみえる。下三橋村は「元和御帳」には「下三橋村」とあり、「元禄御帳」には領主「北ノ院」（興福寺院家喜多院）とある。（I）

## 三棟町《みつむねちょう》（奈良市）

鳴川町の東南に所在する町。『奈良曝』に町役二軒、鳴川町の内、東側なりとある。『奈良坊目拙解』によれば、六軒とも記し、誕生寺《たんじょうじ》町ともいった。地名は家の棟数によるものとみられる。三棟町南部に異《い》香山《こうごん》法如《ほうにょ》院誕生寺がある。寺伝によれば奈良時代、横《よこ》佩大臣《はぎのおとど》藤原豊成の館跡で、中将姫誕生の地というが、一説には古く釈迦誕生仏を安置したことによるという。創建・沿革はともに未詳。（O）

## 三っ山《みつやま》（橿原・桜井市）

三っ山とは大和三山付近の俗称。「大和」の国名は平和愛好の国民性を象徴する代名詞。「国のまほろば―青垣山こもれる大和」は国状を表現しているが、古来、大和の人びとは井中の蛙にたとえられた。元禄一四年（一七〇二）の『人国記』によると、表郡の風俗は山城《やましろ》に大概似たり。されど少しするどなる所もあり、又詞に偽り巧くみにして功少くして名をあげんとする気質あり、故に実義極めて少なし…たゞし吉野・宇陀などの山中の風俗格別なりとある。つまり、大和国中《やまとくんなか》（表郡）に対して、吉野・宇陀・山辺の「山中《さんちゅう》」の剛健にくらべ、大和三山地方の人びとは自己中心の商才に長け、こつこつと働く勤勉性に富むが大成しないということである。生き馬の目を抜くという大坂人でも「養子は大和からもらえ」といった。幕末、天誅組が大和五條に烽起し、倒幕の風雲に際会しても表郡の人びとは因循姑息、保守退嬰、大成する進取の気性に欠けた。この精神を昔から「三っ山根性」といった。（Ⅰ）

**三吉**《みつよし》（広陵町）　明治九年、斉音寺《さいおんじ》・大垣《おがい》内《と》・赤部《あかべ》の三つの旧村を合併した総称。三吉は『和名抄』にある広瀬郡散吉《さぬき》郷で、式内社・讃岐神社が鎮座する。（Ⅰ）

**水泥**《みどろ》（御所市）　旧葛《くず》村大字古瀬の垣内《かいと》名。俗に「今木双墓《いまきのならびはか》」という古墳の所在地。『大和志』には「古瀬水泥邑、皇極天皇元年十二月蘇我大臣蝦攘夷入鹿の双墓を今木に造る」とある。ミドロは水泥《みずどろ》ー湿地のこと。御田代《みたしろ》の転訛語とも。御田は神領のこと。大和では神社の田の意。（Ⅰ）

**南渕**《みなふち》（明日香村）　明日香村大字稲渕《いなぶち》の別名。稲渕宮殿遺跡（七世紀後半）所在地。南渕坂田寺はわが国最初の尼寺で、「推古紀」によると、唐に留学した南渕先生《せんじょう》はここに住み、天武天皇は南渕山の樹木の代採を禁じ、皇極天皇は南渕川上で四方を拝し、天を仰ぎ降雨を祈った。南渕は飛鳥川発源地で、水渕《みなぶち》である。『万葉集』には「南淵の巌《いはほ》は降りしはだれか…」と詠まれた。付近に入谷《にゅうだに》（大丹保《おおにほ》神社鎮座地）の旧村名がある。宇須多伎神社のナモデ踊（雨乞踊）が有名。（Ⅰ）

宇須多伎神社

**南市町**《みなみいちまち》（奈良市）　猿沢池の南西に位置する。町の中央には市の守護神であった恵美須神社が所在する。

中世には興福寺学侶の支配下にあった高天《たかま》市に対して六方衆《ろっぽうしゅう》が当地に市を開き、南市と称した。『蓮成院記録』天文二年（一五三三）五月条に六方衆が新市開設のため、紀寺《きでら》に集合したとある。奈良町には紀寺郷に南市と称する市があったが、当町の新市開設時には廃絶していた。六方衆の南市はしばらくは新市といい、のちに南市と改称した。当町の南市は高天市・北市とともに南都の三市とよばれ、正月五日の初市には大いに賑った。当町には連歌師里村紹巴《じょうは》の屋敷があった。紹巴の興福寺明王院に仕え、元興寺極楽坊にその墓があった。（O）

**南魚屋町**《みなみうおやまち》（奈良市）　奈良市街地の南部に所在。『奈良坊目拙解』によれば、家数五一、竈数一〇〇。慶長年間（一五九六―一六一五）町屋が建ちはじめ新《しん》町とも称したが、同名の町が奈良町奉行の北にあったので南新《みなみしん》町といい、のち魚屋があったことから、魚屋新町あるいは魚店《うおのたな》町という。魚市が毎朝立ったという。この南魚屋町に対して奈良奉行所の北町を北魚屋町と称した。（O）

**南新町**《みなみしんまち》（奈良市）　奈良市街地南部の町名。南魚屋町の南、瓦《かわら》町の北にある。『奈良坊目拙解』によれば、慶長年間（一五九六―一六一五）以後、城戸《じょうど》村のうちに民家が建ち、新町と号し、魚屋新町（南魚屋町）の南にあるので南新町といった。元和五年（一六一九）十二月二日、新町より出火し、高畑《たかばたけ》方面まで、南都南方の過半を焼く火災があった。これを世に新町焼という。（O）

**南畑**《みなみはた》（生駒郡）　三郷《さんごう》町大字。同大字にソバ（相場）フリ山があり、大阪堂島の米相場を大和高田に速報する手旗信号の中継所があった。堂島の米相場は江戸時代中期から大正時代初期まで、見通しのよいやぐらや山頂で手旗を振って各地に送信した。ソバ振り山は大和・河内両国境に立地し、古代の高安城のあった所で、『日本書紀』和銅五年（七一二）正月条には、河内国高安烽《のろし》を高見烽（生駒山）に移し、春日烽（奈良市飛火野《とぶひの》）に通ず、と記している。今も飛火野に「野守」の名が残っている。（I）

**南袋町**《みなみふくろちょう》（奈良市）　旧奈良町の南部に所在し、北を小太郎町《こたろうまち》に接する町名である。『奈良曝』に「小太郎町の南町。此町を西へ行けば南新町なり。此町いにしへ、入口ばかり有て行とまりなるゆへに袋町といふ。今ハぬけ町出来て、そこぬけ町に成りぬ」とみえる。古老の話によると、城戸町に数軒の家があり、南方に竹林があって、八軒町の方へ抜けられなかったところから南袋町と名づけたという（『奈良坊目拙解』）。貞享四年（一六八七）以前には枝町となっていた（『奈良曝』）。他郷に通じない町で袋町といったが、同名の町が奈良町の北部、奈良奉行所の屋敷のあたりにあったことから南袋町と称した。北町は町並、南町は興福寺領であった。奈良町の北部、現奈良女子大学の北側に「北袋」の町名があるが、これに対して南袋町と呼んでいる。（O）

**南風呂町**《みなみふろちょう》（奈良市）　元興寺の西方、南城《みなみじょう》戸《ど》町に隣接してある。『奈良曝』には「いにしへ元興寺さかへし時風呂屋の跡なり」「南風呂町の北に北風呂屋の跡なり」とある。南風呂町南にある阿弥陀寺は、永徳元年（一三八一）元興寺の一庵として始まり、慶長年間（一五九六―一六一五）鮮誉《せんよ》が本堂を造立して浄土宗を広めた。元和五年（一六一九）炎上、同七年に専阿《せんあ》が再興、奈良町奉行中坊家の菩提寺である。北側の十念寺愛染堂東傍に忍性《にんしょう》（良観《りょうかん》）の供養塔がある。（O）

**美蕃登**《みほと》（橿原市）　『古事記』や『風土記』には富登《ほと》に丹塗矢《にぬりや》を用いることによって、神々の生成したという記事がある。橿原市畝傍《うねび》山の西にある美蕃登《みほと》はもっとも有名で、ミホトのミは美称、ホはホクラ―ホコラ（祠）のホ（秀）、トは「処」の義で、一種の形状地名であろう。『出雲国風土記』にも「神門郡《かむどのこほり》、陰山、大神の御陰なり」とみえ、陰は男女に通じて用いた語で『地名の研究』（柳田国男著）には「今ならば股倉と云う位の意味であろう。即ち二つの尾根の山である」と記されている。全国的には富士・風土・布戸・富戸・保土ヶ谷などの文字を用いている。

　安寧天皇陵を「御陰井上陵《みほどのいのえのみささぎ》」と称しているが、この「ほと」は秀所《ホトコロ》の意義をもち、いわゆるフトコロ（胸部）という語もここから起こったと考えられる。

　『古事記』によると、富登多々良伊須々岐比売命《ほとたたらいすすきひめのみこと》の富登を悪《にく》み、比売多々良伊須気余理比売《ひめたたらいすけよりひめ》に改めたという記事がある。ホトはよほど神秘的に考えられた古語であった。性は秘めごとではなく、生殖を意味する神聖な行為として考えられていた。桜井市大字江包《えつつみ》の「綱掛行事」、御所市茅原《ちはら》の「爆竹行事」など、各地の民俗的行事も、両性の象徴を祭ることによって、生殖を寿ぎ、子孫繁栄の霊威を信じた。

　奈良市内の水谷神社、野上神社、生駒郡平群町大字越木塚《こしきづか》の石床神社、同椹原《ふしはら》の御櫛《みくし》神社、北葛城郡王寺

茅原寺爆竹行事

町の明神山、宇陀市菟田野区の宇賀神社などの陰石（別名を姫石という）、あるいは明日香村の飛鳥坐《あすかにいます》神社の陰《いん》陽石《よういし》は子授けの霊として信仰され、守護符の象徴として信仰され、毎年二月初頭の「おん田祭り」の性的遺習は有名である。

さらに同村の檜前《ひのくまの》坂合陵《さかいのみささぎ》内には畸人《きじん》石像を建てているが、徳川末期の『山陵廻りの記』には「石もて作れる奇しき人の像あり、二つは陰茎を露して…」とあり、文字通り赤裸々に彫刻している。同村大字橘《たちばな》の「フグリ石」「陽石《マラ》」の所在についても知る人はごく稀であるが、「立石」の傾く年は不作であるというので、農民がこれを拝み、直立に起こすということが、宝暦元年（一七五一）の記録にみえている（『高市郡古跡考』）。この陰陽石なるものは神社信仰に関係して俗信化してきた。

生駒聖天は全国的に著名であるが、高市郡高取町小島寺、御所市櫛羅不動寺《くじらふどうじ》、桜井市長谷寺、生駒市宝山寺など、歓喜天信仰が盛んに行われた。歓喜天像というのは、象頭人身の男女二身の相抱く双神様式をなし、この神に祈ると災禍をさけ、福徳を招来するといい、「富貴を得て、僕婢《ぼくひ》野に充ち、美女庭に満つ」といわれるほど、施福・和合の神として崇敬者が多いといわれる。御所市の「長者屋敷」から出土した同像は青銅製の双神像であった。同地には尾崎長者が住んでいたという。地名にふさわしい出土遺物であった。（I）

## 耳我ヶ嶺《みみがみね》（吉野郡）

「水《すい》」は「清水《きよみず》」「水《み》無瀬《なせ》」「清水《しょうず》」「清水谷《しょうず》」というように、訓読《くんよ》みされる。たとえば、「清水谷」は「菖蒲《しょうぶ》谷」に転訛したか。菖蒲《しょうぶ》谷は県内小字が山間部に約八〇例、平地部に「アヤメ田」が数例あるにすぎない。渓谷の清水《しょうず》の流れるところに、岩清水《いわしみず》・苔《こけ》清水・強《こわ》（小和）清水、小清水などの地名が残る。また、水戸・水生《みなせ》（水成瀬《みなせ》）・水曲《みわ》（三輪）・水尾《みお》・水分《みくまり》・曲水《まがみ》（真神）・水派《みまた》・水越《みこし》などがあるように「水」は「みなもと」の「み」で、『万葉集』には「水脈《みを》」とあり、ミナトもミノトで、水上《みなかみ》・水底《みなそこ》などの「な」は

「の」の転じたもの。

吉野川などの水辺には「水の神」を祭祀し、『延喜式』内の丹生《にう》神社が多い。この丹生は壬生《みぶ》（水生）の転訛語であろう。平城宮壬生《みぶ》門跡が現在の小字「ニフ」であり、丹生神社の所在地が「丹原《たんばら》」（五條市大字）である。つまり、「壬生」は「丹生」、「丹生」は「丹原」になった。「生」→「原」の実例は少なくない。『古事記』『日本書紀』によると御室《みむろ》・御家《みやけ》・御馬瀬《みませ》、御吉野・御田《みた》・御笠・御木《みけ》などの「御」は敬称で、「水《みず》」は「水《み》」である。『万葉集』に「み吉野の　耳我《みみが》の嶺《みね》に　時なくそ　雪は降りける　間《ま》なくそ　雨は零《ふ》りける…」（巻一―二五）とある吉野水分山《みくまり》（青根ヶ峰、大嶺ヶ峰の意か）は旧吉野水分神社の旧鎮座地である。耳我ヶ嶺は「御水ヶ嶺《みみがね》」のことであろうか。　（Ｉ）

**耳成山《みみなしやま》**（橿原市）　大和三山の一つ。橿原市にある山。『万葉集』に「香具山は　畝火《うねび》雄々《をを》しと　耳梨《みみなし》と　相《あひ》あらそひき」（巻一―一三）とある。耳成は耳無・耳无とも書き、青《あお》菅《すげ》山ともいった。中世以降は天神山と称し、耳成山は『大和志』には「四面田野・孤峰森然、山中に梔子《くちなし》の樹が多く、梔子山と呼ぶ」ともある。「推古紀」に「耳梨行宮《みみなしあんぐう》」、『伊勢国風土記』逸文には「大倭《やまと》耳梨之村」とみえ、『古今集』に「耳成の山のくちなし得てし哉《がな》思ひの色の下染《したぞめ》にせむ」の歌があり、山の東方に「クチナシ原」の小字が残っている。梔子《くちなし》は古代染色に用いた樹で、『延喜式』によると、染色材料として、支子《くちなし》・藍は大和国から三十石供進していた。山名には、いわゆるミミナシはクチナシ（枕詞）にかかわるという山名説や、平野に突出する円錐型の形状にちなむという耳無山説がある。あるいは、ミミナシ山は御水生《みみなし》山の意とする説もある。耳成山口

耳成山

耳成山口神社

神社は『延喜式』には「祈雨の神」として、大和国二十六座中の一社とある。（I）

## 三　室《みむろ》（御所市）

『紀氏家牒』によると「葛城県」の内に「葛城里」「玉手里」「博多里」「賀茂里」「長柄里」「豊浦里」「室里」「五処里」などの里名がみえる。中でも「博多」「豊浦」の里は確認できないが、三室に掖上《わきのかみの》博多山上陵《はかたのやまのえのみささぎ》があり、豊浦は菩提寺に「豊浦」院名がみえる。中世の『吉野詣記』（天文二十二年〈一五五三〉）に「春の日もはや西なるや葛城の、花にとよらの鐘響くなり」とある。なお「五処」の里名はゴショと訓《よ》み、中世には五所とある。現御所は、いわゆる「御所」の所在した所ではない。伝説では孝昭天皇掖上池心宮《わきかみのいけこころのみや》にちなむ御所説があるが、御所の実在について確認できない。

　現御所の中心部は、「鴨都波《かもつば》」の古代遺跡付近である。同地の三室村は「御室《みむろ》」で、ミムロは御森《みもり》の義、「神ノ森《かみのもり》」である。カミノモリが転訛（カミノモリの母・子音脱落）、カミノリ↓カミナリとなり、「雷」と書き、明日香村の大字雷（訓読してイカヅチ）村となった。カミナリ↓カミナミは「神奈備《かんなび》」と同義の語か。

『出雲国造《いずものくにのみやつこ》神賀詞《かむよごと》』には「倭《やまと》の大物主くしみたまの命と名《みな》を称へて、大御和《みわ》の神なびに坐せ、己命《おのれのみこと》の御子《みこ》あぢすき高ひこね命の御魂《みたま》を、葛城の鴨の神なびに坐《ま》せ、事代主《ことしろぬし》の命の御魂をうなて（雲梯）に坐せ、皇孫《すめみま》の命の近き守神と貢《たてまつ》り置《お》きて、八百丹杵《きつき》の宮に静まりましき」とみえる。すなわち、この葛城の「鴨」は現高鴨神社か現鴨都波神社の地域と考えられる。特に鴨都波《かもつば》には今も「三室」の地名が残る。先年、この地域から三角縁《さんかくぶち》神獣鏡などが出土し、古代文化の先進地域であったことがわかる。『山城国風土記』にも鴨建津身命《かもたけつみのみこと》が葛城山に天降ったことを記し、「神話の国」の葛城の歴史を伝えている。『紀氏家牒』にみえる「五処」は「神森《みもり》」↓「御森」↓「三室」のことで、このミモリの「御諸《みもろ》」を音読してゴショ（五所↓御所）に転じたか。なお、神奈備《かんなび》―神南《かんなみ》と書き、中世にはコウナンと読み、ジンナンと音読した。斑鳩町の「神南《じんなん》」がそれで、同地の「三室山《みむろ》」が有名である。古代地名はこうして転訛し、好字・二字化した。（I）

## 三宅町《みやけちょう》（磯城郡）

　三宅村・都《みやこ》村は明治市町村制施行時の命名。三宅は御宅の意。古代皇室の直轄領、収穫した穀物などを貯蔵する倉庫。あるいは土地・人民をいった。隣村の都村大字宮古《みやこ》はミヤケの転訛語で、『和名抄』城下郡三宅郷か。『万葉集』の「三宅道」に比定される。宮子とも書く。平成元年十一月二十九日、宮古・保津《ほっ》から「倭《やまと》の屯倉《みやけ》」とみられる遺構が出土（朝日・毎日新聞記事）、「景行紀」の倭の屯倉跡と推定された。大和平野の低地部の穀物倉地帯である。（I）

**宮城**《みやしろ》（宇陀市）　熊野三山・吉野群山・高野山地域が世界遺産として注目された。山嶽信仰の霊域としてだけではなく、風土の美観も世界的に認められたのである。

いわゆる修験道の自然信仰によって葛城・吉野・熊野の関係は極めて密接であった。『古事記』の神話をみると、神武天皇が紀州熊野から大和の宇陀・吉野をへて中州《やまと》に入ったということになっている。諺《ことわざ》にも「国の始まりは大和、郡《こおり》の始まりは宇陀郡《ごおり》」とある。

その宇陀市室生《むろう》区大字黒岩に「宮城《みやしろ》」という小村（小字）がある。同地域は室生火山群で、黒色を帯びた地質地帯から石炭を採掘していたこともあるという。宮城には神武天皇の宮城があったという地名説話がある。しかし、ミヤシロは「三社《みやしろ》」のことで、同地に鎮座する熊野三所（社）権現の「三社」にちなむ地名であろう。

これによく似た地名説話が宇陀市榛原区大字三宮寺《さんごじ》にある。三宮寺はサンゴジと訓《よ》む。慶長郷帳には「三号地」とも書く。旧松山藩（福島高晴）領。サンゴジの地名は県内に約一五例もあり、決して「三つの宮寺」の意味ではない。サンゴジは三宝荒神のことで、この三荒神がサンゴシン→サンゴジに転訛したのであろうか。（I）

**宮滝**《みやたき》（吉野町）　吉野町大字。皇室の離宮、吉野離宮跡があり、『懐風藻』『万葉集』『日本書紀』などに吉野宮行幸の詩歌、記事が数多くある。本居宣長は「古へ御かり宮有りておはしましつつ、逍遥し給ひし所なるべし。宮滝という里の名も、さるよしにやあらん」（『菅笠日記』）と記している。

『万葉集』に「吉野川たぎつ河内《かふち》に高殿を高知りまして…」（巻一―三八）、「たぎつ河内の大宮所《おほみやどころ》」（巻六―九二二）などと詠まれた宮滝は、古くはミヤノタギと称した。タキに多岐（上代特殊仮名遣の甲類）の文字を用い、タギと訓《よ》む。古語のタギは曲打する路、または

宮　滝

川水がたぎって流れる所。つまり早瀬である。タギは、後世のタキに転じ、今は瀑布のことをタキという。貝原益軒も「宮滝は滝にあらず。両旁《かたはら》に大岩有り、其間を吉野河流るる也。大河ここに至てせばき故河水甚だふかし、其の景甚だ絶妙なる所也」（『和州巡覧記』）と記している。水のたぎり流れる所、激流する「たぎつ瀬」で景勝地である。「タギ」「タキ」の地名は極めて多い。「タキノ谷」「タキノ脇」「タキ川」などタキ関係の小字地名は県内に約六〇〇もある。（T）

## 宮　戸《みやど》（御所市）

葛城一言主《かつらきひとことぬし》神社の神戸《かんべ》―宮戸《みやと》である。宮戸は旧大字である。神社と宮戸との関係は祭礼上密接。同市の高鴨《たかがも》神社にも神戸があり、近くに「神通寺」と書き、ジンドジといった。ジンドは神戸のこと。「景行紀」に「是《ここ》に、日本武尊、葛城の人、宮戸彦《みやとひこ》を遣して弟彦公を…」とある宮戸彦はこの宮戸の豪族であろうか。ちなみに、『和名抄』葛上郡に神戸の郷名がみえる。（I）

## 茗　荷《みょうが》（奈良市）

旧田原村大字。現地発音はミョウゴ。名号碑《みょうごうひ》の所在地。同地の阿弥陀堂跡には室町期の名号碑がある。県内には「名後」「名号前」などの小字が残る。茗荷は好字地名。（I）

## 三　輪《みわ》（桜井市）

地名「三輪」は三輪山麓の、初瀬《はせ》・巻向《まきむく》川に囲繞された地域で、「水垣内《みずかきうち》」と称し神聖視した。崇神天皇の磯《し》城《き》の「瑞籬宮《みずがきのみや》」の所在地。すなわち水輪（ミワ）の地域であろう。

「三輪」については、『古事記』崇神段に「此の意富《おほ》多多泥古《たたねこ》と謂ふ人を、神の子《みこ》と知れる所以《ゆゑ》は、上《かみ》に云へる活玉依毘売《いくたまよりびめ》、其の容姿《かたち》端正《うるは》しかりき。是に壮夫《をとこ》有りて、其の容姿威儀《すがたよそほひ》、時に比《たぐひ》無きが、夜半《よなか》の時に儵《たち》忽到来《まちき》つ。故、相感《あひめ》でて、共婚《まぐは》ひして共住《すめ》る間に、未だ幾時《いくだ》もあらねば、其の美人《をとめ》妊身《はら》みぬ。爾《い》に父母《ちちはは》其の妊身《はら》みし事を恠《あや》しみて、其の女《むすめ》に問ひて曰ひけらく、

『汝《な》は自《おのづか》ら妊《はら》みぬ。夫《を》无《な》きに、何由《いかに》か妊身める。』といへば、答へて曰ひけらく、『麗美《うるは》しき壮夫《をとこ》有りて、其の姓氏《かばねな》も知らぬが、夕毎《よひごと》に到来《き》て供住《す》める間に、自《おのづ》然《から》懐妊《はら》みぬ。』といひき。是を以ちて其の父母、其の人を知らむと欲《おも》ひて、其の女に誨《をし》へて曰ひけらく、『赤土《はに》を床の前に散らし、閇蘇《へそ》紡麻《を》を針に貫《ぬ》きて、其の衣《きぬ》の襴《すそ》に刺せ。』といひき。故、教の如くして、旦時《あした》に見れば、針著けし麻《を》は、戸の鉤穴《かぎあな》より控《ひ》き通《とほ》り出でて、唯遺《ただのこ》れる麻《を》は、三勾《みわ》のみなりき。爾に即ち鉤穴より出でし状《さま》を知りて、糸の従《まにま》に尋ね行けば、美和《みわ》山に至りて、神の杜に留《とど》まりき。故、その神の子《みこ》と知りぬ。故、其の麻《を》の三勾遺《みわのこ》りしに因《よ》りて、其地《そこ》を名づけて美《み》和《わ》と謂ふなり。」とみえ、「この意富多多泥古命、神《みわの》君《きみ》、鴨君の祖《みおや》なり」と註記している。もとより、意富多多泥古命と、活玉依毘売にちなむ「三輪」の地名説話がある。同系の説話は、『姓氏録』『常陸国風土記』（那賀郡）、『土佐国風土記』（逸文）、『日本霊異記』などにもみえている。

また、『出雲国造神賀詞』に「倭の大物主櫛𤭖玉命の御子阿遅須伎高孫根命の御魂を葛木の鴨の神奈備に坐せ、事代主命の御魂を雲梯《うなで》に坐せ、賀夜奈流美命の御魂を飛鳥の神奈備に坐せて、皇孫命の近き守神と貢り置きて…」とあり、出雲系の諸神を、葛城・高市・飛鳥などの大和枢要地の神奈備に祀った。さらに、大和の西北部、平群の地にも神奈備（大字立野御諸《みもろ》山、大字神南・神岳《かみおか》神社）に鎮祭（『延喜式』）、東北部の奈良の地にも大神《おおみわ》、狭井《さい》の神々を、狭岡《さおか》・率川《いさがわ》の両社（『延喜式』）に祭祀、大神信仰が大和全域に拡大した（『率川神社記』『大神分身類社鈔』）。

永仁二年（一二九四）『大仏灯油料田目録』の式上郡二十条五里六坪一反に「三輪御久里」の地名がみえる。

大神神社

大神神社（若宮）

この御久里は大神厨《くりや》のことで、大神神社に付属し、神饌《しんせん》を調進した所であろう。『延喜式』には吉野厨のことを記している。厨には山城厨、河内厨、紀伊厨などがあった。（I）

**三輪山**《みわやま》（桜井市）

三輪山は大和平野東方に鎮座する古代信仰の霊峰である。祭神は倭大物主命《やまとおおものぬしのみこと》で、国家を鎮護する神体山として、日本最古の神社（大和一ノ宮）である。大神をオオミワと訓《よ》むように、神、すなわちミワとして崇《あが》められた。

三輪山

奈良時代には三輪山に大御輪寺《だいごりんじ》（オオミワデラ）・浄願寺《じょうがんじ》など、多くの寺院が建立せられ、明治初年の神仏分《ぶん》離《り》の災にふれるまで、神仏習合の密教霊地と化し、三輪流神道の道場となった。大御輪寺の観音菩薩像は国宝として現在桜井市の聖林寺に移されている。

奈良の京師《みやこ》が京都に遷るはるか以前、三輪山と同様、神の宿る霊山として崇められたのが比叡山である。比叡の山名が初めて文献にでてくるのは、『古事記』である。すなわち「大山咋神《おおやまぐいのかみ》、またの名は山末之大主《やますえのおおぬし》神、この神は近淡国《ちかつあふみのくに》の日枝《ひえ》の山に坐《ま》し」とある。日枝は比叡のことで大山咋神はこの山の地主神で、天智天皇が大津宮を造営《ぞうえい》されたとき、大和の三輪大神を勧請《かんじょう》して祭祀された。これが比叡山ふもとの日吉神社で、西本殿（国宝）は三輪明神を祀り、東本殿（国宝）には大山咋神を祀っている。

大和三輪山は大和東方、太陽信仰の対象として山頂に「神坐《みわにいます》日向《ひむか》神社」が鎮座し、「敏達紀」には三輪山近くの他田《おさた》宮に日祀部《ひまつりべ》を置くとみえる。比叡山も「住吉《すみのえ》」といったように日吉《ひよし》神社が鎮座、その北方に連《つら》なる比良《ひら》山も太陽に向かう山並みである。三輪山の若宮・大御輪寺、比叡山の日吉神社―共にその神秘性は書きつくせない。（I）

**村屋**《むらや》（田原本町）

古代大和平野の中央部を、南下する中ツ道《なかつみち》の要所に蔵堂《くらんど》（磯城郡田原本町大字）がある。近世文書には蔵戸とも書く。大和高田市の大字三倉堂《みくらどう》も中世文書では「御蔵戸」と記しているが、地名用字は時代によって、庄園領主によって改変し、時には訓読から音読へ、さらに嘉字・二字化・誤写する例もある。蔵堂村の中に守屋《もりや》という、いわゆる中字《あざな》が残っている。『延喜式』神名帳の村屋《むらや》坐《にいます》弥富都比売《みほつひめ》神社鎮座地で、『日本書紀』天武天皇元年（壬申の乱）条の「村屋の神」として知られる。また、天平十九年（七四七）の『大安寺資財帳』には「式下郡村屋」とみえ、「正倉院文書」天平宝字二年（七五八）九月三十日条に「杜屋」「社屋」とも書いている。「社」はモリと訓《よ》むことができる。

村屋神社

『延喜式』雅楽寮に「楽戸郷社屋村」とあり、建長三年（一二五二）六月の「永舜田地寄進状」（「東大寺文書」）には「守屋　城下郡」とみえ、永仁二年（一二九四）の「大仏灯油料田記録」には「森屋　十市郡東郷十九条三里」と記している。奈良朝には東大寺領に属し森屋庄と称した。興福寺大乗院領となるに及んで森屋党（十市氏下司職）があり、同地の森屋塁に居を構えたことは『多聞院日記』『大乗院雑事記』などに散見する。

『和名抄』城下郡の郷名に「室原郷」がある。この室原の「室」はモリの転訛語で、「原」は「屋」の誤写ではなかろうか。原に「也」の訓注がみられる（刊本）。

モリヤは弥富都比売神社所在を意味する地名であろう。事実、奈良盆地中央部の村々は「森の中に村あり」で神社《もり》が特に象徴的に望見される。モリヤは『日本書紀』『延喜式』『和名抄』『大安寺文書』記載の古代地名でありながら、蔵堂村の一垣内《かいと》名として残存する。ちなみに、「天武紀」元年七月条には、「又村屋神《むらやのかみ》、祝《はふり》に着《かか》りて曰はく、『今吾が社《やしろ》の中道《なかつみち》より、軍衆《いくさびとども》至らむ。故《かれ》、社《やしろ》の中道《なかつみち》を塞《た》ふべし』といふ。故、未だ幾日《いくか》を経《へ》ずして、廬井造《いほゐのみやつこ》鯨《くぢら》が軍《いくさ》、中道より至る。時の人の曰はく、『即ち神教へたまへる辞《みことば》、是なり』といふ。」とある。　（Ｉ）

## メスリ　めすり　（桜井市）

「メスリ」の古墳名は桜井市旧大字高田にある。四世紀中頃の前方後円墳で、大和政権の王権クラスの墳墓といわれ、一九八〇年に国の史跡指定を受けた。この「メスリ」の意味はわからない。「メスリ」は県内にはほかにみられない墳名であるが、「メスリ」の「ス」は「グ」（草書体）の間違いではなかろうか。別名も「鉢巻山」である。県内に「メグリ」（「塚メグリ」「メグリ山」など）関係の地名は五〇例もある。纏向《まきむく》遺跡には小字「メクリ」に前方後円墳が認められる。「メグリ」とは『万葉集』には「荒磯のめぐり…」、『竹取物語』には「山のめぐり…」の語がみえ、「垂仁紀」には「陵のめぐりに埋みて…」とある。

ちなみに、現田原本町の小字「メグリ田」（城下郡路東十八条三里一四坪）の周囲は今も田畑となっている。大阪府河南町の「ツカマリ（マワリ）古墳」は天皇陵並みの大型方墳であり、仁徳天皇陵東部（外濠）にも「塚廻古墳」がある。マワリ、メグリは同意語。

谷森善臣の『前王廟陵記』（元禄九年〈一六九六〉）には「御陵廻りの池…」とみえ、『諸陵周垣成就記』（元禄十二年）の「周垣」も古墳を囲む外郭の状態を表現した語であった。

高田の「メスリ古墳」の東、旧大字外山《とび》に小字「メグリ」が二カ所ある。一つは有名な茶臼山《ちゃうすやま》古墳の前方後円部の南側に該当する。『桜井市史』（一九五〇）の口絵には、この「メグリ」から出土した入母屋造型埴輪が載せられている。また、茶臼山古墳の前方部外濠にも小字「メグリ」がある。　（Ｉ）

## 守道　もち　（宇陀市）

宇陀市守道は同市母里《もり》に母里坂（森坂）があるように森道の義か。『和名抄』備前国磐梨《いはなす》郡に「物理」、『同』信濃国佐久郡に「茂里」の郷名があり、後者には毛止呂井（母止以へ）の訓註がある。『信濃地名考』に「茂里。モドリなり、モヒトリを略せり、モトリは主水なり」とみえる。モトロベは主水部《もひとりべ》の意か。宇陀主氷部（「神武紀」）が有名。　（Ｉ）

## 桃香野　ももがの　（奈良市）

奈良の名所「月ヶ瀬梅峡」の桃香野村の「桃仙の梅」は名勝・天然記念物（市）として有名。ところがこれらの地名は、名張川の「湍《たぎ》つ瀬《せ》」が「月ヶ瀬《つきがせ》」となり、「壗《まま》ヶ野」（谷間）が「桃香野」に佳字化したもの。したがって、梅林ではなく梅峡として天下に知られ、頼山陽、斎藤拙堂《さいとうせつどう》ら、多くの文人墨客が訪ね、旧「月瀬」を「月ヶ瀬」の佳名に変えて詩歌を残した。しかし、渓谷のために米作に適せず、観梅ではなく「烏梅《うばい》」（染料用）を得る目的で梅を栽培したのである。

「墹ケ野」の墹は『万葉集』「百千是る《ももちだる》国」（豊かな国）の「百《もも》」の好字。奈良県内の「百谷《ももたに》」（下市町）、「百市《もものいち》」（桜井市）、百地《ももち》（旧宇陀郡竜口、忍術開祖の百地三太夫で有名）などの「百」も、実は谷間の滝の湍《たぎ》り流れる所。「百」は一〇〇、つまり十《じゅう》プラス十《とう》で、トト→ドドで、地名「鳴滝《なるたき》」のこと。

仁徳陵名の「百舌鳥《もず》」は秋によく啼く鳥で、「物集女《モズメ》古墳」「藻伏《もふす》陵」などと同義の地名かと思われる。「一〇〇」のマイナス一から「九十九里浜」や「白浜」の地名が起こったといい、次が一〇〇であることから「九十九《つくも》」であるという説も。

俳人・松尾芭蕉が訪ねた「桃尾滝」（天理市）は激流の落下する熊橋《かけはし》村（懸橋の誤写）の名所。伊勢街道の「桃俣《もものまた》村」は、谷間の岐《わか》れ路のこと、相岐れが「追《おい》分《わけ》」に、路岐《みちまた》の上略語が「千股《ちまた》村」（吉野街道）になった。

古来、桃の木は邪気を祓う呪力をもつとされたことから、人家の門前に植えられた。『古事記』によると伊奘諾尊《いざなぎ》が桃の実を雷・鬼に投げて難を避けたという神話があり、『日本書紀』には「桃花鳥《つき》坂」（朱鳥《とき》坂）、「桃原」など、まさに桃源境の明日香を示す地名を残す。ちなみに、『大和志』（明日香村大字尾曽《おおそ》）には「桃樹繁殖、花時可観」とある。（I）

桃尾滝

## 森《もり》（高取町）

別名を「紀辻村」といった。森を経て紀伊の国に通ずる道で、同地から市尾・吉野口に至り、巨勢《こせ》路《ぢ》から重坂《へさか》峠を越え、宇智郡（現在の五條市）の真土《まつち》峠をへて紀ノ川筋を下った。村の東部には森があったと伝え、北方には草壁皇子（天武天皇の第一皇子）を葬る真弓陵がある。

『続日本紀』天平神護元年（七六五）条には、称徳天皇がこの山陵前を過ぎ、即日、宇智郡に至ったとある。また、『万葉集』では、神亀元年（七二四）、聖武天皇が紀伊の国に行幸した時、笠朝臣金村が「天《あま》飛ぶや軽《かる》の路《みち》より　玉たすき　畝火《うねび》を見つつ　麻裳《あさも》よし紀路《きぢ》に入り立ち…」（巻四―五四三）と詠んでいるのはこの地域か。（Ｉ）

**母里** もり （宇陀市）　旧大字母里は「森」の二字化地名。承暦三年（一〇七九）の「宇太水分神社古図」に「上守・中守・下守」の地名を記す。建長五年（一二五三）の「近衛家文書」に「大和国守庄」とみえ、『三箇院家抄』「宇陀郡田地帳案」には「上森庄」「森中庄」、あるいは「上守」「下守」の地名を記す。また、森庄内に鍋村《ナヘノムラ》の地名がみえる（前記同『田数案』）。中世鍋庄で小字ナベ堂付近に比定される。（Ｉ）

**諸木野** もろきの （宇陀郡）　宇陀市榛原区大字。榁《むろ》ノ木（ヒノキ科「杜松《ねず》」の古名）村の意。『三箇院家抄』には「諸木野関、安位寺殿、文明十七年注進赤埴庄ノ内ノ関開也」とある。伊勢本街道が東西に走り、旅宿九軒、交通の要所。（Ｉ）

**モロコシ** もろこし （桜井市）　桜井市戒重《かいじゅう》、粟原《おうばら》・寺川《てらがわ》合流地（旧大字川《かわ》合《い》）の小字。付近に小字「宮所《ミヤドコ》」「木部」「十ノ森《とうのもり》」「領佐」などがある。「宮所」は藤原宮跡にも残る。「木部」は木工部の略。「十ノ森」は「主殿」、「領佐」の「領」は「寮」、「伝」は「田」の誤字で、「主殿寮《トノモリリョウ》田《デン》」の義であろう。「諸越」は十市郡路東三十三条六里八坪に立地する。敏達天皇訳語田《をさだ》（他田《おさだ》）幸玉宮《さきたまのみや》伝承地で、訳語とは語司・通弁（通訳）のことで、「敏達紀」四年四月条に「吉士訳語彦《きしのをさひこ》を百済に使せしむ」、「推古紀」十五年条（六〇七）に「小野臣妹子《をののおみいもこ》を大唐《もろこし》に遣《つかは》す、鞍作福利《くらつくりのふくり》を以《も》て通事《をさ》とす」とある。いわゆる遣唐使―入唐公使のことで、モロコシノツカヒと称し、長官が大使で、副使・刑官・主典・録事・訳語などの役があったという。モロコシは西皇帝《もろこしのきみ》（「推古紀」十六年条）に、西海使《もろこしのつかひ》（白雉五年条）、唐人《もろこし》（「持統紀」八年条）などの語がみえる。

モロコシは「諸来《もろこし》」の意に解し、海路をへて各国に諸々《もろもろ》の物品を持ち来った国のこと。「欽明紀」十七年条に、韓人《からひと》を高市郡《たけちのこおり》大身狭《おおむさ》の屯倉《みやけ》に置く。この韓人とは百済人とあり、高麗人《こまびと》を小身狭《おむさ》の屯倉に置くとある。身狭は現橿原市大字見瀬《みせ》付近の地名であろう。史跡・丸山古墳は「身狭の荒墓」とあり、同市旧大字小《おふ》房《さ》は小身狭の転訛語であろうか。キトラ古墳の南部に「ムサノマへ」の小字があり、桜井市に大字狛《コマ》があり、広陵町に百済《くだら》がある。

訳語田のヲサは他田《ヲサダ》から太田（現大字）に転じたと伝えるが、他田《ヲサダ》は駿河国有度郡の郷名にもある。訳語田は他国の語を知る者の居所とある（『正濫抄』）。「欽明紀」十五年条には曰佐《ヲサ》の用字があり、曰佐とは「曰《いう》を佐ける」という意味で、「曰佐」「長《をさ》」「他《をさ》」のほかに「治める」、「囀《さへ》ずる」という意味もある（『名義抄』）。「モロコシ」の小字が「訳語田幸玉宮伝承地」に残ることは、今後の研究課題として注目される。（Ｉ）

## や 行

**八尾**《やお》（田原本町）　旧大字八尾は永仁二年（一二九四）の「大仏灯油新田記録」には「ヤヲ　城下郡西郷十四条二里五坪」とある。同町を北流する寺川の下流（大和川）、大阪府下には八尾市があり、八羽の烏にちなむ地名説話を記す（『吉野詣記』）。同市には矢作《やはぎ》神社が鎮座しているが、橿原市八木《やぎ》（小字「八木部」付近）もヤハギ部の義か。ヤハギ部はヤホギ部に転訛、母音A→Oに交替、さらに二字化して「八尾」となる可能性も。（Ｉ）

**柳生**《やぎゅう》（奈良市）　大和の柳生には、奈良市東部の柳生と、同市南部近くの大和郡山市に北柳生（横田町）、その南方の天理市に南柳生（六条町－元柳生）がある。延久二年（一〇七〇）の『興福寺坪付帳』にみえる楊生庄六・七条二里（六条柳生）の地域に該当し、「顕宗紀」に「野儺擬」（楊《やなぎ》）とあり、『万葉集』には「楊奈疑」「也奈宜」「安乎楊疑」とみえ、「小山田の池の堤に刺すやなぎ云々」とある。大和国中《くんなか》に「指柳《さしやなぎ》」の大字があるように、柳は古代条里制の水路や池沼の堤に植えたもの。『延喜式』には「夜支布山口神」、『和名抄』には「也支布」（高山寺本）、「也木布」（東急本）とみえ、『大和志』には「方廃大柳生小柳生二村存」とし、現奈良市大柳生《おおやぎゅう》町、柳生《やぎゅう》町付近に比定している。

なお、長保二年（一〇〇〇）の「東大寺白米納所収納帳」に「添上郡楊生郷」とあるのは、前記大和郡山市横田付近のこと。また、養和二年（一一八二）の「僧良仁房地処文状」に「添上郡大柳生の内忍辱《にんにく》山北谷」とある大柳生は現奈良市忍辱山《にんにくせん》北方の大柳生町。建久八年（一一九七）の「笠置寺大法師等解案」に「小柳生郷」、永仁六年（一二九八）の『西大寺田園目録』に「添上郡小柳生一段字船尾」とある。つまり、東山中の「柳生」は大柳生、小柳生または養父（『三代実録』）とみえ、「六条楊生」と区別したのであろうか。

慶長郷帳には「小柳生村・村高九二五・一四石」とみえ、関ヶ原の戦功によって安堵された柳生但馬守宗矩領。のち、芳徳寺二〇〇石が分離され、その支配地に下柳生村が生まれた。

柳生の「柳」は、実は「枊生」であった。中・近世の村文書を見ても、すべて「枊生村」と書かれている。寛永年間（一六二四－四二）、織田尚長が大和国の楊本《やなぎもと》に来営し、楊本氏の居館跡を陣屋とした。しかし、楊本は後奈良天皇の綸旨にも「城上《しきじょう》郡楊本郷」とあり、地元の楊本氏の勢力が、何となく好ましくなかった。織田藩はついに「楊」を「柳」に改字、あるいは「楊本」を「笠松」に改変させたという地名説話がある。しかし、柳には曲げても元へもどるという意味もある。柳生は柳の生えた所で、柳原は柳を切り開いた所であると考えられる。なお、柳生のように「―生」という地名は少なくない。松尾・檜尾・栃尾・葛尾・椿尾・杉尾などの「尾」は、「生」と同義の用字であろう。

## 薬王寺《やくおうじ》（田原本町）

（Ｉ）

橿原市内の大字地《じ》黄《お》・法花寺《ほっけいじ》の葛本、醍醐に小字「天役」がある。テンヤクとは「典薬」のこと。藤原宮跡出土木簡墨書にみえる「当帰」「西辛」「人参」「薬桔梗」などは薬草関係の植物で、藤原京には施薬関係の施設があったことがわかる。また大字地黄（十市郡路西二十三条二里）の「天役」は、寛政四年（一九九二）には宇陀郡の森野薬園から地黄《じおう》（薬用植物。根茎は漢方薬に使われる。地黄丸）を幕府に献じている。また、明日香村大字冬野《ふゆの》は当帰《とうき》・勺薬《しゃくしゃく》などの栽培が盛んで、古くからの富裕村であった。

田原本町大字千代《ちしろ》の小字「センヤク」は「施薬《せやく》」関係の地名であろうか。同町大字薬王寺に「事薬《コトグスリ》」の小字があるのは、「事」は字形類似の「専」の誤写で、「施薬」のことか。江戸期の村絵図には薬師堂、薬師池などがみえ、「大門」、「神宮《じんぐう》」（宮寺のこと）、「院田」などの地名の所在から施薬関係の寺院のあったことが考えられる。（Ｉ）

**矢治**　やじ　（吉野郡）　吉野町の谷間村落。谷地《やち》の意か。足尾銅山、東京都内の「谷中」はヤナカ、五條市の旧大字「夜中《よなか》」は「谷中」の義であり、高取町大字谷田はヤタと発音。矢治の「矢」は「谷《や》」、「治」は飛鳥小治《おはり》（墾）田《だ》宮の「治」で好字化したもの。同町大字丹治《たんじ》も谷地（あるいは丹治比部の下略）か。（Ｉ）

**安田**　やすだ　（宇陀市）　『長谷寺霊験記』（永享七年、一四三五）によると、寛平年中（八八九～八九八）宇陀郡安田村の基守という者が観音信仰によって大富者（養丸長者）となり、安田に塔を建立したという説話がみえる。中世の安田庄で、近世は笠間と共に式上郡に属した。嘉字地名。滋賀県野州《やす》の郡名と同義か。砂地の多い地域。（Ｉ）

夜都岐神社（乙木町）

**夜都岐**　やつぎ　（天理市）　貞享五年（一六八八）、松尾芭蕉が奈良から在原寺をへて布留《ふる》社《のやしろ》に詣《もう》で、「丹波市、やぎと云所、耳なし山の東に泊る。時鳥宿かる頃の藤の花、と云ひて、なほおぼつかなきたそがれに哀れなるむまやに至る」（猿雖（物七）宛書簡　貞亨五年四月二十五日）とある。耳成山の東方、藤の花の名所といえば夜都岐神社西方、大和《やまと》神社前の佐保《さほ》庄で、「権現藤の棚、朝日（寺名）かがやく名物どじょう汁」の里唄があり、文化年間（一八〇四―一八）ごろの同句碑が残る。乙木社と春《かす》日《が》社を合祀《ごうし》し、延宝年間（一六七三―八一）以後、夜都岐の社名を用いた。このヤツギを芭蕉は丹波市あたりのヤツギとみて「やぎ」（八木）と書いたのでは。また、乙木《おとぎ》は小峠《おとうげ》の転訛で、旧當麻《たいま》町竹内峠、吉野郡高見峠、宇陀《うだ》市半坂峠の別名も小峠といった。「乙木・竹之内高みで寒い」「宇陀の半坂、小峠の茶屋で」「伊勢高見さん…小峠の餅《もち》や高い」という里唄が残り、三重県では御斎《おとぎ》峠が有名である。ちなみに「夜都岐」の「夜」は「於《お》」（字形類似）の誤写説も。（I）

## 八釣《やとり》（明日香村）

明日香村の大字。「雄略紀」に「漢織《あやはとり》、呉織《くれはとり》の衣縫《きぬねひ》はこれ飛鳥衣織部《あすかのきぬぬひべ》・伊勢縫部《いせのきぬぬひら》が先《おや》なり」とみえ、「崇峻紀」には「飛鳥衣縫部《きぬぬひのみやつこ》が祖樹葉《おやこのは》の家を壊ちて、始めて法興寺を建てた」とある。このアヤハタオリがアヤトリ―ヤトリに転じた。『万葉集』には「八釣山」「八釣川」を歌ったものが多く、「顕宗紀」には「近飛鳥《ちかつあすかの》八《や》釣宮《つりのみや》」とあり、允恭天皇の皇子に八《や》釣白彦《つりのしろひこ》の名がみえる。

また、香久山北方の藤原宮跡には下八釣の村名が残る。その間に奥山・小山・南山・木之本の村々を隔て、二カ所に八釣の古代地名がある。「持統紀」七年二月条によると、藤原宮の造京司《みやこつくるつかさ》に衣縫王《きぬぬいのおおきみ》らの名がみえ、京内の屍《かばね》を収めたという記事がある。

昭和六十年六月、藤原京跡内から、埋めもどした古墳四基を発見（奈良国立文化財研究所調査）、『日本書紀』の記事を裏書、実証するということになった。本居宣長の『菅笠日記』には「やとり村といふあり。文字には八釣と書けば…」とある。（I）

## 柳《やなぎ》（奈良市ほか）

「柳生」は柳の生えた地域。『万葉集』には「也奈宜」、「安平揚」などとみえ、「柳」は「やわらき」の転訛、あるいは「矢ノ木」や「斎《ゆ》ノ木」の意とする説などがある。大和国には「柳原」「柳本」「柳」「柳生」などの大字名が所在し、小字名ともなれば「柳田」は約一二〇例もある。『万葉集』柿本人麻呂の歌に「春楊《はるやなぎ》葛城山に立つ雲の　立ちても坐《ゐ》ても　妹《いも》をしそ思《も》ふ」（巻一一―二四五三）とある。春楊は初春を待つ女性に思いをこめた枕詞でもある。中国では「柳絮《りゅうじょ》」と言い、なよやかに流れる綿毛（種子）は、日本の桜の開花にも似て、春のシンボルとして親しまれた。

「柳《りゅう》」は「流《りゅう》」、または「留《りゅう》」で、ゆるやかに流れ、長く気を留めることに通じ、「楊」には「揚がる」の意味があった。中国では柳枝で輪を作って旅人に手渡した。「輪」は「環《かん》」（円いこと）で、「還《かん》」（帰る）は「早く帰って下さい」という意に通じ、別れを惜しんだという。日本の花柳街では「柳腰」の女性が「帰らないで」と「柳眉《りゅうび》」を逆立てるかも。東京の「銀座の柳」ではないが、「柳」はたおやかな美人の姿を形容した。

奈良盆地では、奈良時代に施行した条里制の水路や、池沼の堤に「柳」を植えた。「柳」は水質に根強《ねづよ》く、枯れることが少ない。

平城京跡・六条町の約二〇戸の村は「柳」「奥柳（新柳）」「北柳」の垣内《かいと》に分かれ、「柳田《やなぎだ》」「柳田」「楊田」などの姓がある。五条町にはゴショウ村（旧郡山藩）、ゴジョウ村（旧唐招提寺領）があるように、用字・発音によって所在を区別した。（I）

## 矢部《やべ》（田原本町）

矢部はヤヲイ（矢負）部の二字化地名であろうか。『万葉集』の「矢部坂」説がある。大阪府下の八尾市では四世紀の方墳・萱振《かやぶり》古墳からわが国最大級の矢筒の靫《ゆき》の埴輪が出土した。靫は負靫《ゆげひ》で、同古墳近くには弓削《ゆげ》郷や鞍作《くらつくり》の地名が残る。矢部は野部とも書き、中世は矢部庄と称した。『高市郡古跡略考』によると、現橿原市に雪別所（旧大字別所）の古名を伝える。「雪」は「靫」の義か。同市八木《やぎ》も矢矧部《やはぎ》（弓矢の制作を業とする）の二字化地名で、同市旧大字五井《ごい》には「八木部」の小字がある。矢部はあるいは矢矧部の二字化地名か。同大字には「マヤ」「東兵ヤ」「中曽司」「兵庫」などの小字が残る。（I）

## 山粕《やまがす》（宇陀市）

旧室生村大字。山ケ栖《ヤマガス》（スは住処《スミカ》のス）の義か。山舎を意味する語であろう。（I）

## 山君里《やまきみのさと》（香芝市）

二上山北方の丘陵地。大字穴虫《あなむし》付近の地名。大阪四天王寺蔵「威奈大村骨蔵器《いなのおおむらこつぞうき》」（明和七〈一七七〇〉年出土）銘文によると、威奈大村は越後国司に任ぜられ、磐舟柵《いわふねさく》・渟足柵《ぬたりのさく》に赴任したが、慶長三年（七〇六）現地で没し、大和国葛木下郡山君里に葬られたとある。なお磐舟柵は、越後国（新潟県）北限、日本海に面し、磐舟《いわふね》の郡名をみる。石船神社鎮座地で、『和名抄』には「石船―伊波布禰《いわふね》」と訓《よ》む。「孝徳紀」には柵をつくり、北方蝦夷の進入に備えたとみえる。威奈大村は、『続日本紀』に「猪名真人《いなまひと》大村」とみえる人物であろう。

## 倭《やまと》

（Ⅰ）

大和の国の地名は、各時代の風土とあらゆる歴史を秘める貴重な遺称である。

古代、大和平野には倭国《やまとのくに》・闘鶏国《つげのくに》・葛城国《かつらきのくに》などの国名があり、また、「大和六県《やまとのむつのあがた》」と称し、高市《たけち》、葛《かず》城《らき》、十市《とおち》、志貴《しき》、山辺《やまのべ》、曽布《そう》（添）の六県があり、それぞれの県《あがた》には県神社を鎮座し、この神社を結ぶ圏内がいわゆるヤマトの地域と考えられる。ヤマトの地域をさらに縮小していくと、「倭大物主大神《やまとのおおものぬしのおおかみ》」を祀る三輪山地方「三輪山本《みわのやまもと》」（『古今集』）の地に限定される。山本は三輪山一帯の古い汎称であった。「崇神紀」に「豊鍬入姫命《とよすきいりびめのみこと》に託《つ》けまつりて、倭《やまと》の笠縫邑《かさぬひのむら》に祭る。仍《よ》りて磯堅城《しかたき》の神籬《ひもろき》を立つ」（六年）、「亦《また》、市磯長《いちしのなが》尾《を》市《ち》を以《も》て、倭大国魂神《やまとのおほくにたまのかみ》を祭《いは》ふ主《かむぬし》とせば」（七年）、「我《われ》は是倭国《これやまとのくに》の域《さかひ》の内《うち》に所居《を》る神、名を大物主神《おほものぬしのかみ》と為《い》ふ」（七年）、「倭の香山《かぐやま》の土《はに》を取りて、領巾《ひれ》の頭《はし》に裹《つつ》みて祈《の》みて曰《まう》さく、『是れ倭国の物実《ものしろ》』とまうして、則ち反《かへ》りぬ」（十年）、「爰《ここ》に倭迹迹姫命《やまとととびめのみこと》、仰ぎ見て、悔《く》いて急居《つきう》。則ち箸に陰《ほと》を撞《つ》きて薨《かむさ》りましぬ。乃《すなわ》ち大市《おほち》に葬《はぶ》りまつる。故《かれ》、時人《ときのひと》、其の墓を号《なづ》けて箸墓《はしのみはか》と謂ふ」（十年）、とあり、『続日本紀』天平宝字二年（一七五八）の条に「城上郡、大和神山」とみえる。

さらに、『出雲国造神賀詞』には、「皇御孫の命の静まりまさむ大和国と申して、己命の和魂を八咫《やた》の鏡に取り託《つ》けて、大和の大物主櫛𤭖玉命《くしみかたま》と名を称《たた》へて、大御和の神奈備に坐せ」とあり、『古事記』には「吾をば倭の東の山の上にいつき奉れ」と記し、「日本《やまと》三諸山」（『紀』）、「大和国真穂御諸山」（『新撰姓氏録』）として、三輪山は古代「大和」の政治的権威の象徴であった。「倭国の磯城邑」（『紀』）の地名がみられるように、西の葛城の国に対し、倭（大和）の国が存在していたのである。『魏志倭人伝』にも、すでに倭の文字がみえ、ヤマトの語も三世紀頃までさかのぼることができるのである。

『和名抄』によると、旧式下郡内に「大和」（於保夜末止）の郷名がある。対照的に都介野《つげの》高原に大字小山戸の村名が存在し、大和には大和坐大国魂《やまとにいますおおくにたま》神社が鎮座する。駿河国駿河郷、出雲国出雲郡出雲郷、大隅国大隅郡大隅郷がみられるように、大和国山辺郡大和郷があっても当然なことである。ヤマトに充当した文字は、耶馬騰、夜麻登のように万葉仮名を組み合わせたものや、山跡・山常、あるいは倭・和・大和・東・日本などのほかに大養徳（『続紀』）などがある。東・日本のごときは、東方の国、日出づる国の観念から出ていると思われる。倭は中国においてヤマトを指した文字で、平和愛好の国民性を象徴し、倭《わ》は和に通じ、天平勝宝元年（七四九）に和に改め、大倭、大和の大は大八洲、大日本などのように讃辞である。天平九年（七三七）「大養徳」とし、同十九年大倭となり（『続紀』）、天平勝宝元年「大和」に復した。ヤマトの地名を要約すると、山門・山跡・山処・山内など地形を表現する用字がもっとも多く、その他のほとんどは佳字・美称を充用している。

倭・大倭・大養徳・再び大倭・大和へと変化している事実から考えると、国名は政治の激変と共に改変された。また、ヤマトは、「国のまほろば　たたなずく青垣山」「そらみつ大和国」「あきつのトナメする内木綿の真迮国」「磯輪上の秀真《ほつま》国」など、青垣山の地形を賛美した拡大的名義と化した。さらに、「磯城島のやまと国」、「秋津島大和」という『万葉集』の枕詞からヤマト・シキシマ・アキツシマは日本国の別号ともなり、まさに「大和」とは「美し国への希望」の代名詞であった（『伝承学』）。　（Ｉ）

## 大和《やまと》

ヤマトはヤマ（山）ト（処）の意ともいわれる。奈良県内にはヤマト関係の小字名（以下「小字」）が約三〇例、同「山本」が約一六〇例、同「日ノ本」は約一〇例ある。たとえば、川戸・城戸・瀬戸・平戸・坂戸・井戸などの地名があるように、「ヤマト」は、「山処」を意味する素朴な地名語である。例の「邪馬台」も、ヤマタイ・ヤバタイなどではなく、『古事記』神代には「台」に「等」の訓注があり、ヤマトであったといわれ、その九州山門説、大和説などについては多くの問題がある。

三輪山の「美和」を「大神《おおみわ》」、ヤマト（和）を「大和」というように、「大」は敬愛的美称で、「和」は親愛・平和的用字である。いうまでもなく、大和は奈良県を代表する広域地名であるが、県内には約一三万という小字があり、これに俗称地名を加えると約二〇万の地名が実在している。地名は地域の広・狭にかかわらず、それぞれの歴史を秘め、単なる便宜上の符号ではなかった。そして、地名の発生当時は局部的なものが多く、やがて、近傍から地方に拡大していった。したがって、山の在る所、三輪山付近から大和神社近辺へと拡大し、東方の都介野高原（闘鶏国）の「小山戸」は対語的に呼称したか。すなわち、神武天皇の諱《いみな》がカムヤマトイワレヒコであったように、懿徳《いとく》・孝安・孝霊・孝元・開化・清寧・持統・文武・元明・元正天皇の諱《いみな》にもヤマトの地名を用いている。宮都の地域（葛城・飛鳥・藤原・奈良）が古代ヤマトの拡大範囲としてほぼ選定されるのである（『伝承学』）。（Ｉ）

## 大和の旧国号村名

全国的に「ヤマト」の地名を求めてみると、大字・町以上では約五〇例もある。これは「国のはじまりは大和」という歴史的佳称に因るもので、『大日本地名辞書』（凡論）には「大和大路（三城）」「大和（近江）」「大和島（淡路）」「大和神社（因幡）」「大和川（越後・河内）」「山門（筑前・筑後・肥後・薩摩）」「山余（肥前）」「和戸（相模）」「山人（下野）」「山都（岩代）」などがある。

こうして「大和」の地名が全国的に分布する事実に対し、大和国内に備前・備後・長門・阿波・出雲などの旧国名を用いた村名が多く分布している（旧大字・中字では約二五例）。特に薩摩・大隅・筑紫・豊前・豊後などの九州の国名が多く残っていて、大隅・薩摩の隼人が朝廷に出仕のため移住したことは記録に残っているが、大和国と交流のあったことは、藤原・平城宮出木簡墨書によっても確認することができる。特に藤原京跡の曽我遺跡（五、六世紀）から古墳時代の玉類原石が近畿・北陸・山陰など全国各地から約三〇万個以上が出土、大和政権直属の玉作工房跡の検出することによってよくわかる。

古代大和の古墳・都城・仏寺伽藍の建設には予想以上の人的資源と高度の技術を必要としたことはいうまでもない。『万葉集』にも「藤原の宮の役民のつくれる歌」があるが、畿内制理想の影響をうけ、宮都近くの国々は優遇されたことが考えられる。したがって、このような国号地名の発生は大和国家の確立した六、七世紀頃であろうか。ちなみに、同木簡にみえる貢進国は、近国では尾張・参河《みかわ》・志摩・近江・若狭・但馬・備前・美作・紀伊・阿波・讃岐、次いで、遠江・駿河・伊豆・甲斐・越前・越中・伯耆・出雲・備中・備後、遠国では武蔵・上総・下総・常陸・隠岐・周防・長門・伊予・筑後・豊前・肥前・肥後などとなっている。

なお、国号地名の分布は、大和平野中央部（高市・磯城部）以南、藤原宮跡付近に集中、ほかは中つ道《なかつみち》・下つ道《しもつみち》・太子道《たいしみち》・巨瀬道《こせじ》付近となっており、当時の交通路の要所に残存している。やはり、藤原京時代に発生した地名であろう。関東以北の国名こそみえないが、小字地名にいたっては、相当古い時代に、東北地方のものが多く残存する事実を認める。たとえば、トロ（瀞）・スガ（渚）・アクツ（圷）など、和字化したような形状地名は、東北から関東以西に向かって移っていったのではなかろうか（『伝承論』）。今後の研究課題である。

（Ⅰ）

## 大和三山 やまとみつやま （橿原市）

大和川（広瀬神社の杜）

大和三山（畝傍・香具山・耳成山）の畝傍（畝尾）山は『万葉集』などには雲根火山・畝火山・畦樋山などの表記を見る。畝《ウネ》は現代語と同じ。「ビ」の意味ははっきりしない。「ビ」は「尾」の音読化であったかも。『古事記』に神武天皇の東北陵は「畝火山の北方白檮《かし》尾上」とあるのは、カシの生えた「すそのほとり」である。さらに「雲火」の「雲」は同山麓に「雲梯《うなてい》」（宇奈天）の村落があるように、「ウネ」「ウナ」「ウニ（雲丹）」と訓《よ》む。「ウン」の「ン」はナ行音に開音節、国語化した。しかし、「雲」はウナ・ウニ・ウノなどに訓むことからあえて「雲根火」と表記した。のち、地名の二字化の官命によって「雲火」とした。

天香久山

また、『古事記』には「香山の畝尾の木本」とみえ、『日本書紀』神代紀には「畝丘樹下《うねをのこのもと》」とある。『延喜式』によると、天之香具山麓には「畝尾《うねび》坐健土安《にますたけはにやす》神社」「畝尾《うねび》都多本神社（現木之本町）」の社名がみえる。この「畝尾」は文字通り香具山麓の神社で、「畝尾都多本」は「畝尾の多本（太本→木本の誤）」、現「木之《きの》本《もと》」のことで、実に香具山の「尾」に立地する。近江

畝尾坐健土安神社

国栗多《くりた》郡も刊本には「栗本」とみえ、『延喜式』には「栗本《くるもと》郡」、『更級日記』は「くるもと」とある。「本《もと》」は「原《もと》」と同義、耳成山の西麓の旧大字木原である。つまり、耳成山の「木之本」である。

『万葉集』に天香具山を高山と表記しているが、「高い山」の意味ではなく、「高山」はあくまでもカグ山であった。「高《カウ》」「香《カウ》」の「ウ」は、相《そう》(サウ)をサガ(相模《さがみ》国・相楽《さがら》郡)と訓むように、開音節化して発音した。したがって、「香」はカグ・カゴなどと訓むことから、送りがなのように「久」や「具」を付して香久山・香具山とし、のち二字化して「香山」とも表記した。

香久山は埴土《はにつち》神事で有名であったが、旧畝傍山頂の山口神社でも、住吉神社の埴土行事が今もなお執行されていることから、畝傍山をもって「高山」=香久山とする説もあった。いうところの風土記的説話である。

耳成山にも諸説があるが御水生《みみなし》山のことかも。吉野「耳我山」といわれる吉野水分山が御水ケ《みみが》山→耳我山に転じたか。耳成山中の山の神社は「水の神」を祀る古社である。(I)

## 山ノ神《やまのかみ》

「山ノ神」の小字は全国的に分布する。奈良県だけでも約一五〇例もある。山ノ神は田ノ神と同じく信仰の対象となった。「山の神」は祠として祀る以外に、山中の任意の場所、「吉」の方位の山地・山口などの老樹下を選んで祀る。祭日は七日・九日・十二日などで、月は二月と十一月が多い。祭日には山稼ぎに出ることを禁じ、当日は山の神が狩をする日である。大和では正月七日、二月七日の早朝「山ノ神」の歌をうたうのである。民俗地名。(I)

## 山ノ辺の道《やまのべのみち》

大和平野東部山麓の道であるが、山辺の郡名は、『和名抄』に「夜万乃倍《やまのべ》」、「雄略紀」には「耶摩能謎《やまのべ》」、『古事記』崇神段には「山辺勾之岡上」(山辺《やまのべ》の道の勾《まがり》の岡の上)、「景行紀」には「山辺之道上」とみえ、景行天皇

崇神天皇陵

陵名の「山辺之道《やまのべのみち》上《のへ》」は「山辺の道の辺《ほと》り」の意で、大和東方、「上《かみ》つ道《みち》」のことをいったらしい。昭和に入ってから、観光道路として三輪山から石上《いそのかみ》神宮への山裾《すそ》の細道（山道）を称するようになった。一般に、「山辺の道」と書いて、ヤマノベノミチと訓《よ》ませている。

石上神宮付近の山辺の郡名にかかわりなく、山辺の郡名は平坦部の旧山辺村付近と考えられる。山辺村は現在の井戸堂《いどうどう》で、『更級日記』の「山のべ村」で、「山辺村」ともいい、山辺《やまべ》御《み》県《あがた》神社の鎮座地である。いわゆる「山辺」のような地形ではない。古代道路は、一般に目的地に向かって直線的である。現在の山ノ辺道のように山麓地帯をめぐる坂道ではなかった。『和名抄』添上《そえかみ》郡の山辺郷も現在は山村説が有力で、山辺は山部赤人を山赤人というように、避諱《ひき》地名であろう。

『和名抄』山守郷は広瀬郡では山坊《やまのぼう》村に、宝亀八年（七七七）の『東寺文書』の「十市《とおち》郡山部里」が現在の山之坊（耳成山付近）である。郡名のヤマベは山守部の二字化郡名であろうか。　（I）

## 山　坊《やまのぼう》（河合町）

桓武天皇延暦四年（七八五）の詔《みことのり》に「臣子の礼は必ず、君の諱《いみな》を避く」とあり、仁明天皇天長十年（八三三）には、「天下諸国人民の姓名、及び郡郷・山川等の号、諱に触れるもの有るときは皆改易する」とみえる。したがって、桓武天皇の諱が「山部」であることから、『和名抄』河内《かわち》国讃良郡「山家郷」は中世には「三箇《さんが》庄」に転じた。河合町大字「山坊」は、『和名抄』（九一一）広瀬郡「山守郷」のことであろう。　（I）

## 山之坊《やまのぼう》（橿原市）

橿原市耳成山東南「山之坊」は「山の坊」の所在地ではない。『和名抄』の「山守郷」で、東寺の宝亀八年（七七七）の『百合文書』によると、耳成山麓に「山部里」「耳梨里」「十市」などの古代条里の地名が残っている。さらに、藤原宮跡東北部には「山部門」という宮城の門があった。山部は古代山部氏に関係する語。もとは「山守部」のことで、これを二字化したもの。「山守部」は耳成山（山口神社鎮座地）の山を守る部民の居住地か。『続日本紀』文武天皇四年（七〇〇）条には香久・畝傍などの樹木の彫《くぼ》み枯《か》れたことを記している。やはり、前記、「山之坊」村は馬見山や耳成山を守る部の称呼であったか。ちなみに、河合町の西部、馬見山に大字山坊がある。

なお、「山部」は古代「ヤマムベ」といわれた。「ヤマムベ」は「ヤマムメ」と訓《よ》み、「楊梅《やまもも》」に転じたか。「山之坊」南方近くの明日香村大字小山《こやま》の「大官大《だいかんだい》寺《じ》」跡に「ヤマモモ」の小字が残っている。平城京内の「杏《からもも》」は羅城門（唐の門）近くのカラモム—カラモモにちなむ村名か。「桃」は中国でも邪気を払う樹として門前に植えた。平城宮では「楊梅《ようばい》宮」、長岡宮は「山桃《やまもも》院」、平安宮は「陽明《ようめい》門」というように、地名は奈良朝以来好字、嘉名に改変した。

また、「山部」は「山部皇子」の諱《いみな》を避け「山家」とも書いた。「山家」を「サンガ」と訓み、河内国「山家郷」が「三箇《さんが》」（現町名）に転じた。五條市の三箇氏は有名。三家→ミヤケに転ずる例もある。（I）

## 山辺《やまべ》（宇陀市）

額井岳《ぬかい》南麓の傾斜地。宇陀市旧大字。旧山辺東（篠畑）・山辺中村・山辺西村付近に該当。額井岳を大和富士と称し、いわゆる山部赤人の墓と伝える碑がある。地名「山辺」と「赤人」、「赤人」と「富士」が関係、さらに赤人の万葉歌「…不尽《ふじ》の高根に雪は降りける」に付会し、山部赤人にちなむ地名説話が発生した。

また、大和平野東方山間部を山辺郡といった。この山辺はいわゆる「山ノ辺道」の「山辺」ではなく、山守部（天理市平坦部井戸堂・山辺御県《みあがた》神社鎮座地付近）の二字化「山部」が「山辺」に転じたとする説も。（I）

## 山辺三《やまべさん》（宇陀市）

額井岳東南部の傾斜地。篠畑《ささはた》神社鎮座地。「垂仁紀」の「菟田《うだ》の篠幡」の伝承地。旧山辺（篠畑）村、山辺西村付近に該当、山辺西村は赤瀬の春日神社の懸仏銘には「文安二年（一四四五）、西山辺」とある。

延久二年（一〇七〇）の『興福寺坪付帳』には「篠畑」の庄名がみえ、貞応二年（一二二三）の関東下知状案（『春日大社文書』）には「大和国山辺東西庄事…」とある。『三箇院家抄』や「宇陀郡田地帳案」などにも「篠幡庄」「山辺東西」「東山辺郷」などの地名を記す。（I）

明治八年、山辺村（東）・山辺中村・山辺西村が合併、現在の大字山辺三となった。『倭姫命世記《やまとひめのみことせいき》』には「佐々波多」とみえ、『風土記』逸文によると「宇陀郡、篠幡の庄、御杖の神の宮。祭れるは正魂霊にあらず。倭比売命、天照大神を戴き御杖と為りて此の地に至りき…」とある。『延喜式』の「御杖神社」の存在が考えられる。（I）

## 結崎《ゆうざき》（磯城郡川西町）

大和川支流の寺川の自然堤防帯に位置する集落。「結崎」は鎌倉期からみえる地名で、「夕崎」「遊崎」「魚崎」とも記した。江戸期から明治二十二年までは式下郡のうちの村名としてその名を継承。明治二十二年からは、はじめ川西村、のち川西町の大字となる。中村・市場・辻・井戸・出屋敷・結崎団地・結崎南団地・美ノ城・美幸の九地域よりなるとしている。実に江戸前期では市場村を本村に中村・辻村・井戸村・梅戸村を枝郷とする五カ村に分村した記録もみられるが、『大和地名大辞典』（昭和二十七年刊）によれば、結崎だけで一三三もの小字名を見ることができる。

糸井神社

「結崎」は能楽観世座の発祥の地としても知られる。『地名伝承論』（平成二年刊）には結崎市場の地名があり、同地に式内社糸井神社があることから、結城前《ゆうきさき》がユウザキに転訛した可能性があるとしている。さらに、結城・糸井は服部《はとりべ》に因縁をもつ地名であるとも。（Y）

## 瑜伽山《ゆがやま》（奈良市）

奈良市高畑《たかばたけ》町・旧北天満町・奈良ホテルの北に広がる荒池とその東に連なる池の南側に瑜伽神社がある。室町時代中期、西方院山城の跡。文安元年（一四四四）正月、古市《ふるいち》胤仙らが西隣の鬼薗《きおん》山城の代わりの城として築き始めたが、途中で計画が変更され放置（『経覚私要抄』）。文明十一年（一四七九）再度築城に着工。東は天満社と二重の掘で画し、西は新宮社の東南から北にのびる掘で囲まれていた。同年九月二十九日に城は完成したが、十月二日には筒井氏に攻められ落城した。

社伝によれば、瑜迦神社は、平城遷都に際し、元興寺とともに奈良に遷された飛鳥の神奈備で、元興寺禅定院の鬼門除けの鎮守社として今宮《いまみや》または新宮と称した。中世、禅定院内に興福寺大乗院が移されたときその鎮守社となり、社名も興福寺が重視した瑜迦論にちなんで改称したという。祭神は宇迦御魂《うかのみたま》。『奈良坊目拙解』に記載されていないので、現社殿の造営はこれ以後とみられる。前身と伝える今宮は延徳二年（一四九〇）に大乗院主尋尊が長者宣《ちょうじゃせん》（藤原氏の長者文書）を得て創始したと伝える。（O）

## 逝回岳《ゆききのおか》（明日香村）

飛鳥の古代地名。『万葉集』に「明日香河、逝回岳《ゆききのおか》の秋萩は…」とある。逝回岳を「ゆき廻《み》る岳」とも訓《よ》むなど諸説がある。豊浦から飛鳥川を詠んだもので、現雷丘《いかづちのおか》付近の丘を対象とする。この地域は『和名抄』の遊部《あそぶ》郷で、飛鳥川流域にはアソブの語頭音を略したソブ井・ソブ橋・ソブ川・ソブ田などの地名が残る。橿原市旧大字四分《しぶ》もソブの転訛語といわれる（『大和志料』）。「ソブタ」は「ソブ々」に誤写して、「ソブソブ」と訓むことも。

また、『万葉集』古写本には「逝」「遊」などの誤写が少なくない。遊部は『令集解』に記す職業集団で、部は忌部や馬飼部の部と同義の古代職業地名。『万葉集』の飛鳥川の「打廻前」「逝回前」「遊回前」などは「遊岡」の誤写地名であろうか。あるいは、遊岡は「ゆきが岡」とも。飛鳥川畔に雪《ゆき》別所（壱岐《いき》別所）がある（大字木之本付近）。（I）

## 遊副川《ゆふかわ》（吉野川流域）

『万葉集』（巻一―三八）に「秋立てば黄《もみ》葉《ち》かざせり逝《ゆ》き副《そ》ふ川の神も　大御食《おほみけ》（神・天皇の食事）に仕へ奉る」と詠まれた河川だが、現存しない。「遊副川」の漢字表記や訓をはじめ、地名かどうか、所在地はどこかについては、古くから諸説がある。

まず、漢字表記や訓について『万葉集』諸本の「寛永本」（江戸前期）は「遊副川《ゆふかは》」である。「寛永本」は、今日多くの万葉研究者が底本としている版本である。「元暦校本」（平安中期）は「遊副川《ゆふかわ》」で、「遊」が「遊」の表記である。『西本願寺本』（鎌倉後期）は「鮑《ゆ》副川《ふかは》」、『類聚古集』（平安末期）も「鮑副河」と「遊」の異体字「鮑」である。「遊」は名乗では「ユキ」と訓《よ》み、「遊」も「ユキ」である。漢字表記の「遊」によって、遊副川は固有地名でないとする説がある。

鎌倉前期の『万葉集註釈（仙覚抄）』は「遊副川之、ゆふかわの、よしのにある川の名也。かしこ（彼処）にはゆかはと云也。これおなしこと歟《か》」、江戸前期の契沖『万葉代匠記』は「ゆふ川、仙覚云はく、川の名也。今かしこにて湯川と云ふ所これか」、江戸後期の鹿持雅澄《かもちまさずみ》『万葉集古義』は「遊副川は宮瀧の末に、今ゆ川てふ所ありとぞ、是か。または七巻に結八川内《ゆふやかはち》とよめる是ならむか考べし」という。また、『大和志』は「吉野川、旧名遊副《ゆふ》川、古人詠題の所也」、『大和名所図会』は「遊副川《ゆぶかは》、吉野川の旧名なり」とする。

近代以降、吉田東伍『大日本地名辞書』は「遊副川《ゆふがは》は吉野川の一名なるべし。略解（橘千蔭『万葉集略解』）は宮瀧の末に遊川《ゆがは》野ありと記す。或は結八川《ゆふやがは》に作る」、折口信夫『万葉集辞典』も「吉野川に入る枝川の名と思はれる」とする。あるいは、鴻巣盛広『万葉集全釈』は「遊副川、ユフカハ。宮瀧の末にユカハという川があるとか、巻八（注、七の誤り）に結八川内《ゆふやかふち》と詠んだ川だとか、或は吉野川の別名だとか、諸説別れて決し難い。『元暦校本』に遊を遊に作ってゐるに従って、ユキソフ川と読む説もあるが、意味がわからない。もしそれを採るならば、寧ろ遊を迩の誤として、ニフ川であろう。即ち丹生川である」と述べている。（T）

## 楊梅《ようばい》（奈良市）

「名は体を表す」という諺《ことわざ》がある。地名は過去の本質を確実に明示することが多い―。たとえば、「楊梅」はヤマモモ（山桃）のこと。好字化して楊梅、転じてヤマボウ・ヤマノボ・ヤマンベなどになった。大和三山の一つ、藤原宮跡内の山之坊《やまのぼう》村が、『和名抄』広瀬郡山守郷の現河合町山坊《やまのぼう》に小字「山守田」が、同書河内国讃良郡に山家《やまべ》郷がある。山坊・山守・山家はいずれも山部（山を守る部）であったか。宝亀八年（七七七）の『東寺百合文書』に「大和国十市郡路東二十二条三里山部里」とあるのは現山之坊付近で、藤原宮出土木簡に「山部門」「少子部門」の門号墨書がみえる。

「応神紀」五年条に「諸国に令して海守部・山守部を定む」とみえ、『続日本紀』延暦四年（七八五）年の詔に「君子の礼は必ず君の諱《いみな》を避く…山部を改めて山となす」とみえ、桓武天皇（山部皇子）の諱を避けて「山」とし、宮城の「山部門」を「陽明門」の唐風好字に改め、平城宮の「楊梅宮」は「桜梅宮」（同社石碑文）に誤写し、唐門（羅城内）を「杏村《からもも》」に改字した。ちなみに、「山家」がサンガに転じ「三箇《さんが》」の氏名、町名が生まれた（五條市ほか）。　（I）

## 横大路《よこおおじ》（橿原市）

橿原市の藤原宮跡の中心部―古代の高市郡路東二十六条二里に相当するところが現高殿《たかどの》町にあたる。同町付近には小字「宮所《みやどこ》」「百済《くだら》」「大宮《おおみや》」（大極殿跡）などが残る。また、同町の付近に「京ドノ」「北京ドノ」「南ドノ」「沖殿」「城ドノ」「南京ドノ」など、「ドノ」関係の地名が多い。特に同条同里内の十六坪（一町内）にある「中殿」の「殿」は「デン」で、「田《でん》」と考えられ、「中田《ちゅうでん》」と同意であることがわかる。さらに、すぐ西方の元薬師寺跡付近の旧大字城殿《きどの》も「喜殿」であるが、延享四年（一七四七）の村記録には「木殿」であったが、「城殿」に改めたとある。

延久二年（一〇七〇）の『興福寺坪付帳』によると、同市の吉田町は「ヨシダ」ではあるが、「吉田」の「吉」は「吉備《きび》」の「キ」、「田」は吉田寺《きちでん》（斑鳩町）というように、デン―ドノで、この「吉田」は「喜殿庄」となった。結局、藤原宮跡内の大字「高殿」は「高田」であったかもしれない。ちなみに、高殿村南側の小字「コウ田池」は「高田池《こうでん》」か。別名の「高所寺池」は高殿・別所・法花寺の合成地名である。

奈良市内の「神殿《こどの》」（現町名）も「神田《こうでん》」（神社の神田）であった。かくして、地名は改変することがあり、現地名の用字はよく注意することが必要となる。大和高田市の高田もコウデンで「神田」のことで、今は「甘田《かんだ》川」の地名が残る。

横大路（八木町）

藤原宮跡の「横大路《よこおおじ》」は、東方、桜井市から西方の大和高田に向かって走っている。この地名は建久四年（一一九三）の古くから実在していた。横大路《よこおおち》には「横落《よこおち》」（桜井市）、オチンド川（橿原市―大路道《おおちどう》川のこと）、横内（大和高田市）の村名がある。平城宮跡三条通の「横大路」はヨコオオロと訓《よ》み、「横領《よこりょう》」に転じている。いわゆる「押領」のことではない。
橿原市膳夫《かしわて》には小字「横大路」が残っているが、旧膳夫《かしわて》、出合《であい》、出垣内《でがいと》村などでも横大路に面する地域を「面堂」と称している。明治三十三年、旧陸地測量部の地図には「面動」とある。これも「面堂」ではなく「面道」（横大路に面する町並み）の意であった。（Ｉ）

**吉城川**　よしきがわ　（奈良市）

川は若草山に発源し、東大寺南大門の前を流れ、氷室神社の北を過ぎ佐保川に注ぐ。『万葉集』に「吾妹子《わぎもこ》に衣《ころも》春日の宣寸《よしき》川縁《よし》もあらぬか妹が目を見む」（巻十二―三〇一一）とある。南大門東方の若草山頂の「鶯塚《うぐいすづか》古墳」は古くから牛墓《うし》（大人墓）として有名。前方後円墳（五世紀頃の築造）としてもっとも高所に所在する。周防国の郡名に「殯宮《ひんきゅう》」（もがりの宮）を「吉敷《よしき》」に改名している例があるので、吉城の別名、「宣寸《よしき》」「宣木」も好字地名か。（Ｉ）

**吉田**　よしだ　（斑鳩町）

江戸の地名「葦原」を「吉原」の好字に改めたことは有名である。県内には吉田・吉川・吉井・吉野・吉原・吉岡など、「吉」（嘉字）関係の大字は三例、小字では約五〇例もある。東京の「亀無」を「亀有」（取名）に改名したように、ヨシはアシ（植物）で、アシは「悪し」に通ずることからヨシとする場合もあった。「難波の葦は伊勢の浜荻」といい、多年草のアシは各地の水辺に自生する雑草である。

斑鳩には大字小吉田《こよしだ》があり、ポックリ寺で有名な吉《きち》田寺《でんじ》がある。小治田・小野田・小柳田というように小吉田の小は美称で、同郡内の平群町の同名、吉田は新村と合併し「吉新村《よししん》」となった。明治の文豪、幸田露伴は「吉田新村を合わせて吉新《よししん》というのは珍妙だ」と酷評している。

貞応三年（一二二四）の「東大寺文書」によると、同郡目安郷十条九里三五坪の小字に「好田」がある。その隣地の「芦田」の小字と並列して残っているので、早くも貞応時代に好字化地名のあったことがわかる。『豊後国風土記』には「広く大なるかも、碩田《おおきた》の国と名づくべしとのりたまひき、いま大分《おおきた》という」とみえ、延喜四年（九〇四）十二月には「岡田郡」を「豊田郡」に改字している（『延喜式』）。（Ｉ）

**吉野**　よしの　（吉野町）

奈良県南部、吉野郡内の吉野川、十津川、北山川流域を中心とした山地一帯の地名。芳野とも書く。吉野の名は古く「神武記」に「吉野河之河尻」、「神武紀」即位前紀条に「吉野《よしの》の地《ところ》」などとみえる。また、「天智紀」十年十二月条に「美《み》曳《え》之《し》弩《の》能《の》曳《え》之《し》弩《の》」(み吉野の吉野)、『古事記』『日本書紀』の後に成立した『万葉集』には「美《み》与《よ》之《し》努《の》」(巻一八－四〇九八)と書かれた。『古事記』はすべてエシノの訓《よ》み、『日本書紀』『万葉集』はエシノ、ヨシノと二通りの訓《よ》みがある。「美」は美称的接頭語、エシ・ヨシ(吉し)は「よい野」の意味である。また、曳之弩の弩の字音はヌ・ノであるが、上代特殊仮名遣では弩は甲類でノと訓む(橋本進吉『上代特殊仮名遣』)。

平安期に入ると、住吉《すみのえ》・日吉《ひえ》がスミヨシ・ヒヨシに転音しているように、エシノはヨシノ(与之乃、『和名抄』)と称するようになった。白川静『字訓』は、「えし(吉・宜)『よし』の古形。『吉野』を〔紀〕に『吉野《えしの》』とよみ、〔万葉〕の東歌に、『吉《え》し』の例が五例みえる。おそらく古語が方言に残ったものであろう。エはヤ行の音」と指摘している。

なお、吉野の発祥地は、『万葉集』に「み吉野の清き河内の激《たぎ》つ白浪」(巻六－九〇八)、「この山の　いや高知らす　水激《みづたぎ》つ（みなそく）滝の宮子《みやこ》」(巻一－三六)などとあり、清き河内、滝の都で、現在の吉野町宮滝付近の野とされる。鹿持雅澄『万葉集古義』に「清河内跡《きよきかふちと》(巻一－三六)は、山と川の清くてめぐれる地なれば、よき地なりとての意なり」とみえ、「『河内』というのは、宮ぼめ、土地ぼめの詞章にしばしば用いられる語句で、まわりを川にかこまれたその内なる地である」(中西進『万葉の歌4　人と風土』)。『古事記』『日本書紀』『万葉集』に応神天皇以来、しばしば行幸記事があり、同地に吉野離宮(外《と》つ宮)跡がある。吉野は「み吉野《みよしの》の清き河内のたぎつ白浪」(『万葉集』)とあるので、やはり、宮滝付近と考えられる。吉野郡黒滝村大字御吉野は深吉野の意であろうか。　(T)

# ら 行

**竜在峠**《りゅうざいとうげ》（吉野郡） 明日香村・吉野郡境界の峠。南渕《みなふち》川（飛鳥川）の発源地で、付近に大丹保《おおにほ》神社の旧鎮座地がある（入谷《にうだに》村）。飛鳥時代、南渕（水渕）川上で降雨を祈った（「皇極紀」）。明日香付近には竜福《りゅうふく》（南渕）・竜臥《りゅうが》（多武峯）・竜《りゅう》蓋《がい》（岡寺）など「竜」にちなむ地名・寺名が多い。竜在峠は竜門（細峠経由）・吉野（滝畑）・多武峯に至る要所に立地、別名「雲居茶屋」ともいった。竜在—雲居は「水」にゆかりをもつ信仰地名。古来、祈雨の神を祀る聖地として有名。

竜在峠

**龍門岳**《りゅうもんがだけ》（吉野町）（I） 吉野町と宇陀市の境にあり、奈良盆地の南縁をつくる竜門山地の主峰（九〇四メートル）である。南麓に龍門寺跡・龍門滝がある。現存最古の漢詩集『懐風藻』に「葛野王、竜門山に遊ぶ」の一首がある。王喬《おうきょう》（周霊王の子晋）のように仙人術を会得して、鶴に乗って仙人の住む蓬瀛《ほうえい》（神仙の山）に入りたい、という詩。古代は中国の神仙境になぞらえられていた。久米仙人が修行したという説話で知られる（『今昔物語集』巻第十一第二十四）。龍門寺は義淵《ぎえん》僧正が開基と伝わる。山名由来について、『大和志』は「竜門山 山中に瀑《たき》有り高さ数仞《じん》、瀑に因み山を名《なづ》ける」とある。

『三代実録』元慶四年（八八〇）十二月条に陽成天皇が「歴覧名山仏壠《ぶつろう》（伽藍）、大和国龍門」と龍門寺に詣でている。三十六歌仙の一人、伊勢の『伊勢集』に「りうもむと云ふ寺」の「滝」「仙の岩《いは》や」とあり、能因法師、素性法師らも訪れている。『扶桑略記』昌泰元年（八九八）十月条に、宇多上皇が宮瀧行幸のとき「路次向二龍門寺一礼レ仏」と記す。治安三年（一〇二三）十月条に藤原道長も高野山参詣の途中、「次二龍門寺」へ行き、滝下の仙洞を礼拝している。滝の上の龍門寺塔跡は、奈良前期の柱礎などが出土し、室町頃廃寺という。同町大字山口に元弘三年（一三三三）三月八日の紀年銘がある廃龍門寺笠塔婆（下乗石）が残る。

貞享五年（一六八八）龍門の滝を訪れた芭蕉が「竜門の花や上戸の土産《つと》にせん」（『笈の小文』）の句を残している。山頂に中世の山城があり、山麓（大字山口）の高鉾《たかほこ》神社は式内社高桙神社に比定されているが、もと山頂にあった。（T）

## 鹿谷寺《ろくたにでら》（香芝市）

二上山は双《ふた》子《ご》山・二上ヶ嶽《にじょうがたけ》などともいった。いわゆる双峰（雄嶽・女嶽）、二上山は古くは「ふたかみ山」で、かつて、本居宣長は「今は二上山《にじょうさん》といっているが、昔はふたかみ山であった。にじょうさんのようにから（唐）めきたる名（音読）でよぶことは口惜しい限りだ」という意味のことを『菅笠日記』に書いている。

二上山の東側一帯の山陰の地域を「嶽郷《だけごう》」といった。山の南に竹内峠、北側に穴虫峠（大坂峠）があって、その中間の當麻岩屋越《たいまいわやごえ》は一に「當麻《たぎま》路」と伝える。たぎたぎしい坂道で、當麻《たぎま》寺、石光寺、岩窟《いわや》（寺）、鹿《ろく》谷《たに》寺、野中寺の各寺院では弥勒菩薩《みろくぼさつ》を本尊とすることから、この道筋はまさに「弥勒信仰の路」でもあった。

鹿谷《ろくたに》寺は十三重石塔と、いわゆる三尊仏の磨崖仏《まがいぶつ》が残っている。何の三尊仏かまったく磨滅してわからない。

明日香村の水渕《ミナブチ》が蜷渕《ニナブチ》→南渕《ミナブチ》→稲渕《イナブチ》→ナブチに、上《カミ》村《ムラ》がカムラに、アヤハトリがヤトリ（八釣）に転訛したように、ミロクタニ寺がロクタニ寺（頭音脱落）になることから、弥勒三尊仏であったらしい。古代には当寺近郊から古墳用の石材や金剛砂（大坂沙）を採掘していた。「鹿谷」の寺名は江戸期の記録には「六《ろく》谷《たに》」→「鹿合《かごう》」→「鹿向《かごう》」と書き、誤写・転訛・改字・転音した。

鹿谷寺の岩窟《いわや》越（岩屋越）は『河内名所図会』には「この地大和道にして當麻寺へ直下に出る、これを岩屋越といふ、常に岩屋の傍らに茶店出《いで》て往来多し」とある。大和・河内国境の「鶯関」もこの岩屋（穿《うが》ったところ）の所在にちなむ名所であろうか。現在は竹内峠の絶頂付近といわれている。

また、河内側・葉室《はむろ》・山田村には推古・孝徳・用明・敏達陵・上宮太子廟など、五陵墓があり「梅花の五弁《はなびら》のごとし、故、土人梅鉢陵《うめばちのみささき》といふ」とある（『名所図会』）。葉室にも古墳石室が多く、「イワムロ」の上略が「ハムロ」に転じたか。ナブチ、ロクタニ、ハムロのように、語頭音の省略例も意外に多い。（S）

# わ 行

**若草山《わかくさやま》**（奈良市）　奈良山の名所。旧市街地東方、三重の芝草山で「嫩草山」とも書く。昔は「葛《つづら》尾《お》山」ともいった。標高三四一メートル。全山雑草（芝）が生え、古都の背景にふさわしい風情をみせている。

　若草山は春日山の北方に連なる。春日山の「春」はワカ、「日」は日下のクサ、すなわち、春日はワカクサとも訓《よ》むことができる。中世以来、萱取場（採草場）とされ、早春には山焼きが行われてきた。古くは東大寺領で、建長七年（一二五五）三月には、山焼きのとき、興福寺公人が傷つけたということから、興福寺の僧兵が山上房舎を破却するという事件があった（『興福寺略年代記』）。山焼きが鎌倉時代から行われていたことがわかる。頂上近くには「鶯塚古墳」がある。国指定の史跡。

　清少納言の『枕草子』には「うぐひすのみささぎ」

と書かれ、別名を「牛墓」ともいった。元文五年（一七四〇）、村井古道の『南都年中行事』には「里諺に、早春此山を焼ざる時、牛鬼といふ妖怪出ずという。依之正月丑の日を用ひて放火す」とある。

しかし、実際は「大人《うし》墓」のことで、権力者の鎮まるところという意味をもつ。古墳は五世紀ごろの築造といわれ、県内では最も高い所にある前方後円墳。『大和志』を著した並河誠所は、墳丘に陵碑を建て、表面には「鶯陵」、裏面には「平城坂上墓・清少納言之鶯陵、享保十八歳九月…」と刻んでいる。曽我好忠の歌に「かすがのの　わかくさやまに　たつきじの　けさの羽音に　目をさましつる」とある。　（I）

## 掖上《わきかみ》（御所市）

鴨都波《かもつば》神社付近の弥生文化遺跡の地名。『延喜式』内、鴨都味波《かもつみは》（鴨都波《かもつば》）八重事代主命《やえことしろぬしのみこと》神社境内地が「掖上《わきかみ》」で、「神武紀」の「掖上嗛間丘《ほほまのおか》」、「考昭紀」の「掖上池心宮《いけこころのみや》」、「推古紀」の「掖上池」、「持統紀」の「掖上陂《つつみ》」などがある。古来、御所市内の葛城川堤には南・北十三《じゅうそ》（ツツミ）があり、北十三（旧忍海郡）は『和名抄』津積《つつみ》郷である。南十三東に近接する「本馬《ほんま》」（旧大字）は嗛間《ほほま》の転訛語で（『大和志』）、市内の旧御所の地域が「掖上」であろうか。明治中期の町村制実施には東寺田付近を「掖上」としたが、現鴨都波神社付近の弥生文化の遺跡が古掖上で、最近、三角縁二神竜虎画象鏡など四面が出土、小字「賀茂」「掖上」は古代文化の先進地域であった。『和名抄』の「下津賀茂」の「鴨都味波」は「賀茂の三輪」（葛城川の水垣《みわ》）、社地付近の三室村はミモリ（御森）の意で、三輪《みわ》（初瀬川の水曲）に鎮まる大神《おおみわ》神社（大物主命）の若《わか》神《がみ》（事代主命）－ワキガミで、中世には奈良の春日大社領となった。ワキカミのカミは「神であり、ワキはワカで、大神《おおみわ》に対する若神の意味を持つものと思われる。

『新撰姓氏録』山城国諸蕃条に「秦皇帝のすえ、弓《ゆ》月《づき》王が百二十七県の狛姓の民を連れて大和国朝妻と掖上の地に帰化した」とあり、『山城国風土記』（賀茂社）には「可茂と称《い》ふは、賀茂建角身命、大和葛木山の峯に宿りまし、彼《そこ》より漸に遷りて…久我（賀茂川上流）の国の山基に定《しず》まりましき。その時より名づけて賀茂と曰ふ云々」とある。地名の賀茂（神）の発祥地は葛城賀茂・掖上の地域であったか。ちなみに、「履中紀」三年条の「掖上の室山」とは別、この場合の

「掖上」は「磐余の池上」とする説もある。（I）

**脇戸町**《わきどちょう》（奈良市）

下ノ御門《みかど》の南に所在。ワキドは、『奈良曝』に、もとこの町に具足《ぐそく》（武具。甲冑）の胴鍛冶で脇戸を名字とする人が住んでいたという。『奈良坊目拙解』には、腋胴《わきどう》とも記し、元興寺の小門があったという。また町の東側に法界寺《ほうがいじ》辻子（旧名南室の辻子）があり、元興寺僧房南室にちなむともいう。「簡聚図絵鈔」の小五月郷指図に「脇戸郷南北行」とみえ、『大乗院雑事記』文明十二年（一四八〇）六月十九日条に興福寺門郷のうちの南大門郷に「脇戸」がみえ、明応二年（一四九三）五月十三日条に元興寺郷脇戸郷において越智氏の足軽清三郎の家来が殺害されたことを記している。（O）

**鷲家**《わしか》（東吉野村）

東吉野村大字。文久三年（一八六三）、大和五條に烽起した天誅組の戦跡として有名。当地の文政十一年（一八二八）の道標には「右いせ江戸、左はせ大坂ミち」と刻み、伊勢街道の宿場町であった。『三箇院家抄』には「鷲賀三ケ郷」、『多聞院日記』天正七年（一五七九）十一月条には「芳野、鷲賀…」とみえる。同地の鷲家川には芦などが密生し、現地では「アセ」といい、丹生川神社中社の茅輪《ちのわ》の祭事にはこの芦・茅で作るという。鷲家・鷲賀は鷲河で、桜井市大字「白河」をシラガと訓《よ》むように、芦河《あしが》の義か。鷲家川は川の重複語である。川上村武木《たきぎ》から鷲家方面へ通じる旧熊野街道の峠を「鷲ノ郷越」という。「嘉永増補改正大和国再見図」には、そのまわりの山を鷲郷嶺と記す。地元では峠を「足ノ郷越」ともいう。アシはワシの転訛を示す。（T）

**和田**《わだ》（天川村ほか）

和田は曲（ワダ、ワタ）の転訛で、吉野郡天川・川上両村、五條市西吉野町など、いずれも河川・道路などの曲がった所を指す地形語である。『万葉集』に「夢《いめ》の和太《わだ》瀬には成らずて淵にあらぬかも」（巻三―三三五）とある。夢の和太瀬は、吉野川と喜佐谷川の合流点の湾曲部をさす。奈良市大和田、北葛城郡河合町大輪田、宇陀市大宇陀区小和田の大・小は美称、和田・輪田は佳字である。和田だけでも、旧字名を含めて県内に六カ所、小字に至っては約八〇カ所、それ以外「和田浦」「和田舟戸」「和田峠」など和田関係の小字となると一五〇カ所以上もあるが、そのほと

んどが吉野郡内に所在し、曲流する河川流域や曲坂にこの地名が多い。（T）

**和珥坂**《わにさか》（天理市）

奈良市南方、和爾《わに》付近の古代地名。「神武紀」に「和珥坂下《わにのさかもと》」とあり、丸邇坂とも書く（『記』）。古代和珥氏の出自地か。「崇神紀」に、「ここに忌瓮《いむべ》をもって、和珥の武鐰《たけすき》坂の上に鎮坐《す》う」とみえ、「推古紀」には「和珥池」、「仁徳紀」には「丸邇池」を造ったとある。和邇《わに》坐《にいます》赤坂比古《あかさかひこ》神社鎮座地。赤坂は褐色地質の埴坂の土の義、「応神記」には「櫟井《いちひ》の丸邇坂《わにさか》の土を、初土、膚赤らけみ…」とある。（I）

# 引用書目一覧

『地名学研究』（五巻二〇号）日本地名学研究所、一九五八〜一九六二年
『日本地名伝承論』池田末則、平凡社、一九七七年
『奈良県の地名』池田末則・横田健一監修、平凡社、一九八一年
『古代地名発掘』池田末則、新人物往来社、一九七八年
『補訂・大和地名大辞典』日本地名学研究所編、名著普及会、一九八四年
『古代地名紀行』池田末則、東洋書院、一九八九年
『飛鳥地名紀行』池田末則、ファラオ企画、一九九〇年
『地名伝承学論　補訂』池田末則、クレス出版、二〇〇四年

**◉編者略歴**

**池田末則**（いけだ・すえのり）
日本地名学研究所長。文学博士。元奈良大学講師（地名伝承学）。奈良・橿原市住居表示審議会委員。京都地名研究会顧問。一九四二年、中野文彦日本地名学研究所創設。一九七〇年、研究所継承。主要編著書に『奈良県の地名』『日本地名伝承論』（平凡社）、『地名伝承学』『大和古代地名辞典』（五月書房）、『大神神社史料』（全十一巻、吉川弘文館）、『奈良県史』（全十八巻、名著出版）、『地名研究資料集』（全十七巻、クレス出版）、『大和地名大辞典』（名著普及会）、『現代地名考』（NHKブックス、日本放送出版協会）、『大和の古道を行く』（朝日カルチャーブックス、大阪書籍）ほか。南都大安寺信徒総代。


奈良の地名由来辞典

二〇〇八年五月一五日　初版印刷
二〇〇八年六月一〇日　初版発行

編　者　池田末則（いけだ・すえのり）

発行者　松林孝至

発行所　株式会社東京堂出版
〒一〇一-〇〇五一
東京都千代田区神田神保町一-一七
電話〇三-三二三三-三七四一
振替〇〇一三〇-七-二七〇

編集協力　日本アイアール株式会社
印刷所　株式会社フォレスト
製本所　渡辺製本株式会社

ISBN978-4-490-10735-7 C1525